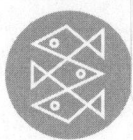

Heinrich von Kleist

Das große Lesebuch

Herausgegeben von
Clemens Meyer

Fischer Taschenbuch Verlag

Veröffentlicht im Fischer Taschenbuch Verlag,
einem Unternehmen der S. Fischer Verlag GmbH,
Frankfurt am Main, Oktober 2011

© S. Fischer Verlag GmbH, Frankfurt am Main 2011
Satz: Dörlemann Satz, Lemförde
Druck und Bindung: CPI – Clausen & Bosse, Leck
Printed in Germany
ISBN 978-3-596-90331-3

Unsere Adressen im Internet:
www.fischerverlage.de
www.fischer-klassik.de

Inhalt

Der höhere Frieden

Wenn sich auf des Krieges Donnerwagen,
Menschen waffnen, auf der Zwietracht Ruf,
Menschen, die im Busen Herzen tragen,
Herzen, die der Gott der Liebe schuf:

Denk ich, können sie doch mir nichts rauben,
Nicht den Frieden, der sich selbst bewährt,
Nicht die Unschuld, nicht an Gott den Glauben,
Der dem Hasse, wie dem Schrecken, wehrt.

Nicht des Ahorns dunkelm Schatten wehren,
Daß er mich, im Weizenfeld, erquickt,
Und das Lied der Nachtigall nicht stören,
Die den stillen Busen mir entzückt.

Über die allmähliche Verfertigung der Gedanken beim Reden

An R[ühle] v[on] L[ilienstern]

Wenn du etwas wissen willst und es durch Meditation nicht finden kannst, so rate ich dir, mein lieber, sinnreicher Freund, mit dem nächsten Bekannten, der dir aufstößt, darüber zu sprechen. Es braucht nicht eben ein scharfdenkender Kopf zu sein, auch meine ich es nicht so, als ob du ihn darum befragen solltest: nein! Vielmehr sollst du es ihm selber allererst erzählen. Ich sehe dich zwar große Augen machen, und mir antworten, man habe dir in frühern Jahren den Rat gegeben, von nichts zu sprechen, als nur von Dingen, die du bereits verstehst. Damals aber sprachst du wahrscheinlich mit dem Vorwitz, *andere*, ich will, daß du aus der verständigen Absicht sprechest, *dich* zu belehren, und so könnten, für verschiedene Fälle verschieden, beide Klugheitsregeln vielleicht gut neben einander bestehen. Der Franzose sagt, l'appétit vient en mangeant, und dieser Erfahrungssatz bleibt wahr, wenn man ihn parodiert, und sagt, l'idée vient en parlant. Oft sitze ich an meinem Geschäftstisch über den Akten, und erforsche, in einer verwickelten Streitsache, den Gesichtspunkt, aus welchem sie wohl zu beurteilen sein möchte. Ich pflege dann gewöhnlich ins Licht zu sehen, als in den hellsten Punkt, bei dem Bestreben, in welchem mein innerstes Wesen begriffen ist, sich aufzuklären. Oder ich suche, wenn mir eine algebraische Aufgabe vorkommt, den ersten Ansatz, die Gleichung, die die gegebenen Verhältnisse ausdrückt, und aus welcher sich die Auflösung nachher durch Rechnung leicht ergibt. Und siehe da, wenn ich mit meiner Schwester davon rede, welche hinter mir sitzt, und arbeitet, so erfahre ich, was ich durch ein vielleicht stundenlanges Brüten nicht herausgebracht haben würde. Nicht, als ob sie es mir, im eigentlichen Sinne *sagte*; denn sie kennt weder das Gesetzbuch, noch hat sie den Euler, oder den Kästner studiert. Auch nicht, als ob sie mich durch geschickte

Fragen auf den Punkt hinführte, auf welchen es ankommt, wenn schon dies letzte häufig der Fall sein mag. Aber weil ich doch irgend eine dunkle Vorstellung habe, die mit dem, was ich suche, von fern her in einiger Verbindung steht, so prägt, wenn ich nur dreist damit den Anfang mache, das Gemüt, während die Rede fortschreitet, in der Notwendigkeit, dem Anfang nun auch ein Ende zu finden, jene verworrene Vorstellung zur völligen Deutlichkeit aus, dergestalt, daß die Erkenntnis, zu meinem Erstaunen, mit der Periode fertig ist. Ich mische unartikulierte Töne ein, ziehe die Verbindungswörter in die Länge, gebrauche auch wohl eine Apposition, wo sie nicht nötig wäre, und bediene mich anderer, die Rede ausdehnender, Kunstgriffe, zur Fabrikation meiner Idee auf der Werkstätte der Vernunft, die gehörige Zeit zu gewinnen. Dabei ist mir nichts heilsamer, als eine Bewegung meiner Schwester, als ob sie mich unterbrechen wollte; denn mein ohnehin schon angestrengtes Gemüt wird durch diesen Versuch von außen, ihm die Rede, in deren Besitz es sich befindet, zu entreißen, nur noch mehr erregt, und in seiner Fähigkeit, wie ein großer General, wenn die Umstände drängen, noch um einen Grad höher gespannt. In diesem Sinne begreife ich, von welchem Nutzen Molière seine Magd sein konnte; denn wenn er derselben, wie er vorgibt, ein Urteil zutraute, das das seinige berichten konnte, so ist dies eine Bescheidenheit, an deren Dasein in seiner Brust ich nicht glaube. Es liegt ein sonderbarer Quell der Begeisterung für denjenigen, der spricht, in einem menschlichen Antlitz, das ihm gegenübersteht; und ein Blick, der uns einen halbausgedrückten Gedanken schon als begriffen ankündigt, schenkt uns oft den Ausdruck für die ganze andere Hälfte desselben. Ich glaube, daß mancher große Redner, in dem Augenblick, da er den Mund aufmachte, noch nicht wußte, was er sagen würde. Aber die Überzeugung, daß er die ihm nötige Gedankenfülle schon aus den Umständen, und der daraus resultierenden Erregung seines Gemüts schöpfen würde, machte ihn dreist genug, den Anfang, auf gutes Glück hin, zu setzen. Mir fällt jener »Donnerkeil« des Mirabeau ein, mit welchem er den Zeremonienmeister abfertigte, der nach Aufhebung der letzten monarchischen Sitzung des Königs am 23. Juni, in welcher dieser den Ständen auseinander zu gehen anbefohlen hatte, in den Sitzungssaal, in welchem die Stände noch verweilten, zurückkehrte, und sie befragte, ob sie den Befehl des Königs vernommen hätten? »Ja«, antwortete Mirabeau, »wir haben des Königs Befehl vernommen« – ich bin gewiß, daß er bei diesem humanen Anfang, noch nicht an die Bajonette dachte, mit welchen er schloß: »ja, mein Herr«, wiederholte er, »wir haben ihn vernommen« – man sieht, daß er noch gar nicht recht weiß, was er will. »Doch was berechtigt Sie« – fuhr er fort, und nun plötzlich geht ihm ein Quell ungeheurer Vorstellungen auf – »uns hier Befehle anzudeuten? Wir sind die Repräsentanten der Nation.« – Das war es was er brauchte! »Die Nation gibt Befehle und empfängt keine.« – um sich gleich auf den Gipfel der Vermessenheit zu schwingen. »Und damit ich mich Ihnen ganz deutlich erkläre« – und erst jetzo findet er, was den ganzen Widerstand, zu welchem seine Seele gerüstet dasteht, ausdrückt: »so sagen Sie Ihrem Könige, daß wir unsre Plätze anders nicht, als auf die Gewalt der Bajonette verlassen werden.« – Worauf er sich, selbstzufrieden, auf einen Stuhl niedersetzte. – Wenn man an den Zeremonienmeister denkt, so kann man sich ihn bei diesem Auftritt nicht anders, als in einem völligen Geistesbankerott vorstellen; nach einem ähnlichen Gesetz, nach welchem in einem Körper, der von dem elektrischen Zustand Null ist, wenn er in eines elektrisierten Körpers Atmosphäre kommt, plötzlich die entgegengesetzte Elektrizität erweckt wird. Und wie in dem elektrisierten dadurch, nach einer Wechselwirkung, der ihm inwohnende Elektrizitätsgrad wieder verstärkt wird, so ging unseres Redners Mut, bei der Vernichtung seines Gegners zur verwegensten Begeisterung über. Vielleicht, daß es auf diese Art zuletzt das Zucken einer Oberlippe war, oder ein zweideutiges Spiel an der Manschette, was in Frankreich den Umsturz der Ordnung der Dinge bewirkte. Man liest, daß Mirabeau, sobald der Zeremonienmeister sich entfernt hatte, aufstand, und vor-

schlug: 1) sich sogleich als Nationalversammlung, und 2) als un-
verletzlich, zu konstituieren. Denn dadurch, daß er sich, einer
Kleistischen Flasche gleich, entladen hatte, war er nun wieder
neutral geworden, und gab, von der Verwegenheit zurückgekehrt, plötzlich der Furcht vor dem Chatelet, und der Vorsicht,
Raum. – Dies ist eine merkwürdige Übereinstimmung zwischen den Erscheinungen der physischen und moralischen Welt,
welche sich, wenn man sie verfolgen wollte, auch noch in den
Nebenumständen bewähren würde. Doch ich verlasse mein
Gleichnis, und kehre zur Sache zurück. Auch Lafontaine gibt, in
seiner Fabel: Les animaux malades de la peste, wo der Fuchs dem
Löwen eine Apologie zu halten gezwungen ist, ohne zu wissen,
wo er den Stoff dazu hernehmen soll, ein merkwürdiges Beispiel
von einer allmählichen Verfertigung des Gedankens aus einem in
der Not hingesetzten Anfang. Man kennt diese Fabel. Die Pest
herrscht im Tierreich, der Löwe versammelt die Großen desselben, und eröffnet ihnen, daß dem Himmel, wenn er besänftigt
werden solle, ein Opfer fallen müsse. Viele Sünder seien im
Volke, der Tod des größesten müsse die übrigen vom Untergang
retten. Sie möchten ihm daher ihre Vergehungen aufrichtig be-
kennen. Er, für sein Teil gestehe, daß er, im Drange des Hungers,
manchem Schafe den Garaus gemacht; auch dem Hunde, wenn
er ihm zu nahe gekommen; ja, es sei ihm in leckerhaften Augenblicken zugestoßen, daß er den Schäfer gefressen. Wenn niemand sich größerer Schwachheiten schuldig gemacht habe, so
sei er bereit zu sterben. »Sire«, sagt der Fuchs, der das Ungewitter von sich ableiten will, »Sie sind zu großmütig. Ihr edler Eifer
führt Sie zu weit. Was ist es, ein Schaf erwürgen? Oder einen
Hund, diese nichtswürdige Bestie? Und: quant au berger«, fährt
er fort, denn dies ist der Hauptpunkt: »on peut dire«, obschon er
noch nicht weiß was? »qu'il méritoit tout mal«, auf gut Glück;
und somit ist er verwickelt; »étant«, eine schlechte Phrase, die
ihm aber Zeit verschafft: »de ces gens là«, und nun erst findet er
den Gedanken, der ihn aus der Not reißt: »qui sur les animaux se
font un chimérique empire.« – Und jetzt beweist er, daß der

Esel, der blutdürstige! (der alle Kräuter auffrißt) das zweckmäßigste Opfer sei, worauf alle über ihn herfallen, und ihn zerreißen. – Ein solches Reden ist ein wahrhaftes lautes Denken. Die Reihen der Vorstellungen und ihrer Bezeichnungen gehen neben einander fort, und die Gemütsakten für eins und das andere, kongruieren. Die Sprache ist alsdann keine Fessel, etwa wie ein Hemmschuh an dem Rade des Geistes, sondern wie ein zweites, mit ihm parallel fortlaufendes, Rad an seiner Achse. Etwas ganz anderes ist es wenn der Geist schon, vor aller Rede, mit dem Gedanken fertig ist. Denn dann muß er bei seiner bloßen Ausdrükkung zurückbleiben, und dies Geschäft, weit entfernt ihn zu erregen, hat vielmehr keine andere Wirkung, als ihn von seiner Erregung abzuspannen. Wenn daher eine Vorstellung verworren ausgedrückt wird, so folgt der Schluß noch gar nicht, daß sie auch verworren gedacht worden sei; vielmehr könnte es leicht sein, daß die verworrenst ausgedrückten grade am deutlichsten gedacht werden. Man sieht oft in einer Gesellschaft, wo durch ein lebhaftes Gespräch, eine kontinuierliche Befruchtung der Gemüter mit Ideen im Werk ist, Leute, die sich, weil sie sich der Sprache nicht mächtig fühlen, sonst in der Regel zurückgezogen halten, plötzlich mit einer zuckenden Bewegung, aufflammen, die Sprache an sich reißen und etwas Unverständliches zur Welt bringen. Ja, sie scheinen, wenn sie nun die Aufmerksamkeit aller auf sich gezogen haben, durch ein verlegnes Gebärdenspiel anzudeuten, daß sie selbst nicht mehr recht wissen, was sie haben sagen wollen. Es ist wahrscheinlich, daß diese Leute etwas recht Treffendes, und sehr deutlich, gedacht haben. Aber der plötzliche Geschäftswechsel, der Übergang ihres Geistes vom Denken zum Ausdrücken, schlug die ganze Erregung desselben, die zur Festhaltung des Gedankens notwendig, wie zum Hervorbringen erforderlich war, wieder nieder. In solchen Fällen ist es um so unerläßlicher, daß uns die Sprache mit Leichtigkeit zur Hand sei, um dasjenige, was wir gleichzeitig gedacht haben, und doch nicht gleichzeitig von uns geben können, wenigstens so schnell, als möglich, auf einander folgen zu lassen. Und überhaupt wird jeder, der, bei gleicher Deutlichkeit, geschwinder als sein Gegner spricht, einen Vorteil über ihn haben, weil er gleichsam mehr Truppen als er ins Feld führt. Wie notwendig eine gewisse Erregung des Gemüts ist, auch selbst nur, um Vorstellungen, die wir schon gehabt haben, wieder zu erzeugen, sieht man oft, wenn offene, und unterrichtete Köpfe examiniert werden, und man ihnen ohne vorhergegangene Einleitung, Fragen vorlegt, wie diese: was ist der Staat? Oder: was ist das Eigentum? Oder dergleichen. Wenn diese jungen Leute sich in einer Gesellschaft befunden hätten, wo man sich vom Staat, oder vom Eigentum, schon eine Zeitlang unterhalten hätte, so würden sie vielleicht mit Leichtigkeit durch Vergleichung, Absonderung, und Zusammenfassung der Begriffe, die Definition gefunden haben. Hier aber, wo diese Vorbereitung des Gemüts gänzlich fehlt, sieht man sie stocken, und nur ein unverständiger Examinator wird daraus schließen daß sie nicht *wissen*. Denn nicht *wir* wissen, es ist allererst ein gewisser *Zustand* unsrer, welcher weiß. Nur ganz gemeine Geister, Leute, die, was der Staat sei, gestern auswendig gelernt, und morgen schon wieder vergessen haben, werden hier mit der Antwort bei der Hand sein. Vielleicht gibt es überhaupt keine schlechtere Gelegenheit, sich von einer vorteilhaften Seite zu zeigen, als grade ein öffentliches Examen. Abgerechnet, daß es schon widerwärtig und das Zartgefühl verletzend ist, und daß es reizt, sich stetig zu zeigen, wenn solch ein gelehrter Roßkamm uns nach den Kenntnissen sieht, um uns, je nachdem es fünf oder sechs sind, zu kaufen oder wieder abtreten zu lassen: es ist so schwer, auf ein menschliches Gemüt zu spielen und ihm seinen eigentümlichen Laut abzulocken, es verstimmt sich so leicht unter ungeschickten Händen, daß selbst der geübteste Menschenkenner, der in der Hebeammenkunst der Gedanken, wie Kant sie nennt, auf das Meisterhafteste bewandert wäre, hier noch, wegen der Unbekanntschaft mit seinem Sechswöchner, Mißgriffe tun könnte. Was übrigens solchen jungen Leuten, auch selbst den unwissendsten noch, in den meisten Fällen ein gutes Zeugnis verschafft, ist der Umstand, daß die Gemüter der Examinatoren, wenn die Prüfung öffentlich geschieht, selbst zu sehr befangen sind, um ein freies Urteil fällen zu können. Denn nicht nur fühlen sie häufig die Unanständigkeit dieses ganzen Verfahrens: man würde sich schon schämen, von jemandem, daß er seine Geldbörse vor uns ausschütte, zu fordern, viel weniger, seine Seele: sondern ihr eigener Verstand muß hier eine gefährliche Musterung passieren, und sie mögen oft ihrem Gott danken, wenn sie selbst aus dem Examen gehen können, ohne sich Blößen, schmachvoller vielleicht, als der, eben von der Universität kommende, Jüngling gegeben zu haben, den sie examinierten.

(Die Fortsetzung folgt)   H. v. K.

Das Erdbeben in Chili

In St. Jago, der Hauptstadt des Königreichs Chili, stand gerade in dem Augenblicke der großen Erderschütterung vom Jahre 1647, bei welcher viele tausend Menschen ihren Untergang fanden, ein junger, auf ein Verbrechen angeklagter Spanier, namens *Jeronimo Rugera,* an einem Pfeiler des Gefängnisses, in welches man ihn eingesperrt hatte, und wollte sich erhenken. *Don Henrico Asteron,* einer der reichsten Edelleute der Stadt, hatte ihn ungefähr ein Jahr zuvor aus seinem Hause, wo er als Lehrer angestellt war, entfernt, weil er sich mit *Donna Josephe,* seiner einzigen Tochter, in einem zärtlichen Einverständnis befunden hatte. Eine geheime Bestellung, die dem alten Don, nachdem er die Tochter nachdrücklich gewarnt hatte, durch die hämische Aufmerksamkeit seines stolzen Sohnes verraten worden war, entrüstete ihn dergestalt, daß er sie in dem Karmeliterkloster unsrer lieben Frauen vom Berge daselbst unterbrachte.

Durch einen glücklichen Zufall hatte Jeronimo hier die Verbindung von neuem anzuknüpfen gewußt, und in einer verschwiegenen Nacht den Klostergarten zum Schauplatze seines vollen Glückes gemacht. Es war am Fronleichnamsfeste, und die feierliche Prozession der Nonnen, welchen die Novizen folgten, nahm eben ihren Anfang, als die unglückliche Josephe, bei dem Anklange der Glocken, in Mutterwehen auf den Stufen der Kathedrale niedersank.

Dieser Vorfall machte außerordentliches Aufsehn; man brachte die junge Sünderin, ohne Rücksicht auf ihren Zustand, sogleich in ein Gefängnis, und kaum war sie aus den Wochen erstanden, als ihr schon, auf Befehl des Erzbischofs, der geschärfteste Prozeß gemacht ward. Man sprach in der Stadt mit einer so großen Erbitterung von diesem Skandal, und die Zungen fielen so scharf über das ganze Kloster her, in welchem er sich zugetragen hatte, daß weder die Fürbitte der Familie Asteron, noch auch sogar der Wunsch der Äbtissin selbst, welche das junge Mädchen wegen ihres sonst untadelhaften Betragens lieb gewonnen hatte, die Strenge, mit welcher das klösterliche Gesetz sie bedrohte, mildern konnte. Alles, was geschehen konnte, war, daß der Feuertod, zu dem sie verurteilt wurde, zur großen Entrüstung der Matronen und Jungfrauen von St. Jago, durch einen Machtspruch des Vizekönigs, in eine Enthauptung verwandelt ward.

Man vermietete in den Straßen, durch welche der Hinrichtungszug gehen sollte, die Fenster, man trug die Dächer der Häuser ab, und die frommen Töchter der Stadt luden ihre Freundinnen ein, um dem Schauspiele, das der göttlichen Rache gegeben wurde, an ihrer schwesterlichen Seite beizuwohnen.

Jeronimo, der inzwischen auch in ein Gefängnis gesetzt worden war, wollte die Besinnung verlieren, als er diese ungeheure Wendung der Dinge erfuhr. Vergebens sann er auf Rettung: überall, wohin ihn auch der Fittig der vermessensten Gedanken trug, stieß er auf Riegel und Mauern, und ein Versuch, die Gitterfenster zu durchfeilen, zog ihm, da er entdeckt ward, eine nur noch engere Einsperrung zu. Er warf sich vor dem Bildnisse der heiligen Mutter Gottes nieder, und betete mit unendlicher Inbrunst zu ihr, als der einzigen, von der ihm jetzt noch Rettung kommen könnte.

Doch der gefürchtete Tag erschien, und mit ihm in seiner Brust die Überzeugung von der völligen Hoffnungslosigkeit seiner Lage. Die Glocken, welche Josephen zum Richtplatze begleiteten, ertönten, und Verzweiflung bemächtigte sich seiner Seele. Das Leben schien ihm verhaßt, und er beschloß, sich durch einen Strick, den ihm der Zufall gelassen hatte, den Tod zu geben. Eben stand er, wie schon gesagt, an einem Wandpfeiler, und befestigte den Strick, der ihn dieser jammervollen Welt entreißen sollte, an eine Eisenklammer, die an dem Gesimse derselben eingefugt war; als plötzlich der größte Teil der Stadt, mit einem Gekrache, als ob das Firmament einstürzte, versank, und alles, was Leben atmete, unter seinen Trümmern begrub. Jeronimo

Rugera war starr vor Entsetzen; und gleich als ob sein ganzes Bewußtsein zerschmettert worden wäre, hielt er sich jetzt an dem Pfeiler, an welchem er hatte sterben wollen, um nicht umzufallen. Der Boden wankte unter seinen Füßen, alle Wände des Gefängnisses rissen, der ganze Bau neigte sich, nach der Straße zu einzustürzen, und nur der, seinem langsamen Fall begegnende, Fall des gegenüberstehenden Gebäudes verhinderte, durch eine zufällige Wölbung, die gänzliche Zubodenstreckung desselben. Zitternd, mit sträubenden Haaren, und Knieen, die unter ihm brechen wollten, glitt Jeronimo über den schiefgesenkten Fußboden hinweg, der Öffnung zu, die der Zusammenschlag beider Häuser in die vordere Wand des Gefängnisses eingerissen hatte.

Kaum befand er sich im Freien, als die ganze, schon erschütterte Straße auf eine zweite Bewegung der Erde völlig zusammenfiel. Besinnungslos, wie er sich aus diesem allgemeinen Verderben retten würde, eilte er, über Schutt und Gebälk hinweg, indessen der Tod von allen Seiten Angriffe auf ihn machte, nach einem der nächsten Tore der Stadt. Hier stürzte noch ein Haus zusammen, und jagte ihn, die Trümmer weit umherschleudernd, in eine Nebenstraße; hier leckte die Flamme schon, in Dampfwolken blitzend, aus allen Giebeln, und trieb ihn schreckenvoll in eine andere; hier wälzte sich, aus seinem Gestade gehoben, der Mapochofluß auf ihn heran, und riß ihn brüllend in eine dritte. Hier lag ein Haufen Erschlagener, hier ächzte noch eine Stimme unter dem Schutte, hier schrieen Leute von brennenden Dächern herab, hier kämpften Menschen und Tiere mit den Wellen, hier war ein mutiger Retter bemüht, zu helfen; hier stand ein anderer, bleich wie der Tod, und streckte sprachlos zitternde Hände zum Himmel. Als Jeronimo das Tor erreicht, und einen Hügel jenseits desselben bestiegen hatte, sank er ohnmächtig auf demselben nieder.

Er mochte wohl eine Viertelstunde in der tiefsten Bewußtlosigkeit gelegen haben, als er endlich wieder erwachte, und sich, mit nach der Stadt gekehrtem Rücken, halb auf dem Erdboden erhob. Er befühlte sich Stirn und Brust, unwissend, was er aus seinem Zustande machen sollte, und ein unsägliches Wonnegefühl ergriff ihn, als ein Westwind, vom Meere her, sein wiederkehrendes Leben anwehte, und sein Auge sich nach allen Richtungen über die blühende Gegend von St. Jago hinwandte. Nur die verstörten Menschenhaufen, die sich überall blicken ließen, beklemmten sein Herz; er begriff nicht, was ihn und sie hiehergeführt haben konnte, und erst, da er sich umkehrte, und die Stadt hinter sich versunken sah, erinnerte er sich des schrecklichen Augenblicks, den er erlebt hatte. Er senkte sich so tief, daß seine Stirn den Boden berührte, Gott für seine wunderbare Errettung zu danken; und gleich, als ob der eine entsetzliche Eindruck, der sich seinem Gemüt eingeprägt hatte, alle früheren daraus verdrängt hätte, weinte er vor Lust, daß er sich des lieblichen Lebens, voll bunter Erscheinungen, noch erfreue.

Drauf, als er eines Ringes an seiner Hand gewahrte, erinnerte er sich plötzlich auch Josephens; und mit ihr seines Gefängnisses, der Glocken, die er dort gehört hatte, und des Augenblicks, der dem Einsturze desselben vorangegangen war. Tiefe Schwermut erfüllte wieder seine Brust; sein Gebet fing ihn zu reuen an, und fürchterlich schien ihm das Wesen, das über den Wolken waltet. Er mischte sich unter das Volk, das überall, mit Rettung des Eigentums beschäftigt, aus den Toren stürzte, und wagte schüchtern nach der Tochter Asterons, und ob die Hinrichtung an ihr vollzogen worden sei, zu fragen; doch niemand war, der ihm umständliche Auskunft gab. Eine Frau, die auf einem fast zur Erde gedrückten Nacken eine ungeheure Last von Gerätschaften und zwei Kinder, an der Brust hängend, trug, sagte im Vorbeigehen, als ob sie es selbst angesehen hätte: daß sie enthauptet worden sei. Jeronimo kehrte sich um; und da er, wenn er die Zeit berechnete, selbst an ihrer Vollendung nicht zweifeln konnte, so setzte er sich in einem einsamen Walde nieder, und überließ sich seinem vollen Schmerz. Er wünschte, daß die zerstörende Gewalt der Natur von neuem über ihn einbrechen möchte. Er begriff nicht, warum er dem Tode, den seine jammervolle Seele suchte, in jenen Augenblicken, da er ihm freiwillig von allen Seiten rettend erschien, entflohen sei. Er nahm sich fest vor, nicht zu wanken, wenn auch jetzt die Eichen entwurzelt werden, und ihre Wipfel über ihn zusammenstürzen sollten. Darauf nun, da er sich ausgeweint hatte, und ihm, mitten unter den heißesten Tränen, die Hoffnung wieder erschienen war, stand er auf, und durchstreifte nach allen Richtungen das Feld. Jeden Berggipfel, auf dem sich die Menschen versammelt hatten, besuchte er; auf allen Wegen, wo sich der Strom der Flucht noch bewegte, begegnete er ihnen; wo nur irgend ein weibliches Gewand im Winde flatterte, da trug ihn sein zitternder Fuß hin: doch keines deckte die geliebte Tochter Asterons. Die Sonne neigte sich, und mit ihr seine Hoffnung schon wieder zum Untergange, als er den Rand eines Felsens betrat, und sich ihm die Aussicht in ein weites, nur von wenig Menschen besuchtes Tal eröffnete. Er durchlief, unschlüssig, was er tun sollte, die einzelnen Gruppen derselben, und wollte sich schon wieder wenden, als er plötzlich an einer Quelle, die die Schlucht bewässerte, ein junges Weib erblickte, beschäftigt, ein Kind in seinen Fluten zu reinigen. Und das Herz hüpfte ihm bei diesem Anblick: er sprang voll Ahndung über die Gesteine herab, und rief: O Mutter Gottes, du Heilige! und erkannte Josephen, als sie sich bei dem Geräusche schüchtern umsah. Mit welcher Seligkeit umarmten sie sich, die Unglücklichen, die ein Wunder des Himmels gerettet hatte!

Josephe war, auf ihrem Gang zum Tode, dem Richtplatze schon ganz nahe gewesen, als durch den krachenden Einsturz der Gebäude plötzlich der ganze Hinrichtungszug auseinander gesprengt ward. Ihre ersten entsetzensvollen Schritte trugen sie hierauf dem nächsten Tore zu; doch die Besinnung kehrte ihr bald wieder, und sie wandte sich, um nach dem Kloster zu eilen, wo ihr kleiner, hülfloser Knabe zurückgeblieben war. Sie fand das ganze Kloster schon in Flammen, und die Äbtissin, die ihr in jenen Augenblicken, die ihre letzten sein sollten, Sorge für den Säugling angelobt hatte, schrie eben, vor den Pforten stehend, nach Hülfe, um ihn zu retten. Josephe stürzte sich, unerschrokken durch den Dampf, der ihr entgegenqualmte, in das von allen Seiten schon zusammenfallende Gebäude, und gleich, als ob alle Engel des Himmels sie umschirmten, trat sie mit ihm unbeschädigt wieder aus dem Portal hervor. Sie wollte der Äbtissin, welche die Hände über ihr Haupt zusammenschlug, eben in die Arme sinken, als diese, mit fast allen, ihren Klosterfrauen, von einem herabfallenden Giebel des Hauses, auf eine schmähliche Art erschlagen ward. Josephe bebte bei diesem entsetzlichen Anblicke zurück; sie drückte der Äbtissin flüchtig die Augen zu, und floh, ganz von Schrecken erfüllt, den teuern Knaben, den ihr der Himmel wieder geschenkt hatte, dem Verderben zu entreißen.

Sie hatte noch wenig Schritte getan, als ihr auch schon die Leiche des Erzbischofs begegnete, die man soeben zerschmettert aus dem Schutt der Kathedrale hervorgezogen hatte. Der Palast des Vizekönigs war versunken, der Gerichtshof, in welchem ihr das Urteil gesprochen worden war, stand in Flammen, und an die Stelle, wo sich ihr väterliches Haus befunden hatte, war ein See getreten, und kochte rötliche Dämpfe aus. Josephe raffte alle ihre Kräfte zusammen, sich zu halten. Sie schritt, den Jammer von ihrer Brust entfernend, mutig mit ihrer Beute von Straße zu Straße, und war schon dem Tore nah, als sie auch das Gefängnis, in welchem Jeronimo geseufzt hatte, in Trümmern sah. Bei diesem Anblicke wankte sie, und wollte besinnungslos an einer Ecke niedersinken; doch in demselben Augenblick jagte sie der Sturz eines Gebäudes hinter ihr, das die Erschütterungen schon ganz aufgelöst hatten, durch das Entsetzen gestärkt, wieder auf; sie küßte das Kind, drückte sich die Tränen aus den Augen, und erreichte, nicht mehr auf die Greuel, die sie umringten, achtend, das Tor. Als sie sich im Freien sah, schloß sie bald, daß nicht jeder, der ein zertrümmertes Gebäude bewohnt hatte, unter ihm notwendig müsse zerschmettert worden sein.

An dem nächsten Scheidewege stand sie still, und harrte, ob nicht einer, der ihr, nach dem kleinen Philipp, der liebste auf der Welt war, noch erscheinen würde. Sie ging, weil niemand kam, und das Gewühl der Menschen anwuchs, weiter, und kehrte sich wieder um, und harrte wieder; und schlich, viel Tränen vergießend, in ein dunkles, von Pinien beschattetes Tal, um seiner Seele, die sie entflohen glaubte, nachzubeten; und fand ihn hier, diesen Geliebten, im Tale, und Seligkeit, als ob es das Tal von Eden gewesen wäre.

Dies alles erzählte sie jetzt voll Rührung dem Jeronimo, und reichte ihm, da sie vollendet hatte, den Knaben zum Küssen dar. – Jeronimo nahm ihn, und hätschelte ihn in unsäglicher Vaterfreude, und verschloß ihm, da er das fremde Antlitz anweinte, mit Liebkosungen ohne Ende den Mund. Indessen war die schönste Nacht herabgestiegen, voll wundermilden Duftes, so silberglänzend und still, wie nur ein Dichter davon träumen mag. Überall, längs der Talquelle, hatten sich, im Schimmer des Mondscheins, Menschen niedergelassen, und bereiteten sich sanfte Lager von Moos und Laub, um von einem so qualvollen Tage auszuruhen. Und weil die Armen immer noch jammerten; dieser, daß er sein Haus, jener, daß er Weib und Kind, und der dritte, daß er alles verloren habe: so schlichen Jeronimo und Josephe in ein dichteres Gebüsch, um durch das heimliche Gejauchz ihrer Seelen niemand zu betrüben. Sie fanden einen prachtvollen Granatapfelbaum, der seine Zweige, voll duftender Früchte, weit ausbreitete; und die Nachtigall flötete im Wipfel ihr wollüstiges Lied. Hier ließ sich Jeronimo am Stamme nieder, und Josephe in seinem, Philipp in Josephens Schoß, saßen sie, von seinem Mantel bedeckt, und ruhten. Der Baumschatten zog, mit seinen verstreuten Lichtern, über sie hinweg, und der Mond erblaßte schon wieder vor der Morgenröte, ehe sie einschliefen. Denn Unendliches hatten sie zu schwatzen vom Klostergarten und den Gefängnissen, und was sie um einander gelitten hätten; und waren sehr gerührt, wenn sie dachten, wie viel Elend über die Welt kommen mußte, damit sie glücklich würden!

Sie beschlossen, sobald die Erderschütterungen aufgehört haben würden, nach La Conception zu gehen, wo Josephe eine vertraute Freundin hatte, sich mit einem kleinen Vorschuß, den sie von ihr zu erhalten hoffte, von dort nach Spanien einzuschiffen, wo Jeronimos mütterliche Verwandten wohnten, und daselbst ihr glückliches Leben zu beschließen. Hierauf, unter vielen Küssen, schliefen sie ein.

Als sie erwachten, stand die Sonne schon hoch am Himmel, und sie bemerkten in ihrer Nähe mehrere Familien, beschäftigt, sich am Feuer ein kleines Morgenbrot zu bereiten. Jeronimo dachte eben auch, wie er Nahrung für die Seinigen herbeischaffen sollte, als ein junger wohlgekleideter Mann, mit einem Kinde auf dem Arm, zu Josephen trat, und sie mit Bescheidenheit fragte: ob sie diesem armen Wurme, dessen Mutter dort unter den Bäumen beschädigt liege, nicht auf kurze Zeit ihre Brust reichen wolle? Josephe war ein wenig verwirrt, als sie in ihm einen Bekannten erblickte; doch da er, indem er ihre Verwirrung falsch deutete, fortfuhr: es ist nur auf wenige Augenblicke, Donna Josephe, und dieses Kind hat, seit jener Stunde, die uns alle unglücklich gemacht hat, nichts genossen; so sagte sie: »ich schwieg – aus einem andern Grunde, Don Fernando; in diesen schrecklichen Zeiten weigert sich niemand, von dem, was er besitzen mag, mitzuteilen«: und nahm den kleinen Fremdling, indem sie ihr eigenes Kind dem Vater gab, und legte ihn an ihre Brust. Don Fernando war sehr dankbar für diese Güte, und fragte: ob sie sich nicht mit ihm zu jener Gesellschaft verfügen wollten, wo eben jetzt beim Feuer ein kleines Frühstück bereitet werde? Josephe antwortete, daß sie dies Anerbieten mit Vergnügen annehmen würde, und folgte ihm, da auch Jeronimo nichts einzuwenden hatte, zu seiner Familie, wo sie auf das innigste und zärtlichste von Don Fernandos beiden Schwägerinnen, die sie als sehr würdige junge Damen kannte, empfangen ward.

Donna Elvire, Don Fernandos Gemahlin, welche schwer an den Füßen verwundet auf der Erde lag, zog Josephen, da sie ihren abgehärmten Knaben an der Brust derselben sah, mit vieler Freundlichkeit zu sich nieder. Auch Don Pedro, sein Schwiegervater, der an der Schulter verwundet war, nickte ihr liebreich mit dem Haupte zu. –

In Jeronimos und Josephens Brust regten sich Gedanken von seltsamer Art. Wenn sie sich mit so vieler Vertraulichkeit und Güte behandelt sahen, so wußten sie nicht, was sie von der Vergangenheit denken sollten, vom Richtplatze, von dem Gefängnisse, und der Glocke; und ob sie bloß davon geträumt hätten? Es war, als ob die Gemüter, seit dem fürchterlichen Schlage, der sie durchdröhnt hatte, alle versöhnt wären. Sie konnten in der Erinnerung gar nicht weiter, als bis auf ihn, zurückgehen. Nur Donna Elisabeth, welche bei einer Freundin, auf das Schauspiel des gestrigen Morgens, eingeladen worden war, die Einladung aber nicht angenommen hatte, ruhte zuweilen mit träumerischem Blicke auf Josephen; doch der Bericht, der über irgend ein neues gräßliches Unglück erstattet ward, riß ihre, der Gegenwart kaum entflohene Seele schon wieder in dieselbe zurück.

Man erzählte, wie die Stadt gleich nach der ersten Haupterschütterung von Weibern ganz voll gewesen, die vor den Augen aller Männer niedergekommen seien; wie die Mönche darin, mit dem Kruzifix in der Hand, umhergelaufen wären, und geschrieen hätten: das Ende der Welt sei da! wie man einer Wache, die auf Befehl des Vizekönigs verlangte, eine Kirche zu räumen, geantwortet hätte: es gäbe keinen Vizekönig von Chili mehr! wie der Vizekönig in den schrecklichsten Augenblicken hätte müssen Galgen aufrichten lassen, um der Dieberei Einhalt zu tun; und wie ein Unschuldiger, der sich von hinten durch ein brennendes Haus gerettet, von dem Besitzer aus Übereilung ergriffen, und sogleich auch aufgeknüpft worden wäre.

Donna Elvire, bei deren Verletzungen Josephe viel beschäftigt war, hatte in einem Augenblick, da gerade die Erzählungen sich am lebhaftesten kreuzten, Gelegenheit genommen, sie zu fragen: wie es denn ihr an diesem fürchterlichen Tag ergangen sei? Und da Josephe ihr, mit beklemmtem Herzen, einige Hauptzüge davon angab, so ward ihr die Wollust, Tränen in die Augen dieser Dame treten zu sehen; Donna Elvire ergriff ihre Hand, und drückte sie, und winkte ihr, zu schweigen. Josephe dünkte sich unter den Seligen. Ein Gefühl, das sie nicht unterdrücken konnte, nannte den verfloßnen Tag, so viel Elend er auch über die Welt gebracht hatte, eine Wohltat, wie der Himmel noch keine über sie verhängt hatte. Und in der Tat schien, mitten in diesen gräßlichen Augenblicken, in welchen alle irdischen Güter der Menschen zu Grunde gingen, und die ganze Natur verschüttet zu werden drohte, der menschliche Geist selbst, wie eine schöne Blume, aufzugehn. Auf den Feldern, so weit das Auge reichte, sah man Menschen von allen Ständen durcheinander liegen, Fürsten und Bettler, Matronen und Bäuerinnen, Staatsbeamte und Tagelöhner, Klosterherren und Klosterfrauen: einander bemitleiden, sich wechselseitig Hülfe reichen, von dem, was sie zur Erhaltung ihres Lebens gerettet haben mochten, freudig mitteilen, als ob das allgemeine Unglück alles, was ihm entronnen war, zu *einer* Familie gemacht hätte.

Statt der nichtssagenden Unterhaltungen, zu welchen sonst die Welt an den Teetischen den Stoff hergegeben hatte, erzählte man jetzt Beispiele von ungeheuern Taten: Menschen, die man sonst in der Gesellschaft wenig geachtet hatte, hatten Römergröße gezeigt; Beispiele zu Haufen von Unerschrockenheit, von freudiger Verachtung der Gefahr, von Selbstverleugnung und der göttlichen Aufopferung, von ungesäumter Wegwerfung des Lebens, als ob es, dem nichtswürdigsten Gute gleich, auf dem nächsten Schritte schon wiedergefunden würde. Ja, da nicht einer war, für den nicht an diesem Tage etwas Rührendes geschehen wäre, oder der nicht selbst etwas Großmütiges getan hätte, so war der Schmerz in jeder Menschenbrust mit so viel süßer Lust vermischt, daß sich, wie sie meinte, gar nicht angeben ließ, ob die Summe des allgemeinen Wohlseins nicht von der einen Seite um ebenso viel gewachsen war, als sie von der anderen abgenommen hatte.

Jeronimo nahm Josephen, nachdem sich beide in diesen Betrachtungen stillschweigend erschöpft hatten, beim Arm, und führte sie mit unaussprechlicher Heiterkeit unter den schattigen Lauben des Granatwaldes auf und nieder. Er sagte ihr, daß er, bei dieser Stimmung der Gemüter und dem Umsturz aller Verhältnisse, seinen Entschluß, sich nach Europa einzuschiffen, aufgebe; daß er vor dem Vizekönig, der sich seiner Sache immer günstig gezeigt, falls er noch am Leben sei, einen Fußfall wagen würde; und daß er Hoffnung habe (wobei er ihr einen Kuß aufdrückte), mit ihr in Chili zurückzubleiben. Josephe antwortete, daß ähnliche Gedanken in ihr aufgestiegen wären; daß auch sie nicht mehr, falls ihr Vater nur noch am Leben sei, ihn zu versöhnen zweifle; daß sie aber statt des Fußfalles lieber nach La Conception zu gehen, und von dort aus schriftlich das Versöhnungsgeschäft mit dem Vizekönig zu betreiben rate, wo man auf jeden Fall in der Nähe des Hafens wäre, und für den besten, wenn das Geschäft die erwünschte Wendung nähme, ja leicht wieder nach St. Jago zurückkehren könnte. Nach einer kurzen Überlegung gab Jeronimo der Klugheit dieser Maßregel seinen Beifall, führte sie noch ein wenig, die heitern Momente der Zukunft überfliegend, in den Gängen umher, und kehrte mit ihr zur Gesellschaft zurück.

Inzwischen war der Nachmittag herangekommen, und die Gemüter der herumschwärmenden Flüchtlinge hatten sich, da die Erdstöße nachließen, nur kaum wieder ein wenig beruhigt, als sich schon die Nachricht verbreitete, daß in der Dominikanerkirche, der einzigen, welche das Erdbeben verschont hatte, eine feierliche Messe von dem Prälaten des Klosters selbst gelesen werden würde, den Himmel um Verhütung fernern Unglücks anzuflehen.

Das Volk brach schon aus allen Gegenden auf, und eilte in Strömen zur Stadt. In Don Fernandos Gesellschaft ward die Frage aufgeworfen, ob man nicht auch an dieser Feierlichkeit Teil nehmen, und sich dem allgemeinen Zuge anschließen solle? Donna Elisabeth erinnerte, mit einiger Beklemmung, was für ein Unheil gestern in der Kirche vorgefallen sei; daß solche Dankfeste ja wiederholt werden würden, und daß man sich der Empfindung alsdann, weil die Gefahr schon mehr vorüber wäre, mit desto größerer Heiterkeit und Ruhe überlassen könnte. Josephe äußerte, indem sie mit einiger Begeisterung sogleich aufstand, daß sie den Drang, ihr Antlitz vor dem Schöpfer in den Staub zu legen, niemals lebhafter empfunden habe, als eben jetzt, wo er seine unbegreifliche und erhabene Macht so entwickle. Donna Elvire erklärte sich mit Lebhaftigkeit für Josephens Meinung. Sie bestand darauf, daß man die Messe hören sollte, und rief Don Fernando auf, die Gesellschaft zu führen, worauf sich alles, Donna Elisabeth auch, von den Sitzen erhob. Da man jedoch letztere, mit heftig arbeitender Brust, die kleinen Anstalten zum Aufbruche zaudernd betreiben sah, und sie, auf die Frage: was ihr fehle? antwortete: sie wisse nicht, welch eine unglückliche Ahndung in ihr sei? so beruhigte sie Donna Elvire, und foderte sie auf, bei ihr und ihrem kranken Vater zurückzubleiben. Josephe sagte: so werden Sie mir wohl, Donna Elisabeth, diesen kleinen Liebling abnehmen, der sich schon wieder, wie Sie sehen, bei mir eingefunden hat. Sehr gern, antwortete Donna Elisabeth, und machte Anstalten ihn zu ergreifen; doch da dieser über das Unrecht, das ihm geschah, kläglich schrie, und auf keine Art darein willigte, so sagte Josephe lächelnd, daß sie ihn nur behalten wolle, und küßte ihn wieder still. Hierauf bot Don Fernando, dem die ganze Würdigkeit und Anmut ihres Betragens sehr gefiel, ihr den Arm; Jeronimo, welcher den kleinen Philipp trug, führte Donna Constanzen; die übrigen Mitglieder, die sich bei der Gesellschaft eingefunden hatten, folgten; und in dieser Ordnung ging der Zug nach der Stadt.

Sie waren kaum funfzig Schritte gegangen, als man Donna Elisabeth, welche inzwischen heftig und heimlich mit Donna Elvire gesprochen hatte: Don Fernando! rufen hörte, und dem Zuge mit unruhigen Tritten nacheilen sah. Don Fernando hielt, und kehrte sich um; harrte ihrer, ohne Josephen loszulassen, und fragte, da sie, gleich als ob sie auf sein Entgegenkommen wartete, in einiger Ferne stehen blieb: was sie wolle? Donna Elisabeth näherte sich ihm hierauf, obschon, wie es schien, mit Widerwillen, und raunte ihm, doch so, daß Josephe es nicht hören konnte, einige Worte ins Ohr. Nun? fragte Don Fernando: und das Unglück, das daraus entstehen kann? Donna Elisabeth fuhr fort, ihm mit verstörtem Gesicht ins Ohr zu zischeln. Don Fernando stieg eine Röte des Unwillens ins Gesicht; er antwortete: es wäre gut! Donna Elvire möchte sich beruhigen; und führte seine Dame weiter. –

Als sie in der Kirche der Dominikaner ankamen, ließ sich die Orgel schon mit musikalischer Pracht hören, und eine unermeßliche Menschenmenge wogte darin. Das Gedränge erstreckte sich bis weit vor den Portalen auf den Vorplatz der Kirche hinaus, und an den Wänden hoch, in den Rahmen der Gemälde, hingen Knaben, und hielten mit erwartungsvollen Blicken ihre Mützen in der Hand. Von allen Kronleuchtern strahlte es herab, die Pfeiler warfen, bei der einbrechenden Dämmerung, geheimnisvolle Schatten, die große von gefärbtem Glas gearbeitete Rose in der Kirche äußerstem Hintergrunde glühte, wie die Abendsonne selbst, die sie erleuchtete, und Stille herrschte, da die Orgel jetzt schwieg, in der ganzen Versammlung, als hätte keiner einen Laut in der Brust. Niemals schlug aus einem christlichen Dom eine solche Flamme der Inbrunst gen Himmel, wie heute aus dem Dominikanerdom zu St. Jago; und keine menschliche Brust gab wärmere Glut dazu her, als Jeronimos und Josephens!

Die Feierlichkeit fing mit einer Predigt an, die der ältesten Chorherren einer, mit dem Festschmuck angetan, von der Kanzel hielt. Er begann gleich mit Lob, Preis und Dank, seine zitternden, vom Chorhemde weit umflossenen Hände hoch gen Himmel erhebend, daß noch Menschen seien, auf diesem, in Trümmer zerfallenden Teile der Welt, fähig, zu Gott empor zu stammeln. Er schilderte, was auf den Wink des Allmächtigen geschehen war; das Weltgericht kann nicht entsetzlicher sein; und als er das gestrige Erdbeben gleichwohl, auf einen Riß, den der Dom erhalten hatte, hinzeigend, einen bloßen Vorboten davon nannte, lief ein Schauder über die ganze Versammlung. Hierauf kam er, im Flusse priesterlicher Beredsamkeit, auf das Sittenverderbnis der Stadt; Greuel, wie Sodom und Gomorrha sie nicht sahen, straft' er an ihr; und nur der unendlichen Langmut Gottes schrieb er es zu, daß sie noch nicht gänzlich vom Erdboden vertilgt worden sei.

Aber wie dem Dolche gleich fuhr es durch die von dieser Predigt schon ganz zerrissenen Herzen unserer beiden Unglücklichen, als der Chorherr bei dieser Gelegenheit umständlich des Frevels erwähnte, der in dem Klostergarten der Karmeliterinnen verübt worden war; die Schonung, die er bei der Welt gefunden hatte, gottlos nannte, und in einer von Verwünschungen erfüllten Seitenwendung, die Seelen der Täter, wörtlich genannt, allen Fürsten der Hölle übergab! Donna Constanze rief, indem sie an Jeronimos Armen zuckte: Don Fernando! Doch dieser antwortete so nachdrücklich und doch so heimlich, wie sich beides verbinden ließ: »Sie schweigen, Donna, Sie rühren auch den Augapfel nicht, und tun, als ob Sie in eine Ohnmacht versänken; worauf wir die Kirche verlassen.« Doch, ehe Donna Constanze diese sinnreiche zur Rettung erfundene Maßregel noch ausgeführt hatte, rief schon eine Stimme, des Chorherrn Predigt laut unterbrechend, aus: Weichet fern hinweg, ihr Bürger von St. Jago, hier stehen diese gottlosen Menschen! Und als eine andere Stimme schreckenvoll, indessen sich ein weiter Kreis des Entsetzens um sie bildete, fragte: wo? hier! versetzte ein Dritter, und zog, heiliger Ruchlosigkeit voll, Josephen bei den Haaren nieder, daß sie mit Don Fernandos Sohne zu Boden getaumelt wäre, wenn dieser sie nicht gehalten hätte. »Seid ihr wahnsinnig?« rief der Jüngling, und schlug den Arm um Josephen: »ich bin Don Fernando Ormez, Sohn des Kommandanten der Stadt, den ihr alle kennt.« Don Fernando Ormez? rief, dicht vor ihn hingestellt, ein Schuhflicker, der für Josephen gearbeitet hatte, und diese wenigstens so genau kannte, als ihre kleinen Füße. Wer ist der Vater zu diesem Kinde? wandte er sich mit frechem Trotz zur Tochter Asterons. Don Fernando erblaßte bei dieser Frage. Er sah bald den Jeronimo schüchtern an, bald überflog er die Versammlung, ob nicht einer sei, der ihn kenne? Josephe rief, von entsetzlichen Verhältnissen gedrängt: dies ist nicht mein Kind, Meister Pedrillo, wie Er glaubt;

indem sie, in unendlicher Angst der Seele, auf Don Fernando blickte: dieser junge Herr ist Don Fernando Ormez, Sohn des Kommandanten der Stadt, den ihr alle kennt! Der Schuster fragte: wer von euch, ihr Bürger, kennt diesen jungen Mann? Und mehrere der Umstehenden wiederholten: wer kennt den Jeronimo Rugera? Der trete vor! Nun traf es sich, daß in demselben Augenblicke der kleine Juan, durch den Tumult erschreckt, von Josephens Brust weg Don Fernando in die Arme strebte. Hierauf: Er *ist* der Vater! schrie eine Stimme; und: er *ist* Jeronimo Rugera! eine andere; und: sie *sind* die gotteslästerlichen Menschen! eine dritte; und: steinigt sie! steinigt sie! die ganze im Tempel Jesu versammelte Christenheit! Drauf jetzt Jeronimo: Halt! Ihr Unmenschlichen! Wenn ihr den Jeronimo Rugera sucht: hier ist er! Befreit jenen Mann, welcher unschuldig ist! –

Der wütende Haufen, durch die Äußerung Jeronimos verwirrt, stutzte; mehrere Hände ließen Don Fernando los; und da in demselben Augenblick ein Marine-Offizier von bedeutendem Rang herbeieilte, und, indem er sich durch den Tumult drängte, fragte: Don Fernando Ormez! Was ist Euch widerfahren? so antwortete dieser, nun völlig befreit, mit wahrer heldenmütiger Besonnenheit: »Ja, sehen Sie, Don Alonzo, die Mordknechte! Ich wäre verloren gewesen, wenn dieser würdige Mann sich nicht, die rasende Menge zu beruhigen, für Jeronimo Rugera ausgegeben hätte. Verhaften Sie ihn, wenn Sie die Güte haben wollen, nebst dieser jungen Dame, zu ihrer beiderseitigen Sicherheit; und diesen Nichtswürdigen«, indem er Meister Pedrillo ergriff, »der den ganzen Aufruhr angezettelt hat!« Der Schuster rief: Don Alonzo Onoreja, ich frage Euch auf Euer Gewissen, ist dieses Mädchen nicht Josephe Asteron? Da nun Don Alonzo, welcher Josephen sehr genau kannte, mit der Antwort zauderte, und mehrere Stimmen, dadurch von neuem zur Wut entflammt, riefen: sie ists, sie ists! und: bringt sie zu Tode! so setzte Josephe den kleinen Philipp, den Jeronimo bisher getragen hatte, samt dem kleinen Juan, auf Don Fernandos Arm, und

29

sprach: gehn Sie, Don Fernando, retten Sie Ihre beiden Kinder, und überlassen Sie uns unserm Schicksale!

Don Fernando nahm die beiden Kinder und sagte: er wolle eher umkommen, als zugeben, daß seiner Gesellschaft etwas zu Leide geschehe. Er bot Josephen, nachdem er sich den Degen des Marine-Offiziers ausgebeten hatte, den Arm, und forderte das hintere Paar auf, ihm zu folgen. Sie kamen auch wirklich, indem man ihnen, bei solchen Anstalten, mit hinlänglicher Ehrerbietigkeit Platz machte, aus der Kirche heraus, und glaubten sich gerettet. Doch kaum waren sie auf den von Menschen gleichfalls erfüllten Vorplatz derselben getreten, als eine Stimme aus dem rasenden Haufen, der sie verfolgt hatte, rief: dies ist Jeronimo Rugera, ihr Bürger, denn ich bin sein eigner Vater! und ihn an Donna Constanzens Seite mit einem ungeheuren Keulenschlage zu Boden streckte. Jesus Maria! rief Donna Constanze, und floh zu ihrem Schwager; doch: Klostermetze! erscholl es schon, mit einem zweiten Keulenschlage, von einer andern Seite, der sie leblos neben Jeronimo niederwarf. Ungeheuer! rief ein Unbekannter: dies war Donna Constanze Xares! Warum belogen sie uns! antwortete der Schuster; sucht die rechte auf, und bringt sie um! Don Fernando, als er Constanzens Leichnam erblickte, glühte vor Zorn; er zog und schwang das Schwert, und hieb, daß er ihn gespalten hätte, den fanatischen Mordknecht, der diese Greuel veranlaßte, wenn derselbe nicht, durch eine Wendung, dem wütenden Schlag entwichen wäre. Doch da er die Menge, die auf ihn eindrang, nicht überwältigen konnte: leben Sie wohl, Don Fernando mit den Kindern! rief Josephe – und: hier mordet mich, ihr blutdürstenden Tiger! und stürzte sich freiwillig unter sie, um dem Kampf ein Ende zu machen. Meister Pedrillo schlug sie mit der Keule nieder. Darauf ganz mit ihrem Blute besprützt: schickt ihr den Bastard zur Hölle nach! rief er, und drang, mit noch ungesättigter Mordlust, von neuem vor.

Don Fernando, dieser göttliche Held, stand jetzt, den Rücken an die Kirche gelehnt; in der Linken hielt er die Kinder, in der

Rechten das Schwert. Mit jedem Hiebe wetterstrahlte er einen zu Boden; ein Löwe wehrt sich nicht besser. Sieben Bluthunde lagen tot vor ihm, der Fürst der satanischen Rotte selbst war verwundet. Doch Meister Pedrillo ruhte nicht eher, als bis er der Kinder eines bei den Beinen von seiner Brust gerissen, und, hochher im Kreise geschwungen, an eines Kirchpfeilers Ecke zerschmettert hatte. Hierauf ward es still, und alles entfernte sich. Don Fernando, als er seinen kleinen Juan vor sich liegen sah, mit aus dem Hirne vorquellenden Mark, hob, voll namenlosen Schmerzes, seine Augen gen Himmel.

Der Marine-Offizier fand sich wieder bei ihm ein, suchte ihn zu trösten, und versicherte ihn, daß seine Untätigkeit bei diesem Unglück, obschon durch mehrere Umstände gerechtfertigt, ihn reue; doch Don Fernando sagte, daß ihm nichts vorzuwerfen sei, und bat ihn nur, die Leichname jetzt fortschaffen zu helfen. Man trug sie alle, bei der Finsternis der einbrechenden Nacht, in Don Alonzos Wohnung, wohin Don Fernando ihnen, viel über das Antlitz des kleinen Philipp weinend, folgte. Er übernachtete auch bei Don Alonzo, und säumte lange, unter falschen Vorspiegelungen, seine Gemahlin von dem ganzen Umfang des Unglücks zu unterrichten; einmal, weil sie krank war, und dann, weil er auch nicht wußte, wie sie sein Verhalten bei dieser Begebenheit beurteilen würde; doch kurze Zeit nachher, durch einen Besuch zufällig von allem, was geschehen war, benachrichtigt, weinte diese treffliche Dame im Stillen ihren mütterliche Schmerz aus, und fiel ihm mit dem Rest einer erglänzenden Träne eines Morgens um den Hals und küßte ihn. Don Fernando und Donna Elvire nahmen hierauf den kleinen Fremdling zum Pflegesohn an; und wenn Don Fernando Philippen mit Juan verglich, und wie er beide erworben hatte, so war es ihm fast, als müßt er sich freuen.

Der Engel am Grabe des Herrn

Als still und kalt, mit sieben Todeswunden,
Der Herr in seinem Grabe lag; das Grab,
Als sollt es zehn lebendge Riesen fesseln,
In eine Felskluft schmetternd eingehauen;
Gewälzet, mit der Männer Kraft, verschloß
Ein Sandstein, der Bestechung taub, die Türe;
Rings war des Landvogts Siegel aufgedrückt:
Es hätte der Gedanke selber nicht
Der Höhle unbemerkt entschlüpfen können;
Und gleichwohl noch, als ob zu fürchten sei,
Es könn auch der Granitblock sich bekehren,
Ging eine Schar von Hütern auf und ab,
Und starrte nach des Siegels Bildern hin:
Da kamen, bei des Morgens Strahl,
Des ewgen Glaubens voll, die drei Marien her,
Zu sehn, ob Jesus noch darinnen sei:
Denn Er, versprochen hatt er ihnen,
Er werd am dritten Tage auferstehn.
Da nun die Fraun, die gläubigen, sich nahten
Der Grabeshöhle: was erblickten sie?
Die Hüter, die das Grab bewachen sollten,
Gestürzt, das Angesicht in Staub,
Wie Tote, um den Felsen lagen sie;
Der Stein war weit hinweggewälzt vom Eingang;
Und auf dem Rande saß, das Flügelpaar noch regend,
Ein Engel, wie der Blitz erscheint,
Und sein Gewand so weiß wie junger Schnee.
Da stürzten sie, wie Leichen, selbst, getroffen,
Zu Boden hin, und fühlten sich wie Staub,
Und meinten, gleich im Glanze zu vergehn:

Doch er, er sprach, der Cherub: »Fürchtet nicht!
Ihr suchtet Jesum, den Gekreuzigten –
Der aber ist nicht hier, er ist erstanden:
Kommt her, und schaut die öde Stätte an.«
Und fuhr, als sie, mit hocherhobnen Händen,
Sprachlos die Grabesstätte leer erschaut,
In seiner hehren Milde also fort:
»Geht hin, ihr Fraun, und kündigt es nunmehr
Den Jüngern an, die er sich auserkoren,
Daß sie es allen Erdenvölkern lehren,
Und tun also, wie er getan«: und schwand.

Anekdote aus dem letzten Kriege

Den ungeheuersten Witz, der vielleicht, so lange die Erde steht, über Menschenlippen gekommen ist, hat, im Lauf des letztverflossenen Krieges, ein Tambour gemacht; ein Tambour meines Wissens von dem damaligen Regiment von Puttkamer; ein Mensch, zu dem, wie man gleich hören wird, weder die griechische noch römische Geschichte ein Gegenstück liefert. Dieser hatte, nach Zersprengung der preußischen Armee bei Jena, ein Gewehr aufgetrieben, mit welchem er, auf seine eigne Hand, den Krieg fortsetzte; dergestalt, daß da er, auf der Landstraße, alles, was ihm an Franzosen in den Schuß kam, niederstreckte und ausplünderte, er von einem Haufen französischer Gensdarmen, die ihn aufspürten, ergriffen, nach der Stadt geschleppt, und, wie es ihm zukam, verurteilt ward, erschossen zu werden. Als er den Platz, wo die Exekution vor sich gehen sollte, betreten hatte, und wohl sah, daß alles, was er zu seiner Rechtfertigung vorbrachte, vergebens war, bat er sich von dem Obristen, der das Detaschement kommandierte, eine Gnade aus; und da der Obrist, inzwischen die Offiziere, die ihn umringten, in gespannter Erwartung zusammentraten, ihn fragte: was er wolle? zog er sich die Hosen ab, und sprach: sie möchten ihn in den ... schießen, damit das F... kein L... bekäme. – Wobei man noch die Shakespearesche Eigenschaft bemerken muß, daß der Tambour mit seinem Witz, aus seiner Sphäre als Trommelschläger nicht herausging.

An Ulrike von Kleist

Meine teuerste Ulrike,

Du wirst zwar schon durch Gleißenberg, oder auf welchem Wege es sei, mein Schicksal erfahren haben, ich muß es Dir aber doch selbst schreiben, damit Du mit Genauigkeit und Bestimmtheit davon unterrichtet wirst. Ich werde mit Gauvain und Ehrenberg, auf Befehl des Generals Clarke, nach Joux in Frankreich (über Mainz, Straßburg, und Besançon) transportiert, um daselbst bis zum Frieden aufbewahrt zu werden. Dir den Grund dieser gewaltsamen Maßregel anzugeben, bin ich nicht imstande, auch scheint es, als ob uns nichts zur Last gelegt würde, als bloß der Umstand, daß wir von Königsberg kamen. Ich hatte, mit einem Paß, den ich mir in Cöslin verschafft, und in Damm und Stettin, wo ich zuerst französische Truppen fand, hatte visieren lassen, glücklich Berlin erreicht. Gauvain und ich waren vorangereist, Ehrenberg kam den andern Tag nach, unsre übrige Reisegesellschaft hatte sich von uns getrennt. Wir wollten auch hier unsre Pässe beim Gouvernement unterzeichnen lassen, hier aber machte man uns die sonderbarsten Schwierigkeiten, verhörte uns, verwarf unsre Dimissionen als falsch, und erklärte uns endlich am dritten Tage, daß wir als Kriegsgefangne nach Frankreich transportiert werden würden. Vergebens beriefen wir uns auf unsre Unschuld, und daß eine ganze Menge der angesehensten Männer unsre Aussage bekräftigen könnten; ohne uns anzuhören, wurden wir arretiert, und am andern Morgen schon, durch die Gensdarmerie, nach Wustermark abgeführt. Du kannst Dir unsern Schreck und unsre bösen Aussichten für die Zukunft denken, als wir hier, den gemeinsten Verbrechern gleich, in ein unterirdisches Gefängnis eingesperrt wurden, das wirklich nicht abscheulicher gefunden werden kann. Es gelang uns glücklich, am folgenden Tage, einen der Gensdarmen, die uns begleiteten, von der Ungerechtigkeit, die uns betroffen, zu überzeugen; er mußte seiner Order gehorchen, versicherte aber, daß er uns von Station zu Station empfehlen würde, und wirklich werden wir auch jetzt an den meisten Orten, unter einer Bewachung vor den Zimmern, einquartiert. Kann man sich aber etwas Übereilteres, als diese Maßregel denken? Man vermißt ganz das gute Urteil der Franzosen darin. Vielleicht gibt es nicht drei Menschen in der Welt, die ihnen gleichgültiger sein konnten, als wir, in jenem Augenblick. Die Reise geht, wie ich Dir schon gesagt habe, nach Joux, einem Schloß bei Pontarlier, auf der Straße von Neufchâtel nach Paris. Was uns dort bevorsteht, ist wahrscheinlich in einem verschlossnen Briefe enthalten, der uns begleitet, und schwerlich etwas Besseres, als Staatsgefangenschaft. Ich hoffe immer noch von Tage zu Tage, daß die Versuche, die wir schriftlich beim Gen. Clarke gemacht haben, diesen überall als vortrefflich bekannten Mann von unsrer Unschuld überzeugen werden. Wäre dies nicht, so würde ich mir ewig Vorwürfe machen, die Gelegenheiten, die sich mir täglich und stündlich zur Wiedererlangung meiner Freiheit anbieten, nicht benutzt zu haben. Ob mich gleich jetzt die Zukunft unruhig macht, so bin ich doch derjenige von meinen beiden Reisegefährten, der diese Gewalttat am leichtesten verschmerzen kann; denn wenn nur dort meine Lage einigermaßen erträglich ist, so kann ich daselbst meine literarischen Projekte ebenso gut ausführen, als anderswo. Bekümmre Dich also meinetwegen nicht übermäßig, ich bin gesunder als jemals, und das Leben ist noch reich genug, um zwei oder drei unbequeme Monate aufzuwiegen. Lebe wohl, grüße alles, ich werde Dir bald wieder schreiben, und Briefe von Dir in Joux erwarten.

Marburg, den 17. Feb. 1807   H. v. Kleist.

An Ulrike von Kleist

Chalons sur Marne, den 23. April 1807

Meine teuerste Ulrike,

Wenn Du meinen Brief von ohngefähr dem 8. oder 10. Febr. erhalten hast, so wirst Du wissen, was für eine sonderbare Veranlassung mich, als einen Staatsgefangnen, nach Frankreich gesprengt hat. Ich setze voraus, daß Dir dieser Brief richtig durch Schlotheim zugekommen ist, und so fahre ich fort, Dir von dem Verlauf meiner Schicksale Nachricht zu geben. Nachdem wir noch mehrere Male in die Gefängnisse geworfen worden waren, und an Orten, wo dies nicht geschah, Schritte tun mußten, die fast ebenso peinlich waren als das Gefängnis, kamen wir endlich den 5. März im Fort de Joux an. Nichts kann öder sein, als der Anblick dieses, auf einem nackten Felsen liegenden, Schlosses, das zu keinem andern Zweck, als zur Aufbewahrung der Gefangenen, noch unterhalten wird. Wir mußten aussteigen, und zu Fuße hinauf gehn; das Wetter war entsetzlich, und der Sturm drohte uns, auf diesem schmalen, eisbedeckten Wege, in den Abgrund hinunter zu wehen. Im Elsaß, und auf der Straße weiterhin, ging der Frühling schon auf, wir hatten in Besançon schon Rosen gesehen; doch hier, auf diesem Schlosse an dem nördlichen Abhang des Jura, lag noch drei Fuß hoher Schnee. Man fing damit an, meinen beiden Reisegefährten alles Geld abzunehmen, wobei man mich als Dolmetscher gebrauchte; mir konnte man keins abnehmen, denn ich hatte nichts. Hierauf versicherte man uns, daß wir es recht gut haben würden, und fing damit an, uns, jeden abgesondert, in ein Gewölbe zu führen, das zum Teil in den Felsen gehauen, zum Teil von großen Quadersteinen aufgeführt, ohne Licht und ohne Luft war. Nichts geht über die Beredsamkeit der Franzosen. Gauvain kam in das Gefängnis zu sitzen, in welchem Toussaint l'Ouverture gestorben war; unsre

Fenster waren mit dreifachen Gittern versehen, und wie viele Türen hinter uns verschlossen wurden, das weiß ich gar nicht; und doch hießen diese Behältnisse anständige und erträgliche Wohnungen. Wenn man uns Essen brachte, war ein Offizier dabei gegenwärtig, kaum daß man uns, aus Furcht vor staatsgefährlichen Anschlägen, Messer und Gabeln zugestand. Das Sonderbarste war, daß man uns in dieser hülflosen Lage nichts aussetzte; aber da man nicht wußte, ob wir Staatsgefangne oder Kriegsgefangne waren (ein Umstand, den unsre Order zweifelhaft gelassen hatte): auf welchem Fuß sollte man uns bezahlen? Der Franzose stirbt eher, und läßt die ganze Welt umkommen, ehe er gegen seine Gesetze verfährt. Diese Lage war inzwischen zu qualvoll, als daß sie meine beiden Gefährten, die von Natur krankhaft sind, lange hätten aushalten können. Sie verlangten Ärzte, ich schrieb an den Kommandanten, und dieser, der ein edelmütiger Mann schien, und das Mißverständnis, das bei dieser Sache obwalten mußte, schon voraussah, verwandte sich bei dem Gouverneur in Besançon, worauf man uns andere Behältnisse anwies, die wenigstens den Namen der Wohnungen verdienen konnten. Jetzt konnten wir, auf unser Ehrenwort, auf den Wällen spazieren gehen, das Wetter war schön, die Gegend umher romantisch, und da meine Freunde mir, für den Augenblick, aus der Not halfen, und mein Zimmer mir Bequemlichkeiten genug zum Arbeiten anbot, so war ich auch schon wieder vergnügt, und über meiner Lage ziemlich getröstet. Inzwischen hatten wir, gleich bei unsrer Ankunft, unsre Memoriale an den Kriegsminister eingereicht, und die Abschriften davon an den Prinzen August geschickt. Da unsre Arretierung in Berlin in der Tat ein bloßes Mißverständnis war, und uns, wegen unseres Betragens, gar kein bestimmter Vorwurf gemacht werden konnte, so befahl der Kriegsminister, daß wir aus dem Fort entlassen, und, den andern Kriegsgefangnen gleich, nach Chalons sur Marne geschickt werden sollten. Hier sitzen wir nun, mit völliger Freiheit zwar, auf unser Ehrenwort, doch Du kannst denken, in welcher Lage, bei so ungeheuren Kosten, die uns alle diese

Reisen verursacht haben, und bei der hartnäckigen Verweigerung des Soldes, den die andern Kriegsgefangnen ziehn. Ich habe von neuem an den Kriegsminister und an den Prinzen August geschrieben, und da es ganz unerhört ist, einen Bürger, der die Waffen im Felde nicht getragen hat, zum Kriegsgefangnen zu machen, so hoffe ich auf meine Befreiung, oder wenigstens auf gänzliche Gleichschätzung mit den übrigen Offizieren. Daß übrigens alle diese Übel mich wenig angreifen, kannst Du von einem Herzen hoffen, das mit größeren und mit den größesten auf das Innigste vertraut ist. Schreibe mir nur, wie es Dir und den Schorinschen geht, denn dies ist der eigentliche Zweck dieses Briefes, da die Kriegsunruhen, die sich bald nach meiner Entfernung aus Pommern dahin zogen, mich mit der lebhaftesten Sorge für Euch erfüllt haben. Lebe wohl und grüße alles, sobald sich mein Schicksal ändert schreib ich Dir wieder, wenn ich nur Deine Adresse weiß.

Dein Heinrich v. Kleist.

Anekdote aus dem letzten preußischen Kriege

In einem bei Jena liegenden Dorf, erzählte mir, auf einer Reise nach Frankfurt, der Gastwirt, daß sich mehrere Stunden nach der Schlacht, um die Zeit, da das Dorf schon ganz von der Armee des Prinzen von Hohenlohe verlassen und von Franzosen, die es für besetzt gehalten, umringt gewesen wäre, ein einzelner preußischer Reiter darin gezeigt hätte; und versicherte mir, daß wenn alle Soldaten, die an diesem Tage mitgefochten, so tapfer gewesen wären, wie dieser, die Franzosen hätten geschlagen werden müssen, wären sie auch noch dreimal stärker gewesen, als sie in der Tat waren. Dieser Kerl, sprach der Wirt, sprengte, ganz von Staub bedeckt, vor meinen Gasthof, und rief: »Herr Wirt!« und da ich frage: was gibts? »ein Glas Branntewein!« antwortet er, indem er sein Schwert in die Scheide wirft: »mich dürstet.« Gott im Himmel! sag ich: will er machen, Freund, daß er wegkömmt? Die Franzosen sind ja dicht vor dem Dorf! »Ei, was!« spricht er, indem er dem Pferde den Zügel über den Hals legt. »Ich habe den ganzen Tag nichts genossen!« Nun er ist, glaub ich, vom Satan besessen –! He! Liese! rief ich, und schaff ihm eine Flasche Danziger herbei, und sage: da! und will ihm die ganze Flasche in die Hand drücken, damit er nur reite. »Ach, was!« spricht er, indem er die Flasche wegstößt, und sich den Hut abnimmt: »wo soll ich mit dem Quark hin?« Und: »schenk er ein!« spricht er, indem er sich den Schweiß von der Stirn abtrocknet: »denn ich habe keine Zeit!« Nun er ist ein Kind des Todes, sag ich. Da! sag ich, und schenk ihm ein; da! trink er und reit er! Wohl mags ihm bekommen: »Noch eins!« spricht der Kerl; während die Schüsse schon von allen Seiten ins Dorf prasseln. Ich sage: noch eins? Plagt ihn –! »Noch eins!« spricht er, und streckt mir das Glas hin – »Und gut gemessen«, spricht er, indem er sich den Bart wischt, und sich vom Pferde herab schneuzt: »denn es wird bar bezahlt!« Ei, mein

Seel, so wollt ich doch, daß ihn –! Da! sag ich, und schenk ihm noch, wie er verlangt, ein zweites, und schenk ihm, da er getrunken, noch ein drittes ein, und frage: ist er nun zufrieden? »Ach!« – schüttelt sich der Kerl. »Der Schnaps ist gut! – Na!« spricht er, und setzt sich den Hut auf: »was bin ich schuldig?« Nichts! nichts! versetz ich. Pack er sich, ins Teufelsnamen; die Franzosen ziehen augenblicklich ins Dorf! »Na!« sagt er, indem er in seinen Stiefel greift: »so solls ihm Gott lohnen«, und holt, aus dem Stiefel, einen Pfeifenstummel hervor, und spricht, nachdem er den Kopf ausgeblasen: »schaff er mir Feuer!« Feuer? sag ich: plagt ihn –? »Feuer, ja!« spricht er: »denn ich will mir eine Pfeife Tabak anmachen.« Ei, den Kerl reiten Legionen –! He, Liese, ruf ich das Mädchen! und während der Kerl sich die Pfeife stopft, schafft das Mensch ihm Feuer. »Na!« sagt der Kerl, die Pfeife, die er sich angeschmaucht, im Maul: »nun sollen doch die Franzosen die Schwerenot kriegen!« Und damit, indem er sich den Hut in die Augen drückt, und zum Zügel greift, wendet er das Pferd und zieht von Leder. Ein Mordkerl! sag ich; ein verfluchter, verwetterter Galgenstrick! Will er sich ins Henkers Namen scheren, wo er hingehört? Drei Chasseurs – sieht er nicht? halten ja schon vor dem Tor? »Ei was!« spricht er, indem er ausspuckt; und faßt die drei Kerls blitzend ins Auge. »Wenn ihrer zehen wären, ich fürcht mich nicht.« Und in dem Augenblick reiten auch die drei Franzosen schon ins Dorf. »Bassa Manelka!« ruft der Kerl, und gibt seinem Pferde die Sporen und sprengt auf sie ein; sprengt, so wahr Gott lebt, auf sie ein, und greift sie, als ob er das ganze Hohenlohische Korps hinter sich hätte, an; dergestalt, daß, da die Chasseurs, ungewiß, ob nicht noch mehr Deutsche im Dorf sein mögen, einen Augenblick, wider ihre Gewohnheit, stutzen, er, mein Seel, ehe man noch eine Hand umkehrt, alle drei vom Sattel haut, die Pferde, die auf dem Platz herumlaufen, aufgreift, damit bei mir vorbeisprengt, und: »Bassa Teremtetem!« ruft, und: »Sieht er wohl, Herr Wirt?« und »Adies!« und »auf Wiedersehn!« und: »hoho! hoho! hoho!« – – So einen Kerl, sprach der Wirt, habe ich zeit meines Lebens nicht gesehen.

Das Waschen durch Dämpfe

Herr Couraudeau hat in Nr. 97 der Annales des Arts et Manufactures 1809 eine neue Erfahrung bekannt gemacht, die ebensosehr die allgemeine Aufmerksamkeit verdient, als seine übrigen Erfindungen, besonders die der Sparöfen. Er hat nämlich Anleitung gegeben zu einem neuen Verfahren, die Wäsche durch Dämpfe zu reinigen. Die Wäsche wird nicht gebeucht, gerieben, gespült, sondern bloß über die kochende Beuche gelegt und von dem Dampfe derselben nach und nach durchdrungen, welcher, alle Unreinigkeiten mit sich führend, wieder in den Kessel zurückfällt. Das Verfahren wird fortgesetzt, bis alle Unreinigkeit aus der Wäsche gebracht ist; und da die Wäsche stets von dem Dampfe durchdrungen wird, der nichts von den unreinen Teilen, die sich in dem Wasser befinden, bei sich führt, so ist weiter kein Nachspülen nötig, sondern die auf diese Art völlig gereinigte Wäsche wird bloß zum Trocknen aufgehängt.

Couraudeau erspart durch sein Verfahren zwei Dritteile der Zeit, ein Dritteil Arbeitslohn und zwei Dritteile der Seife; er gibt der Wäsche eine größere Weiße, als sie durch die gewöhnliche Art des Waschens erhält, und sie wird nicht im geringsten abgenutzt. Übrigens wird jeder, der dieses Verfahren, das durch vorstehende Angaben hinlänglich erklärt wird, nachahmen will, die dazu nötigen Vorrichtungen leicht selbst nach seinen Bedürfnissen und seinen Hülfsmitteln erfinden können.

Komödienzettel

Heute zum ersten Mal mit Vergunst: die Penthesilea,
Hundekomödie; Akteurs: Helden und Köter und Fraun.

Penthesilea

Ein Trauerspiel

Personen

PENTHESILEA, Königin		
PROTHOE		der Amazonen
MEROE	Fürstinnen	
ASTERIA		

DIE OBERPRIESTERIN DER DIANA

ACHILLES	
ODYSSEUS	Könige des Griechenvolks
DIOMEDES	
ANTILOCHUS	

GRIECHEN UND AMAZONEN

Szene: Schlachtfeld bei Troja.

Erster Auftritt

Odysseus und Diomedes von der einen Seite, Antilochus von der andern, Gefolge treten auf.

ANTILOCHUS. Seid mir gegrüßt, ihr Könige! Wie gehts,
Seit wir zuletzt bei Troja uns gesehn?
ODYSSEUS. Schlecht, Antiloch. Du siehst auf diesen Feldern,
Der Griechen und der Amazonen Heer,
Wie zwei erboste Wölfe sich umkämpfen:
Beim Jupiter! sie wissen nicht warum?
Wenn Mars entrüstet, oder Delius,
Den Stecken nicht ergreift, der Wolkenrüttler
Mit Donnerkeilen nicht dazwischen wettert:
Tot sinken die Verbißnen heut noch nieder,
Des einen Zahn im Schlund des anderen. –
Schafft einen Helm mit Wasser!
ANTILOCHUS.   Element!
Was wollen diese Amazonen uns?
ODYSSEUS. Wir zogen aus, auf des Atriden Rat,
Mit der gesamten Schar der Myrmidonen,
Achill und ich; Penthesilea, hieß es,
Sei in den skyth'schen Wäldern aufgestanden,
Und führ ein Heer, bedeckt mit Schlangenhäuten,
Von Amazonen, heißer Kampflust voll,
Durch der Gebirge Windungen heran,
Den Priamus in Troja zu entsetzen.
Am Ufer des Skamandros hören wir,
Deiphobus auch, der Priamide, sei
Aus Ilium mit einer Schar gezogen,
Die Königin, die ihm mit Hülfe naht,
Nach Freundesart zu grüßen. Wir verschlingen
Die Straße jetzt, uns zwischen dieser Gegner
Heillosem Bündnis wehrend aufzupflanzen;
Die ganze Nacht durch windet sich der Zug.

Doch, bei des Morgens erster Dämmerröte,
Welch ein Erstaunen faßt' uns, Antiloch,
Da wir, in einem weiten Tal vor uns,
Mit des Deiphobus Iliern im Kampf
Die Amazonen sehn! Penthesilea,
Wie Sturmwind, ein zerrissenes Gewölk,
Weht der Trojaner Reihen vor sich her,
Als gält es übern Hellespont hinaus,
Hinweg vom Rund der Erde sie zu blasen.

ANTILOCHUS. Seltsam, bei unserm Gott!

ODYSSEUS.   Wir sammeln uns,
Der Trojer Flucht, die wetternd auf uns ein,
Gleich einem Anfall keilt, zu widerstehen,
Und dicht zur Mauer drängen wir die Spieße.
Auf diesen Anblick stutzt der Priamide;
Und wir, im kurzen Rat beschließen, gleich,
Die Amazonenfürstin zu begrüßen:
Sie auch hat ihren Siegeslauf gehemmt.
War je ein Rat einfältiger und besser?
Hätt ihn Athene, wenn ich sie befragt,
Ins Ohr verständiger mir flüstern können?
Sie muß, beim Hades! diese Jungfrau, doch,
Die wie vom Himmel plötzlich, kampfgerüstet,
In unsern Streit fällt, sich darin zu mischen,
Sie muß zu einer der Partein sich schlagen;
Und uns die Freundin müssen wir sie glauben,
Da sie sich Teukrischen die Feindin zeigt.

ANTILOCHUS.
Was sonst, beim Styx! Nichts anders gibts.

ODYSSEUS.   Nun gut.
Wir finden sie, die Heldin Skythiens,
Achill und ich – in kriegerischer Feier
An ihrer Jungfraun Spitze aufgepflanzt,
Geschürzt, der Helmbusch wallt ihr von der Scheitel,
Und seine Gold- und Purpurtroddeln regend,

Zerstampft ihr Zelter unter ihr den Grund.
Gedankenvoll, auf einen Augenblick,
Sieht sie in unsre Schar, von Ausdruck leer,
Als ob in Stein gehaun wir vor ihr stünden;
Hier diese flache Hand, versichr' ich dich,
Ist ausdrucksvoller als ihr Angesicht:
Bis jetzt ihr Aug auf den Peliden trifft:
Und Glut ihr plötzlich, bis zum Hals hinab,
Das Antlitz färbt, als schlüge rings um ihr
Die Welt in helle Flammenlohe auf.
Sie schwingt, mit einer zuckenden Bewegung,
– Und einen finstern Blick wirft sie auf ihn –
Vom Rücken sich des Pferds herab, und fragt,
Die Zügel einer Dienrin überliefernd,
Was uns, in solchem Prachtzug, zu ihr führe.
Ich jetzt, wie wir Argiver hoch erfreut,
Auf eine Feindin des Dardanervolks zu stoßen;
Was für ein Haß den Priamiden längst
Entbrannt sei in der Griechen Brust, wie nützlich,
So ihr, wie uns, ein Bündnis würde sein;
Und was der Augenblick noch sonst mir beut:
Doch mit Erstaunen, in dem Fluß der Rede,
Bemerk ich, daß sie mich nicht hört. Sie wendet,
Mit einem Ausdruck der Verwunderung,
Gleich einem sechzehnjährgen Mädchen plötzlich,
Das von olympschen Spielen wiederkehrt,
Zu einer Freundin, ihr zur Seite sich,
Und ruft: solch einem Mann, o Prothoe, ist
Otrere, meine Mutter, nie begegnet!
Die Freundin, auf dies Wort betreten, schweigt,
Achill und ich, wir sehn uns lächelnd an,
Sie ruht, sie selbst, mit trunknem Blick schon wieder
Auf des Äginers schimmernde Gestalt:
Bis jen' ihr schüchtern naht, und sie erinnert,
Daß sie mir noch die Antwort schuldig sei.

Drauf mit der Wangen Rot, wars Wut, wars Scham,
Die Rüstung wieder bis zum Gurt sich färbend,
Verwirrt und stolz und wild zugleich: sie sei
Penthesilea, kehrt sie sich zu mir,
Der Amazonen Königin, und werde
Aus Köchern mir die Antwort übersenden!

ANTILOCHUS. So, Wort für Wort, der Bote, den du sandtest;
Doch keiner in dem ganzen Griechenlager,
Der ihn begriff.

ODYSSEUS.   Hierauf unwissend ietzt,
Was wir von diesem Auftritt denken sollen,
In grimmiger Beschämung gehn wir heim,
Und sehn die Teukrischen, die unsre Schmach
Von fern her, die hohnlächelnden, erraten,
Wie im Triumph sich sammeln. Sie beschließen
Im Wahn, sie seien die Begünstigten,
Und nur ein Irrtum, der sich lösen müsse,
Sei an dem Zorn der Amazone schuld,
Schnell ihr, durch einen Herold, Herz und Hand,
Die sie verschmäht, von neuem anzutragen.
Doch eh der Bote, den sie senden wollen,
Den Staub noch von der Rüstung abgeschüttelt,
Stürzt die Kentaurin, mit verhängtem Zügel,
Auf sie und uns schon, Griech' und Trojer, ein,
Mit eines Waldstroms wütendem Erguß
Die einen, wie die andern, niederbrausend.

ANTILOCHUS. Ganz unerhört, ihr Danaer!

ODYSSEUS.   Jetzt hebt
Ein Kampf an, wie er, seit die Furien walten,
Noch nicht gekämpft ward auf der Erde Rücken.
So viel ich weiß, gibt es in der Natur
Kraft bloß und ihren Widerstand, nichts Drittes.
Was Glut des Feuers löscht, löst Wasser siedend
Zu Dampf nicht auf und umgekehrt. Doch hier
Zeigt ein ergrimmter Feind von beiden sich,

Bei dessen Eintritt nicht das Feuer weiß,
Obs mit dem Wasser rieseln soll, das Wasser,
Obs mit dem Feuer himmelan soll lecken.
Der Trojer wirft, gedrängt von Amazonen,
Sich hinter eines Griechen Schild, der Grieche
Befreit ihn von der Jungfrau, die ihn drängte,
Und Griech' und Trojer müssen jetzt sich fast,
Dem Raub der Helena zu Trotz, vereinen,
Um dem gemeinen Feinde zu begegnen.
                    Ein Grieche bringt ihm Wasser.
Dank! Meine Zunge lechzt.
DIOMEDES.   Seit jenem Tage
   Grollt über dieser Ebne unverrückt
   Die Schlacht, mit immer reger Wut, wie ein
   Gewitter, zwischen waldgekrönter Felsen Gipfeln
   Geklemmt. Als ich mit den Ätoliern gestern
   Erschien, der Unsern Reihen zu verstärken,
   Schlug sie mit Donnerkrachen eben ein,
   Als wollte sie den ganzen Griechenstamm
   Bis auf den Grund, die Wütende, zerspalten.
   Der Krone ganze Blüte liegt, Ariston,
   Astyanax, von Sturm herabgerüttelt,
   Menandros, auf dem Schlachtfeld da, den Lorbeer,
   Mit ihren jungen, schönen Leibern groß,
   Für diese kühne Tochter Ares', düngend.
   Mehr der Gefangnen siegreich nahm sie schon,
   Als sie uns Augen, sie zu missen, Arme,
   Sie wieder zu befrein, uns übrig ließ.
ANTILOCHUS. Und niemand kann, was sie uns will, ergründen?
DIOMEDES. Kein Mensch, das eben ists: wohin wir spähend
   Auch des Gedankens Senkblei fallen lassen.
   – Oft, aus der sonderbaren Wut zu schließen,
   Mit welcher sie, im Kampfgewühl, den Sohn
   Der Thetis sucht, scheints uns, als ob ein Haß
   Persönlich wider ihn die Brust ihr füllte.

So folgt, so hungerheiß, die Wölfin nicht,
Durch Wälder, die der Schnee bedeckt, der Beute,
Die sich ihr Auge grimmig auserkor,
Als sie, durch unsre Schlachtreihn, dem Achill.
Doch jüngst, in einem Augenblick, da schon
Sein Leben war in ihre Macht gegeben,
Gab sie es lächelnd, ein Geschenk, ihm wieder:
Er stieg zum Orkus, wenn sie ihn nicht hielt.

ANTILOCHUS.
Wie? Wenn ihn wer? Die Königin?

DIOMEDES.   Sie selbst!
Denn als sie, um die Abenddämmrung gestern,
Im Kampf, Penthesilea und Achill,
Einander trafen, stürmt Deiphobus her,
Und auf der Jungfrau Seite hingestellt,
Der Teukrische, trifft er dem Peleïden
Mit einem tückschen Schlag die Rüstung prasselnd,
Daß rings der Ormen Wipfel widerhallten.
Die Königin, entfärbt, läßt zwei Minuten
Die Arme sinken: und die Locken dann
Entrüstet um entflammte Wangen schüttelnd,
Hebt sie vom Pferdesrücken hoch sich auf,
Und senkt, wie aus dem Firmament geholt,
Das Schwert ihm wetterstrahlend in den Hals,
Daß er zu Füßen hin, der Unberufne,
Dem Sohn, dem göttlichen, der Thetis rollt.
Er jetzt, zum Dank, will ihr, der Peleïde,
Ein Gleiches tun; doch sie bis auf den Hals
Gebückt, den mähnumflossenen, des Schecken,
Der, in den Goldzaum beißend, sich herumwirft,
Weicht seinem Mordhieb aus, und schießt die Zügel,
Und sieht sich um, und lächelt, und ist fort.

ANTILOCHUS. Ganz wunderbar!

ODYSSEUS.   Was bringst du uns von Troja?

ANTILOCHUS. Mich sendet Agamemnon her, und fragt dich,

Ob Klugheit nicht, bei so gewandelten
Verhältnissen, den Rückzug dir gebiete.
Uns gelt es Iliums Mauern einzustürzen,
Nicht einer freien Fürstin Heereszug,
Nach einem uns gleichgültgen Ziel, zu stören.
Falls du daher Gewißheit dir verschafft,
Daß nicht mit Hülfe der Dardanerburg
Penthesilea naht, woll er, daß ihr
Sogleich, um welchen Preis gleichviel, euch wieder
In die argivische Verschanzung werft.
Verfolgt sie euch, so werd er, der Atride,
Dann an des Heeres Spitze selber sehn,
Wozu sich diese rätselhafte Sphinx
Im Angesicht von Troja wird entscheiden.
ODYSSEUS. Beim Jupiter! Der Meinung bin ich auch.
Meint ihr, daß der Laertiade sich
In diesem sinnentblößten Kampf gefällt?
Schafft den Peliden weg von diesem Platze!
Denn wie die Dogg entkoppelt, mit Geheul
In das Geweih des Hirsches fällt: der Jäger,
Erfüllt von Sorge, lockt und ruft sie ab;
Jedoch verbissen in des Prachttiers Nacken,
Tanzt sie durch Berge neben ihm, und Ströme,
Fern in des Waldes Nacht hinein: so er,
Der Rasende, seit in der Forst des Krieges
Dies Wild sich von so seltner Art, ihm zeigte.
Durchbohrt mit einem Pfeilschuß, ihn zu fesseln,
Die Schenkel ihm: er weicht, so schwört er, eher
Von dieser Amazone Ferse nicht,
Bis er bei ihren seidnen Haaren sie
Von dem gefleckten Tigerpferd gerissen.
Versuchs, o Antiloch, wenns dir beliebt,
Und sieh, was deine rednerische Kunst,
Wenn seine Lippe schäumt, bei ihm vermag.
DIOMEDES. Laßt uns vereint, ihr Könige, noch einmal

Vernunft keilförmig, mit Gelassenheit,
Auf seine rasende Entschließung setzen.
Du wirst, erfindungsreicher Larissäer,
Den Riß schon, den er beut, zu finden wissen.
Weicht er dir nicht, wohlan, so will ich ihn
Mit zwei Ätoliern auf den Rücken nehmen,
Und einem Klotz gleich, weil der Sinn ihm fehlt,
In dem Argiverlager niederwerfen.
ODYSSEUS. Folgt mir!
ANTILOCHUS.   Nun? Wer auch eilt uns dort heran?
DIOMEDES. Es ist Adrast. So bleich und so verstört.

Zweiter Auftritt

Die Vorigen. Ein Hauptmann tritt auf.

ODYSSEUS. Was bringst du?
DIOMEDES.   Botschaft?
DER HAUPTMANN.   Euch die ödeste,
  Die euer Ohr noch je vernahm.
DIOMEDES.   Wie?
ODYSSEUS.   Rede!
DER HAUPTMANN. Achill – ist in der Amazonen Händen,
  Und Pergams Mauern fallen jetzt nicht um.
DIOMEDES. Ihr Götter, ihr olympischen!
ODYSSEUS.   Unglücksbote!
ANTILOCHUS. Wann trug, wo, das Entsetzliche sich zu?
DER HAUPTMANN. Ein neuer Anfall, heiß, wie Wetterstrahl,
  Schmolz, dieser wuterfüllten Mavorstöchter,
  Rings der Ätolier wackre Reihen hin,
  Auf uns, wie Wassersturz, hernieder sie,
  Die unbesiegten Myrmidonier, gießend.
  Vergebens drängen wir dem Fluchtgewog
  Entgegen uns: in wilder Überschwemmung

Reißts uns vom Kampfplatz strudelnd mit sich fort:
Und eher nicht vermögen wir den Fuß,
Als fern von dem Peliden fest zu setzen.
Erst jetzo wickelt er, umstarrt von Spießen,
Sich aus der Nacht des Kampfes los, er rollt
Von eines Hügels Spitze scheu herab,
Auf uns kehrt glücklich sich sein Lauf, wir senden
Aufjauchzend ihm den Rettungsgruß schon zu:
Doch es erstirbt der Laut im Busen uns,
Da plötzlich jetzt sein Viergespann zurück
Vor einem Abgrund stutzt, und hoch aus Wolken
In grause Tiefe bäumend niederschaut.
Vergebens jetzt, in der er Meister ist,
Des Isthmus ganze vielgeübte Kunst:
Das Roßgeschwader wendet, das erschrockne,
Die Häupter rückwärts in die Geißelhiebe,
Und im verworrenen Geschirre fallend,
Zum Chaos, Pferd' und Wagen, eingestürzt,
Liegt unser Göttersohn, mit seinem Fuhrwerk,
Wie in der Schlinge eingefangen da.

ANTILOCHUS. Der Rasende! Wohin treibt ihn –?

DER HAUPTMANN.   Es stürzt
Automedon, des Fahrzeugs rüstger Lenker,
In die Verwirrung hurtig sich der Rosse:
Er hilft dem Viergekoppel wieder auf.
Doch eh er noch aus allen Knoten rings
Die Schenkel, die verwickelten, gelöst,
Sprengt schon die Königin, mit einem Schwarm
Siegreicher Amazonen, ins Geklüft,
Jedweden Weg zur Rettung ihm versperrend.

ANTILOCHUS.
Ihr Himmlischen!

DER HAUPTMANN.   Sie hemmt, Staub rings umqualmt sie,
Des Zelters flüchtgen Lauf, und hoch zum Gipfel
Das Angesicht, das funkelnde, gekehrt,

Mißt sie, auf einen Augenblick, die Wand:
Der Helmbusch selbst, als ob er sich entsetzte,
Reißt bei der Scheitel sie von hinten nieder.
Drauf plötzlich jetzt legt sie die Zügel weg:
Man sieht, gleich einer Schwindelnden, sie hastig
Die Stirn, von einer Lockenflut umwallt,
In ihre beiden kleinen Hände drücken.
Bestürzt, bei diesem sonderbaren Anblick,
Umwimmeln alle Jungfraun sie, mit heiß
Eindringlicher Gebärde sie beschwörend;
Die eine, die zunächst verwandt ihr scheint,
Schlingt ihren Arm um sie, indes die andre
Entschloßner noch, des Pferdes Zügel greift:
Man will den Fortschritt mit Gewalt ihr wehren,
Doch sie –

DIOMEDES. Wie? wagt sie es?

ANTILOCHUS.   Nein, sprich!

DER HAUPTMANN.   Ihr hörts.
Umsonst sind die Versuche, sie zu halten,
Sie drängt mit sanfter Macht von beiden Seiten
Die Fraun hinweg, und im unruhgen Trabe
An dem Geklüfte auf und nieder streifend,
Sucht sie, ob nicht ein schmaler Pfad sich biete
Für einen Wunsch, der keine Flügel hat;
Drauf jetzt, gleich einer Rasenden, sieht man
Empor sie an des Felsens Wände klimmen,
Jetzt hier, in glühender Begier, jetzt dort,
Unsinnger Hoffnung voll, auf diesem Wege
Die Beute, die im Garn liegt, zu erhaschen.
Jetzt hat sie jeden sanftern Riß versucht,
Den sich im Fels der Regen ausgewaschen;
Der Absturz ist, sie sieht es, unersteiglich;
Doch, wie beraubt des Urteils, kehrt sie um,
Und fängt, als wärs von vorn, zu klettern an.
Und schwingt, die Unverdrossene, sich wirklich

Auf Pfaden, die des Wandrers Fußtritt scheut,
Schwingt sich des Gipfels höchstem Rande näher
Um einer Orme Höh; und da sie jetzt auf einem
Granitblock steht, von nicht mehr Flächenraum
Als eine Gemse sich zu halten braucht;
Von ragendem Geklüfte rings geschreckt,
Den Schritt nicht vorwärts mehr, nicht rückwärts wagt;
Der Weiber Angstgeschrei durchkreischt die Luft:
Stürzt sie urplötzlich, Roß und Reuterin,
Von los sich lösendem Gestein umprasselt,
Als ob sie in den Orkus führe, schmetternd
Bis an des Felsens tiefsten Fuß zurück,
Und bricht den Hals sich nicht und lernt auch nichts:
Sie rafft sich bloß zu neuem Klimmen auf.
ANTILOCHUS. Seht die Hyäne, die blind-wütende!
ODYSSEUS. Nun? Und Automedon?
DER HAUPTMANN.   Er endlich schwingt,
Das Fahrzeug steht, die Rosse auch, geordnet –
– Hephästos hätt in so viel Zeit fast neu
Den ganzen erznen Wagen schmieden können –
Er schwingt dem Sitz sich zu, und greift die Zügel:
Ein Stein fällt uns Argivern von der Brust.
Doch eben jetzt, da er die Pferde wendet,
Erspähn die Amazonen einen Pfad,
Dem Gipfel sanfthin zugeführt, und rufen,
Das Tal rings mit Geschrei des Jubels füllend,
Die Königin dahin, die sinnberaubte,
Die immer noch des Felsens Sturz versucht.
Sie, auf dies Wort, das Roß zurücke werfend,
Rasch einen Blick den Pfad schickt sie hinan;
Und dem gestreckten Parder gleich, folgt sie
Dem Blick auch auf dem Fuß: er, der Pelide,
Entwich zwar mit den Rossen, rückwärts strebend;
Doch in den Gründen bald verschwand er mir,
Und was aus ihm geworden, weiß ich nicht.

ANTILOCHUS. Verloren ist er!

DIOMEDES.   Auf! Was tun wir, Freunde?

ODYSSEUS. Was unser Herz, ihr Könige, gebeut!
Auf! laßt uns ihn der Königin entreißen!
Gilts einen Kampf um ihn auf Tod und Leben:
Den Kampf bei den Atriden fecht ich aus.

Odysseus, Diomedes, Antilochus ab.

Dritter Auftritt

Der Hauptmann. Eine Schar von Griechen, welche während
dessen einen Hügel bestiegen haben.

EIN MYRMIDONIER *in die Gegend schauend.*
Seht! Steigt dort über jenes Berges Rücken,
Ein Haupt nicht, ein bewaffnetes, empor?
Ein Helm, von Federbüschen überschattet?
Der Nacken schon, der mächtge, der es trägt?
Die Schultern auch, die Arme, stahlumglänzt?
Das ganze Brustgebild, o seht doch, Freunde,
Bis wo den Leib der goldne Gurt umschließt?

DER HAUPTMANN.
Ha! Wessen!

DER MYRMIDONIER.
                    Wessen! Träum ich, ihr Argiver?
Die Häupter sieht man schon, geschmückt mit Blessen,
Des Roßgespanns! Nur noch die Schenkel sind,
Die Hufen, von der Höhe Rand bedeckt!
Jetzt, auf dem Horizonte, steht das ganze
Kriegsfahrzeug da! So geht die Sonne prachtvoll
An einem heitern Frühlingstage auf!

DIE GRIECHEN.
Triumph! Achilleus ists! Der Göttersohn!
Selbst die Quadriga führet er heran!
Er ist gerettet!

DER HAUPTMANN. Ihr Olympischen!
So sei euch ewger Ruhm gegönnt! – Odysseus!
– Flieg einer den argolschen Fürsten nach!
                    Ein Grieche schnell ab.
Naht er sich uns, ihr Danaer?
DER MYRMIDONIER.   O sieh!
DER HAUPTMANN.
Was gibts?
DER MYRMIDONIER.
                    O mir vergeht der Atem, Hauptmann!
DER HAUPTMANN. So rede, sprich!
DER MYRMIDONIER.   O, wie er mit der Linken
Vor über seiner Rosse Rücken geht!
Wie er die Geißel umschwingt über sie!
Wie sie von ihrem bloßen Klang erregt,
Der Erde Grund, die göttlichen, zerstampfen!
Am Zügel ziehn sie, beim Lebendigen,
Mit ihrer Schlünde Dampf, das Fahrzeug fort!
Gehetzter Hirsche Flug ist schneller nicht!
Der Blick drängt unzerknickt sich durch die Räder,
Zur Scheibe fliegend eingedreht, nicht hin!
EIN ÄTOLIER.
Doch hinter ihm –
DER HAUPTMANN.   Was?
DER MYRMIDONIER.   An des Berges Saum –
DER ÄTOLIER. Staub –
DER MYRMIDONIER. Staub aufqualmend, wie Gewitterwolken:
Und, wie der Blitz vorzuckt –
DER ÄTOLIER.   Ihr ewgen Götter!
DER MYRMIDONIER. Penthesilea.
DER HAUPTMANN.   Wer?
DER ÄTOLIER.   Die Königin! –
Ihm auf dem Fuß, dem Peleïden, schon
Mit ihrem ganzen Troß von Weibern folgend.
DER HAUPTMANN. Die rasende Megär!

DIE GRIECHEN *rufend.*   Hieher der Lauf!
Hieher den Lauf, du Göttlicher, gerichtet!
Auf uns den Lauf!
DER ÄTOLIER.   Seht! wie sie mit den Schenkeln
Des Tigers Leib inbrünstiglich umarmt!
Wie sie, bis auf die Mähn herabgebeugt,
Hinweg die Luft trinkt lechzend, die sie hemmt!
Sie fliegt, wie von der Senne abgeschossen:
Numidsche Pfeile sind nicht hurtiger!
Das Heer bleibt keuchend, hinter ihr, wie Köter,
Wenn sich ganz aus die Dogge streckt, zurück!
Kaum daß ihr Federbusch ihr folgen kann!
DER HAUPTMANN.
So naht sie ihm?
EIN DOLOPER.   Naht ihm!
DER MYRMIDONIER.   Naht ihm noch nicht!
DER DOLOPER. Naht ihm, ihr Danaer! Mit jedem Hufschlag,
Schlingt sie, wie hungerheiß, ein Stück des Weges,
Der sie von dem Peliden trennt, hinunter!
DER MYRMIDONIER. Bei allen hohen Göttern, die uns schützen!
Sie wächst zu seiner Größe schon heran!
Sie atmet schon, zurückgeführt vom Winde,
Den Staub, den säumend seine Fahrt erregt!
Der rasche Zelter wirft, auf dem sie reitet,
Erdschollen, aufgewühlt von seiner Flucht,
Schon in die Muschel seines Wagens hin!
DER ÄTOLIER. Und jetzt – der Übermütge! Rasende!
Er lenkt im Bogen spielend noch! Gib acht:
Die Amazone wird die Sehne nehmen.
Siehst du? Sie schneidet ihm den Lauf –
DER MYRMIDONIER.   Hilf! Zeus!
An seiner Seite fliegt sie schon! Ihr Schatten,
Groß, wie ein Riese, in der Morgensonne,
Erschlägt ihn schon!
DER ÄTOLIER.   Doch jetzt urplötzlich reißt er –

DER DOLOPER. Das ganze Roßgeschwader reißt er plötzlich
  Zur Seit herum!
DER ÄTOLIER.   Zu uns her fliegt er wieder!
DER MYRMIDONIER.
  Ha! Der Verschlagne! Er betrog sie –
DER DOLOPER.   Hui!
  Wie sie, die Unaufhaltsame, vorbei
  Schießt an dem Fuhrwerk –
DER MYRMIDONIER.   Prellt, im Sattel fliegt,
  Und stolpert –
DER DOLOPER.   Stürzt!
DER HAUPTMANN.   Was?
DER MYRMIDONIER.   Stürzt, die Königin!
  Und eine Jungfrau blindhin über sie –
DER DOLOPER. Und eine noch –
DER MYRMIDONIER.   Und wieder –
DER DOLOPER.   Und noch eine –
DER HAUPTMANN.
  Ha! Stürzen, Freunde?
DER DOLOPER.   Stürzen –
DER MYRMIDONIER.   Stürzen, Hauptmann,
  Wie in der Feueresse eingeschmelzt,
  Zum Haufen, Roß und Reutrinnen, zusammen!
DER HAUPTMANN. Daß sie zu Asche würden!
DER DOLOPER.   Staub ringsum,
  Vom Glanz der Rüstungen durchzuckt und Waffen:
  Das Aug erkennt nichts mehr, wie scharf es sieht.
  Ein Knäuel, ein verworrener, von Jungfraun,
  Durchwebt von Rossen bunt: das Chaos war,
  Das erst', aus dem die Welt sprang, deutlicher.
DER ÄTOLIER. Doch jetzt – ein Wind erhebt sich; Tag wird es,
  Und eine der Gestürzten rafft sich auf.
DER DOLOPER. Ha! Wie sich das Gewimmel lustig regt!
  Wie sie die Spieße sich, die Helme, suchen,
  Die weithin auf das Feld geschleuderten!

DER MYRMIDONIER. Drei Rosse noch, und eine Reuterin, liegen
  Gestreckt wie tot –
DER HAUPTMANN.   Ist das die Königin?
DER ÄTOLIER. Penthesilea, fragst du?
DER MYRMIDONIER.   Obs die Königin?
  – Daß mir den Dienst die Augen weigerten!
  Dort steht sie!
DER DOLOPER. Wo?
DER HAUPTMANN.   Nein, sprich!
DER MYRMIDONIER.   Dort, beim Kroniden,
  Wo sie gestürzt: in jener Eiche Schatten!
  An ihres Pferdes Nacken hält sie sich,
  Das Haupt entblößt – seht ihr den Helm am Boden?
  Die Locken schwachhin mit der Rechten greifend,
  Wischt sie, ists Staub, ists Blut, sich von der Stirn.
DER DOLOPER. Bei Gott, sie ists!
DER HAUPTMANN.   Die Unverwüstliche!
DER ÄTOLIER. Die Katze, die so stürzt, verreckt; nicht sie!
DER HAUPTMANN. Und der Pelid?
DER DOLOPER.   Ihn schützen alle Götter!
  Um drei Pfeilschüsse flog er fort und drüber!
  Kaum mehr mit Blicken kann sie ihn erreichen,
  Und der Gedanke selbst, der strebende,
  Macht ihr im atemlosen Busen halt!
DER MYRMIDONIER.
  Triumph! Dort tritt Odysseus jetzt hervor!
  Das ganze Griechenheer, im Strahl der Sonne,
  Tritt plötzlich aus des Waldes Nacht hervor!
DER HAUPTMANN. Odyß? Und Diomed auch? O ihr Götter!
  – Wie weit noch in dem Feld ist er zurück?
DER DOLOPER.
  Kaum einen Steinwurf, Hauptmann! Sein Gespann
  Fliegt auf die Höhen am Skamandros schon,
  Wo sich das Heer raschhin am Rande ordnet.
  Die Reihn schon wettert er entlang –

STIMMEN *aus der Ferne.*   Heil dir!
DER DOLOPER. Sie rufen, die Argiver, ihm –
STIMMEN.   Heil dir!
    Achill! Heil dir, Pelide! Göttersohn!
    Heil dir! Heil dir! Heil dir!
DER DOLOPER.   Er hemmt den Lauf!
    Vor den versammelten Argiverfürsten
    Hemmt er den Lauf! Odysseus naht sich ihm!
    Vom Sitz springt er, der Staubbedeckte, nieder!
    Die Zügel gibt er weg! Er wendet sich!
    Er nimmt den Helm ab, der sein Haupt beschwert!
    Und alle Könige umringen ihn!
    Die Griechen reißen ihn, die jauchzenden,
    Um seine Kniee wimmelnd, mit sich fort:
    Indes Automedon die Rosse schrittweis,
    Die dampfenden, an seiner Seite führt!
    Hier wälzt der ganze Jubelzug sich schon
    Auf uns heran! Heil dir! du Göttlicher!
    O seht doch her, seht her – Da ist er schon!

Vierter Auftritt

Achilles, ihm folgen Odysseus, Diomedes, Antilochus,
Automedon mit der Quadriga ihm zur Seite,
das Heer der Griechen.

ODYSSEUS. Sei mir, Äginerheld, aus heißer Brust
    Gegrüßt! Du Sieger auch noch in der Flucht!
    Beim Jupiter! Wenn hinter deinem Rücken,
    Durch deines Geistes Obmacht über ihren,
    In Staub die Feindin stürzt, was wird geschehn,
    Wenns dir gelingt, du Göttlicher, sie einst
    Von Angesicht zu Angesicht zu fassen.
ACHILLES *er hält den Helm in der Hand und wischt sich den*

Schweiß von der Stirn. Zwei Griechen ergreifen, ihm unbe-
wußt, einen seiner Arme, der verwundet ist, und verbinden
ihn.
Was ist? Was gibts?

ANTILOCHUS.　　　　Du hast in einem Kampf
Wetteifernder Geschwindigkeit bestanden,
Neridensohn, wie losgelassene
Gewitterstürm, am Himmelsplane brausend,
Noch der erstaunten Welt ihn nicht gezeigt.
Bei den Erinnyen! Meiner Reue würd ich
Mit deinem flüchtigen Gespann entfliehn,
Hätt ich, des Lebens Gleise schwer durchknarrend,
Die Sünden von der ganzen Trojerburg
Der Muschel meiner Brust auch aufgeladen.

ACHILLES *zu den zwei Griechen, welche ihn mit ihrem Geschäft*
zu belästigen scheinen. Die Narren.

EIN GRIECHENFÜRST.　　　　　　Wer?

ACHILLES.　　　　　　　　Was neckt ihr –

DER ERSTE GRIECHE *der ihm den Arm verbindet.* Halt! Du
blutest!

ACHILLES. Nun ja.

DER ZWEITE GRIECHE. So steh!

DER ERSTE.　　　　　　So laß dich auch verbinden.

DER ZWEITE. Gleich ists geschehn.

DIOMEDES.　　　　　　　– Es hieß zu Anfang hier,
Der Rückzug meiner Völker habe dich
In diese Flucht gestürzt; beschäftiget
Mit dem Ulyß, den Antiloch zu hören,
Der Botschaft uns von den Atriden brachte,
War ich selbst auf dem Platz nicht gegenwärtig.
Doch alles, was ich sehe, überzeugt mich,
Daß dieser meisterhaften Fahrt ein freier
Entwurf zum Grunde lag. Man könnte fragen,
Ob du bei Tagesanbruch, da wir zum
Gefecht noch allererst uns rüsteten,

Den Feldstein schon gedacht dir, über welchen
Die Königin zusammenstürzen sollte:
So sichern Schrittes, bei den ewigen Göttern,
Hast du zu diesem Stein sie hingeführt.

ODYSSEUS. Doch jetzt, Doloperheld, wirst du gefällig,
Wenn dich ein anderes nicht besser dünkt,
Mit uns dich ins Argiverlager werfen.
Die Söhne Atreus' rufen uns zurück.
Wir werden mit verstelltem Rückzug sie
In das Skamandrostal zu locken suchen,
Wo Agamemnon aus dem Hinterhalt
In einer Hauptschlacht sie empfangen wird.
Beim Gott des Donners! Nirgends, oder dort
Kühlst du die Brunst dir ab, die, rastlos drängend,
Gleich einem jungen Spießer, dich verfolgt:
Und meinen besten Segen schenk ich dir.
Denn mir ein Greul auch, in den Tod verhaßt,
Schweift die Megäre, unsre Taten störend,
Auf diesem Feld herum, und gern möcht ich,
Gesteh ich dir, die Spur von deinem Fußtritt
Auf ihrer rosenblütnen Wange sehn.

ACHILLES *sein Blick fällt auf die Pferde.*
Sie schwitzen.

ANTILOCHUS. Wer?

AUTOMEDON *indem er ihre Hälse mit der Hand prüft.*
                Wie Blei.

ACHILLES.   Gut. Führe sie.
Und wenn die Luft sie abgekühlt, so wasche
Brüst ihnen und der Schenkel Paar mit Wein.

AUTOMEDON.
Man bringt die Schläuche schon.

DIOMEDES.   – Hier siehst du wohl,
Vortrefflicher, daß wir im Nachteil kämpfen.
Bedeckt, so weit das schärfste Auge reicht,
Sind alle Hügel von der Weiber Haufen;

Heuschrecken lassen dichtgeschloßner nicht
Auf eine reife Saatenflur sich nieder.
Wem noch gelang ein Sieg, wie er ihn wünschte?
Ist einer, außer dir, der sagen kann,
Er hab auch die Kentaurin nur gesehn?
Umsonst, daß wir, in goldnen Rüstungen,
Hervor uns drängen, unsern Fürstenstand
Lautschmetternd durch Trompeten ihr verkünden:
Sie rückt nicht aus dem Hintergrund hervor;
Und wer auch fern, vom Windzug hergeführt,
Nur ihre Silberstimme hören wollte,
Müßt eine Schlacht, unrühmlich, zweifelhaft,
Vorher mit losem Kriegsgesindel kämpfen,
Das sie, den Höllenhunden gleich, bewacht.

ACHILLES *in die Ferne hinaus schauend.*

Steht sie noch da?

DIOMEDES.   Du fragst? –

ANTILOCHUS.   Die Königin?

DER HAUPTMANN.

Man sieht nichts – Platz! Die Federbüsch hinweg!

DER GRIECHE *der ihm den Arm verbindet.*

Halt! Einen Augenblick.

EIN GRIECHENFÜRST.   Dort, allerdings!

DIOMEDES. Wo?

DER GRIECHENFÜRST.

          Bei der Eiche, unter der sie fiel.
Der Helmbusch wallt schon wieder ihr vom Haupte,
Und ihr Mißschicksal scheint verschmerzt. –

DER ERSTE GRIECHE.   Nun endlich!

DER ZWEITE. Den Arm jetzt magst du, wie du willst, gebrauchen.

DER ERSTE. Jetzt kannst du gehn.

          Die Griechen verknüpfen noch einen Knoten und
                    lassen seinen Arm fahren.

ODYSSEUS.   Hast du gehört, Pelide,
Was wir dir vorgestellt?

ACHILLES. Mir vorgestellt?
Nein, nichts. Was wars? Was wollt ihr?
ODYSSEUS. Was wir wollen?
Seltsam. – Wir unterrichteten von den Befehlen
Dich der Atriden! Agamemnon will,
Daß wir sogleich ins Griechenlager kehren;
Den Antiloch sandt er, wenn du ihn siehst,
Mit diesem Schluß des Feldherrnrats uns ab.
Der Kriegsplan ist, die Amazonenkönigin
Herab nach der Dardanerburg zu locken,
Wo sie, in beider Heere Mitte nun,
Von treibenden Verhältnissen gedrängt,
Sich muß, wem sie die Freundin sei, erklären;
Und wir dann, sie erwähle, was sie wolle,
Wir werden wissen mindstens, was zu tun.
Ich traue deiner Klugheit zu, Pelide,
Du folgst der Weisheit dieser Anordnung.
Denn Wahnsinn wärs, bei den Olympischen,
Da dringend uns der Krieg nach Troja ruft,
Mit diesen Jungfraun hier uns einzulassen,
Bevor wir wissen, *was* sie von uns wollen,
Noch überhaupt nur, *ob* sie uns was wollen?
ACHILLES *indem er sich den Helm wieder aufsetzt.*
Kämpft ihr, wie die Verschnittnen, wenn ihr wollt;
Mich einen Mann fühl ich, und diesen Weibern,
Wenn keiner sonst im Heere, will ich stehn!
Ob ihr hier länger, unter kühlen Fichten,
Ohnmächtiger Lust voll, sie umschweift, ob nicht,
Vom Bette fern der Schlacht, die sie umwogt,
Gilt mir gleichviel: beim Styx, ich willge drein,
Daß ihr nach Ilium zurücke kehrt.
Was *mir* die Göttliche begehrt, das weiß ich;
Brautwerber schickt sie mir, gefiederte,
Genug in Lüften zu, die ihre Wünsche
Mit Todgeflüster in das Ohr mir raunen.

Im Leben keiner Schönen war ich spröd;
Seit mir der Bart gekeimt, ihr lieben Freunde,
Ihr wißts, zu Willen jeder war ich gern:
Und wenn ich dieser mich gesperrt bis heute,
Beim Zeus, des Donners Gott, geschahs, weil ich
Das Plätzchen unter Büschen noch nicht fand,
Sie ungestört, ganz wie ihr Herz es wünscht,
Auf Küssen heiß von Erz im Arm zu nehmen.
Kurz, geht: ins Griechenlager folg ich euch;
Die Schäferstunde bleibt nicht lang mehr aus:
Doch müßt ich auch durch ganze Monden noch,
Und Jahre, um sie frein: den Wagen dort
Nicht ehr zu meinen Freunden will ich lenken,
Ich schwörs, und Pergamos nicht wiedersehn,
Als bis ich sie zu meiner Braut gemacht,
Und sie, die Stirn bekränzt mit Todeswunden,
Kann durch die Straßen häuptlings mit mir schleifen.
Folgt mir!

EIN GRIECHE *tritt auf.*
            Penthesilea naht sich dir, Pelide!
ACHILLES. Ich auch. Bestieg sie schon den Perser wieder?
DER GRIECHE. Noch nicht. Zu Fuße schreitet sie heran,
    Doch ihr zur Seite stampft der Perser schon.
ACHILLES. Wohlan! So schafft mir auch ein Roß, ihr Freunde! –
    Folgt, meine tapfern Myrmidonier, mir.
            Das Heer bricht auf.
ANTILOCHUS. Der Rasende!
ODYSSEUS.   Nun, so versuch doch
    Jetzt deine Rednerkunst, o Antiloch!
ANTILOCHUS. Laßt mit Gewalt uns ihn –
DIOMEDES.   Fort ist er schon!
ODYSSEUS. Verwünscht sei dieser Amazonenkrieg!
            Alle ab.

Fünfter Auftritt

Penthesilea, Prothoe, Meroe, Asteria, Gefolge, Amazonenheer.

DIE AMAZONEN. Heil dir, du Siegerin! Überwinderin!
Des Rosenfestes Königin! Triumph dir!
PENTHESILEA. Nichts vom Triumph mir! Nichts vom Rosenfeste!
Es ruft die Schlacht noch einmal mich ins Feld.
Den jungen trotzgen Kriegsgott bändg' ich mir,
Gefährtinnen, zehntausend Sonnen dünken,
Zu einem Glutball eingeschmelzt, so glanzvoll
Nicht, als ein Sieg, ein Sieg mir über ihn.
PROTHOE. Geliebte, ich beschwöre dich –
PENTHESILEA.   Laß mich!
Du hörst, was ich beschloß, eh würdest du
Den Strom, wenn er herab von Bergen schießt,
Als meiner Seele Donnersturz regieren.
Ich will zu meiner Füße Staub ihn sehen,
Den Übermütigen, der mir an diesem
Glorwürdgen Schlachtentag, wie keiner noch,
Das kriegerische Hochgefühl verwirrt.
Ist das die Siegerin, die schreckliche,
Der Amazonen stolze Königin,
Die seines Busens erzne Rüstung mir,
Wenn sich mein Fuß ihm naht, zurückespiegelt?
Fühl ich, mit aller Götter Fluch Beladne,
Da rings das Heer der Griechen vor mir flicht,
Bei dieses einzgen Helden Anblick mich
Gelähmt nicht, in dem Innersten getroffen,
Mich, *mich* die Überwundene, Besiegte?
Wo ist der Sitz mir, der kein Busen ward,
Auch des Gefühls, das mich zu Boden wirft?
Ins Schlachtgetümmel stürzen will ich mich,
Wo der Hohnlächelnde mein harrt, und ihn
Mir überwinden, oder leben nicht!

PROTHOE. Wenn du dein Haupt doch, teure Königin,
  An diesem treuen Busen ruhen wolltest.
  Der Sturz, der dir die Brust gewaltsam traf,
  Hat dir das Blut entflammt, den Sinn empört:
  An allen jungen Gliedern zitterst du!
  Beschließe nichts, wir alle flehen dich,
  Bis heitrer dir der Geist zurückgekehrt.
  Komm, ruhe dich bei mir ein wenig aus.
PENTHESILEA.
  Warum? Weshalb? Was ist geschehn? Was sagt ich?
  Hab ich? – Was hab ich denn –?
PROTHOE.   Um eines Siegs,
  Der deine junge Seele flüchtig reizt,
  Willst du das Spiel der Schlachten neu beginnen?
  Weil unerfüllt ein Wunsch, ich weiß nicht welcher,
  Dir im geheimen Herzen blieb, den Segen,
  Gleich einem übellaunigen Kind, hinweg,
  Der deines Volks Gebete krönte, werfen?
PENTHESILEA. Ha, sieh! Verwünscht das Los mir dieses Tages!
  Wie mit dem Schicksal heut, dem tückischen,
  Sich meiner Seele liebste Freundinnen
  Verbünden, mir zu schaden, mich zu kränken!
  Wo sich die Hand, die lüsterne, nur regt,
  Den Ruhm, wenn er bei mir vorüberfleucht,
  Bei seinem goldnen Lockenhaar zu fassen,
  Tritt eine Macht mir hämisch in den Weg –
  – Und Trotz ist, Widerspruch, die Seele mir!
  Hinweg!
PROTHOE *für sich.*
            Ihr Himmlischen, beschützet sie!
PENTHESILEA. Denk ich bloß *mich*, sinds *meine* Wünsche bloß,
  Die mich zurück aufs Feld der Schlachten rufen?
  Ist es das Volk, ists das Verderben nicht,
  Das in des Siegs wahnsinniger Berauschung,
  Hörbaren Flügelschlags, von fern ihm naht?

Was ist geschehn, daß wir zur Vesper schon,
Wie nach vollbrachter Arbeit ruhen wollen?
Gemäht liegt uns, zu Garben eingebunden,
Der Ernte üppger Schatz, in Scheuern hoch,
Die in den Himmel ragen, aufgetürmt:
Jedoch die Wolke heillos überschwebt ihn,
Und den Vernichtungsstrahl droht sie herab.
Die Jünglingsschar, die überwundene,
Ihr werdet sie, bekränzt mit Blumen nicht,
Bei der Posaunen und der Zimbeln Klang,
Zu euren duftgen Heimatstälern führen.
Aus jedem tückschen Hinterhalt hervor,
Der sich ihm beut, seh ich den Peleïden
Auf euren frohen Jubelzug sich stürzen;
Euch und dem Trosse der Gefangenen,
Bis zu den Mauern Themiscyras folgen;
Ja in der Artemis geweihtem Tempel
Die Ketten noch, die rosenblütenen,
Von ihren Gliedern reißen und die unsern
Mit erzgegoßner Fessel Last bewuchten.
Soll ich von seiner Fers, ich Rasende,
Die nun fünf schweißerfüllte Sonnen schon
An seinem Sturze rüttelte, entweichen:
Da er vom Windzug eines Streiches muß,
Getroffen, unter meines Rosses Huf,
Wie eine reife Südfrucht, niederfallen?
Nein, eh ich, was so herrlich mir begonnen,
So groß, nicht endige, eh ich nicht völlig
Den Kranz, der mir die Stirn umrauscht', erfasse,
Eh ich Mars' Töchter nicht, wie ich versprach,
Jetzt auf des Glückes Gipfel jauchzend führe,
Eh möge seine Pyramide schmetternd
Zusammenbrechen über mich und sie:
Verflucht das Herz, das sich nicht mäßgen kann.
PROTHOE. Dein Aug, o Herrscherin, erglüht ganz fremd,

69

Ganz unbegreiflich, und Gedanken wälzen,
So finster, wie der ewgen Nacht entstiegen,
In meinem ahndungsvollen Busen sich.
Die Schar, die deine Seele seltsam fürchtet,
Entfloh rings vor dir her, wie Spreu vor Winden;
Kaum daß ein Speer sich noch erblicken läßt.
Achill, so wie du mit dem Heer dich stelltest,
Von dem Skamandros ist er abgeschnitten;
Reiz ihn nicht mehr, aus seinem Blick nur weiche:
Den ersten Schritt, beim Jupiter, ich schwörs,
In seine Danaerschanze setzt er hin.
Ich will, ich, dir des Heeres Schweif beschirmen.
Sieh, bei den Göttern des Olymps, nicht *einen*
Gefangenen entreißt er dir! Es soll
Der Glanz, auch meilenfernhin, seiner Waffen,
Dein Heer nicht schrecken, seiner Rosse ferner Tritt
Dir kein Gelächter einer Jungfrau stören:
Mit meinem Haupt steh ich dir dafür ein!

PENTHESILEA *indem sie sich plötzlich zu Asteria wendet.*
Kann das geschehn, Asteria?

ASTERIA.   Herrscherin –

PENTHESILEA. Kann ich das Heer, wie Prothoe verlangt,
Nach Themiscyra wohl zurücke führen?

ASTERIA. Vergib, wenn ich in meinem Fall, o Fürstin –

PENTHESILEA.
Sprich dreist. Du hörst.

PROTHOE *schüchtern.*   Wenn du den Rat willst gütig
Versammelt aller Fürstinnen befragen,
So wird –

PENTHESILEA. Den Rat hier *dieser* will ich wissen!
– Was bin ich denn seit einer Hand voll Stunden?
                Pause, in welcher sie sich sammelt.
– – Kann ich das Heer, du sprichst, Asteria,
Kann ich es wohl zurück zur Heimat führen?

ASTERIA. Wenn du so willst, o Herrscherin, so laß

Mich dir gestehn, wie ich des Schauspiels staune,
Das mir in die ungläubgen Sinne fällt.
Vom Kaukasus, mit meinem Völkerstamm,
Um eine Sonne später aufgebrochen,
Konnt ich dem Zuge deines Heeres nicht,
Der reißend wie ein Strom dahinschoß, folgen.
Erst heute, weißt du, mit der Dämmerung,
Auf diesem Platz schlagfertig treff ich ein;
Und jauchzend schallt aus tausend Kehlen mir
Die Nachricht zu: Der Sieg, er sei erkämpft,
Beschlossen schon, auf jede Forderung,
Der ganze Amazonenkrieg. Erfreut,
Versichr' ich dich, daß das Gebet des Volks sich dir
So leicht, und unbedürftig mein, erfüllt,
Ordn' ich zur Rückkehr alles wieder an;
Neugierde treibt mich doch, die Schar zu sehen,
Die man mir als des Sieges Beute rühmt;
Und eine Handvoll Knechte, bleich und zitternd,
Erblickt mein Auge, der Argiver Auswurf,
Auf Schildern, die sie fliehend weggeworfen,
Von deinem Kriegstroß schwärmend aufgelesen.
Vor Trojas stolzen Mauern steht das ganze
Hellenenheer, steht Agamemnon noch,
Stehn Menelaus, Ajax, Palamed;
Ulysses, Diomedes, Antilochus,
Sie wagen dir ins Angesicht zu trotzen:
Ja jener junge Nereïdensohn,
Den deine Hand mit Rosen schmücken sollte,
Die Stirn beut er, der Übermütge, dir;
Den Fußtritt will er, und erklärt es laut,
Auf deinen königlichen Nacken setzen:
Und meine große Arestochter fragt mich,
Ob sie den Siegesheimzug feiern darf?
PROTHOE *leidenschaftlich.*
Der Königin, du Falsche, sanken Helden
An Hoheit, Mut und Schöne –

71

PENTHESILEA. Schweig, Verhaßte!
Asteria fühlt, wie ich, es ist nur einer
Hier mir zu sinken wert: und dieser eine,
Dort steht er noch im Feld der Schlacht und trotzt!
PROTHOE. Nicht von der Leidenschaft, o Herrscherin,
Wirst du dich –
PENTHESILEA. Natter! Deine Zunge nimm gefangen!
– Willst du den Zorn nicht deiner Königin wagen!
Hinweg!
PROTHOE. So wag ich meiner Königin Zorn!
Eh will ich nie dein Antlitz wiedersehen,
Als feig, in diesem Augenblick, dir eine
Verräterin schmeichlerisch zur Seite stehn.
Du bist, in Flammen wie du loderst, nicht
Geschickt, den Krieg der Jungfraun fortzuführen;
So wenig, wie, sich mit dem Spieß zu messen,
Der Löwe, wenn er von dem Gift getrunken,
Das ihm der Jäger tückisch vorgesetzt.
Nicht den Peliden, bei den ewgen Göttern,
Wirst du in dieser Stimmung dir gewinnen:
Vielmehr, noch eh die Sonne sinkt, versprech ich,
Die Jünglinge, die unser Arm bezwungen,
So vieler unschätzbaren Mühen Preis,
Uns bloß, in deiner Raserei, verlieren.
PENTHESILEA. Das ist ja sonderbar und unbegreiflich!
Was macht dich plötzlich denn so feig?
PROTHOE. Was mich? –
PENTHESILEA. Wen überwandst du, sag mir an?
PROTHOE. Lykaon,
Den jungen Fürsten der Arkadier.
Mich dünkt, du sahst ihn.
PENTHESILEA. So, so. War es jener,
Der zitternd stand, mit eingeknicktem Helmbusch,
Als ich mich den Gefangnen gestern –
PROTHOE. Zitternd!

Er stand so fest, wie je dir der Pelide!
Im Kampf von meinen Pfeilen heiß getroffen,
Sank er zu Füßen mir, stolz werd ich ihn,
An jenem Fest der Rosen, stolz, wie eine,
Zu unserm heilgen Tempel führen können.
PENTHESILEA. Wahrhaftig? Wie du so begeistert bist. –
Nun denn – er soll dir nicht entrissen werden!
– Führt aus der Schar ihn den Gefangenen,
Lykaon, den Arkadier herbei!
– Nimm, du unkriegerische Jungfrau, ihn,
Entfleuch, daß er dir nicht verloren gehe,
Aus dem Geräusch der Schlacht mit ihm, bergt euch
In Hecken von süß duftendem Holunder,
In der Gebirge fernsten Kluft, wo ihr
Wollüstig Lied die Nachtigall dir flötet,
Und fei'r es gleich, du Lüsterne, das Fest,
Das deine Seele nicht erwarten kann.
Doch aus dem Angesicht sei ewig mir,
Sei aus der Hauptstadt mir verbannt, laß den
Geliebten dich und seine Küsse, trösten,
Wenn alles, Ruhm dir, Vaterland und Liebe,
Die Königin, die Freundin untergeht.
Geh und befreie – geh! ich will nichts wissen!
Von deinem hassenswürdgen Anblick mich!
MEROE.
O, Königin!
EINE ANDERE FÜRSTIN *aus ihrem Gefolge.*
            Welch ein Wort sprachst du?
PENTHESILEA.   Schweigt, sag ich!
Der Rache weih ich den, der für sie fleht!
EINE AMAZONE *tritt auf.* Achilles nahet dir, o Herrscherin!
PENTHESILEA.
Er naht – Wohlauf, ihr Jungfraun, denn zur Schlacht! –
Reicht mir der Spieße treffendsten, o reicht
Der Schwerter wetterflammendstes mir her!

Die Lust, ihr Götter, müßt ihr mir gewähren,
Den einen heißersehnten Jüngling siegreich
Zum Staub mir noch der Füße hinzuwerfen.
Das ganze Maß von Glück erlaß ich euch,
Das meinem Leben zugemessen ist. –
Asteria! Du wirst die Scharen führen.
Beschäftige den Griechentroß und sorge
Daß sich des Kampfes Inbrunst mir nicht störe.
Der Jungfraun keine, wer sie immer sei,
Trifft den Peliden selbst! Dem ist ein Pfeil
Geschärft des Todes, der sein Haupt, was sag ich!
Der seiner Locken eine mir berührt!
Ich nur, ich weiß den Göttersohn zu fällen.
Hier dieses Eisen soll, Gefährtinnen,
Soll mit der sanftesten Umarmung ihn
(Weil ich mit Eisen ihn umarmen muß!)
An meinen Busen schmerzlos niederziehn.
Hebt euch, ihr Frühlingsblumen, seinem Fall,
Daß seiner Glieder keines sich verletze.
Blut meines Herzens mißt ich ehr, als seines.
Nicht eher ruhn will ich, bis ich aus Lüften,
Gleich einem schöngefärbten Vogel, ihn
Zu mir herabgestürzt; doch liegt er jetzt
Mit eingeknickten Fittichen, ihr Jungfraun,
Zu Füßen mir, kein Purpurstäubchen missend,
Nun dann, so mögen alle Seligen
Daniedersteigen, unsern Sieg zu feiern,
Zur Heimat geht der Jubelzug, dann bin ich
Die Königin des Rosenfestes euch! –
Jetzt kommt! –
Indem sie abgehen will, erblickt sie die weinende Prothoe,
und wendet sich unruhig. Darauf plötzlich, indem sie ihr
um den Hals fällt.
Prothoe! Meiner Seelen Schwester!
Willst du mir folgen?

PROTHOE *mit gebrochener Stimme.*

In den Orkus dir!

Ging ich auch zu den Seligen ohne dich?

PENTHESILEA. Du Bessere, als Menschen sind! Du willst es?

Wohlan, wir kämpfen, siegen mit einander,

Wir *beide* oder *keine*, und die Losung

Ist: Rosen für die Scheitel unsrer Helden,

Oder Zypressen für die unsrigen.

Alle ab.

Sechster Auftritt

Die Oberpriesterin der Diana mit ihren Priesterinnen treten auf
Ihnen folgen eine Schar junger Mädchen mit Rosen in Körben
auf den Köpfen, und die Gefangenen, geführt von einigen
bewaffneten Amazonen.

DIE OBERPRIESTERIN.

Nun, ihr geliebten, kleinen Rosenjungfraun,

Laßt jetzt die Frucht mich eurer Wandrung sehn.

Hier, wo die Felsenquelle einsam schäumt,

Beschattet von der Pinie, sind wir sicher:

Hier schüttet eure Ernte vor mir aus.

EIN JUNGES MÄDCHEN *ihren Korb ausschüttend.*

Sieh, diese Rosen pflück ich, heilge Mutter!

EIN ANDERES *ebenso.*

Hier diesen Schoßvoll ich!

EIN DRITTES. Und diesen ich!

EIN VIERTES. Und diesen ganzen üppgen Frühling ich!

Die andern jungen Mädchen folgen.

DIE OBERPRIESTERIN. Das blüht ja wie der Gipfel von Hymetta!

Nun solch ein Tag des Segens, o Diana!

Ging deinem Volke herrlich noch nicht auf.

Die Mütter bringen mir, die Töchter, Gaben;

Nicht von der Pracht, der doppelten, geblendet,
Weiß ich, wem schönrer Dank gebühren mag. –
Doch ist dies euer ganzer Vorrat, Kinder?

DAS ERSTE MÄDCHEN.
Mehr nicht, als du hier siehst, war aufzufinden.

DIE OBERPRIESTERIN. So waren eure Mütter fleißiger.

DAS ZWEITE MÄDCHEN.
Auf diesen Feldern, heilge Priestrin, ernten
Gefangne leichter auch, als Rosen, sich.
Wenn dichtgedrängt, auf allen Hügeln rings,
Die Saat der jungen Griechen steht, die Sichel
Nur einer muntern Schnitterin erwartend,
So blüht so sparsam in den Tälern rings,
Und so verschanzt, versichr' ich dich, die Rose,
Daß man durch Pfeile sich und Lanzen lieber,
Als ihr Geflecht der Dornen schlagen möchte.
– Sieh nur die Finger an, ich bitte dich.

DAS DRITTE MÄDCHEN.
Auf eines Felsens Vorsprung wagt ich mich,
Um eine einzge Rose dir zu pflücken.
Und blaß nur, durch des Kelches Dunkelgrün,
Erschimmerte sie noch, ein Knösplein nur,
Für volle Liebe noch nicht aufgeblüht.
Doch greif ich sie, und strauchl' und sinke plötzlich
In einen Abgrund hin, der Nacht des Todes
Glaubt ich, Verlorne, in den Schoß zu sinken.
Mein Glück doch wars, denn eine Rosenpracht
Stand hier im Flor, daß wir zehn Siege noch
Der Amazonen hätten feiern können.

DAS VIERTE MÄDCHEN. Ich pflückte dir, du heilge Priesterin,
Dir pflückt ich eine Rose nur, nur eine;
Doch eine Rose ists, hier diese, sieh!
Um eines Königs Scheitel zu bekränzen:
Nicht schöner wünscht Penthesilea sie,
Wenn sie Achill, den Göttersohn, sich fällt.

DIE OBERPRIESTERIN. Wohlan, wenn ihn Penthesilea fällt,
Sollst du die königliche Ros ihr reichen.
Verwahre sie nur sorgsam, bis sie kömmt.

DAS ERSTE MÄDCHEN.
Zukünftig, wenn, beim Zimbelnschlag, von neuem
Das Amazonenheer ins Schlachtfeld rückt,
Ziehn wir zwar mit, doch nicht mehr, das versprichst du,
Durch Rosenpflücken bloß und Kränzewinden,
Den Sieg der Mütter zu verherrlichen.
Sieh, dieser Arm, er schwingt den Wurfspieß schon,
Und sausend trifft die Schleuder mir das Ziel:
Was gilts? Mir selbst schon blüht ein Kranz zusammen,
– Und tapfer im Gedräng schon mag er kämpfen,
Der Jüngling, dem sich diese Sehne strafft.

DIE OBERPRIESTERIN.
Meinst du? – Nun freilich wohl, du mußt es wissen,
– Hast du die Rosen schon drauf angesehn?
– Den nächsten Lenz, sobald sie wieder reif,
Sollst du den Jüngling, im Gedräng dir suchen.
– Doch jetzt, der Mütter frohe Herzen drängen:
Die Rosen schnell zu Kränzen eingewunden!

DIE MÄDCHEN *durcheinander.*
Fort zum Geschäft! Wie greifen wir es an?

DAS ERSTE MÄDCHEN *zur zweiten.*
Komm her, Glaukothoe!

DAS DRITTE *zum vierten.* Komm, Charmion!

Sie setzen sich paarweise.

DAS ERSTE MÄDCHEN. Wir – der Ornythia winden wir den Kranz,
Die sich Alcest mit hohen Büschen fällte.

DAS DRITTE. Und wir – Parthenion, Schwester: Athenäus,
Mit der Medus im Schilde, soll sie fesseln.

DIE OBERPRIESTERIN *zu den bewaffneten Amazonen.*
Nun? Wollt ihr eure Gäste nicht erheitern?
– Steht ihr nicht unbehülflich da, ihr Jungfraun,
Als müßt ich das Geschäft der Lieb euch lehren! –

Wollt ihr das Wort nicht freundlich ihnen wagen?
Nicht hören, was die Schlachtermüdeten,
Was sie begehren? Wünschen? Was sie brauchen?

DIE ERSTE AMAZONE.
Sie sagen, sie bedürfen nichts, Ehrwürdge.

DIE ZWEITE. Bös sind sie uns.

DIE DRITTE.   Wenn man sich ihnen nahet,
So wenden sich die Trotzigen schmähnd hinweg.

DIE OBERPRIESTERIN.
Ei, wenn sie bös euch sind, bei unsrer Göttin,
So macht sie wieder gut! Warum auch habt ihr
So heftig sie im Kampfgewühl getroffen?
Sagt ihnen, was geschehn wird, sie zu trösten:
So werden sie nicht unerbittlich sein.

DIE ERSTE AMAZONE *zu einem gefangenen Griechen.*
Willst du auf weichen Teppichen, o Jüngling,
Die Glieder ruhn? Soll ich von Frühlingsblumen,
Denn müde scheinst du sehr, ein Lager dir,
Im Schatten jenes Lorbeerbaums, bereiten?

DIE ZWEITE *ebenso.* Soll ich das duftendste der Perseröle
In Wasser mischen, frisch dem Quell entschöpft,
Und dir den staubbedeckten Fuß erquicken?

DIE DRITTE. Doch der Orange Saft verschmähst du nicht
Mit eigner Hand dir liebend dargebracht?

DIE DREI AMAZONEN.
Sprecht! Redet! Womit dient man euch?

EIN GRIECHE.   Mit nichts!

DIE ERSTE AMAZONE. Ihr sonderbaren Fremdlinge! Was härmt
euch?
Was ists, da uns der Pfeil im Köcher ruht,
Daß ihr vor unserm Anblick euch entsetzt?
Ist es die Löwenhaut, die euch erschreckt? –
Du, mit dem Gürtel, sprich! Was fürchtest du?

DER GRIECHE *nachdem er sie scharf angesehn.*
Wem winden jene Kränze sich? Sagt an!

DIE ERSTE AMAZONE.
Wem? Euch! Wem sonst?

DER GRIECHE.   Uns! und das sagt ihr noch,
Unmenschliche! Wollt ihr, geschmückt mit Blumen,
Gleich Opfertieren, uns zur Schlachtbank führen?

DIE ERSTE AMAZONE.
Zum Tempel euch der Artemis! Was denkt ihr?
In ihren dunkeln Eichenhain, wo eurer
Entzücken ohne Maß und Ordnung wartet!

DER GRIECHE *erstaunt, mit unterdrückter Stimme, zu den andern Gefangenen.*
War je ein Traum so bunt, als was hier wahr ist?

Siebenter Auftritt

Eine Hauptmännin tritt auf. Die Vorigen.

DIE HAUPTMÄNNIN.
Auf diesem Platz, Hochwürdge, find ich dich!
– Inzwischen sich, auf eines Steinwurfs Nähe,
Das Heer zur blutigen Entscheidung rüstet!

DIE OBERPRIESTERIN.
Das Heer! Unmöglich! Wo?

DIE HAUPTMÄNNIN.   In jenen Gründen,
Die der Skamandros ausgeleckt. Wenn du
Dem Wind, der von den Bergen weht, willst horchen,
Kannst du den Donnerruf der Königin,
Gezückter Waffen Klirren, Rosse wiehern,
Drommeten, Tuben, Zimbeln und Posaunen,
Des Krieges ganze ehrne Stimme hören.

EINE PRIESTERIN.
Wer rasch erfleucht den Hügel dort?

DIE MÄDCHEN.   Ich! Ich!
Sie ersteigen den Hügel.

DIE OBERPRIESTERIN.

Der Königin! – Nein, sprich! Es ist unglaublich –
– Warum, wenn noch die Schlacht nicht ausgewütet,
Das Fest der Rosen ordnete sie an?

DIE HAUPTMÄNNIN.

Das Rosenfest – Gab sie Befehl denn wem?

DIE OBERPRIESTERIN.

Mir! Mir!

DIE HAUPTMÄNNIN.

      Wo? Wann?

DIE OBERPRIESTERIN. Vor wenigen Minuten
In jenes Obelisken Schatten stand ich,
Als der Pelid, und sie, auf seiner Ferse,
Den Winden gleich, an mir vorüberrauschten.
Und ich: wie gehts? fragt ich die Eilende.
Zum Fest der Rosen, rief sie, wie du siehst!
Und flog an mir vorbei und jauchzte noch:
Laß es an Blüten nicht, du Heilge, fehlen!

DIE ERSTE PRIESTERIN *zu den Mädchen.*

Seht ihr sie? sprecht!

DAS ERSTE MÄDCHEN *auf dem Hügel.*

      Nichts, gar nichts sehen wir!
Es läßt kein Federbusch sich unterscheiden.
Ein Schatten überfleucht von Wetterwolken
Das weite Feld ringsher, das Drängen nur
Verwirrter Kriegerhaufen nimmt sich wahr,
Die im Gefild des Tods einander suchen.

DIE ZWEITE PRIESTERIN.

Sie wird des Heeres Rückzug decken wollen.

DIE ERSTE. Das denk ich auch. –

DIE HAUPTMÄNNIN.   Zum Kampf steht sie gerüstet,
Ich sags euch, dem Peliden gegenüber,
Die Königin, frisch, wie das Perserroß,
Das in die Luft hoch aufgebäumt sie trägt,
Den Wimpern heißre Blick', als je, entsendend,

Mit Atemzügen, freien, jauchzenden,
Als ob ihr junger kriegerischer Busen
Jetzt in die erste Luft der Schlachten käme.

DIE OBERPRIESTERIN.

Was denn, bei den Olympischen, erstrebt sie?
Was ists, da rings, zu Tausenden, uns die
Gefangenen in allen Wäldern wimmeln,
Das ihr noch zu erringen übrig bleibt?

DIE HAUPTMÄNNIN. Was ihr noch zu erringen übrig bleibt?

DIE MÄDCHEN *auf dem Hügel.*

Ihr Götter!

DIE ERSTE PRIESTERIN.

Nun? Was gibts? Entwich der Schatten?

DAS ERSTE MÄDCHEN.

O ihr Hochheiligen, kommt doch her!

DIE ZWEITE PRIESTERIN. So sprecht!

DIE HAUPTMÄNNIN. Was ihr noch zu erringen übrig bleibt?

DAS ERSTE MÄDCHEN.

Seht, seht, wie durch der Wetterwolken Riß,
Mit einer Masse Licht, die Sonne eben
Auf des Peliden Scheitel niederfällt!

DIE OBERPRIESTERIN.

Auf wessen?

DAS ERSTE MÄDCHEN.

Seine, sagt ich! Wessen sonst?
Auf einem Hügel leuchtend steht er da,
In Stahl geschient sein Roß und er, der Saphir,
Der Chrysolith, wirft solche Strahlen nicht!
Die Erde rings, die bunte, blühende,
In Schwärze der Gewitternacht gehüllt;
Nichts als ein dunkler Grund nur, eine Folie,
Die Funkelpracht des Einzigen zu heben!

DIE OBERPRIESTERIN. Was geht dem Volke der Pelide an?
– Ziemts einer Tochter Ares’, Königin,
Im Kampf auf einen Namen sich zu stellen?

Zu einer Amazone.

Fleuch gleich, Arsinoe, vor ihr Antlitz hin,
Und sag in meiner Göttin Namen ihr,
Mars habe seinen Bräuten sich gestellt:
Ich forderte, bei ihrem Zorn sie auf,
Den Gott bekränzt zur Heimat jetzt zu führen,
Und unverzüglich ihm, in ihrem Tempel,
Das heilge Fest der Rosen zu eröffnen!

Die Amazone ab.

Ward solch ein Wahnsinn jemals noch erhört!

DIE ERSTE PRIESTERIN.

Ihr Kinder! Seht ihr noch die Königin nicht?

DAS ERSTE MÄDCHEN *auf dem Hügel.*

Wohl, wohl! Das ganze Feld erglänzt – da ist sie!

DIE ERSTE PRIESTERIN.

Wo zeigt sie sich?

DAS MÄDCHEN.　　An aller Jungfraun Spitze!
Seht, wie sie, in dem goldnen Kriegsschmuck funkelnd,
Voll Kampflust ihm entgegen tanzt! Ists nicht,
Als ob sie, heiß von Eifersucht gespornt,
Die Sonn im Fluge übereilen wollte,
Die seine jungen Scheitel küßt! O seht!
Wenn sie zum Himmel auf sich schwingen wollte,
Der hohen Nebenbuhlrin gleich zu sein,
Der Perser könnte, ihren Wünschen frönend,
Geflügelter sich in die Luft nicht heben!

DIE OBERPRIESTERIN *zur Hauptmännin.*

War keine unter allen Jungfraun denn,
Die sie gewarnt, die sie zurückgehalten?

DIE HAUPTMÄNNIN. Es warf ihr ganzes fürstliches Gefolge
Sich in den Weg ihr: hier auf diesem Platze
Hat Prothoe ihr Äußerstes getan.
Jedwede Kunst der Rede ward erschöpft,
Nach Themiscyra sie zurückzuführen.
Doch taub schien sie der Stimme der Vernunft:
Vom giftigsten der Pfeile Amors sei,
Heißt es, ihr jugendliches Herz getroffen.

DIE OBERPRIESTERIN.
Was sagst du?

DAS ERSTE MÄDCHEN *auf dem Hügel.*
Ha, jetzt treffen sie einander!
Ihr Götter! Haltet eure Erde fest –
Jetzt, eben jetzt, da ich dies sage, schmettern
Sie, wie zwei Sterne, auf einander ein!

DIE OBERPRIESTERIN *zur Hauptmännin.*
Die Königin, sagst du? Unmöglich, Freundin!
Von Amors Pfeil getroffen – wann? Und wo?
Die Führerin des Diamantengürtels?
Die Tochter Mars', der selbst der Busen fehlt,
Das Ziel der giftgefiederten Geschosse?

DIE HAUPTMÄNNIN. So sagt des Volkes Stimme mindestens,
Und Meroe hat es eben mir vertraut.

DIE OBERPRIESTERIN.
Es ist entsetzlich!

Die Amazone kehrt wieder zurück.

DIE ERSTE PRIESTERIN. Nun? was bringst du? Rede!

DIE OBERPRIESTERIN. Ist es bestellt? Sprachst du die Königin?

DIE AMAZONE. Es war zu spät, Hochheilige, vergib.
Ich konnte sie, die von dem Troß der Frauen
Umschwärmt, bald hier, bald dort erschien, nicht treffen.
Wohl aber Prothoe, auf einen Augenblick,
Traf ich, und sagt ihr, was dein Wille sei;
Doch sie entgegnete – ein Wort, nicht weiß ich,
Ob ich in der Verwirrung recht gehört,

DIE OBERPRIESTERIN.
Nun, welch ein Wort?

DIE AMAZONE. Sie hielt, auf ihrem Pferde
Und sah, es schien, mit tränenvollen Augen,
Der Königin zu. Und als ich ihr gesagt,
Wie du entrüstet, daß die Sinnberaubte
Den Kampf noch um ein einzeln Haupt verlängre,
Sprach sie: geh hin zu deiner Priesterin,

83

Und heiße sie daniederknieen und beten,
Daß ihr dies eine Haupt im Kampf noch falle;
Sonst keine Rettung gibts, für sie und uns.

DIE OBERPRIESTERIN.

O sie geht steil-bergab den Pfad zum Orkus!
Und nicht dem Gegner, wenn sie auf ihn trifft,
Dem Feind in ihrem Busen wird sie sinken.
Uns alle reißt sie in den Abgrund hin;
Den Kiel seh ich, der uns Gefesselte
Nach Hellas trägt, geschmückt mit Bändern höhnend,
Im Geiste schon den Hellespont durchschäumen.

DIE ERSTE PRIESTERIN.

Was gilts? Dort naht die Unheilskunde schon.

Achter Auftritt

Eine Oberste tritt auf, die Vorigen.

DIE OBERSTE. Flich! Rette die Gefangnen, Priesterin!
Das ganze Heer der Griechen stürzt heran.

DIE OBERPRIESTERIN.

Ihr Götter des Olymps! Was ist geschehn?

DIE ERSTE PRIESTERIN.

Wo ist die Königin?

DIE OBERSTE.   Im Kampf gefallen,
Das ganze Amazonenheer zerstreut.

DIE OBERPRIESTERIN. Du Rasende! Was für ein Wort sprachst
du?

DIE ERSTE PRIESTERIN *zu den bewaffneten Amazonen.*

Bringt die Gefangenen fort!

Die Gefangenen werden abgeführt.

DIE OBERPRIESTERIN.   Sag an: wo? wann?

DIE OBERSTE. Laß kurz das Ungeheuerste dir melden!
Achill und sie, mit vorgelegten Lanzen,

Begegnen beide sich, zween Donnerkeile,
Die aus Gewölken in einander fahren;
Die Lanzen, schwächer als die Brüste, splittern:
Er, der Pelide, steht, Penthesilea,
Sie sinkt, die Todumschattete, vom Pferd.
Und da sie jetzt, der Rache preisgegeben,
Im Staub sich vor ihm wälzt, denkt jeglicher,
Zum Orkus völlig stürzen wird er sie;
Doch bleich selbst steht der Unbegreifliche,
Ein Todesschatten da, ihr Götter! ruft er,
Was für ein Blick der Sterbenden traf mich!
Vom Pferde schwingt er eilig sich herab;
Und während, von Entsetzen noch gefesselt,
Die Jungfraun stehn, des Wortes eingedenk
Der Königin, kein Schwert zu rühren wagen,
Dreist der Erblaßten naht er sich, er beugt
Sich über sie, Penthesilea! ruft er,
In seinen Armen hebt er sie empor,
Und laut die Tat, die er vollbracht, verfluchend,
Lockt er ins Leben jammernd sie zurück!

DIE OBERPRIESTERIN.
Er – was? Er selbst?

DIE OBERSTE.   Hinweg, Verhaßter! donnert
Das ganze Heer ihm zu; dankt mit dem Tod ihm,
Ruft Prothoe, wenn er vom Platz nicht weicht:
Den treffendsten der Pfeile über ihn!
Und mit des Pferdes Huftritt ihn verdrängend,
Reißt sie die Königin ihm aus dem Arm.
Indes erwacht die Unglückselige,
Man führt sie röchelnd, mit zerrißner Brust,
Das Haar verstört vom Scheitel niederflatternd,
Den hintern Reihn zu, wo sie sich erholt;
Doch er, der unbegriffne Doloper –
Ein Gott hat, in der erzgekeilten Brust,
Das Herz in Liebe plötzlich ihm geschmelzt –

Er ruft: verweilet, meine Freundinnen!
Achilles grüßt mit ewgem Frieden euch!
Und wirft das Schwert hinweg, das Schild hinweg,
Die Rüstung reißt er von der Brust sich nieder,
Und folgt – mit Keulen könnte man, mit Händen ihn,
Wenn man ihn treffen dürfte, niederreißen –
Der Kön'gin unerschrocknen Schrittes nach:
Als wüßt er schon, der Rasende, Verwegne,
Daß unserm Pfeil sein Leben heilig ist.

DIE OBERPRIESTERIN. Und wer gab den wahnsinnigen Befehl?

DIE OBERSTE. Die Königin! Wer sonst?

DIE OBERPRIESTERIN.   Es ist entsetzlich!

DIE ERSTE PRIESTERIN.

Seht, seht! Da wankt, geführt von Prothoe,
Sie selbst, das Bild des Jammers, schon heran!

DIE ZWEITE. Ihr ewgen Himmelsgötter! Welch ein Anblick!

Neunter Auftritt

Penthesilea, geführt von Prothoe und Meroe, Gefolge treten auf

PENTHESILEA *mit schwacher Stimme.*
Hetzt alle Hund' auf ihn! Mit Feuer branden
Die Elefanten peitschet auf ihn los!
Mit Sichelwagen schmettert auf ihn ein,
Und mähet seine üppgen Glieder nieder!

PROTHOE. Geliebte! Wir beschwören dich –

MEROE.   Hör uns!

PROTHOE. Er folgt dir auf dem Fuße, der Pelide;
Wenn dir dein Leben irgend lieb, so flieh!

PENTHESILEA. Mir diesen Busen zu zerschmettern, Prothoe!
– Ists nicht, als ob ich eine Leier zürnend
Zertreten wollte, weil sie still für sich,
Im Zug des Nachtwinds, meinen Namen flüstert?

Dem Bären kauert ich zu Füßen mich,
Und streichelte das Panthertier, das mir
In solcher Regung nahte, wie ich ihm.
MEROE. So willst du nicht entweichen?
PROTHOE. Willst nicht fliehen?
MEROE. Willst dich nicht retten?
PROTHOE. Was kein Name nennt,
Auf diesem Platz hier soll es sich vollbringen?
PENTHESILEA. Ists meine Schuld, daß ich im Feld der Schlacht
Um sein Gefühl mich kämpfend muß bewerben?
Was will ich denn, wenn ich das Schwert ihm zücke?
Will ich ihn denn zum Orkus niederschleudern?
Ich will ihn ja, ihr ewgen Götter, nur
An diese Brust will ich ihn niederziehn!
PROTHOE. Sie rast –
DIE OBERPRIESTERIN. Unglückliche!
PROTHOE. Sie ist von Sinnen!
DIE OBERPRIESTERIN.
Sie denkt nichts, als den einen nur.
PROTHOE. Der Sturz
Hat völlig ums Bewußtsein sie gebracht.
PENTHESILEA *mit erzwungener Fassung.*
Gut. Wie ihr wollt. Seis drum. Ich will mich fassen.
Dies Herz, weil es sein muß, bezwingen will ichs,
Und tun mit Grazie, was die Not erheischt.
Recht habt ihr auch. Warum auch wie ein Kind gleich,
Weil sich ein flüchtger Wunsch mir nicht gewährt,
Mit meinen Göttern brechen? Kommt hinweg.
Das Glück, gesteh ich, wär mir lieb gewesen;
Doch fällt es mir aus Wolken nicht herab,
Den Himmel drum erstürmen will ich nicht.
Helft mir nur fort von hier, schafft mir ein Pferd,
So will ich euch zurück zur Heimat führen.
PROTHOE. Gesegnet sei, o Herrscherin, dreimal
Ein Wort, so würdig königlich, als dies.
Komm, alles steht zur Flucht bereit –

PENTHESILEA *da sie die Rosenkränze in der Kinder Hände*
erblickt, mit plötzlich aufflammendem Gesicht. Ha, sieh!
Wer gab Befehl, die Rosen einzupflücken?

DAS ERSTE MÄDCHEN.
Das fragst du noch, Vergessene? Wer sonst,
Als nur –

PENTHESILEA. Als wer?

DIE OBERPRIESTERIN. – Das Siegsfest sollte sich,
Das heißersehnte, deiner Jungfraun feiern!
Wars nicht dein eigner Mund, ders so befahl?

PENTHESILEA. Verflucht mir diese schnöde Ungeduld!
Verflucht, im blutumschäumten Mordgetümmel,
Mir der Gedanke an die Orgien!
Verflucht, im Busen keuscher Arestöchter,
Begierden, die, wie losgelaßne Hunde,
Mir der Drommete erzne Lunge bellend,
Und aller Feldherrn Rufen, überschrein! –
Der Sieg, ist er erkämpft mir schon, daß mit
Der Hölle Hohn schon der Triumph mir naht?
– Mir aus den Augen! *Sie zerhaut die Rosenkränze.*

DAS ERSTE MÄDCHEN. Herrscherin! Was tust du?

DAS ZWEITE *die Rosen wieder aufsuchend.*
Der Frühling bringt dir rings, auf Meilenferne,
Nichts für das Fest mehr –

PENTHESILEA. Daß der ganze Frühling
Verdorrte! Daß der Stern, auf dem wir atmen,
Geknickt, gleich dieser Rosen einer, läge!
Daß ich den ganzen Kranz der Welten so,
Wie dies Geflecht der Blumen, lösen könnte!
– O Aphrodite!

DIE OBERPRIESTERIN. Die Unselige!

DIE ERSTE PRIESTERIN. Verloren ist sie!

DIE ZWEITE. Den Erinniyen
Zum Raub ist ihre Seele hingegeben!

EINE PRIESTERIN *auf dem Hügel*

Der Peleïd, ihr Jungfraun, ich beschwör euch,
Im Schuß der Pfeile naht er schon heran!
PROTHOE. So fleh ich dich auf Knieen – rette dich!
PENTHESILEA. Ach, meine Seel ist matt bis in den Tod!

Sie setzt sich.

PROTHOE. Entsetzliche! Was tust du?
PENTHESILEA.   Flieht, wenn ihr wollt.
PROTHOE.
Du willst –?
MEROE.   Du säumst –?
PROTHOE.   Du willst –?
PENTHESILEA.   Ich will hier bleiben.
PROTHOE. Wie, Rasende!
PENTHESILEA.   Ihr hörts. Ich kann nicht stehen.
Soll das Gebein mir brechen? Laßt mich sein.
PROTHOE. Verlorenste der Fraun! Und der Pelide,
Er naht, du hörst, im Pfeilschuß –
PENTHESILEA.   Laßt ihn kommen.
Laßt ihn den Fuß gestählt, es ist mir recht,
Auf diesen Nacken setzen. Wozu auch sollen
Zwei Wangen länger, blühnd wie diese, sich
Vom Kot, aus dem sie stammen, unterscheiden?
Laßt ihn mit Pferden häuptlings heim mich schleifen,
Und diesen Leib hier, frischen Lebens voll,
Auf offnem Felde schmachvoll hingeworfen,
Den Hunden mag er ihn zur Morgenspeise,
Dem scheußlichen Geschlecht der Vögel, bieten.
Staub lieber, als ein Weib sein, das nicht reizt.
PROTHOE. O Königin!
PENTHESILEA *indem sie sich den Halsschmuck abreißt.*
                    Weg ihr verdammten Flittern!
PROTHOE. Ihr ewgen Götter dort! Ist das die Fassung,
Die mir dein Mund soeben angelobt?
PENTHESILEA.
Vom Haupt, ihr auch – was nickt ihr? Seid verflucht mir,

Hülflosere, als Pfeil und Wangen, noch!
– Die Hand verwünsch ich, die zur Schlacht mich heut
Geschmückt, und das verräterische Wort,
Das mir gesagt, es sei zum Sieg, dazu.
Wie sie mit Spiegeln mich, die Gleißnerinnen,
Umstanden, rechts und links, der schlanken Glieder
In Erz gepreßte Götterbildung preisend. –
Die Pest in eure wilden Höllenkünste!

GRIECHEN *außerhalb der Szene.*

Vorwärts, Pelide, vorwärts! Sei getrost!
Nur wenig Schritte noch, so hast du sie.

DIE PRIESTERIN *auf dem Hügel.*

Diana! Königin! Du bist verloren,
Wenn du nicht weichst!

PROTHOE.   Mein Schwesterherz! Mein Leben!
Du willst nicht fliehn? nicht gehn?

PENTHESILEA. *Die Tränen stürzen ihr aus den Augen, sie lehnt
sich an einen Baum.*

PROTHOE *plötzlich gerührt, indem sie sich neben ihr niedersetzt.*
                                        Nun, wie du willst.
Wenn du nicht kannst, nicht willst – seis! Weine nicht.
Ich bleibe bei dir. Was nicht möglich ist,
Nicht ist, in deiner Kräfte Kreis nicht liegt,
Was du nicht leisten *kannst*: die Götter hüten,
Daß ich es von dir fordre! Geht, ihr Jungfraun,
Geht; kehrt in eure Heimatflur zurück:
Die Königin und ich, wir bleiben hier.

DIE OBERPRIESTERIN. Wie, du Unsel'ge? Du bestärkst sie noch?

MEROE. Unmöglich wärs ihr, zu entfliehn?

DIE OBERPRIESTERIN.   Unmöglich,
Da nichts von außen sie, kein Schicksal, hält,
Nichts als ihr töricht Herz –

PROTHOE.   Das ist ihr Schicksal!
Dir scheinen Eisenbanden unzerreißbar,
Nicht wahr? Nun sieh: sie bräche sie vielleicht,

90

Und das Gefühl doch nicht, das du verspottest.
Was in ihr walten mag, das weiß nur sie,
Und jeder Busen ist, der fühlt, ein Rätsel.
Des Lebens höchstes Gut erstrebte sie,
Sie streift', ergriff es schon: die Hand versagt ihr,
Nach einem andern noch sich auszustrecken. –
Komm, magst dus jetzt an meiner Brust vollenden.
– Was fehlt dir? Warum weinst du?

PENTHESILEA.   Schmerzen, Schmerzen –

PROTHOE.

Wo?

PENTHESILEA.

Hier.

PROTHOE. Kann ich dir Lindrung –?

PENTHESILEA.   Nichts, nichts, nichts.

PROTHOE. Nun, fasse dich; in kurzem ists vollbracht.

DIE OBERPRIESTERIN *halblaut.*

Ihr Rasenden zusamt –!

PROTHOE *ebenso.*   Schweig bitt ich dich.

PENTHESILEA.

Wenn ich zur Flucht mich noch – wenn ich es täte:
Wie, sag, wie faßt ich mich?

PROTHOE.   Du gingst nach Pharsos.
Dort fändest du, denn dorthin wies ich es,
Dein ganzes Heer, das jetzt zerstreut, zusammen.
Du ruhtest dich, du pflegtest deiner Wunden,
Und mit des nächsten Tages Strahl, gefiels dir,
Nähmst du den Krieg der Jungfraun wieder auf.

PENTHESILEA. *Wenn* es mir möglich wär –! *Wenn* ichs
vermöchte –!
Das Äußerste, das Menschenkräfte leisten,
Hab ich getan – Unmögliches versucht –
Mein Alles hab ich an den Wurf gesetzt;
Der Würfel, der entscheidet, liegt, er liegt:
Begreifen muß ichs – – und daß ich verlor.

PROTHOE. Nicht, nicht, mein süßes Herz! Das glaube nicht.
So niedrig schlägst du deine Kraft nicht an.
So schlecht von jenem Preis nicht wirst du denken,
Um den du spielst, als daß du wähnen solltest,
Das, was er wert, sei schon für ihn geschehn.
Ist diese Schnur von Perlen, weiß und rot,
Die dir vom Nacken rollt, der ganze Reichtum,
Den deine Seele aufzubieten hat?
Wie viel, woran du gar nicht denkst, in Pharsos,
Endlos für deinen Zweck noch ist zu tun!
Doch freilich wohl – jetzt ist es fast zu spät.
PENTHESILEA *nach einer unruhigen Bewegung.*
Wenn ich rasch wäre – – Ach es macht mich rasend!
– Wo steht die Sonne?
PROTHOE.   Dort, dir grad im Scheitel,
Noch eh die Nacht sinkt, träfest du dort ein.
Wir schlössen Bündnis, unbewußt den Griechen,
Mit den Dardanischen, erreichten still
Die Bucht des Meers, wo jener Schiffe liegen;
Zur Nachtzeit, auf ein Merkmal, lodern sie
In Flammen auf, das Lager wird erstürmt,
Das Heer, gedrängt zugleich von vorn und hinten,
Zerrissen, aufgelöst, ins Land zerstreut,
Verfolgt, gesucht, gegriffen und bekränzet
Jedwedes Haupt, das unsrer Lust gefiel.
O selig wär ich, wenn ich dies erlebte!
Nicht ruhn wollt ich, an deiner Seite kämpfen,
Der Tage Glut nicht scheuen, unermüdlich,
Müßt ich an allen Gliedern mich verzehren,
Bis meiner lieben Schwester Wunsch erfüllt,
Und der Pelid ihr doch, nach so viel Mühen,
Besiegt zuletzt zu Füßen niedersank.
PENTHESILEA *die während dessen unverwandt in die Sonne ge-*
sehen.
Daß ich mit Flügeln weit gespreizt und rauschend,
Die Luft zerteilte –!

PROTHOE.   Wie?

MEROE.   – Was sagte sie?

PROTHOE. Was siehst du, Fürstin –?

MEROE.   Worauf heftet sich –?

PROTHOE. Geliebte, sprich!

PENTHESILEA.   Zu hoch, ich weiß, zu hoch –
  Er spielt in ewig fernen Flammenkreisen
  Mir um den sehnsuchtsvollen Busen hin.

PROTHOE. Wer, meine beste Königin?

PENTHESILEA.   Gut, gut.
  – Wo geht der Weg? *Sie sammelt sich und steht auf.*

MEROE.   So willst du dich entschließen?

PROTHOE. So hebst du dich empor? – Nun, meine Fürstin,
  So seis auch wie ein Riese! Sinke nicht,
  Und wenn der ganze Orkus auf dich drückte!
  Steh, stehe fest, wie das Gewölbe steht,
  Weil seiner Blöcke jeder stürzen will!
  Beut deine Scheitel, einem Schlußstein gleich,
  Der Götter Blitzen dar, und rufe, trefft!
  Und laß dich bis zum Fuß herab zerspalten,
  Nicht aber wanke in dir selber mehr,
  Solang ein Atem Mörtel und Gestein,
  In dieser jungen Brust, zusammenhält.
  Komm. Gib mir deine Hand.

PENTHESILEA.   Gehts hier, gehts dort?

PROTHOE. Du kannst den Felsen dort, der sichrer ist,
  Du kannst auch das bequemre Tal hier wählen. –
  Wozu entschließen wirst du dich?

PENTHESILEA.   Den Felsen!
  Da komm ich ihm um soviel näher. Folgt mir.

PROTHOE. Wem, meine Königin?

PENTHESILEA.   Euren Arm, ihr Lieben.

PROTHOE. Sobald du jenen Hügel dort erstiegen,
  Bist du in Sicherheit.

MEROE.   Komm fort.

PENTHESILEA *indem sie plötzlich, auf eine Brücke gekommen, stehen bleibt.*

Doch höre:
Eins eh ich weiche, bleibt mir übrig noch.

PROTHOE. Dir übrig noch?

MEROE.   Und was?

PROTHOE.   Unglückliche!

PENTHESILEA. Eins noch, ihr Freundinnen, und rasend wär ich,
Das müßt ihr selbst gestehn, wenn ich im ganzen
Gebiet der Möglichkeit mich nicht versuchte.

PROTHOE *unwillig.* Nun denn, so wollt ich, daß wir gleich
versänken!
Denn Rettung gibts nicht mehr.

PENTHESILEA *erschrocken.*   Was ists? Was fehlt dir?
Was hab ich ihr getan, ihr Jungfraun, sprecht!

DIE OBERPRIESTERIN.
Du denkst –?

MEROE.   Du willst auf diesem Platze noch –?

PENTHESILEA. Nichts, nichts, gar nichts, was sie erzürnen sollte. –
Den Ida will ich auf den Ossa wälzen,
Und auf die Spitze ruhig bloß mich stellen.

DIE OBERPRIESTERIN.
Den Ida wälzen –?

MEROE.   Wälzen auf den Ossa –?

PROTHOE *mit einer Wendung.*
Schützt, all ihr Götter, sie!

DIE OBERPRIESTERIN.   Verlorene!

MEROE *schüchtern.*
Dies Werk ist der Giganten, meine Königin!

PENTHESILEA. Nun ja, nun ja: worin denn weich ich ihnen?

MEROE. Worin du ihnen –?

PROTHOE.   Himmel!

DIE OBERPRIESTERIN.   Doch gesetzt –?

MEROE. Gesetzt nun du vollbrächtest dieses Werk –?

PROTHOE. Gesetzt was würdest du –?

PENTHESILEA. Blödsinnige!
Bei seinen goldnen Flammenhaaren zög ich
Zu mir hernieder ihn –
PROTHOE. Wen?
PENTHESILEA. Helios,
Wenn er am Scheitel mir vorüberfleucht!
Die Fürstinnen sehn sprachlos und mit Entsetzen einander an.
DIE OBERPRIESTERIN.
Reißt mit Gewalt sie fort!
PENTHESILEA *schaut in den Fluß nieder.*
Ich, Rasende!
Da liegt er mir zu Füßen ja! Nimm mich –
Sie will in den Fluß sinken, Prothoe und Meroe halten sie.
PROTHOE. Die Unglückselige!
MEROE. Da fällt sie leblos,
Wie ein Gewand, in unsrer Hand zusammen.
DIE PRIESTERIN *auf dem Hügel.*
Achill erscheint, ihr Fürstinnen! Es kann
Die ganze Schar der Jungfraun ihn nicht halten!
EINE AMAZONE.
Ihr Götter! Rettet! Schützet vor dem Frechen
Die Königin der Jungfraun!
DIE OBERPRIESTERIN *zu den Priesterinnen.*
Fort! Hinweg!
Nicht im Gewühl des Kampfs ist unser Platz.
*Die Oberpriesterin mit den Priesterinnen und
den Rosenmädchen ab.*

Zehnter Auftritt

Eine Schar von Amazonen tritt mit Bogen in den Händen auf.
Die Vorigen.

DIE ERSTE AMAZONE *in die Szene rufend.*
　Zurück, Verwegner!
DIE ZWEITE.　　　　Er hört uns nicht.
DIE DRITTE. Ihr Fürstinnen, wenn wir nicht treffen dürfen,
　So hemmt sich sein wahnsinniger Fortschritt nicht!
DIE ZWEITE. Was ist zu tun? Sprich, Prothoe!
PROTHOE *mit der Königin beschäftigt.*　　　So sendet
　Zehntausend Pfeile über ihn! –
MEROE *zu dem Gefolge.*　　　Schafft Wasser!
PROTHOE. Doch sorget, daß ihr ihn nicht tödlich trefft! –
MEROE. Schafft einen Helm voll Wasser, sag ich!
EINE FÜRSTIN *aus dem Gefolge der Königin.*　　Hier!
　　　　　　Sie schöpft und bringt.
DIE DRITTE AMAZONE *zur Prothoe.*
　Sei ruhig! Fürchte nichts!
DIE ERSTE.　　　　Hier ordnet euch!
　Die Wangen streift ihm, sengt die Locken ihm,
　Den Kuß des Todes flüchtig laßt ihn schmecken!
　　　　　Sie bereiten ihre Bögen.

Eilfter Auftritt

Achilles ohne Helm, Rüstung und Waffen,
im Gefolge einiger Griechen.
Die Vorigen.

ACHILLES. Nun? Wem auch gelten diese Pfeil, ihr Jungfrau?
　Doch diesem unbeschützten Busen nicht?
　Soll ich den seidnen Latz noch niederreißen,
　Daß ihr das Herz mir harmlos schlagen seht?

DIE ERSTE AMAZONE.
Herunter, wenn du willst, damit!
DIE ZWEITE.   Es brauchts nicht!
DIE DRITTE. Den Pfeil genau, wo er die Hand jetzt hält!
DIE ERSTE. Daß er das Herz gespießt ihm, wie ein Blatt,
Fort mit sich reiß im Flug –
MEHRERE.   Schlagt! Trefft!
            Sie schießen über sein Haupt hin.
ACHILLES.   Laßt, laßt!
Mit euren Augen trefft ihr sicherer.
Bei den Olympischen, ich scherze nicht,
Ich fühle mich im Innersten getroffen,
Und ein Entwaffneter, in jedem Sinne,
Leg ich zu euren kleinen Füßen mich.
DIE FÜNFTE AMAZONE *von einem Spieß hinter der Szene hervor
getroffen.*
Ihr guten Götter! *Sie sinkt.*
DIE SECHSTE *ebenso.* Weh mir! *Sie sinkt.*
DIE SIEBENTE *ebenso.*   Artemis! *Sie sinkt.*
DIE ERSTE. Der Rasende!
MEROE *mit der Königin beschäftigt.* | zugleich
Die Unglückselige!
DIE ZWEITE AMAZONE.   Entwaffnet nennt er sich. | zugleich
PROTHOE *ebenso.*   Entseelt ist sie.
DIE DRITTE AMAZONE.
Indessen uns die Seinen niederwerfen! | zugleich
MEROE.
Indessen rings umher die Jungfraun sinken!
Was ist zu tun?
DIE ERSTE AMAZONE.
                Den Sichelwagen her!
DIE ZWEITE. Die Doggen über ihn!
DIE DRITTE.   Mit Steinen ihn
Hochher, vom Elefantenturm begraben!

97

EINE AMAZONENFÜRSTIN *die Königin plötzlich verlassend.*
Wohlan, so will ich das Geschoß versuchen.
　　Sie wirft den Bogen von der Schulter und spannt ihn.
ACHILLES *bald zu dieser bald zu jener Amazone sich wendend.*
Ich kanns nicht glauben: süß, wie Silberklang,
Straft eure Stimme eure Reden Lügen.
Du mit den blauen Augen bist es nicht,
Die mir die Doggen reißend schickt, noch du,
Die mit der seidenweichen Locke prangt.
Seht, wenn, auf euer übereiltes Wort,
Jetzt heulend die entkoppelten mir nahten,
So würft ihr noch, mit euren eignen Leibern,
Euch zwischen sie und mich, dies Männerherz,
Dies euch in Lieb erglühende, zu schirmen.
DIE ERSTE AMAZONE.
　Der Übermütge!
DIE ZWEITE. 　　　Hört, wie er sich brüstet!
DIE ERSTE. Er meint mit Schmeichelworten uns –
DIE DRITTE *die erste geheimnisvoll rufend.* 　　Oterpe!
DIE ERSTE *sich umwendend.*
　Ha, sieh! Die Meisterin des Bogens jetzt! –
Still öffnet euren Kreis, ihr Fraun!
DIE FÜNFTE. 　　　　　Was gibts?
DIE VIERTE. Frag nicht! Du wirst es sehn.
DIE ACHTE. 　　　　　Hier! Nimm den Pfeil!
DIE AMAZONENFÜRSTIN *indem sie den Pfeil auf den Bogen legt.*
　Die Schenkel will ich ihm zusammen heften.
ACHILLES *zu einem Griechen, der neben ihm, schon den Bogen
angelegt hat.*
Triff sie!
DIE AMAZONENFÜRSTIN.
　　　Ihr Himmlischen! *Sie sinkt.*
DIE ERSTE AMAZONE. 　Der Schreckliche!
DIE ZWEITE. Getroffen sinkt sie selbst!
DIE DRITTE. 　　　　　Ihr ewigen Götter!
Und dort naht uns ein neuer Griechenhaufen!

Zwölfter Auftritt

Diomedes mit den Ätoliern treten von der andern Seite auf. Bald darauf auch Odysseus von der Seite Achills mit dem Heer.

DIOMEDES. Hier, meine wackeren Ätolier,
Heran! *Er führt sie über die Brücke.*
PROTHOE. O, Artemis! Du Heilige! Rette!
Jetzt ists um uns geschehn!
*Sie trägt die Königin, mit Hülfe einiger Amazonen,
wieder auf den Vorgrund der Szene.*
DIE AMAZONEN *in Verwirrung.* Wir sind gefangen!
Wir sind umzingelt! Wir sind abgeschnitten!
Fort! Rette sich, wer retten kann!
DIOMEDES *zu Prothoe.* Ergebt euch!
MEROE *zu den flüchtigen Amazonen.*
Ihr Rasenden! Was tut ihr? Wollt ihr stehn! –
Prothoe! Sieh her!
PROTHOE *immer bei der Königin.*
Hinweg! Verfolge sie,
Und wenn du kannst, so mach uns wieder frei.
Die Amazonen zerstreuen sich. Meroe folgt ihnen.
ACHILLES. Auf jetzt, wo ragt sie mit dem Haupte?
EIN GRIECHE. Dort!
ACHILLES. Dem Diomed will ich zehn Kronen schenken.
DIOMEDES. Ergebt euch, sag ich noch einmal!
PROTHOE. Dem Sieger
Ergeb ich sie, nicht dir! Was willst du auch?
Der Peleïd ists, dem sie angehört!
DIOMEDES. So werft sie nieder!
EIN ÄTOLIER. Auf!
ACHILLES *den Ätolier zurückstoßend.* Der weicht ein Schatten
Vom Platz, der mir die Königin berührt! –
Mein ist sie! Fort! Was habt ihr hier zu suchen –
DIOMEDES. So! Dein! Ei sieh, bei Zeus', des Donnrers, Locken,
Aus welchen Gründen auch? Mit welchem Rechte?

ACHILLES. Aus einem Grund, der rechts, und einer links. –
Gib.

PROTHOE.
      Hier. Von deiner Großmut fürcht ich nichts.

ACHILLES *indem er die Königin in seine Arme nimmt.*
Nichts, nichts. –
      Zu Diomedes. Du gehst und folgst und schlägst die
Frauen;
Ich bleib auf einen Augenblick zurück.
– Fort! Mir zulieb. Erwidre nichts. Dem Hades
Stünd ich im Kampf um sie, vielmehr denn dir!
      Er legt sie an die Wurzel einer Eiche nieder.

DIOMEDES. Es sei! Folgt mir!

ODYSSEUS *mit dem Heer über die Bühne ziehend.*
               Glück auf, Achill! Glück auf!
Soll ich dir die Quadriga rasselnd schicken?

ACHILL *über die Königin geneigt.*
Es brauchts nicht. Laß noch sein.

ODYSSEUS.
               Gut. Wie du willst. –
Folgt mir! Eh sich die Weiber wieder sammlen.
      *Odysseus und Diomedes mit dem Heer von der Seite
      der Amazonen ab.*

Dreizehnter Auftritt

*Penthesilea, Prothoe, Achilles. Gefolge von Griechen
und Amazonen.*

ACHILLES *indem er der Königin die Rüstung öffnet.*
Sie lebt nicht mehr.

PROTHOE.
          O möcht ihr Auge sich
Für immer diesem öden Licht verschließen!
Ich fürchte nur zu sehr, daß sie erwacht.

ACHILLES. Wo traf ich sie?

PROTHOE. Sie raffte von dem Stoß sich,
Der ihr die Brust zerriß, gewaltsam auf;
Hier führten wir die Wankende heran,
Und diesen Fels just wollten wir erklimmen.
Doch seis der Glieder, der verwundeten,
Seis der verletzten Seele Schmerz: sie konnte,
Daß sie im Kampf gesunken dir, nicht tragen;
Der Fuß versagte brechend ihr den Dienst,
Und Irrgeschwätz von bleichen Lippen sendend,
Fiel sie zum zweitenmal mir in den Arm.
ACHILLES. Sie zuckte – sahst du es?
PROTHOE. Ihr Himmlischen!
So hat sie noch den Kelch nicht ausgeleert?
Seht, o die Jammervolle, seht –
ACHILLES. Sie atmet.
PROTHOE. Pelide! Wenn du das Erbarmen kennst,
Wenn ein Gefühl den Busen dir bewegt,
Wenn du sie töten nicht, in Wahnsinn völlig
Die Leichtgereizte nicht verstricken willst,
So gönne eine Bitte mir.
ACHILLES. Sprich rasch!
PROTHOE. Entferne dich! Tritt, du Vortrefflicher,
Tritt aus dem Antlitz ihr, wenn sie erwacht.
Entrück ihr gleich die Schar, die dich umsteht,
Und laß, bevor die Sonne sich erneut,
Fern auf der Berge Duft, ihr niemand nahn,
Der sie begrüßte, mit dem Todeswort:
Du bist die Kriegsgefangene Achills.
ACHILLES. So haßt sie mich?
PROTHOE. O frage nicht, Großherzger! –
Wenn sie jetzt freudig an der Hoffnung Hand
Ins Leben wiederkehrt, so sei der Sieger
Das erste nicht, das freudlos ihr begegnet.
Wie manches regt sich in der Brust der Frauen,
Das für das Licht des Tages nicht gemacht.

Muß sie zuletzt, wie ihr Verhängnis will,
Als die Gefangne schmerzlich dich begrüßen,
So fordr' es früher nicht, beschwör ich dich!
Als bis ihr Geist dazu gerüstet steht.
ACHILLES. Mein Will ist, ihr zu tun, muß ich dir sagen,
Wie ich dem stolzen Sohn des Priam tat.
PROTHOE. Wie, du Entsetzlicher!
ACHILLES.   – Fürchtet sie dies?
PROTHOE. Du willst das Namenlos' an ihr vollstrecken?
Hier diesen jungen Leib, du Mensch voll Greuel,
Geschmückt mit Reizen, wie ein Kind mit Blumen,
Du willst ihn schändlich, einer Leiche gleich –?
ACHILLES. Sag ihr, daß ich sie liebe.
PROTHOE.   Wie? – Was war das?
ACHILLES. Beim Himmel, wie! Wie Männer Weiber lieben;
Keusch und das Herz voll Sehnsucht doch, in Unschuld,
Und mit der Lust doch, sie darum zu bringen.
Ich will zu meiner Königin sie machen.
PROTHOE. Ihr ewgen Götter, sag das noch einmal.
– Du willst?
ACHILLES.   Kann ich nun bleiben?
PROTHOE.   O so laß
Mich deine Füße küssen, Göttlicher!
O jetzt, wärst du nicht hier, jetzt sucht ich dich,
Und müßts an Herkuls Säulen sein, Pelide! –
Doch sieh: sie schlägt die Augen auf –
ACHILLES.   Sie regt sich –
PROTHOE. Jetzt gilts! Ihr Männer, fort von hier; und du
Rasch hinter diese Eiche berge dich!
ACHILLES. Fort, meine Freunde! Tretet ab.
            Das Gefolge des Achills ab.
PROTHOE *zu Achill, der sich hinter die Eiche stellt.* Noch tiefer!
Und eher nicht, beschwör ich dich, erscheine,
Als bis mein Wort dich ruft. Versprichst du mir? –
Es läßt sich ihre Seele nicht berechnen.

ACHILLES. Es soll geschehn.
PROTHOE.   Nun denn, so merk jetzt auf!

Vierzehnter Auftritt

Penthesilea, Prothoe, Achilles. Gefolge von Amazonen.

PROTHOE. Penthesilea! O du Träumerin!
  In welchen fernen Glanzgefilden schweift
  Dein Geist umher, mit unruhvollem Flattern,
  Als ob sein eigner Sitz ihm nicht gefiele,
  Indes das Glück, gleich einem jungen Fürsten,
  In deinen Busen einkehrt, und, verwundert
  Die liebliche Behausung leer zu finden,
  Sich wieder wendet und zum Himmel schon
  Die Schritte wieder flüchtig setzen will?
  Willst du den Gast nicht fesseln, o du Törin? –
  Komm hebe dich an meine Brust.
PENTHESILEA.   Wo bin ich?
PROTHOE. – Kennst du die Stimme deiner Schwester nicht?
  Führt jener Fels dich, dieser Brückenpfad,
  Die ganze blühnde Landschaft nicht zurück?
  – Sieh diese Jungfraun, welche dich umringen:
  Wie an den Pforten einer schönren Welt,
  Stehn sie, und rufen dir: willkommen! zu.
  – Du seufzest. Was beängstigt dich?
PENTHESILEA.   Ach Prothoe!
  Welch einen Traum entsetzensvoll träumt ich –
  Wie süß ist es, ich möchte Tränen weinen,
  Dies mattgequälte Herz, da ich erwache,
  An deinem Schwesterherzen schlagen fühlen –
  – Mir war, als ob, im heftigen Getümmel,
  Mich des Peliden Lanze traf: umrasselt
  Von meiner erznen Rüstung, schmettr' ich nieder;

Der Boden widerhallte meinem Sturz.
Und während das erschrockne Heer entweicht,
Umstrickt an allen Gliedern lieg ich noch,
Da schwingt er sich vom Pferde schon herab,
Mit Schritten des Triumphes naht er mir,
Und er ergreift die Hingesunkene,
In starken Armen hebt er mich empor,
Und jeder Griff nach diesem Dolch versagt mir,
Gefangen bin ich und mit Hohngelächter
Zu seinen Zelten werd ich abgeführt.
PROTHOE. Nicht, meine beste Königin! Der Hohn
Ist seiner großmutsvollen Seele fremd.
Wär es, was dir im Traum erschien: glaub mir,
Ein sel'ger Augenblick wär dir beschieden,
Und in den Staub vielleicht, dir huldigend,
Sähst du den Sohn der Götter niederfallen.
PENTHESILEA.
Fluch mir, wenn ich die Schmach erlebte, Freundin!
Fluch mir, empfing ich jemals einen Mann,
Den mir das Schwert nicht würdig zugeführt.
PROTHOE. Sei ruhig, meine Königin.
PENTHESILEA.   Wie! Ruhig –
PROTHOE. Liegst du an meinem treuen Busen nicht?
Welch ein Geschick auch über dich verhängt sei,
Wir tragen es, wir beide: fasse dich.
PENTHESILEA. Ich war so ruhig, Prothoe, wie das Meer,
Das in der Bucht des Felsen liegt; nicht ein
Gefühl, das sich in Wellen mir erhob.
Dies Wort: sei ruhig! jagt mich plötzlich jetzt,
Wie Wind die offnen Weltgewässer, auf.
Was ist es denn, das Ruh hier nötig macht? –
Ihr steht so seltsam um mich, so verstört –
– Und sendet Blicke, bei den ewgen Göttern,
In meinen Rücken hin, als stünd ein Unhold,
Mit wildem Antlitz dräuend, hinter mir.

– Du hörsts, es war ja nur ein Traum, es ist nicht –
Wie! Oder ist es? Ists? Wärs wirklich? Rede! –
– Wo ist denn Meroe? Megaris?
Sie sieht sich um und erblickt den Achilles.
                                        Entsetzlich!
Da steht der Fürchterliche hinter mir.
Jetzt meine freie Hand – *Sie zieht den Dolch.*
PROTHOE.   Unglückliche!
PENTHESILEA. O die Nichtswürdige, sie wehret mir –
PROTHOE. Achilles! Rette sie.
PENTHESILEA.   O Rasende!
Er soll den Fuß auf meinen Nacken setzen!
PROTHOE. Den Fuß, Wahnsinnige –
PENTHESILEA.   Hinweg, sag ich! –
PROTHOE. So sieh ihn doch nur an, Verlorene –!
Steht er nicht ohne Waffen hinter dir?
PENTHESILEA. Wie? Was?
PROTHOE.   Nun ja! Bereit, wenn dus verlangst,
Selbst deinem Fesselkranz sich darzubieten.
PENTHESILEA. Nein, sprich.
PROTHOE.   Achill! Sie glaubt mir nicht. Sprich du!
PENTHESILEA. Er wär gefangen mir?
PROTHOE.   Wie sonst? Ists nicht?
ACHILLES *der während dessen vorgetreten.*
In jedem schönren Sinn, erhabne Königin!
Gewillt mein ganzes Leben fürderhin,
In deiner Blicke Fesseln zu verflattern.
       Penthesilea drückt ihre Hände vors Gesicht.
PROTHOE. Nun denn, da hörtest dus aus seinem Mund.
– Er sank, wie du, als ihr euch traft, in Staub;
Und während du entseelt am Boden lagst,
Ward er entwaffnet – nicht?
ACHILLES.   Ich ward entwaffnet;
Man führte mich zu deinen Füßen her.
       Er beugt ein Knie vor ihr.

PENTHESILEA *nach einer kurzen Pause.*

Nun denn, so sei mir, frischer Lebensreiz,
Du junger, rosenwang'ger Gott, gegrüßt!
Hinweg jetzt, o mein Herz, mit diesem Blute,
Das aufgehäuft, wie seiner Ankunft harrend,
In beiden Kammern dieser Brüste liegt.
Ihr Boten, ihr geflügelten, der Lust,
Ihr Säfte meiner Jugend, macht euch auf,
Durch meine Adern fleucht, ihr jauchzenden,
Und laßt es einer roten Fahne gleich,
Von allen Reichen dieser Wangen wehn:
Der junge Nereïdensohn ist mein!

Sie steht auf.

PROTHOE. O meine teure Königin, mäßge dich.

PENTHESILEA *indem sie vorschreitet.*

Heran, ihr sieggekrönten Jungfraun jetzt,
Ihr Töchter Mars', vom Wirbel bis zur Sohle
Vom Staub der Schlacht noch überdeckt, heran,
Mit dem Argiverjüngling jegliche,
Den sie sich überwunden, an der Hand!
Ihr Mädchen, naht euch, mit den Rosenkörben:
Wo sind für soviel Scheitel Kränze mir?
Hinaus mir über die Gefilde, sag ich,
Und mir die Rosen, die der Lenz verweigert,
Mit eurem Atem aus der Flur gehaucht!
An euer Amt, ihr Priestrinnen der Diana:
Daß eures Tempels Pforten rasselnd auf,
Des glanzerfüllten, weihrauchduftenden,
Mir, wie des Paradieses Tore, fliegen!
Zuerst den Stier, den feisten, kurzgehörnten,
Mir an den Altar hin; das Eisen stürz ihn,
Das blinkende, an heilger Stätte lautlos,
Daß das Gebäu erschüttere, darnieder.
Ihr Dienrinnen, ihr rüstigen, des Tempels,
Das Blut, wo seid ihr? rasch, ihr Emsigen,

Mit Perserölen, von der Kohle zischend,
Von des Getäfels Plan hinweggewaschen!
Und all ihr flatternden Gewänder, schürzt euch,
Ihr goldenen Pokale, füllt euch an,
Ihr Tuben, schmettert, donnert, ihr Posaunen,
Der Jubel mache, der melodische,
Den festen Bau des Firmamentes beben! –
O Prothoe! Hilf jauchzen mir, frohlocken,
Erfinde, Freundin, Schwesterherz, erdenke,
Wie ich ein Fest jetzt göttlicher, als der
Olymp durchjubelte, verherrliche,
Das Hochzeitsfest der krieggeworbnen Bräute,
Der Inachiden und der Kinder Mars'! –
O Meroe, wo bist du? Megaris?

PROTHOE *mit unterdrückter Rührung.*

Freud ist und Schmerz dir, seh ich, gleich verderblich,
Und gleich zum Wahnsinn reißt dich beides hin.
Du wähnst, wähnst dich in Themiscyra schon,
Und wenn du so die Grenzen überschwärmst,
Fühl ich gereizt mich, dir das Wort zu nennen,
Das dir den Fittich plötzlich wieder lähmt.
Blick um dich her, Betrogene, wo bist du?
Wo ist das Volk? Wo sind die Priesterinnen?
Asteria? Meroe? Megaris? Wo sind sie?

PENTHESILEA *an ihrem Busen.*

O laß mich, Prothoe! O laß dies Herz
Zwei Augenblick in diesem Strom der Lust,
Wie ein besudelt Kind, sich untertauchen;
Mit jedem Schlag in seine üppgen Wellen
Wäscht sich ein Makel mir vom Busen weg.
Die Eumeniden fliehn, die schrecklichen,
Es weht, wie Nahn der Götter um mich her,
Ich möchte gleich in ihren Chor mich mischen,
Zum Tode war ich nie so reif als jetzt.
Doch jetzt vor allem: du vergibst mir doch?

PROTHOE. O meine Herrscherin!

PENTHESILEA.   Ich weiß, ich weiß –
Nun, meines Blutes beßre Hälft ist dein.
– Das Unglück, sagt man, läutert die Gemüter,
Ich, du Geliebte, ich empfand es nicht;
Erbittert hat es, Göttern mich und Menschen
In unbegriffner Leidenschaft empört.
Wie seltsam war, auf jedem Antlitz, mir,
Wo ich sie traf, der Freude Spur verhaßt;
Das Kind, das in der Mutter Schoße spielte,
Schien mir verschworen wider meinen Schmerz.
Wie möcht ich alles jetzt, was mich umringt,
Zufrieden gern und glücklich sehn! Ach, Freundin!
Der Mensch kann groß, ein Held, im Leiden sein,
Doch göttlich ist er, wenn er selig ist!
– Doch rasch zur Sache jetzt. Es soll das Heer
Zur Rückkehr schleunig jede Anstalt treffen;
Sobald die Scharen ruhten, Tier und Menschen,
Bricht auch der Zug mit den Gefangenen,
Nach unsern heimatlichen Fluren auf. –
– Wo ist Lykaon?

PROTHOE.   Wer?

PENTHESILEA *mit zärtlichem Unwillen.*
                   Wer, fragst du noch!
Er, jener blühende Arkadierheld,
Den dir das Schwert erwarb. Was hält ihn fern?

PROTHOE *verwirrt.*
Er weilt noch in den Wäldern, meine Königin!
Wo man die übrigen Gefangnen hält.
Vergönne, daß er, dem Gesetz gemäß,
Eh nicht, als in der Heimat mir erscheine.

PENTHESILEA.
Man ruf ihn mir! – Er weilt noch in den Wäldern!
– Zu meiner Prothoe Füßen ist sein Platz!
– – Ich bitte dich, Geliebte, ruf ihn her,

Du stehst mir, wie ein Maienfrost, zur Seite,
Und hemmst der Freude junges Leben mir.

PROTHOE *für sich.* Die Unglückselige! – Wohlan so geht,
Und tut, wie euch die Königin befohlen.
Sie winkt einer Amazone; diese geht ab.

PENTHESILEA. Wer schafft mir jetzt die Rosenmädchen her?
Sie erblickt Rosen auf dem Boden.
Sieh! Kelche finden, und wie duftende,
Auf diesem Platz sich –!
Sie fährt sich mit der Hand über die Stirne.
Ach mein böser Traum!
Zu Prothoe.
War denn der Diana Oberpriestrin hier?

PROTHOE. Nicht, daß ich wüßte, meine Königin –

PENTHESILEA. Wie kommen denn die Rosen her?

PROTHOE *rasch.* Sieh da!
Die Mädchen, die die Fluren plünderten,
Sie ließen einen Korb voll hier zurück.
Nun, diesen Zufall wahrlich nenn ich günstig.
Hier, diese duftgen Blüten raff ich auf,
Und winde den Pelidenkranz dir. Soll ich?
Sie setzt sich an der Eiche nieder.

PENTHESILEA. Du Liebe! Treffliche! Wie du mich rührst. –
Wohlan! Und diese hundertblättrigen
Ich dir zum Siegerkranz Lykaons. Komm.
*Sie rafft gleichfalls einige Rosen auf und setzt sich neben
Prothoe nieder.*
Musik, ihr Fraun, Musik! Ich bin nicht ruhig.
Laßt den Gesang erschallen! Macht mich still.

EINE JUNGFRAU *aus ihrem Gefolge.*
Was wünschest du?

EINE ANDERE. Den Siegsgesang?

PENTHESILEA. – Die Hymne.

DIE JUNGFRAU. Es sei. – O die Betrogene! – Singt! Spielt!

CHOR DER JUNGFRAUN *mit Musik.*

Ares entweicht!
Seht, wie sein weißes Gespann
Fernhin dampfend zum Orkus niedereilt!
Die Eumeniden öffnen, die scheußlichen:
Sie schließen die Tore wieder hinter ihm zu.

EINE JUNGFRAU. Hymen! Wo weilst du?
Zünde die Fackel an, und leuchte! leuchte!
Hymen! wo weilst du?

CHOR. Ares entweicht! *usw.*

ACHILLES *nähert sich während des Gesanges der Prothoe heimlich.*
Sprich! Wohin führt mich dies? Ich will es wissen!

PROTHOE. Noch einen Augenblick, Großherziger,
Fleh ich dich um Geduld – du wirst es sehn.

*Wenn die Kränze gewunden sind, wechselt Penthesilea
den ihrigen gegen den Kranz der Prothoe, sie umarmen
sich und betrachten die Windungen.
Die Musik schweigt.
Die Amazone kehrt zurück.*

PENTHESILEA. Hast dus bestellt?

DIE AMAZONE.   Lykaon wird sogleich,
Der junge Prinz Arkadiens, erscheinen.

Fünfzehnter Auftritt

Penthesilea, Prothoe, Achilles, Amazonen.

PENTHESILEA. Komm jetzt, du süßer Nereïdensohn,
Komm, lege dich zu Füßen mir – Ganz her!
Nur dreist heran! – – Du fürchtest mich doch nicht?
– Verhaßt nicht, weil ich siegte, bin ich dir?
Sprich! Fürchtest du, die dich in Staub gelegt?

ACHILLES *zu ihren Füßen.*
Wie Blumen Sonnenschein.

PENTHESILEA. Gut, gut gesagt!
So sieh mich auch wie deine Sonne an. –
Diana, meine Herrscherin, er ist
Verletzt!
ACHILLES. Geritzt am Arm, du siehst, nichts weiter.
PENTHESILEA. Ich bitte dich, Pelide, glaube nicht,
Daß ich jemals nach deinem Leben zielte.
Zwar gern mit diesem Arm hier traf ich dich;
Doch als du niedersankst, beneidete
Hier diese Brust den Staub, der dich empfing.
ACHILLES. Wenn du mich liebst, so sprichst du nicht davon.
Du siehst es heilt schon.
PENTHESILEA. So verzeihst du mir?
ACHILLES. Von ganzem Herzen. –
PENTHESILEA. Jetzt – kannst du mir sagen,
Wie es die Liebe macht, der Flügelknabe,
Wenn sie den störr'gen Leun in Fesseln schlägt?
ACHILLES. Sie streichelt, denk ich, seine rauhen Wangen,
So hält er still.
PENTHESILEA. Nun denn, so wirst du dich
Nicht mehr als eine junge Taube regen,
Um deren Hals ein Mädchen Schlingen legt.
Denn die Gefühle dieser Brust, o Jüngling,
Wie Hände sind sie, und sie streicheln dich.
Sie umschlingt ihn mit Kränzen.
ACHILLES. Wer bist du, wunderbares Weib?
PENTHESILEA. Gib her. –
Ich sagte still! Du wirst es schon erfahren.
– Hier diese leichte Rosenwindung nur
Um deine Scheitel, deinen Nacken hin –
Zu deinen Armen, Händen, Füßen nieder –
Und wieder auf zum Haupt – – so ists geschehn.
– Was atmest du?
ACHILLES. Duft deiner süßen Lippen.
PENTHESILEA *indem sie sich zurückbeugt.*

Es sind die Rosen, die Gerüche streun.
– Nichts, nichts!

ACHILLES. Ich wollte sie am Stock versuchen.

PENTHESILEA. Sobald sie reif sind, Liebster, pflückst du sie.

Sie setzt ihm noch einen Kranz auf die Scheitel und
läßt ihn gehn.

Jetzt ists geschehn. – O sieh, ich bitte dich,
Wie der zerfloßne Rosenglanz ihm steht!
Wie sein gewitterdunkles Antlitz schimmert!
Der junge Tag, wahrhaftig, liebste Freundin,
Wenn ihn die Horen von den Bergen führen,
Demanten perlen unter seinen Tritten:
Er sieht so weich und mild nicht drein, als er. –
Sprich! Dünkts dich nicht, als ob sein Auge glänzte? –
Fürwahr! Man möchte, wenn er so erscheint, fast zweifeln,
Daß er es sei.

PROTHOE. Wer, meinst du?

PENTHESILEA. Der Pelide! –
Sprich, wer den Größesten der Priamiden
Vor Trojas Mauern fällte, warst das du?
Hast du ihm wirklich, *du*, mit diesen Händen
Den flüchtgen Fuß durchkeilt, an deiner Achse
Ihn häuptlings um die Vaterstadt geschleift? –
Sprich! Rede! Was bewegt dich so? Was fehlt dir?

ACHILLES. Ich bins.

PENTHESILEA *nachdem sie ihn scharf angesehen.*
Er sagt, er seis.

PROTHOE. Er ist es, Königin;
An diesem Schmuck hier kannst du ihn erkennen.

PENTHESILEA. Woher?

PROTHOE. Es ist die Rüstung, sieh nur her,
Die Thetis ihm, die hohe Göttermutter,
Bei dem Hephäst, des Feuers Gott, erschmeichelt.

PENTHESILEA. Nun denn, so grüß ich dich mit diesem Kuß,
Unbändigster der Menschen, mein! Ich bins,

Du junger Kriegsgott, der du angehörst;
Wenn man im Volk dich fragt, so nennst du *mich*.
ACHILLES. O du, die eine Glanzerscheinung mir,
  Als hätte sich das Ätherreich eröffnet,
  Herabsteigst, Unbegreifliche, wer bist du?
  Wie nenn ich dich, wenn meine eigne Seele
  Sich, die entzückte, fragt, wem sie gehört?
PENTHESILEA. Wenn sie dich fragt, so nenne diese Züge,
  Das sei der Nam, in welchem du mich denkst. –
  Zwar diesen goldnen Ring hier schenk ich dir,
  Mit jedem Merkmal, das dich sicher stellt;
  Und zeigst du ihn, so weist man dich zu mir.
  Jedoch ein Bing vermißt sich, Namen schwinden;
  Wenn dir der Nam entschwänd, der Ring sich mißte:
  Fändst du mein Bild in dir wohl wieder aus?
  Kannst dus wohl mit geschloßnen Augen denken?
ACHILLES. Es steht so fest, wie Züg in Diamanten.
PENTHESILEA. Ich bin die Königin der Amazonen,
  Er nennt sich marserzeugt, mein Völkerstamm,
  Otrere war die große Mutter mir,
  Und mich begrüßt das Volk: Penthesilea.
ACHILLES. Penthesilea.
PENTHESILEA.   Ja, so sagt ich dir.
ACHILLES. Mein Schwan singt noch im Tod: Penthesilea.
PENTHESILEA.
  Die Freiheit schenk ich dir, du kannst den Fuß
  Im Heer der Jungfraun setzen, wie du willst.
  Denn eine andre Kette denk ich noch,
  Wie Blumen leicht, und fester doch, als Erz,
  Die dich mir fest verknüpft, ums Herz zu schlagen.
  Doch bis sie zärtlich, Ring um Ring, geprägt,
  In der Gefühle Glut, und ausgeschmiedet,
  Der Zeit nicht, und dem Zufall, mehr zerstörbar,
  Kehrst du, weil es die Pflicht erheischt, mir wieder,
  Mir, junger Freund, versteh mich, die für jedes,

Seis ein Bedürfnis, seis ein Wunsch, dir sorgt.
Willst du das tun, sag an?
ACHILLES.   Wie junge Rosse
Zum Duft der Krippe, die ihr Leben nährt.
PENTHESILEA. Gut. Ich verlaß mich drauf. Wir treten jetzt
Die Reise gleich nach Themiscyra an;
Mein ganzer Harras bis dahin ist dein.
Man wird dir purpurne Gezelte bringen,
Und auch an Sklaven nicht, dich zu bedienen,
Wirds deinem königlichen Willen fehlen.
Doch weil mich, auf dem Zuge, du begreifst,
So manche Sorge fesselt, wirst du dich
Noch zu den übrigen Gefangnen halten:
In Themiscyra erst, Neridensohn,
Kann ich mich ganz, aus voller Brust, dir weihn.
ACHILLES. Es soll geschehn.
PENTHESILEA *zu Prothoe.* Nun aber sage mir,
Wo weilt auch dein Arkadier?
PROTHOE.   Meine Fürstin –
PENTHESILEA. So gern von deiner Hand, geliebte Prothoe,
Möcht ich bekränzt ihn sehn.
PROTHOE.   Er wird schon kommen. –
Der Kranz hier soll ihm nicht verloren gehn.
PENTHESILEA *aufbrechend.*
Nun denn – mich rufen mancherlei Geschäfte,
So laßt mich gehn.
ACHILLES.   Wie?
PENTHESILEA.   Laß mich aufstehn, Freund.
ACHILLES. Du fliehst? Du weichst? Du lässest mich zurück?
Noch eh du meiner sehnsuchtsvollen Brust
So vieler Wunder Aufschluß gabst, Geliebte?
PENTHESILEA. In Themiscyra, Freund.
ACHILLES.   Hier, meine Königin!
PENTHESILEA. In Themiscyra, Freund, in Themiscyra –
Laß mich!

PROTHOE *sie zurückhaltend, unruhig.*
　　　　Wie? Meine Königin! Wo willst du hin?
PENTHESILEA *befremdet.*
　　Die Scharen will ich mustern – sonderbar!
　　Mit Meroe will ich sprechen, Megaris.
　　Hab ich, beim Styx, jetzt nichts zu tun, als plaudern?
PROTHOE. Das Heer verfolgt die flüchtgen Griechen noch. –
　　Laß Meroe, die die Spitze führt, die Sorge;
　　Du brauchst der Ruhe noch. – Sobald der Feind
　　Nur völlig über den Skamandros setzte,
　　Wird dir das Heer hier siegreich vorgeführt.
PENTHESILEA *erwägend.*
　　So! – – Hier auf dieses Feld? Ist das gewiß?
PROTHOE. Gewiß. Verlaß dich drauf. –
PENTHESILEA *zum Achill.*　　　　　　　Nun so sei kurz.
ACHILLES. Was ists, du wunderbares Weib, daß du,
　　Athene gleich, an eines Kriegsheers Spitze,
　　Wie aus den Wolken nieder, unbeleidigt,
　　In unsern Streit vor Troja plötzlich fällst?
　　Was treibt, vom Kopf zu Fuß in Erz gerüstet,
　　So unbegriffner Wut voll, Furien ähnlich,
　　Dich gegen das Geschlecht der Griechen an;
　　Du, die sich bloß in ihrer Schöne ruhig
　　Zu zeigen brauchte, Liebliche, das ganze
　　Geschlecht der Männer dir im Staub zu sehn?
PENTHESILEA. Ach, Nereïdensohn! – Sie ist mir nicht,
　　Die Kunst vergönnt, die sanftere, der Frauen!
　　Nicht bei dem Fest, wie deines Landes Töchter,
　　Wenn zu wetteifernd frohen Übungen
　　Die ganze Jugendpracht zusammenströmt,
　　Darf ich mir den Geliebten ausersehn;
　　Nicht mit dem Strauß, so oder so gestellt,
　　Und dem verschämten Blick, ihn zu mir locken;
　　Nicht in dem Nachtigall-durchschmetterten
　　Granatwald, wenn der Morgen glüht, ihm sagen,

An seine Brust gesunken, daß ers sei.
Im blutgen Feld der Schlacht muß ich ihn suchen,
Den Jüngling, den mein Herz sich auserkor,
Und ihn mit ehrnen Armen mir ergreifen,
Den diese weiche Brust empfangen soll.

ACHILLES. Und woher quillt, von wannen ein Gesetz,
Unweiblich, du vergibst mir, unnatürlich,
Dem übrigen Geschlecht der Menschen fremd?

PENTHESILEA. Fern aus der Urne alles Heiligen,
O Jüngling: von der Zeiten Gipfeln nieder,
Den unbetretnen, die der Himmel ewig
In Wolkenduft geheimnisvoll verhüllt.
Der ersten Mütter Wort entschied es also,
Und dem verstummen wir, Neridensohn,
Wie deiner ersten Väter Worten du.

ACHILLES. Sei deutlicher.

PENTHESILEA.   Wohlan! So höre mich. –
Wo jetzt das Volk der Amazonen herrschet,
Da lebte sonst, den Göttern untertan,
Ein Stamm der Skythen, frei und kriegerisch,
Jedwedem andern Volk der Erde gleich.
Durch Reihn schon nannt er von Jahrhunderten
Den Kaukasus, den fruchtumblühten, sein:
Als Vexoris, der Äthioper König,
An seinem Fuß erschien, die Männer rasch,
Die kampfverbundnen, vor sich niederwarf,
Sich durch die Täler goß, und Greis' und Knaben,
Wo sein gezückter Stahl sie traf, erschlug:
Das ganze Prachtgeschlecht der Welt ging aus.
Die Sieger bürgerten, barbarenartig,
In unsre Hütten frech sich ein, ernährten
Von unsrer reichen Felder Früchten sich,
Und voll der Schande Maß uns zuzumessen,
Ertrotzten sie der Liebe Gruß sich noch:

Sie rissen von den Gräbern ihrer Männer
Die Fraun zu ihren schnöden Betten hin.
ACHILLES. Vernichtend war das Schicksal, Königin,
Das deinem Frauenstaat das Leben gab.
PENTHESILEA. Doch alles schüttelt, was ihm unerträglich,
Der Mensch von seinen Schultern sträubend ab;
Den Druck nur mäßger Leiden duldet er.
Durch ganze Nächte lagen, still und heimlich,
Die Fraun im Tempel Mars', und höhlten weinend
Die Stufen mit Gebet um Rettung aus.
Die Betten füllten, die entweihten, sich
Mit blankgeschliffnen Dolchen an, gekeilt,
Aus Schmuckgeräten, bei des Herdes Flamme,
Aus Senkeln, Ringen, Spangen: nur die Hochzeit
Ward, des Äthioperkönigs Vexoris
Mit Tanaïs, der Königin, erharrt,
Der Gäste Brust zusamt damit zu küssen.
Und als das Hochzeitsfest erschienen war,
Stieß ihm die Kön'gin ihren in das Herz;
Mars, an des Schnöden Statt, vollzog die Ehe,
Und das gesamte Mordgeschlecht, mit Dolchen,
In einer Nacht, ward es zu Tod gekitzelt.
ACHILLES. Solch eine Tat der Weiber läßt sich denken.
PENTHESILEA. Und dies jetzt ward im Rat des Volks beschlossen:
Frei, wie der Wind auf offnem Blachfeld, sind
Die Fraun, die solche Heldentat vollbracht,
Und dem Geschlecht der Männer nicht mehr dienstbar.
Ein Staat, ein mündiger, sei aufgestellt,
Ein Frauenstaat, den fürder keine andre
Herrschsüchtge Männerstimme mehr durchtrotzt,
Der das Gesetz sich würdig selber gebe,
Sich selbst gehorche, selber auch beschütze:
Und Tanaïs sei seine Königin.
Der Mann, des Auge diesen Staat erschaut,
Der soll das Auge gleich auf ewig schließen;

Und wo ein Knabe noch geboren wird,
Von der Tyrannen Kuß, da folg er gleich
Zum Orkus noch den wilden Vätern nach.
Der Tempel Ares' füllte sich sogleich
Gedrängt mit Volk, die große Tanaïs
Zu solcher Satzung Schirmerin zu krönen.
Gerad als sie, im festlichsten Moment,
Die Altarstuf erstieg, um dort den Bogen,
Den großen, goldenen, des Skythenreichs,
Den sonst die Könige geführt, zu greifen,
Von der geschmückten Oberpriesterin Hand,
Ließ eine Stimme also sich vernehmen:
»Den Spott der Männer werd er reizen nur,
Ein Staat, wie der, und gleich dem ersten Anfall
Des kriegerischen Nachbarvolks erliegen:
Weil doch die Kraft des Bogens nimmermehr,
Von schwachen Fraun, beengt durch volle Brüste,
Leicht, wie von Männern, sich regieren würde.«
Die Königin stand einen Augenblick,
Und harrte still auf solcher Rede Glück;
Doch als die feige Regung um sich griff,
Riß sie die rechte Brust sich ab, und taufte
Die Frauen, die den Bogen spannen würden,
Und fiel zusammen, eh sie noch vollendet:
Die Amazonen oder Busenlosen! –
Hierauf ward ihr die Krone aufgesetzt.
ACHILLES. Nun denn, beim Zeus, die brauchte keine Brüste!
Die hätt ein Männervolk beherrschen können,
Und meine ganze Seele beugt sich ihr.
PENTHESILEA. Still auch auf diese Tat wards, Peleïde,
Nichts als der Bogen ließ sich schwirrend hören,
Der aus den Händen, leichenbleich und starr,
Der Oberpriesterin daniederfiel.
Er stürzt', der große, goldene, des Reichs,
Und klirrte von der Marmorstufe dreimal,

Mit dem Gedröhn der Glocken, auf, und legte,
Stumm wie der Tod, zu ihren Füßen sich. –
ACHILLES. Man folgt ihr, hoff ich doch, im Staat der Frauen,
In diesem Beispiel nicht?
PENTHESILEA.   Nicht – allerdings!
Man ging so lebhaft nicht zu Werk als sie.
ACHILLES *mit Erstaunen.*
Wie! Also doch –? Unmöglich!
PENTHESILEA.   Was sagst du?
ACHILLES. – Die ungeheure Sage wäre wahr?
Und alle diese blühenden Gestalten,
Die dich umstehn, die Zierden des Geschlechts,
Vollständig, einem Altar gleich, jedwede
Geschmückt, in Liebe davor hinzuknien,
Sie sind beraubt, unmenschlich, frevelhaft –?
PENTHESILEA. Hast du das nicht gewußt?
ACHILLES *indem er sein Gesicht an ihre Brust drückt.*
                                O Königin!
Der Sitz der jungen, lieblichen Gefühle,
Um eines Wahns, barbarisch –
PENTHESILEA.   Sei ganz ruhig.
Sie retteten in diese Linke sich,
Wo sie dem Herzen um so näher wohnen.
Du wirst mir, hoff ich, deren keins vermissen. –
ACHILLES. Fürwahr! Ein Traum, geträumt in Morgenstunden,
Scheint mir wahrhaftger, als der Augenblick.
– Doch weiter.
PENTHESILEA.   Wie?
ACHILLES.   – Du bist den Schluß noch schuldig.
Denn dieser überstolze Frauenstaat,
Der ohn der Männer Hülf entstand, wie pflanzt er
Doch ohne Hülfe sich der Männer fort?
Wirft euch Deukalion, von Zeit zu Zeit,
Noch seiner Schollen eine häuptlings zu?
PENTHESILEA. So oft nach jährlichen Berechnungen,

Die Königin dem Staat ersetzen will,
Was ihr der Tod entrafft, ruft sie die blühendsten
Der Frauen – *Stockt und sieht ihn an.*
                    Warum lächelst du?
ACHILLES.   Wer? Ich?
PENTHESILEA. Mich dünkt, du lächelst, Lieber.
ACHILLES.   – Deiner Schöne.
  Ich war zerstreut. Vergib. Ich dachte eben,
  Ob du mir aus dem Monde niederstiegst? –
PENTHESILEA *nach einer Pause.*
  So oft, nach jährlichen Berechnungen,
  Die Königin, was ihr der Tod entrafft,
  Dem Staat ersetzen will, ruft sie die blühndsten
  Der Fraun, von allen Enden ihres Reichs,
  Nach Themiscyra hin, und fleht, im Tempel
  Der Artemis, auf ihre jungen Schöße
  Den Segen keuscher Marsbefruchtung nieder.
  Ein solches Fest heißt, still und weich gefeiert,
  Der blühnden Jungfraun Fest, wir warten stets,
  Bis – wenn das Schneegewand zerhaucht, der Frühling
  Den Kuß drückt auf den Busen der Natur.
  Dianas heilge Priesterin verfügt
  Auf dies Gesuch sich in den Tempel Mars’,
  Und trägt, am Altar hingestreckt, dem Gott
  Den Wunsch der weisen Völkermutter vor.
  Der Gott dann, wenn er sie erhören will,
  – Denn oft verweigert ers, die Berge geben,
  Die schneeigen, der Nahrung nicht zu viel –
  Der Gott zeigt uns, durch seine Priesterin,
  Ein Volk an, keusch und herrlich, das, statt seiner,
  Als Stellvertreter, uns erscheinen soll.
  Des Volkes Nam und Wohnsitz ausgesprochen,
  Ergeht ein Jubel nun durch Stadt und Land.
  Marsbräute werden sie begrüßt, die Jungfraun,
  Beschenkt mit Waffen, von der Mütter Hand,

Mit Pfeil' und Dolch, und allen Gliedern fliegt,
Von emsgen Händen jauchzend rings bedient,
Das erzene Gewand der Hochzeit an.
Der frohe Tag der Reise wird bestimmt,
Gedämpfter Tuben Klang ertönt, es schwingt
Die Schar der Mädchen flüsternd sich zu Pferd,
Und still und heimlich, wie auf wollnen Sohlen,
Gehts in der Nächte Glanz, durch Tal und Wald,
Zum Lager fern der Auserwählten hin.
Das Land erreicht, ruhn wir, an seiner Pforte,
Uns noch zwei Tage, Tier' und Menschen, aus:
Und wie die feuerrote Windsbraut brechen
Wir plötzlich in den Wald der Männer ein,
Und wehn die Reifsten derer, die da fallen,
Wie Samen, wenn die Wipfel sich zerschlagen,
In unsre heimatlichen Fluren hin.
Hier pflegen wir, im Tempel Dianas, ihrer,
Durch heilger Feste Reihn, von denen mir
Bekannt nichts, als der Name: Rosenfest –
Und denen sich, bei Todesstrafe, niemand,
Als nur die Schar der Bräute nahen darf –
Bis uns die Saat selbst blühend aufgegangen;
Beschenken sie, wie Könige zusamt;
Und schicken sie, am Fest der reifen Mütter,
Auf stolzen Prachtgeschirren wieder heim.
Dies Fest dann freilich ist das frohste nicht,
Neridensohn – denn viele Tränen fließen,
Und manches Herz, von düsterm Gram ergriffen,
Begreift nicht, wie die große Tanaïs
In jedem ersten Wort zu preisen sei. –
Was träumst du?

ACHILLES.   Ich?

PENTHESILEA.   Du.

ACHILLES *zerstreut.*   Geliebte, mehr,
    Als ich in Worte eben fassen kann.
    – – Und auch mich denkst du also zu entlassen?

PENTHESILEA.
Ich weiß nicht, Lieber. Frag mich nicht. –
ACHILLES.   Traun! Seltsam. –
Er versinkt in Nachdenken.
– Doch einen Aufschluß noch gewährst du mir.
PENTHESILEA. Sehr gern, mein Freund. Sei dreist.
ACHILLES.   Wie faß ich es,
Daß du gerade *mich* so heiß verfolgtest?
Es schien, ich sei bekannt dir.
PENTHESILEA.   Allerdings.
ACHILLES. Wodurch?
PENTHESILEA.   Willst du der Törichten nicht lächeln?
ACHILLES *lächelnd.*
Ich weiß nicht, sag ich jetzt, wie du.
PENTHESILEA.   Nun denn,
Du sollsts erfahren. – Sieh ich hatte schon
Das heitre Fest der Rosen zwanzigmal
Erlebt und drei, und immer nur von fern,
Wo aus dem Eichenwald der Tempel ragt,
Den frohen Jubelschall gehört, als Ares,
Bei der Otrere, meiner Mutter, Tod,
Zu seiner Braut mich auserkor. Denn die
Prinzessinnen, aus meinem Königshaus,
Sie mischen nie aus eigener Bewegung,
Sich in der blühnden Jungfraun Fest; der Gott,
Begehrt er ihrer, ruft sie würdig auf,
Durch seiner großen Oberpriestrin Mund.
Die Mutter lag, die bleiche, scheidende,
Mir in den Armen eben, als die Sendung
Des Mars mir feierlich im Palast erschien,
Und mich berief, nach Troja aufzubrechen,
Um ihn von dort bekränzt heranzuführen.
Es traf sich, daß kein Stellvertreter je
Ernannt noch ward, willkommener den Bräuten,
Als die Hellenenstämme, die sich dort umkämpften.

An allen Ecken hörte man erjauchzend,
Auf allen Märkten, hohe Lieder schallen,
Die des Hero'nkriegs Taten feierten:
Vom Paris-Apfel, dem Helenenraub,
Von den geschwaderführenden Atriden,
Vom Streit um Briseïs, der Schiffe Brand,
Auch von Patroklus' Tod, und welche Pracht
Du des Triumphes rächend ihm gefeiert;
Und jedem großen Auftritt dieser Zeit. –
In Tränen schwamm ich, Jammervolle, hörte
Mit halbem Ohr nur, was die Botschaft mir,
In der Otrere Todesstunde, brachte;
»Laß mich dir bleiben, rief ich, meine Mutter,
Dein Ansehn, brauch es heut zum letztenmal,
Und heiße diese Frauen wieder gehn.«
Doch sie, die würdge Königin, die längst
Mich schon ins Feld gewünscht – denn ohne Erben
War, wenn sie starb, der Thron und eines andern
Ehrgeizgen Nebenstammes Augenmerk –
Sie sagte: »geh, mein süßes Kind! Mars ruft dich!
Du wirst den Peleïden dir bekränzen:
Werd eine Mutter, stolz und froh, wie ich –«
Und drückte sanft die Hand mir, und verschied.
PROTHOE. So nannte sie den Namen dir, Otrere?
PENTHESILEA. – Sie nannt ihn, Prothoe, wie's einer Mutter
Wohl im Vertraun zu ihrer Tochter ziemt.
ACHILLES. Warum? Weshalb? Verbeut dies das Gesetz?
PENTHESILEA. Es schickt sich nicht, daß eine Tochter Mars'
Sich ihren Gegner sucht, den soll sie wählen,
Den ihr der Gott im Kampf erscheinen läßt. –
Doch wohl ihr, zeigt die Strebende sich da,
Wo ihr die Herrlichsten entgegenstehn.
– Nicht, Prothoe?
PROTHOE.   So ists.
ACHILLES.   Nun –?

PENTHESILEA.   – Lange weint ich,
Durch einen ganzen kummervollen Mond,
An der Verblichnen Grab, die Krone selbst,
Die herrenlos am Rande lag, nicht greifend,
Bis mich zuletzt der wiederholte Ruf
Des Volks, das den Palast mir ungeduldig,
Bereit zum Kriegeszug, umlagerte,
Gewaltsam auf den Thron riß. Ich erschien,
Wehmütig strebender Gefühle voll,
Im Tempel Mars', den Bogen gab man mir,
Den klirrenden, des Amazonenreichs,
Mir war, als ob die Mutter mich umschwebte,
Da ich ihn griff, nichts schien mir heiliger,
Als ihren letzten Willen zu erfüllen.
Und da ich Blumen noch, die duftigsten,
Auf ihren Sarkophag gestreut, brach ich
Jetzt mit dem Heer der Amazonen auf,
Nach der Dardanerburg – Mars weniger,
Dem großen Gott, der mich dahin gerufen,
Als der Otrere Schatten, zu gefallen.
ACHILLES. Wehmut um die Verblichne lähmte flüchtig
Die Kraft, die deine junge Brust sonst ziert.
PENTHESILEA. Ich liebte sie.
ACHILLES.   Nun? Hierauf? –
PENTHESILEA.   In dem Maße,
Als ich mich dem Skamandros näherte,
Und alle Täler rings, die ich durchrauschte,
Von dem Trojanerstreite widerhallten,
Schwand mir der Schmerz, und meiner Seele ging
Die große Welt des heitern Krieges auf.
Ich dachte so: wenn sie sich allzusamt,
Die großen Augenblicke der Geschichte,
Mir wiederholten, wenn die ganze Schar
Der Helden, die die hohen Lieder feiern,
Herab mir aus den Sternen stieg', ich fände

Doch keinen Trefflichern, den ich mit Rosen
Bekränzt', als ihn, den mir die Mutter ausersehn –
Den Lieben, Wilden, Süßen, Schrecklichen,
Den Überwinder Hektors! O Pelide!
Mein ewiger Gedanke, wenn ich wachte,
Mein ewger Traum warst du! Die ganze Welt
Lag wie ein ausgespanntes Musternetz
Vor mir; in jeder Masche, weit und groß,
War deiner Taten eine eingeschürzt,
Und in mein Herz, wie Seide weiß und rein,
Mit Flammenfarben jede brannt ich ein.
Bald sah ich dich, wie du ihn niederschlugst,
Vor Ilium, den flüchtgen Priamiden;
Wie du, entflammt von hoher Siegerlust,
Das Antlitz wandtest, während er die Scheitel,
Die blutigen, auf nackter Erde schleifte;
Wie Priam flehnd in deinem Zelt erschien –
Und heiße Tränen weint ich, wenn ich dachte,
Daß ein Gefühl doch, Unerbittlicher,
Den marmorharten Busen dir durchzuckt.
ACHILLES. Geliebte Königin!
PENTHESILEA.   Wie aber ward mir,
O Freund, als ich dich selbst erblickte –!
Als du mir im Skamandros-Tal erschienst,
Von den Heroen deines Volks umringt,
Ein Tagsstern unter bleichen Nachtgestirnen!
So müßt es mir gewesen sein, wenn er
Unmittelbar, mit seinen weißen Rossen,
Von dem Olymp herabgedonnert wäre,
Mars selbst, der Kriegsgott, seine Braut zu grüßen!
Geblendet stand ich, als du jetzt entwichen,
Von der Erscheinung da – wie wenn zur Nachtzeit
Der Blitz vor einen Wandrer fällt, die Pforten
Elysiums, des glanzerfüllten, rasselnd,
Vor einem Geist sich öffnen und verschließen.

Im Augenblick, Pelid, erriet ich es,
Von wo mir das Gefühl zum Busen rauschte;
Der Gott der Liebe hatte mich ereilt.
Doch von zwei Dingen schnell beschloß ich eines,
Dich zu gewinnen, oder umzukommen:
Und jetzt ist mir das Süßere erreicht.
– Was blickst du?

    Man hört ein Waffengeräusch in der Ferne.

PROTHOE *heimlich.* Göttersohn! Ich bitte dich.
Du mußt dich augenblicklich ihr erklären.

PENTHESILEA *aufbrechend.*
Argiver nahn, ihr Fraun! Erhebt euch!

ACHILLES *sie haltend.*   Ruhig!
Es sind Gefangne, meine Königin.

PENTHESILEA. Gefangene?

PROTHOE *heimlich zum Achilles.*
        Es ist Ulyß, beim Styx!
Die Deinen, heiß gedrängt von Meroe, weichen!

ACHILLES *in den Bart murmelnd.*
Daß sie zu Felsen starrten!

PENTHESILEA.   Sagt! Was gibts?

ACHILLES *mit erzwungener Heiterkeit.*
Du sollst den Gott der Erde mir gebären!
Prometheus soll von seinem Sitz erstehn,
Und dem Geschlecht der Welt verkündigen:
Hier ward ein Mensch, so hab ich ihn gewollt!
Doch nicht nach Themiscyra folg ich dir,
Vielmehr du, nach der blühnden Phtia, mir:
Denn dort, wenn meines Volkes Krieg beschlossen,
Führ ich dich jauchzend hin, und setze dich,
Ich Seliger, auf meiner Väter Thron.

    Das Geräusch dauert fort.

PENTHESILEA. Wie? Was? Kein Wort begreif ich –

DIE FRAUEN *unruhig.*   All ihr Götter!

PROTHOE. Neridensohn! Willst du –?

PENTHESILEA.   Was ists? Was gibts denn?

ACHILLES. Nichts, nichts, erschrick nicht, meine Königin,
Du siehst, es drängt die Zeit, wenn du nun hörst,
Was über dich der Götter Schar verhängt.
Zwar durch die Macht der Liebe bin ich dein,
Und ewig diese Banden trag ich fort;
Doch durch der Waffen Glück gehörst du mir;
Bist mir zu Füßen, Treffliche, gesunken,
Als wir im Kampf uns trafen, nicht ich dir.
PENTHESILEA *sich aufraffend.*
Entsetzlicher!
ACHILLES.   Ich bitte dich, Geliebte!
Kronion selbst nicht ändert, was geschehn.
Beherrsche dich, und höre, wie ein Felsen,
Den Boten an, der dort, wenn ich nicht irre,
Mit irgend einem Unheilswort mir naht.
Denn dir, begreifst du wohl, dir bringt er nichts,
Dein Schicksal ist auf ewig abgeschlossen;
Gefangen bist du mir, ein Höllenhund
Bewacht dich minder grimmig, als ich dich.
PENTHESILEA. Ich die Gefangne dir?
PROTHOE.   So ist es, Königin!
PENTHESILEA *die Hände aufhebend.*
Ihr ewigen Himmelsmächt! Euch ruf ich auf!

Sechzehnter Auftritt

*Ein Hauptmann tritt auf, das Gefolge des Achilles
mit seiner Rüstung.
Die Vorigen.*

ACHILLES. Was bringst du mir?
DER HAUPTMANN.   Entferne dich, Pelide!
Das Schlachtglück lockt, das wetterwendische,
Die Amazonen siegreich wieder vor.

Auf diesen Platz hier stürzen sie heran,
Und ihre Losung ist: Penthesilea!

ACHILLES *steht auf und reißt sich die Kränze ab.*
Die Waffen mir herbei! Die Pferde vor!
Mit meinem Wagen rädern will ich sie!

PENTHESILEA *mit zitternder Lippe.*
Nein, sieh den Schrecklichen! Ist das derselbe –?

ACHILLES *wild.* Sind sie noch weit von hier?

DER HAUPTMANN.   Hier in dem Tal
Erblickst du ihren goldnen Halbmond schon.

ACHILLES *indem er sich rüstet.*
Bringt sie hinweg!

EIN GRIECHE.   Wohin?

ACHILLES.   Ins Griechenlager,
In wenig Augenblicken folg ich euch.

DER GRIECHE *zu Penthesilea.*
Erhebe dich.

PROTHOE.   O meine Königin!

PENTHESILEA *außer sich.*
Mir keinen Blitz, Zeus, sendest du herab!

Siebenzehnter Auftritt

Odysseus und Diomedes mit dem Heer. Die Vorigen.

DIOMEDES *über die Bühne ziehend.*
Vom Platz hier fort, Doloperheld! Vom Platze!
Den einzgen Weg, der dir noch offen bleibt,
Den schneiden dir die Frauen eben ab.
Hinweg! *Ab.*

ODYSSEUS. Schafft diese Kön'gin fort, ihr Griechen.

ACHILLES *zum Hauptmann.*
Alexis! Tu mir den Gefallen. Hilf ihr.

DER GRIECHE *zum Hauptmann.*
Sie regt sich nicht.
ACHILLES *zu den Griechen, die ihn bedienen.*
Den Schild mir her! Den Spieß!
Aufrufend, da sich die Königin sträubt.
Penthesilea!
PENTHESILEA. O Neridensohn!
Du willst mir nicht nach Themiscyra folgen?
Du willst mir nicht zu jenem Tempel folgen,
Der aus den fernen Eichenwipfeln ragt?
Komm her, ich sagte dir noch alles nicht –
ACHILLES *nun völlig gerüstet, tritt vor sie und reicht ihr die Hand.*
Nach Phtia, Kön'gin.
PENTHESILEA. O! – Nach Themiscyra!
O! Freund! Nach Themiscyra, sag ich dir,
Wo Dianas Tempel aus den Eichen ragt!
Und wenn der Sel'gen Sitz in Phtia wäre,
Doch, doch, o Freund! nach Themiscyra noch,
Wo Dianas Tempel aus den Wipfeln ragt!
ACHILLES *indem er sie aufhebt.*
So mußt du mir vergeben, Teuerste;
Ich bau dir solchen Tempel bei mir auf.

Achtzehnter Auftritt

*Meroe, Asteria mit dem Heer der Amazonen treten auf
Die Vorigen.*

MEROE. Schlagt ihn zu Boden!
ACHILLES *läßt die Königin fahren und wendet sich.*
Reiten sie auf Stürmen?
DIE AMAZONEN *sich zwischen Penthesilea und Achilles eindrängend.*
Befreit die Königin!

ACHILLES.　　　　Bei dieser Rechten, sag ich!
　　　Er will die Königin mit sich fortziehen.
PENTHESILEA *ihn nach sich ziehend.*
　Du folgst mir nicht? Folgst nicht?
　　　　　Die Amazonen spannen ihre Bogen.
ODYSSEUS.　　　　　Fort! Rasender!
　Hier ist der Ort nicht mehr, zu trotzen. – Folgt!
　　　Er reißt den Achill hinweg. Alle ab.

Neunzehnter Auftritt

Die Oberpriesterin der Diana mit ihren Priesterinnen.
Die Vorigen ohne die Griechen.

DIE AMAZONEN. Triumph! Triumph! Triumph! Sie ist gerettet!
PENTHESILEA *nach einer Pause.*
　Verflucht sei dieser schändliche Triumph mir!
　Verflucht jedwede Zunge, die ihn feiert,
　Die Luft verflucht mir, die ihn weiter bringt!
　War ich, nach jeder würdgen Rittersitte,
　Nicht durch das Glück der Schlacht ihm zugefallen?
　Wenn das Geschlecht der Menschen unter *sich,*
　Mit Wolf und Tiger nicht, im Streite liegt:
　Gibts ein Gesetz, frag ich, in solchem Kriege,
　Das den Gefangenen, der sich ergeben,
　Aus seines Siegers Banden lösen kann?
　– Neridensohn!
DIE AMAZONEN. Ihr Götter, hört ich recht?
MEROE. Ehrwürdge Priesterin der Artemis,
　Tritt näher vor, ich bitte dich –
ASTERIA.　　　　　Sie zürnt,
　Weil wir sie aus der Knechtschaft Schmach befreiten!
DIE OBERPRIESTERIN *aus dem Gewühl der Frauen hervortretend.*

Nun denn, du setzest würdig, Königin,
Mit diesem Schmähungswort, muß ich gestehn,
Den Taten dieses Tags die Krone auf.
Nicht bloß, daß du, die Sitte wenig achtend,
Den Gegner dir im Feld der Schlacht gesucht,
Nicht bloß, daß du, statt ihn in Staub zu werfen,
Ihm selbst im Kampf erliegst, nicht bloß, daß du
Zum Lohn dafür ihn noch mit Rosen kränzest:
Du zürnst auch deinem treuen Volke noch,
Das deine Ketten bricht, du wendest dich,
Und rufst den Überwinder dir zurück.
Wohlan denn große Tochter Tanaïs',
So bitt ich – ein Versehn wars, weiter nichts –
Für diese rasche Tat dich um Verzeihung.
Das Blut, das sie gekostet, reut mich jetzt,
Und die Gefangnen, eingebüßt um dich,
Wünsch ich von ganzer Seele mir zurück.
Frei, in des Volkes Namen, sprech ich dich;
Du kannst den Fuß jetzt wenden, wie du willst,
Kannst ihn mit flatterndem Gewand ereilen,
Der dich in Fesseln schlug, und ihm den Riß,
Da, wo wir sie zersprengten, überreichen:
Also ja wills das heilge Kriegsgesetz!
Uns aber, uns vergönnst du, Königin,
Den Krieg jetzt aufzugeben, und den Fuß
Nach Themiscyra wieder heimzusetzen;
Wir mindestens, wir können jene Griechen,
Die dort entfliehn, nicht *bitten*, stillzustehn,
Nicht, so wie du, den Siegskranz in der Hand,
Zu unsrer Füße Staub sie nieder *flehn*.
                              Pause.
PENTHESILEA *wankend.*
  Prothoe!
PROTHOE. Mein Schwesterherz!
PENTHESILEA.   Ich bitte dich, bleib bei mir.

PROTHOE. Im Tod, du weißt – – Was bebst du, meine Königin?
PENTHESILEA.
Nichts, es ist nichts, ich werde gleich mich sammeln.
PROTHOE. Ein großer Schmerz traf dich. Begegn' ihm groß.
PENTHESILEA. Sie sind verloren?
PROTHOE.   Meine Königin?
PENTHESILEA. Die ganze junge Prachtschar, die wir fällten? –
Sie sinds durch mich?
PROTHOE.   Beruhge dich. Du wirst sie
In einem andern Krieg uns wiederschenken.
PENTHESILEA *an ihrem Busen.*
O niemals!
PROTHOE.   Meine Königin?
PENTHESILEA.   O niemals!
Ich will in ewge Finsternis mich bergen!

Zwanzigster Auftritt

Ein Herold tritt auf. Die Vorigen.

MEROE. Ein Herold naht dir, Königin!
ASTERIA.   Was willst du?
PENTHESILEA *mit schwacher Freude.*
Von dem Peliden! – Ach, was werd ich hören?
Ach, Prothoe, heiß ihn wieder gehn!
PROTHOE.   Was bringst du?
DER HEROLD. Mich sendet dir Achilleus, Königin,
Der schilfumkränzten Nereïde Sohn,
Und läßt durch meinen Mund dir kündigen:
Weil dich Gelüst treibt, als Gefangnen ihn
Nach deinen Heimatsfluren abzuführen,
Ihn aber auch hinwiederum Gelüst,
Nach seinen heimatlichen Fluren dich:
So fordert er zum Kampf, auf Tod und Leben,

Noch einmal dich ins Feld hinaus, auf daß
Das Schwert, des Schicksals ehrne Zung entscheide,
In der gerechten Götter Angesicht,
Wer würdig sei, du oder er, von beiden,
Den Staub nach ihrem heiligen Beschluß,
Zu seines Gegners Füßen aufzulecken.
Hast dus auf solchen Strauß zu wagen Lust?

PENTHESILEA *mit einer fliegenden Blässe.*
Laß dir vom Wetterstrahl die Zunge lösen,
Verwünschter Redner, eh du wieder sprichst!
Hört ich doch einen Sandblock just so gern,
Endlosen Falls, bald hier, bald dort anschmetternd,
Dem klafternhohen Felsenriff entpoltern.

Zu Prothoe.

– Du mußt es Wort für Wort mir wiederholen.

PROTHOE *zitternd.*
Der Sohn des Peleus, glaub ich, schickt ihn her,
Und fordert dich aufs Feld hinaus;
Verweigre kurz dich ihm, und sage, nein.

PENTHESILEA. Es ist nicht möglich.

PROTHOE.   Meine Königin?

PENTHESILEA. Der Sohn des Peleus fordert mich ins Feld?

PROTHOE. Sag ich dem Mann gleich: nein, und laß ihn gehn?

PENTHESILEA. Der Sohn des Peleus fordert mich ins Feld?

PROTHOE. Zum Kampf ja, meine Herrscherin, so sagt ich.

PENTHESILEA.
Der mich zu schwach weiß, sich mit ihm zu messen,
Der ruft zum Kampf mich, Prothoe, ins Feld?
Hier diese treue Brust, sie rührt ihn erst,
Wenn sie sein scharfer Speer zerschmetterte?
Was ich ihm zugeflüstert, hat sein Ohr
Mit der Musik der Rede bloß getroffen?
Des Tempels unter Wipfeln denkt er nicht,
Ein steinern Bild hat meine Hand bekränzt?

PROTHOE. Vergiß den Unempfindlichen.

PENTHESILEA *glühend.*   Nun denn,
So ward die Kraft mir jetzo, ihm zu stehen:
So soll er in den Staub herab, und wenn
Lapithen und Giganten ihn beschützten!
PROTHOE. Geliebte Königin –
MEROE.   Bedenkst du auch?
PENTHESILEA *sie unterbrechend.*
Ihr sollt *all* die Gefangnen wieder haben!
DER HEROLD. Du willst im Kampf dich –?
PENTHESILEA.   Stellen will ich mich:
Er soll im Angesicht der Götter mich,
Die Furien auch ruf ich herab, mich treffen!
                    Der Donner rollt.
DIE OBERPRIESTERIN.
Wenn dich mein Wort gereizt, Penthesilea,
So wirst du mir den Schmerz nicht –
PENTHESILEA *ihre Tränen unterdrückend.* Laß, du Heilige!
Du sollst mir nicht umsonst gesprochen haben.
MEROE. Ehrwürdge Priesterin, dein Ansehen brauche.
DIE OBERPRIESTERIN.
Hörst du ihn, Königin, der dir zürnt?
PENTHESILEA.   Ihn ruf ich
Mit allen seinen Donnern mir herab!
ERSTE OBERSTE *in Bewegung.*
Ihr Fürstinnen –
DIE ZWEITE.   Unmöglich ists!
DIE DRITTE.   Es *kann* nicht!
PENTHESILEA *mit zuckender Wildheit.*
Herbei, Ananke, Führerin der Hunde!
DIE ERSTE OBERSTE.
Wir sind zerstreut, geschwächt –
DIE ZWEITE.   Wir sind ermüdet –
PENTHESILEA. Du, mit den Elefanten, Thyrroe!
PROTHOE.   Königin!
Willst du mit Hunden ihn und Elefanten –

PENTHESILEA. Ihr Sichelwagen, kommt, ihr blinkenden,
Die ihr des Schlachtfelds Erntefest bestellt,
Kommt, kommt in greulgen Schnitterreihn herbei!
Und ihr, die ihr der Menschen Saat zerdrescht,
Daß Halm und Korn auf ewig untergehen,
Ihr Reuterscharen, stellt euch um mich her!
Du ganzer Schreckenspomp des Kriegs, dich ruf ich,
Vernichtender, entsetzlicher, herbei!
  Sie ergreift den großen Bogen aus einer Amazone Hand.
           Amazonen mit Meuten gekoppelter Hunde.
     Späterhin Elefanten, Feuerbrände, Sichelwagen usw.
PROTHOE. Geliebte meiner Seele! Höre mich!
PENTHESILEA *sich zu den Hunden wendend.*
  Auf, Tigris, jetzt, dich brauch ich! Auf Leäne!
  Auf, mit der Zoddelmähne du, Melampus!
  Auf, Akle, die den Fuchs erhascht, auf Sphinx,
  Und der die Hirschkuh übereilt, Alektor,
  Auf, Oxus, der den Eber niederreißt,
  Und der dem Leuen nicht erbebt, Hyrkaon!
             Der Donner rollt heftig.
PROTHOE. O! Sie ist außer sich –!
ERSTE OBERSTE.   Sie ist wahnsinnig!
PENTHESILEA *kniet nieder, mit allen Zeichen des Wahnsinns,*
  während die Hunde ein gräßliches Geheul anstimmen.
  Dich, Ares, ruf ich jetzt, dich Schrecklichen,
  Dich, meines Hauses hohen Gründer, an!
  Oh! – – deinen erznen Wagen mir herab:
  Wo du der Städte Mauern auch und Tore
  Zermalmst, Vertilgergott, gekeilt in Straßen,
  Der Menschen Reihen jetzt auch niedertrittst;
  Oh! – – deinen erznen Wagen mir herab:
  Daß ich den Fuß in seine Muschel setze,
  Die Zügel greife, durch die Felder rolle,
  Und wie ein Donnerkeil aus Wetterwolken,
  Auf dieses Griechen Scheitel niederfalle!
             Sie steht auf.

DIE ERSTE OBERSTE. Ihr Fürstinnen!

DIE ZWEITE.   Auf! Wehrt der Rasenden!

PROTHOE. Hör, meine große Königin, mich!

PENTHESILEA *indem sie den Bogen spannt.* Ei, lustig!
So muß ich sehn, ob mir der Pfeil noch trifft.
                              Sie legt auf Prothoe an.

PROTHOE *niederstürzend.*
Ihr Himmlischen!

EINE PRIESTERIN *indem sie sich rasch hinter die Königin stellt.*
                              Achill ruft!

EINE ZWEITE *ebenso.*   Der Pelide!

EINE DRITTE. Hier Steht er hinter dir!

PENTHESILEA *wendet sich.*   Wo?

DIE ERSTE PRIESTERIN.   War ers nicht?

PENTHESILEA.
Nein, hier sind noch die Furien nicht versammelt.
– Folg mir, Ananke! Folgt, ihr anderen!
Ab mit dem ganzen Kriegstroß unter heftigen Gewitterschlägen.

MEROE *indem sie Prothoe aufhebt.*
Die Gräßliche!

ASTERIA.   Fort! Eilt ihr nach, ihr Frauen!

DIE OBERPRIESTERIN *leichenbleich.*
Ihr Ewgen! Was beschloßt ihr über uns?
                              Alle ab.

Einundzwanzigster Auftritt

*Achilles, Diomedes treten auf. Späterhin Odysseus,
zuletzt der Herold.*

ACHILLES. Hör, tu mir den Gefallen, Diomed,
Und sag dem Sittenrichter nichts, dem grämlichen
Odyß, von dem, was ich dir anvertraue;

Mir widerstehts, es macht mir Übelkeiten,
Wenn ich den Zug um seine Lippe sehe.

DIOMEDES. Hast du den Herold ihr gesandt, Pelide?
Ists wahr? Ists wirklich?

ACHILLES.   Ich will dir sagen, Freund:
– Du aber, du erwiderst nichts, verstehst du?
Gar nichts, kein Wort! – Dies wunderbare Weib,
Halb Furie, halb Grazie, sie liebt mich –
Und allen Weibern Hellas' ich zum Trotz,
Beim Styx! beim ganzen Hades! – ich sie auch.

DIOMEDES. Was!

ACHILLES.   Ja. Doch eine Grille, die ihr heilig,
Will, daß ich ihrem Schwert im Kampf erliege;
Eh nicht in Liebe kann sie mich umfangen.
Nun schickt ich –

DIOMEDES.   Rasender!

ACHILLES.   Er hört mich nicht!
Was er im Weltkreis noch, so lang er lebt,
Mit seinem blauen Auge nicht gesehn,
Das kann er in Gedanken auch nicht fassen.

DIOMEDES. Du willst –? Nein, sprich! Du willst –?

ACHILLES *nach einer Pause.*   – Was also will ich?
Was ists, daß ich so Ungeheures will?

DIOMEDES. Du hast sie in die Schranken bloß gefordert,
Um ihr –?

ACHILLES.   Beim wolkenrüttelnden Kroniden,
Sie *tut* mir nichts, sag ich! Eh wird ihr Arm,
Im Zweikampf gegen ihren Busen wüten,
Und rufen: »Sieg!« wenn er von Herzblut trieft,
Als wider mich! – Auf einen Mond bloß will ich ihr,
In dem, was sie begehrt, zu Willen sein;
Auf einen oder zwei, mehr nicht: das wird
Euch ja den alten, meerzerfreßnen Isthmus
Nicht gleich zusammenstürzen! – Frei bin ich dann,
Wie ich aus ihrem eignen Munde weiß,

Wie Wild auf Heiden wieder; und folgt sie mir,
Beim Jupiter! ich wär ein Seliger,
Könnt ich auf meiner Väter Thron sie setzen.

Odysseus kommt.

DIOMEDES. Komm her, Ulyß, ich bitte dich.

ODYSSEUS.   Pelide!
Du hast die Königin ins Feld gerufen;
Willst du, ermüdet, wie die Scharen sind,
Von neu'm das oftmißlungne Wagstück wagen?

DIOMEDES.
Nichts, Freund, von Wagestücken, nichts von Kämpfen;
Er will sich bloß ihr zum Gefangnen geben.

ODYSSEUS. Was?

ACHILLES *das Blut schießt ihm ins Gesicht.*
                Tu mir dein Gesicht weg, bitt ich dich!

ODYSSEUS. Er will –?

DIOMEDES.   Du hörsts, ja! Ihr den Helm zerkeilen;
Gleich einem Fechter, grimmig sehn, und wüten;
Dem Schild aufdonnern, daß die Funken sprühen,
Und stumm sich, als ein Überwundener,
Zu ihren kleinen Füßen niederlegen.

ODYSSEUS. Ist dieser Mann bei Sinnen, Sohn des Peleus?
Hast du gehört, was er –?

ACHILLES *sich zurückhaltend.* Ich bitte dich,
Halt deine Oberlippe fest, Ulyß!
Es steckt mich an, bei den gerechten Göttern,
Und bis zur Faust gleich zuckt es mir herab.

ODYSSEUS *wild.*
Bei dem Kozyt, dem feurigen! Wissen will ich,
Ob meine Ohren hören, oder nicht!
Du wirst mir, Sohn des Tydeus, bitt ich, jetzt,
Mit einem Eid, daß ich aufs Reine komme,
Bekräftigen, was ich dich fragen werde.
Er will der Königin sich gefangen geben?

DIOMEDES. Du hörsts!

ODYSSEUS. Nach Themiscyra will er gehn?

DIOMEDES. So ists.

ODYSSEUS. Und unseren Helenenstreit,
Vor der Dardanerburg, der Sinnentblößte,
Den will er, wie ein Kinderspiel, weil sich
Was anders Buntes zeigt, im Stiche lassen?

DIOMEDES. Beim Jupiter! Ich schwörs.

ODYSSEUS *indem er die Arme verschränkt.* – Ich kanns nicht
glauben.

ACHILLES. Er spricht von der Dardanerburg.

ODYSSEUS. Was?

ACHILLES. Was?

ODYSSEUS. Mich dünkt, du sagtest was.

ACHILLES. Ich?

ODYSSEUS. Du!

ACHILLES. Ich sagte:
Er spricht von der Dardanerburg.

ODYSSEUS. Nun, ja!
Wie ein Beseßner fragt ich, ob der ganze
Helenenstreit, vor der Dardanerburg,
Gleich einem Morgentraum, vergessen sei?

ACHILLES *indem er ihm näher tritt.*
Wenn die Dardanerburg, Laertiade,
Versänke, du verstehst, so daß ein See,
Ein bläulicher, an ihre Stelle träte;
Wenn graue Fischer, bei dem Schein des Monds,
Den Kahn an ihre Wetterhähne knüpften;
Wenn im Palast des Priamus ein Hecht
Regiert', ein Ottern- oder Ratzenpaar
Im Bette sich der Helena umarmten:
So wärs für mich gerad so viel, als jetzt.

ODYSSEUS. Beim Styx! Es ist sein voller Ernst, Tydide!

ACHILLES. Beim Styx! Bei dem Lernäersumpf! Beim Hades!
Der ganzen Oberwelt und Unterwelt,

Und jedem dritten Ort: es ist mein Ernst;
Ich will den Tempel der Diana sehn!

ODYSSEUS *halb ihm ins Ohr.* Laß ihn nicht von der Stelle, Diomed,
Wenn du so gut willst sein.

DIOMEDES.   Wenn ich – ich glaube!
Sei doch so gut, und leih mir deine Arme.
Der Herold tritt auf.

ACHILLES. Ha! Stellt sie sich? Was bringst du? Stellt sie sich?

DER HEROLD. Sie stellt sich, ja, Neridensohn, sie naht schon;
Jedoch mit Hunden auch und Elefanten,
Und einem ganzen wilden Reutertroß:
Was die beim Zweikampf sollen, weiß ich nicht.

ACHILLES. Gut. Dem Gebrauch, war sie das schuldig. Folgt mir!
– O sie ist listig, bei den ewigen Göttern!
– – Mit Hunden, sagst du?

DER HEROLD.   Ja.

ACHILLES.   Und Elefanten?

DER HEROLD. Daß es ein Schrecken ist, zu sehn, Pelide!
Gält es, die Atreïden anzugreifen,
Im Lager vor der Trojerburg, sie könnte
In keiner finstrem Greuelrüstung nahn.

ACHILLES *in den Bart.*
Die fressen aus der Hand, wahrscheinlich – Folgt mir!
– O! Die sind zahm, wie sie.
Ab mit dem Gefolge.

DIOMEDES.   Der Rasende!

ODYSSEUS. Laßt uns ihn knebeln, binden – hört ihr Griechen!

DIOMEDES. Hier nahn die Amazonen schon – hinweg!
Alle ab.

Zweiundzwanzigster Auftritt

Die Oberpriesterin, bleich im Gesicht, mehrere andere
Priesterinnen und Amazonen.

DIE OBERPRIESTERIN.
  Schafft Stricke her, ihr Frauen!
DIE ERSTE PRIESTERIN.　　　　Hochwürdigste!
DIE OBERPRIESTERIN. Reißt sie zu Boden nieder! Bindet sie!
EINE AMAZONE. Meinst du die Königin?
DIE OBERPRIESTERIN.　　　　　　Die Hündin, mein ich!
  – Der Menschen Hände bändgen sie nicht mehr.
DIE AMAZONEN. Hochheilge Mutter! Du scheinst außer dir.
DIE OBERPRIESTERIN.
  Drei Jungfraun trat sie wütend in den Staub,
  Die wir geschickt, sie aufzuhalten; Meroe,
  Weil sie auf Knien sich in den Weg ihr warf,
  Bei jedem süßen Namen sie beschwörend,
  Mit Hunden hat sie sie hinweggehetzt.
  Als ich von fern der Rasenden nur nahte,
  Gleich einen Stein, gebückt, mit beiden Händen,
  Den grimmerfüllten Blick auf mich gerichtet,
  Riß sie vom Boden auf – verloren war ich,
  Wenn ich im Haufen nicht des Volks verschwand.
DIE ERSTE PRIESTERIN.
  Es ist entsetzlich!
DIE ZWEITE.　　　　Schrecklich ists, ihr Fraun.
DIE OBERPRIESTERIN. Jetzt unter ihren Hunden wütet sie,
  Mit schaumbedeckter Lipp, und nennt sie Schwestern,
  Die heulenden, und der Mänade gleich,
  Mit ihrem Bogen durch die Felder tanzend,
  Hetzt sie die Meute, die mordatmende,
  Die sie umringt, das schönste Wild zu fangen,
  Das je die Erde, wie sie sagt, durchschweift.
DIE AMAZONEN. Ihr Orkusgötter! Wie bestraft ihr sie!

DIE OBERPRIESTERIN.

Drum mit dem Strick, ihr Arestöchter, schleunig
Dort auf den Kreuzweg hin, legt Schlingen ihr,
Bedeckt mit Sträuchern, vor der Füße Tritt.
Und reißt, wenn sich ihr Fuß darin verfängt,
Dem wutgetroffnen Hunde gleich, sie nieder:
Daß wir sie binden, in die Heimat bringen,
Und sehen, ob sie noch zu retten sei.

DAS HEER DER AMAZONEN *außerhalb der Szene.*

Triumph! Triumph! Triumph! Achilleus stürzt!
Gefangen ist der Held! Die Siegerin,
Mit Rosen wird sie seine Scheitel kränzen!

Pause.

DIE OBERPRIESTERIN *mit freudebeklemmter Stimme.*

Hört ich auch recht?

DIE PRIESTERINNEN UND AMAZONEN.

            Ihr hochgepriesnen Götter!

DIE OBERPRIESTERIN. War dieser Jubellaut der Freude nicht?

DIE ERSTE PRIESTERIN. Geschrei des Siegs, o du Hochheilige,
Wie noch mein Ohr keins seliger vernahm!

DIE OBERPRIESTERIN.

Wer schafft mir Kund, ihr Jungfraun?

DIE ZWEITE PRIESTERIN.   Terpi! rasch!

Sag an, was du auf jenem Hügel siehst?

EINE AMAZONE *die während dessen den Hügel erstiegen, mit
Entsetzen.*

Euch, ihr der Hölle grauenvolle Götter,
Zu Zeugen ruf ich nieder – was erblick ich!

DIE OBERPRIESTERIN.

Nun denn – als ob sie die Medus' erblickte!

DIE PRIESTERINNEN.

Was siehst du? Rede! Sprich!

DIE AMAZONE.   Penthesilea,

Sie liegt, den grimmgen Hunden beigesellt,
Sie, die ein Menschenschoß gebar, und reißt, –
Die Glieder des Achills reißt sie in Stücken!

DIE OBERPRIESTERIN. Entsetzen! o Entsetzen!
ALLE. Fürchterlich!
DIE AMAZONE. Hier kommt es, bleich, wie eine Leiche, schon
Das Wort des Greuelrätsels uns heran.
Sie steigt vom Hügel herab.

Dreiundzwanzigster Auftritt

Meroe tritt auf. Die Vorigen.

MEROE. O ihr, der Diana heilge Priesterinnen,
Und ihr, Mars' reine Töchter, hört mich an:
Die afrikanische Gorgone bin ich,
Und wie ihr steht, zu Steinen starr ich euch.
DIE OBERPRIESTERIN.
Sprich, Gräßliche! was ist geschehn?
MEROE.   Ihr wißt,
Sie zog dem Jüngling, den sie liebt, entgegen,
Sie, die fortan kein Name nennt –
In der Verwirrung ihrer jungen Sinne,
Den Wunsch, den glühenden, ihn zu besitzen,
Mit allen Schrecknissen der Waffen rüstend.
Von Hunden rings umheult und Elefanten,
Kam sie daher, den Bogen in der Hand:
Der Krieg, der unter Bürgern rast, wenn er,
Die blutumtriefte Graungestalt, einher,
Mit weiten Schritten des Entsetzens geht,
Die Fackel über blühnde Städte schwingend,
Er sieht so wild und scheußlich nicht, als sie.
Achilleus, der, wie man im Heer versichert,
Sie bloß ins Feld gerufen, um freiwillig
Im Kampf, der junge Tor, ihr zu erliegen:
Denn er auch, o wie mächtig sind die Götter!
Er liebte sie, gerührt von ihrer Jugend,

Zu Dianas Tempel folgen wollt er ihr:
Er naht sich ihr, voll süßer Ahndungen,
Und läßt die Freunde hinter sich zurück.
Doch jetzt, da sie mit solchen Greulnissen
Auf ihn herangrollt, ihn, der nur zum Schein
Mit einem Spieß sich arglos ausgerüstet:
Stutzt er, und dreht den schlanken Hals, und horcht,
Und eilt entsetzt, und stutzt, und eilet wieder:
Gleich einem jungen Reh, das im Geklüft
Fern das Gebrüll des grimmen Leun vernimmt.
Er ruft: Odysseus! mit beklemmter Stimme,
Und sieht sich schüchtern um, und ruft: Tydide!
Und will zurück noch zu den Freunden fliehn;
Und steht, von einer Schar schon abgeschnitten,
Und hebt die Händ empor, und duckt und birgt
In eine Fichte sich, der Unglücksel'ge,
Die schwer mit dunkeln Zweigen niederhangt. –
Inzwischen schritt die Königin heran,
Die Doggen hinter ihr, Gebirg und Wald
Hochher, gleich einem Jäger, überschauend;
Und da er eben, die Gezweige öffnend,
Zu ihren Füßen niedersinken will:
Ha! sein Geweih verrät den Hirsch, ruft sie,
Und spannt mit Kraft der Rasenden, sogleich
Den Bogen an, daß sich die Enden küssen,
Und hebt den Bogen auf und zielt und schießt,
Und jagt den Pfeil ihm durch den Hals; er stürzt:
Ein Siegsgeschrei schallt roh im Volk empor.
Jetzt gleichwohl lebt der Ärmste noch der Menschen,
Den Pfeil, den weit vorragenden, im Nacken,
Hebt er sich röchelnd auf, und überschlägt sich,
Und hebt sich wiederum und will entfliehn;
Doch, hetz! schon ruft sie: Tigris! hetz, Leäne!
Hetz, Sphinx! Melampus! Dirke! Hetz, Hyrkaon!
Und stürzt – stürzt mit der ganzen Meut, o Diana!

Sich über ihn, und reißt – reißt ihn beim Helmbusch,
Gleich einer Hündin, Hunden beigesellt,
Der greift die Brust ihm, dieser greift den Nacken,
Daß von dem Fall der Boden bebt, ihn nieder!
Er, in dem Purpur seines Bluts sich wälzend,
Rührt ihre sanfte Wange an, und ruft:
Penthesilea! meine Braut! was tust du?
Ist dies das Rosenfest, das du versprachst?
Doch sie – die Löwin hätte ihn gehört,
Die hungrige, die wild nach Raub umher,
Auf öden Schneegefilden heulend treibt;
Sie schlägt, die Rüstung ihm vom Leibe reißend,
Den Zahn schlägt sie in seine weiße Brust,
Sie und die Hunde, die wetteifernden,
Oxus und Sphinx den Zahn in seine rechte,
In seine linke sie; als ich erschien,
Troff Blut von Mund und Händen ihr herab.
                    Pause voll Entsetzen.
Vernahmt ihr mich, ihr Fraun, wohlan, so redet,
Und gebt ein Zeichen eures Lebens mir.
                    Pause.
DIE ERSTE PRIESTERIN *am Busen der zweiten weinend.*
    Solch eine Jungfrau, Hermia! So sittsam!
    In jeder Kunst der Hände so geschickt!
    So reizend, wenn sie tanzte, wenn sie sang!
    So voll Verstand und Würd und Grazie!
DIE OBERPRIESTERIN. O die gebar Otrere nicht! Die Gorgo
    Hat im Palast der Hauptstadt sie gezeugt!
DIE ERSTE PRIESTERIN *fortfahrend.*
    Sie war wie von der Nachtigall geboren,
    Die um den Tempel der Diana wohnt.
    Gewiegt im Eichenwipfel saß sie da,
    Und flötete, und schmetterte, und flötete,
    Die stille Nacht durch, daß der Wandrer horchte,
    Und fern die Brust ihm von Gefühlen schwoll.

Sie trat den Wurm nicht, den gesprenkelten,
Der unter ihrer Füße Sohle spielte,
Den Pfeil, der eines Ebers Busen traf,
Rief sie zurück, es hätte sie sein Auge,
Im Tod gebrochen, ganz zerschmelzt in Reue,
Auf Knieen vor ihn niederziehen können!
                                    Pause.
MEROE. Jetzt steht sie lautlos da, die Grauenvolle,
    Bei seiner Leich, umschnüffelt von der Meute,
    Und blicket starr, als wärs ein leeres Blatt,
    Den Bogen siegreich auf der Schulter tragend,
    In das Unendliche hinaus, und schweigt.
    Wir fragen mit gesträubten Haaren, sie,
    Was sie getan? Sie schweigt. Ob sie uns kenne?
    Sie schweigt. Ob sie uns folgen will? Sie schweigt.
    Entsetzen griff mich, und ich floh zu euch.

Vierundzwanzigster Auftritt

Penthesilea. – Die Leiche des Achills, mit einem roten
Teppich bedeckt. – Prothoe und andere.

DIE ERSTE AMAZONE.
    Seht, seht, ihr Fraun! – Da schreitet sie heran,
    Bekränzt mit Nesseln, die Entsetzliche,
    Dem dürren Reif des Hag'dorns eingewebt,
    An Lorbeerschmuckes Statt, und folgt der Leiche,
    Die Gräßliche, den Bogen festlich schulternd,
    Als wärs der Todfeind, den sie überwunden!
DIE ZWEITE PRIESTERIN.
    O diese Händ –!
DIE ERSTE PRIESTERIN.
            O wendet euch ihr Frauen!

PROTHOE *der Oberpriesterin an den Busen sinkend.*
O meine Mutter!

DIE OBERPRIESTERIN *mit Entsetzen.*
Diana ruf ich an:
Ich bin an dieser Greueltat nicht schuldig!

DIE ERSTE AMAZONE.
Sie stellt sich grade vor die Oberpriesterin.

DIE ZWEITE. Sie winket, schaut!

DIE OBERPRIESTERIN. Hinweg, du Scheußliche!
Du Hadesbürgerin! Hinweg, sag ich!
Nehmt diesen Schleier, nehmt, und deckt sie zu.
*Sie reißt sich den Schleier ab, und wirft ihn der Königin
ins Gesicht.*

DIE ERSTE AMAZONE.
O die lebendge Leich. Es rührt sie nicht –!

DIE ZWEITE. Sie winket immer fort –

DIE DRITTE. Winkt immer wieder –

DIE ERSTE. Winkt immer zu der Priestrin Füßen nieder –

DIE ZWEITE. Seht, seht!

DIE OBERPRIESTERIN. Was willst du mir? hinweg, sag ich!
Geh zu den Raben, Schatten! Fort! Verwese!
Du blickst die Ruhe meines Lebens tot.

DIE ERSTE AMAZONE.
Ha! man verstand sie, seht –

DIE ZWEITE. Jetzt ist sie ruhig.

DIE ERSTE. Den Peleïden sollte man, das wars,
Vor der Dianapriestrin Füßen legen.

DIE DRITTE. Warum just vor der Dianapriestrin Füßen?

DIE VIERTE. Was meint sie auch damit?

DIE OBERPRIESTERIN. Was *soll* mir das?
Was soll die *Leiche* hier vor mir? Laß sie
Gebirge decken, unzugängliche,
Und den Gedanken deiner Tat dazu!
War ichs, du – Mensch nicht mehr, wie nenn ich dich?
Die diesen Mord dir schrecklich abgefordert? –

Wenn ein. Verweis, sanft aus der Liebe Mund,
Zu solchen Greuelnissen treibt, so sollen
Die Furien kommen, und uns Sanftmut lehren!
DIE ERSTE AMAZONE. Sie blicket immer auf die Priestrin ein.
DIE ZWEITE. Grad ihr ins Antlitz –
DIE DRITTE.   Fest und unverwandt,
Als ob sie durch und durch sie blicken wollte. –
DIE OBERPRIESTERIN. Geh, Prothoe, ich bitte dich, geh, geh,
Ich kann sie nicht mehr sehn, entferne sie.
PROTHOE *weinend.* Weh mir!
DIE OBERPRIESTERIN.   Entschließe dich!
PROTHOE.   Die Tat, die sie
Vollbracht hat, ist zu scheußlich; laß mich sein.
DIE OBERPRIESTERIN. Faß dich. – Sie hatte eine schöne Mutter.
– Geh, biet ihr deine Hülf und führ sie fort.
PROTHOE. Ich will sie nie mit Augen wiedersehn! –
DIE ZWEITE AMAZONE.
Seht, wie sie jetzt den schlanken Pfeil betrachtet!
DIE ERSTE. Wie sie ihn dreht und wendet –
DIE DRITTE.   Wie sie ihn mißt!
DIE ERSTE PRIESTERIN.
Das scheint der Pfeil, womit sie ihn erlegt.
DIE ERSTE AMAZONE.
So ists, ihr Fraun!
DIE ZWEITE.   Wie sie vom Blut ihn säubert!
Wie sie an seiner Flecken jeden wischt!
DIE DRITTE. Was denkt sie wohl dabei?
DIE ZWEITE.   Und das Gefieder,
Wie sie es trocknet, kräuselt, wie sies lockt!
So zierlich! Alles, wie es sich gehört.
O seht doch!
DIE DRITTE. – Ist sie das gewohnt zu tun?
DIE ERSTE. Tat sie das sonst auch selber?
DIE ERSTE PRIESTERIN.   Pfeil und Bogen,
Sie hat sie stets mit eigner Hand gereinigt.

DIE ZWEITE. O heilig hielt sie ihn, das muß man sagen! – –
DIE ZWEITE AMAZONE.
Doch jetzt den Köcher nimmt sie von der Schulter,
Und stellt den Pfeil in seinen Schaft zurück.
DIE DRITTE. Nun ist sie fertig –
DIE ZWEITE.   Nun ist es geschehen –
DIE ERSTE PRIESTERIN.
Nim sieht sie wieder in die Welt hinaus –!
MEHRERE FRAUEN. O jammervoller Anblick! O so öde
Wie die Sandwüste, die kein Gras gebiert!
Lustgärten, die der Feuerstrom verwüstet,
Gekocht im Schoß der Erd und ausgespieen,
Auf alle Blüten ihres Busens hin,
Sind anmutsvoller als ihr Angesicht.
PENTHESILEA. *Ein Schauer schüttelt sie zusammen; sie läßt den Bogen fallen.*
DIE OBERPRIESTERIN. O die Entsetzliche!
PROTHOE *erschrocken.*   Nun, was auch gibts?
DIE ERSTE AMAZONE.
Der Bogen stürzt' ihr aus der Hand danieder!
DIE ZWEITE.
Seht, wie er taumelt –
DIE VIERTE.   Klirrt, und wankt, und fällt –!
DIE ZWEITE. Und noch einmal am Boden zuckt –
DIE DRITTE.   Und stirbt,
Wie er der Tanaïs geboren ward.
Pause.
DIE OBERPRIESTERIN *sich plötzlich zu ihr wendend.*
Du, meine große Herrscherin, vergib mir!
Diana ist, die Göttin, dir zufrieden,
Besänftigt wieder hast du ihren Zorn.
Die große Stifterin des Frauenreiches,
Die Tanaïs, das gesteh ich jetzt, sie hat
Den Bogen würdger nicht geführt als du.

DIE ERSTE AMAZONE.

  Sie schweigt –

DIE ZWEITE.   Ihr Auge schwillt –

DIE DRITTE.   Sie hebt den Finger,

  Den blutigen, was will sie – Seht, o seht!

DIE ZWEITE. O Anblick, herzzerreißender, als Messer!

DIE ERSTE. Sie wischt sich eine Träne ab.

DIE OBERPRIESTERIN *an Prothoes Busen zurück sinkend.*

                      O Diana!

  Welch eine Träne!

DIE ERSTE PRIESTERIN. O eine Träne, du Hochheilge,

  Die in der Menschen Brüste schleicht,

  Und alle Feuerglocken der Empfindung zieht,

  Und: Jammer! rufet, daß das ganze

  Geschlecht, das leicht bewegliche, hervor

  Stürzt aus den Augen, und in Seen gesammelt,

  Um die Ruine ihrer Seele weint.

DIE OBERPRIESTERIN *mit einem bittern Ausdruck.*

  Nun denn – wenn Prothoe ihr nicht helfen will,

  So muß sie hier in ihrer Not vergehn.

PROTHOE *drückt den heftigsten Kampf aus. Drauf, indem sie*

sich ihr nähert, mit einer, immer von Tränen unterbrochenen,

Stimme.

  Willst du dich niederlassen, meine Königin?

  Willst du an meiner treuen Brust nicht ruhn?

  Viel kämpftest du, an diesem Schreckenstag,

  Viel auch, viel littest du – von so viel Leiden

  Willst du an meiner treuen Brust nicht ruhn?

PENTHESILEA. *Sie sieht sich um, wie nach einem Sessel.*

PROTHOE. Schafft einen Sitz herbei! Ihr seht, sie wills.

    Die Amazonen wälzen einen Stein herbei. Penthesilea

    läßt sich an Prothoes Hand darauf nieder. Hierauf setzt sich

                auch Prothoe.

PROTHOE. Du kennst mich doch, mein Schwesterherz?

PENTHESILEA *sieht sie an, ihr Antlitz erheitert sich ein wenig.*

PROTHOE.
  Bin ich, die dich so zärtlich liebt.
PENTHESILEA *streichelt sanft ihre Wange.*
PROTHOE.   O du,
  Vor der mein Herz auf Knieen niederfällt,
  Wie rührst du mich!
              Sie küßt die Hand der Königin.
                    – Du bist wohl sehr ermüdet?
  Ach, wie man dir dein Handwerk ansieht, Liebe!
  Nun freilich – Siegen geht so rein nicht ab,
  Und jede Werkstatt kleidet ihren Meister.
  Doch wie, wenn du dich jetzo reinigtest,
  Händ und Gesicht? – Soll ich dir Wasser schaffen?
  – – Geliebte Königin!
PENTHESILEA. *Sie besieht sich und nickt.*
PROTHOE.   Nun ja. Sie wills.
  Sie winkt den Amazonen; diese gehen Wasser zu schöpfen.
  – Das wird dir wohltun, das wird dich erquicken,
  Und sanft, auf kühle Teppiche gestreckt,
  Von schwerer Tagesarbeit wirst du ruhn.
DIE ERSTE PRIESTERIN.
  Wenn man mit Wasser sie besprengt, gebt acht,
  Besinnt sie sich.
DIE OBERPRIESTERIN. O ganz gewiß, das hoff ich.
PROTHOE. Du hoffsts, hochheilge Priesterin? – Ich fürcht es.
DIE OBERPRIESTERIN *indem sie zu überlegen scheint.*
  Warum? Weshalb? – Es ist nur nicht zu wagen,
  Sonst müßte man die Leiche des Achills –
PENTHESILEA *blickt die Oberpriesterin blitzend an.*
PROTHOE. Laßt, laßt –!
DIE OBERPRIESTERIN. Nichts, meine Königin, nichts, nichts!
  Es soll dir alles bleiben, wie es ist. –
PROTHOE. Nimm dir den Lorbeer ab, den dornigen,
  Wir alle wissen ja, daß du gesiegt.
  Und auch den Hals befreie dir – So, so!

Schau! Eine Wund und das recht tief! Du Arme!
Du hast es dir recht sauer werden lassen –
Nun dafür triumphierst du jetzo auch!
– O Artemis!
Zwei Amazonen bringen ein großes flaches Marmorbecken,
gefüllt mit Wasser.
PROTHOE.   Hier setzt das Becken her. –
Soll ich dir jetzt die jungen Scheitel netzen?
Und wirst du auch erschrecken nicht – –? Was machst du?
PENTHESILEA *läßt sich von ihrem Sitz auf Knien vor das Becken*
    niederfallen, und begießt sich das Haupt mit Wasser.
PROTHOE. Sieh da! Du bist ja traun recht rüstig, Königin!
– Das tut dir wohl recht wohl?
PENTHESILEA *sie sieht sich um.*   Ach Prothoe!
        Sie begießt sich von neuem mit Wasser.
MEROE *froh.* Sie spricht!
DIE OBERPRIESTERIN.   Dem Himmel sei gedankt!
PROTHOE.   Gut, gut!
MEROE. Sie kehrt ins Leben uns zurück!
PROTHOE.   Vortrefflich!
Das Haupt ganz unter Wasser, Liebe! So!
Und wieder! So, so! Wie ein junger Schwan! –
MEROE. Die Liebliche!
DIE ERSTE PRIESTERIN. Wie sie das Köpfchen hängt!
MEROE. Wie sie das Wasser niederträufeln läßt!
PROTHOE. – Bist du jetzt fertig?
PENTHESILEA.   Ach! – Wie wunderbar.
PROTHOE. Nun denn, so komm mir auf den Sitz zurück! –
Rasch eure Schleier mir, ihr Priesterinnen,
Daß ich ihr die durchweichten Locken trockne!
So, Phania, deinen! Terpi! helft mir, Schwestern!
Laßt uns ihr Haupt und Nacken ganz verhüllen!
So, so! – Und jetzo auf den Sitz zurück!
        Sie verhüllt die Königin, hebt sie auf den Sitz,
        und drückt sie fest an ihre Brust.

PENTHESILEA.
   Wie ist mir?
PROTHOE.   Wohl, denk ich – nicht?
PENTHESILEA *lispelnd.*   Zum Entzücken!
PROTHOE. Mein Schwesterherz! Mein süßes! O mein Leben!
PENTHESILEA. O sagt mir! – Bin ich in Elysium?
   Bist du der ewig jungen Nymphen eine,
   Die unsre hehre Königin bedienen,
   Wenn sie von Eichenwipfeln still umrauscht,
   In die kristallne Grotte niedersteigt?
   Nahmst du die Züge bloß, mich zu erfreuen,
   Die Züge meiner lieben Prothoe an?
PROTHOE. Nicht, meine beste Königin, nicht, nicht.
   Ich bin es, deine Prothoe, die dich
   In Armen hält, und was du hier erblickst,
   Es ist die Welt noch, die gebrechliche,
   Auf die nur fern die Götter niederschaun.
PENTHESILEA. So, so. Auch gut. Recht sehr gut. Es tut nichts.
PROTHOE. Wie, meine Herrscherin?
PENTHESILEA.   Ich bin vergnügt.
PROTHOE. Erkläre dich, Geliebte. Wir verstehn nicht –
PENTHESILEA. Daß ich noch bin, erfreut mich. Laßt mich ruhn.
                    Pause.
MEROE. Seltsam!
DIE OBERPRIESTERIN.
              Welch eine wunderbare Wendung!
MEROE. Wenn man geschickt ihr doch entlocken könnte –?
PROTHOE. – Was war es denn, das dir den Wahn erregt,
   Du seist ins Reich der Schatten schon gestiegen?
PENTHESILEA *nach einer Pause, mit einer Art von Verzückung.*
   Ich bin so selig, Schwester! Überselig!
   Ganz reif zum Tod o Diana, fühl ich mich!
   Zwar weiß ich nicht, was hier mit mir geschehn,
   Doch gleich des festen Glaubens könnt ich sterben,
   Daß ich mir den Peliden überwand.

PROTHOE *verstohlen zur Oberpriesterin.*
Rasch jetzt die Leich hinweg!
PENTHESILEA *sich lebhaft aufrichtend.* O Prothoe!
Mit wem sprichst du?
PROTHOE *da die beiden Trägerinnen noch säumen.*
                    Fort, Rasende!
PENTHESILEA.   O Diana!
So ist es wahr?
PROTHOE.   Was, fragst du, wahr, Geliebte?
– Hier! Drängt euch dicht heran!
Sie winkt den Priesterinnen, die Leiche, die aufgehoben wird,
mit ihren Leibern zu verbergen.
PENTHESILEA *hält ihre Hände freudig vors Gesicht.*
                  Ihr heilgen Götter!
Ich habe nicht das Herz mich umzusehn.
PROTHOE. Was hast du vor? Was denkst du, Königin?
PENTHESILEA *sich umsehend.*
O Liebe, du verstellst dich.
PROTHOE.   Nein, beim Zeus,
Dem ewgen Gott der Welt!
PENTHESILEA *mit immer steigender Ungeduld.*
              O ihr Hochheiligen,
Zerstreut euch doch!
DIE OBERPRIESTERIN *sich dicht mit den übrigen Frauen zusam-*
mendrängend.
             Geliebte Königin!
PENTHESILEA *indem sie aufsteht.*
O Diana! Warum soll ich nicht? O Diana!
Er stand schon einmal hinterm Rücken mir.
MEROE. Seht, seht! Wie sie Entsetzen faßt!
PENTHESILEA *zu den Amazonen, welche die Leiche tragen.*
                Halt dort! –
Was tragt ihr dort? Ich will es wissen. Steht!
Sie macht sich Platz unter den Frauen und dringt bis zur
Leiche vor.

PROTHOE. O meine Königin! Untersuche nicht!

PENTHESILEA. Ist ers, ihr Jungfraun? Ist ers?

EINE TRÄGERIN *indem die Leiche niedergelassen wird.*

Wer, fragst du?

PENTHESILEA. – Es ist unmöglich nicht, das seh ich ein.
Zwar einer Schwalbe Flügel kann ich lähmen,
So, daß der Flügel noch zu heilen ist;
Den Hirsch lock ich mit Pfeilen in den Park.
Doch ein Verräter ist die Kunst der Schützen;
Und gilts den Meisterschuß ins Herz des Glückes,
So führen tücksche Götter uns die Hand.
– Traf ich zu nah ihn, wo es gilt? Sprecht ist ers?

PROTHOE. O bei den furchtbarn Mächten des Olymps,
Frag nicht –!

PENTHESILEA. Hinweg! Und wenn mir seine Wunde,
Ein Höllenrachen, gleich entgegen gähnte:
Ich will ihn sehn!

Sie hebt den Teppich auf.

Wer von euch tat das, ihr Entsetzlichen!

PROTHOE. Das fragst du noch?

PENTHESILEA.   O Artemis! Du Heilige!
Jetzt ist es um dein Kind geschehn!

DIE OBERPRIESTERIN.
Da stürzt sie hin!

PROTHOE.   Ihr ewgen Himmelsgötter!
Warum nicht meinem Rate folgtest du?
O dir war besser, du Unglückliche,
In des Verstandes Sonnenfinsternis
Umher zu wandeln, ewig, ewig, ewig,
Als diesen fürchterlichen Tag zu sehn!
– Geliebte, hör mich!

DIE OBERPRIESTERIN. Meine Königin!

MEROE. Zehntausend Herzen teilen deinen Schmerz!

DIE OBERPRIESTERIN. Erhebe dich!

PENTHESILEA *halb aufgerichtet.*   Ach, diese blutgen Rosen!

Ach, dieser Kranz von Wunden um sein Haupt!
Ach, wie die Knospen, frischen Grabduft streuend,
Zum Fest für die Gewürme, niedergehn!

PROTHOE *mit Zärtlichkeit.*

Und doch war es die Liebe, die ihn kränzte?

MEROE. Nur allzufest –!

PROTHOE.   Und mit der Rose Dornen,
In der Beeifrung, daß es ewig sei!

DIE OBERPRIESTERIN. Entferne dich!

PENTHESILEA.   Das aber will ich wissen,
Wer mir so gottlos neben hat gebuhlt! –
Ich frage nicht, wer den Lebendigen
Erschlug; bei unsern ewig hehren Göttern!
Frei, wie ein Vogel, geht er von mir weg.
Wer mir den Toten tötete, frag ich,
Und darauf gib mir Antwort, Prothoe.

PROTHOE. Wie, meine Herrscherin?

PENTHESILEA.   Versteh mich recht.
Ich will nicht wissen, wer aus seinem Busen
Den Funken des Prometheus stahl. Ich wills nicht,
Weil ichs nicht will; die Laune steht mir so:
Ihm soll vergeben sein, er mag entfliehn.
Doch wer, o Prothoe, bei diesem Raube
Die offne Pforte ruchlos mied, durch alle
Schneeweißen Alabasterwände mir
In diesen Tempel brach; wer diesen Jüngling,
Das Ebenbild der Götter, so entstellt,
Daß Leben und Verwesung sich nicht streiten,
Wem er gehört, wer ihn so zugerichtet,
Daß ihn das Mitleid nicht beweint, die Liebe
Sich, die unsterbliche, gleich einer Metze,
Im Tod noch untreu, von ihm wenden muß:
Den will ich meiner Rache opfern. Sprich!

PROTHOE *zur Oberpriesterin.*

Was soll man nun der Rasenden erwidern? –

PENTHESILEA. Nun, werd ichs hören?

MEROE. — O meine Königin,
Bringt es Erleichterung der Schmerzen dir,
In deiner Rache opfre, wen du willst.
Hier stehn wir all und bieten dir uns an.

PENTHESILEA. Gebt acht, sie sagen noch, daß ich es war.

DIE OBERPRIESTERIN *schüchtern.*
Wer sonst, du Unglückselige, als nur –?

PENTHESILEA. Du Höllenfürstin, im Gewand des Lichts,
Das wagst du mir –?

DIE OBERPRIESTERIN. Diana ruf ich an!
Laß es die ganze Schar, die dich umsteht,
Bekräftigen! Dein Pfeil wars der ihn traf,
Und Himmel! wär es nur dein Pfeil gewesen!
Doch, als er niedersank, warfst du dich noch,
In der Verwirrung deiner wilden Sinne,
Mit allen Hunden über ihn und schlugst –
O meine Lippe zittert auszusprechen,
Was du getan. Frag nicht! Komm, laß uns gehn.

PENTHESILEA. Das muß ich erst von meiner Prothoe hören.

PROTHOE. O meine Königin! Befrag mich nicht.

PENTHESILEA.
Was! Ich? Ich hätt ihn –? Unter meinen Hunden –?
Mit diesen kleinen Händen hätt ich ihn –?
Und dieser Mund hier, den die Liebe schwellt –?
Ach, zu ganz anderm Dienst gemacht, als ihn –!
Die hätten, lustig stets einander helfend,
Mund jetzt und Hand, und Hand und wieder Mund –?

PROTHOE. O Königin!

DIE OBERPRIESTERIN. Ich rufe Wehe! dir.

PENTHESILEA.
Nein, hört, davon nicht überzeugt ihr mich.
Und stünds mit Blitzen in die Nacht geschrieben,
Und rief es mir des Donners Stimme zu,
So rief ich doch noch beiden zu: ihr lügt!

MEROE. Laß ihn, wie Berge, diesen Glauben stehn;
Wir sind es nicht, die ihn erschüttern werden.
PENTHESILEA. – Wie kam es denn, daß er sich nicht gewehrt?
DIE OBERPRIESTERIN. Er liebte dich, Unseligste! Gefangen
Wollt er sich dir ergeben, darum naht' er!
Darum zum Kampfe fordert' er dich auf!
Die Brust voll süßen Friedens kam er her,
Um dir zum Tempel Artemis' zu folgen.
Doch du –
PENTHESILEA. So, so –
DIE OBERPRIESTERIN. Du trafst ihn –
PENTHESILEA.   Ich zerriß ihn.
PROTHOE. O meine Königin!
PENTHESILEA.   Oder war es anders?
MEROE. Die Gräßliche!
PENTHESILEA.   Küßt ich ihn tot?
DIE ERSTE PRIESTERIN.   O Himmel!
PENTHESILEA.
Nicht? Küßt ich nicht? Zerrissen wirklich? sprecht?
DIE OBERPRIESTERIN. Weh! Wehe! ruf ich dir. Verberge dich!
Laß fürder ewge Mitternacht dich decken!
PENTHESILEA. – So war es ein Versehen. Küsse, Bisse,
Das reimt sich, und wer recht von Herzen liebt,
Kann schon das eine für das andre greifen.
MEROE. Helft ihr, ihr Ewgen, dort!
PROTHOE *ergreift sie.*   Hinweg!
PENTHESILEA.   Laßt, laßt!
    *Sie wickelt sich los, und läßt sich auf Knieen vor der
                    Leiche nieder.*
Du Ärmster aller Menschen, du vergibst mir!
Ich habe mich, bei Diana, bloß versprochen,
Weil ich der raschen Lippe Herr nicht bin;
Doch jetzt sag ich dir deutlich, wie ichs meinte:
Dies, du Geliebter, wars, und weiter nichts.
                Sie küßt ihn.

DIE OBERPRIESTERIN.
  Schafft sie hinweg!
MEROE.   Was soll sie länger hier?
PENTHESILEA. Wie manche, die am Hals des Freundes hängt,
  Sagt wohl das Wort: sie lieb ihn, o so sehr,
  Daß sie vor Liebe gleich ihn essen könnte;
  Und hinterher, das Wort beprüft, die Närrin!
  Gesättigt sein zum Ekel ist sie schon.
  Nun, du Geliebter, so verfuhr ich nicht.
  Sieh her: als *ich* an deinem Halse hing,
  Hab ichs wahrhaftig Wort für Wort getan;
  Ich war nicht so verrückt, als es wohl schien.
MEROE. Die Ungeheuerste! Was sprach sie da?
DIE OBERPRIESTERIN.
  Ergreift sie! Bringt sie fort!
PROTHOE.   Komm, meine Königin!
PENTHESILEA *sie läßt sich aufrichten.*
  Gut, gut. Hier bin ich schon.
DIE OBERPRIESTERIN.   So folgst du uns?
PENTHESILEA. Euch nicht! – –
  Geht ihr nach Themiscyra, und seid glücklich,
  Wenn ihr es könnt –
  Vor allen meine Prothoe –
  Ihr alle –
  Und – – – im Vertraun ein Wort, das niemand höre,
  Der Tanaïs Asche, streut sie in die Luft!
PROTHOE. Und du, mein teures Schwesterherz?
PENTHESILEA. Ich?
PROTHOE.   Du!
PENTHESILEA.   – Ich will dir sagen, Prothoe,
  Ich sage vom Gesetz der Fraun mich los,
  Und folge diesem Jüngling hier.
PROTHOE. Wie, meine Königin?
DIE OBERPRIESTERIN.   Unglückliche!
PROTHOE. Du willst –?

159

DIE OBERPRIESTERIN. Du denkst –

PENTHESILEA. Was? Allerdings!

MEROE. O Himmel!

PROTHOE. So laß mich dir ein Wort, mein Schwesterherz –

Sie sucht ihr den Dolch wegzunehmen.

PENTHESILEA.

Nun denn, und was? – – Was suchst du mir am Gurt?

– Ja, so. Wart, gleich! Verstand ich dich doch nicht.

– – Hier ist der Dolch.

Sie löst sich den Dolch aus dem Gurt, und gibt ihn der Prothoe.

Willst du die Pfeile auch?

Sie nimmt den Köcher von der Schulter.

Hier schütt ich ihren ganzen Köcher aus!

Sie schüttet die Pfeile vor sich nieder.

Zwar reizend wärs von einer Seite –

Sie hebt einige davon wieder auf.

Denn dieser hier – nicht? Oder war es dieser –?

Ja, der! Ganz recht – Gleichviel! Da! Nimm sie hin!

Nimm alle die Geschosse zu dir hin!

*Sie rafft den ganzen Bündel wieder auf, und gibt ihn der Prothoe
in die Hände.*

PROTHOE. Gib her.

PENTHESILEA. Denn jetzt steig ich in meinen Busen nieder,

Gleich einem Schacht, und grabe, kalt wie Erz,

Mir ein vernichtendes Gefühl hervor.

Dies Erz, dies läutr' ich in der Glut des Jammers

Hart mir zu Stahl; tränk es mit Gift sodann,

Heißätzendem, der Reue, durch und durch;

Trag es der Hoffnung ewgem Amboß zu,

Und schärf und spitz es mir zu einem Dolch;

Und diesem Dolch jetzt reich ich meine Brust:

So! So! So! So! Und wieder! – Nun ists gut.

Sie fällt und stirbt.

PROTHOE *die Königin auffassend.*

Sie stirbt!

MEROE.   Sie folgt ihm, in der Tat!

PROTHOE.   Wohl ihr!

Denn hier war ihres fernern Bleibens nicht.

Sie legt sie auf den Boden nieder.

DIE OBERPRIESTERIN.

Ach! Wie gebrechlich ist der Mensch, ihr Götter!
Wie stolz, die hier geknickt liegt, noch vor kurzem,
Hoch auf des Lebens Gipfeln, rauschte sie!

PROTHOE. Sie sank, weil sie zu stolz und kräftig blühte!

Die abgestorbne Eiche steht im Sturm,
Doch die gesunde stürzt er schmetternd nieder,
Weil er in ihre Krone greifen kann.

Vergebliche Delikatesse

Richtig! Da gehen sie schon, so wahr ich lebe, und schlagen (Hätt ichs doch gleich nur gesagt) griechische Lexika nach.

Entwurf einer Bombenpost

Man hat, in diesen Tagen, zur Beförderung des Verkehrs innerhalb der Grenzen der vier Weltteile, einen elektrischen Telegraphen erfunden; einen Telegraphen, der mit der Schnelligkeit des
Gedankens, ich will sagen, in kürzerer Zeit, als irgend ein chro-
nometrisches Instrument angeben kann, vermittelst des Elek-
trophors und des Metalldrahts, Nachrichten mitteilt; dergestalt,
daß wenn jemand, falls nur sonst die Vorrichtung dazu getroffen
wäre, einen guten Freund, den er unter den Antipoden hätte,
fragen wollte: wie gehts dir? derselbe, ehe man noch eine Hand
umkehrt, ohngefähr so, als ob er in einem und demselben Zimmer stünde, antworten könnte: recht gut. So gern wir dem Er-
finder dieser Post, die, auf recht eigentliche Weise, auf Flügeln
des Blitzes reitet, die Krone des Verdienstes zugestehn, so hat
doch auch diese Fernschreibekunst noch die Unvollkommen-
heit, daß sie nur, dem Interesse des Kaufmanns wenig ersprieß-
lich, zur Versendung ganz kurzer und lakonischer Nachrichten,
nicht aber zur Übermachung von Briefen, Berichten, Beilagen
und Paketen taugt. Demnach schlagen wir, um auch diese Bücke
zu erfüllen, zur Beschleunigung und Vervielfachung der Han-
delskommunikationen, wenigstens innerhalb der Grenzen der
kultivierten Welt, eine *Wurf- oder Bombenpost* vor; ein Institut,
das sich auf zweckmäßig, innerhalb des Raums einer Schuß-
weite, angelegten Artilleriestationen, aus Mörsern oder Haubit-
zen, hohle, statt des Pulvers, mit Briefen und Paketen angefüllte
Kugeln, die man ohne alle Schwierigkeit, mit den Augen verfolgen, und wo sie hinfallen, falls es kein Morastgrund ist, wieder
auffinden kann, zuwürfe; dergestalt, daß die Kugel, auf jeder
Station zuvörderst eröffnet, die respektiven Briefe für jeden Ort
herausgenommen, die neuen hineingelegt, das Ganze wieder
verschlossen, in einen neuen Mörser geladen, und zur nächsten

Station weiter spediert werden könnte. Den Prospektus des Ganzen und die Beschreibung und Auseinandersetzung der Anlagen und Kosten behalten wir einer umständlicheren und weitläufigeren Abhandlung bevor. Da man, auf diese Weise, wie eine kurze mathematische Berechnung lehrt, binnen Zeit eines halben Tages, gegen geringe Kosten von Berlin nach Stettin oder Breslau würde schreiben oder respondieren können, und mithin, verglichen mit unseren reitenden Posten, ein zehnfacher Zeitgewinn entsteht oder es ebensoviel ist, als ob ein Zauberstab diese Orte der Stadt Berlin zehnmal näher gerückt hätte: so glauben wir für das bürgerliche sowohl als handeltreibende Publikum, eine Erfindung von dem größesten und entscheidendsten Gewicht, geschickt, den Verkehr auf den höchsten Gipfel der Vollkommenheit zu treiben, an den Tag gelegt zu haben.

Berlin, den 10. Okt. 1810   *rmz.*

Schreiben eines Berliner Einwohners an den Herausgeber der Abendblätter

Mein Herr!

Dieselben haben in dem 11. Stück der Berliner Abendblätter, unter der Rubrik: Nützliche Erfindungen, den Entwurf einer Bombenpost zur Sprache gebracht; einer Post, die der Mangelhaftigkeit des elektrischen Telegraphen, nämlich, sich mit nichts, als kurzen Anzeigen, befassen zu können, dadurch abhilft, daß sie dem Publiko auf zweckmäßig angelegten Artilleriestationen, Briefe und Pakete mit Bomben und Granaten zuwirft. Erlauben Dieselben mir zu bemerken, daß diese Post, nach einer, in Ihrem eigenen Aufsatz enthaltenen Äußerung, voraussetzt, der Stettiner oder Breslauer Freund habe auf die Frage des Berliners an ihn: wie gehts dir? zu antworten: recht gut! Wenn derselbe jedoch, gegen die Annahme, zu antworten hätte: so, so! oder: mittelmäßig! oder: die Wahrheit zu sagen, schlecht; oder: gestern nacht, da ich verreist war, hat mich meine Frau hintergangen; oder: ich bin in Prozessen verwickelt, von denen ich kein Ende absehe; oder: ich habe Bankerott gemacht, Haus und Hof verlassen und bin im Begriff in die weite Welt zu gehen: so gingen, für einen solchen Mann, unsere ordinären Posten geschwind genug. Da nun die Zeiten von der Art sind, daß von je hundert Briefen, die zwei Städte einander zuschicken, neun und neunzig Anzeigen von der besagten Art enthalten, so dünkt uns, sowohl die elektrische Donnerwetterpost, als auch die Bomben- und Granatenpost könne vorläufig noch auf sich beruhen, und wir fragen dagegen an, ob Dieselben nicht die Organisation einer anderen Post zuwege bringen können, die, gleichviel, ob sie mit Ochsen gezogen, oder von eines Fußboten Rücken getragen würde, auf die Frage: wie gehts dir? von allen Orten mit der Antwort zurückkäme: je nun! oder: nicht eben übel! oder: so wahr ich lebe, gut! oder: mein Haus habe ich wieder aufgebaut;

oder: die Pfandbriefe stehen wieder al pari; oder: meine beiden Töchter habe ich kürzlich verheiratet; oder: morgen werden wir, unter dem Donner der Kanonen, ein Nationalfest feiern; – und was dergleichen Antworten mehr sind. Hiedurch würden Dieselben sich das Publikum auf das lebhafteste verbinden, und da wir von Dero Eifer, zum Güten überall, wo es auf Ihrem Wege liegt, mitzuwirken, überzeugt sind, so halten wir uns nicht auf, die Freiheit dieses Briefes zu entschuldigen, und haben die Ehre, mit der vollkommensten und ungeheucheltsten Hochachtung zu sein, usw.

Berlin, den 14. Okt. 1810 *Der Anonymus.*

[Über die Aufklärung des Weibes]

[Für Wilhelmine von Zenge]

den 16. September 1800 zu Würzburg
Alle echte Aufklärung des Weibes besteht am Ende wohl nur darin, meine liebe Freundin: *über die Bestimmung seines i r d i - s c h e n Lebens vernünftig nachdenken zu können.*
Über die Bestimmung unseres *ewigen* Daseins nachzudenken, auszuforschen, ob der Genuß der Glückseligkeit (wie *Epikur* meinte) oder die Erreichung der Vollkommenheit (wie *Leibniz* glaubte) oder die Erfüllung der trocknen Pflicht (wie *Kant* versichert) der letzte Zweck des Menschen sei, das, liebe Freundin, ist selbst für Männer unfruchtbar und oft verderblich. Solche Männer begehen die Unart, die ich beging, als ich mich im Geiste von Frankfurt nach Stralsund, und von Stralsund wieder im Geiste nach Frankfurt versetzte. Sie leben in der Zukunft, und vergessen darüber, was die Gegenwart von ihnen fordert.
Urteile selbst, wie können wir beschränkte Wesen, die wir von der Ewigkeit nur ein so unendlich kleines Stück, unser spannenlanges Erdenleben übersehen, wie können wir uns getrauen, den Plan, den die Natur für die Ewigkeit entwarf, zu ergründen? Und wenn dies nicht möglich ist, wie kann irgend eine gerechte Gottheit von uns verlangen, in diesen ihren ewigen Plan einzugreifen, von uns, die wir nicht einmal imstande sind, ihn zu denken?
Aber die Bestimmung unseres *irdischen* Daseins, die können wir allerdings unzweifelhaft herausfinden, und diese zu erfüllen, das kann daher die Gottheit auch wohl mit Recht von uns fordern.
Es ist möglich, liebe Freundin, daß mir Deine Religion hierin widerspricht und daß sie Dir gebietet, auch etwas für Dein künftiges Leben zu tun. Du wirst gewiß Gründe für Deinen Glauben haben, so wie ich Gründe für den meinigen; und so fürchte ich

nicht, daß diese kleine Religionszwistigkeit unsrer Liebe eben großen Abbruch tun wird. Wo nur die Vernunft herrschend ist, da vertragen sich auch die Meinungen leicht; und da die Religionstoleranz schon eine Tugend ganzer Völker geworden ist, so wird es, denke ich, der Duldung nicht sehr schwer werden, in zwei liebenden Herzen zu herrschen.

Wenn Du Dich also durch die Einflüsse Deiner früheren Erziehung gedrungen fühltest, durch die Beobachtung religiöser Zeremonieen auch etwas für Dein ewiges Leben zu tun, so würde ich weiter nichts als Dich warnen, ja nicht darüber Dein irdisches Leben zu vernachlässigen.

Denn nur gar zu leicht glaubt man, man habe *alles* getan, wenn man die ernsten Gebräuche der Religion beobachtet, wenn man fleißig in die Kirche geht, täglich betet, und jährlich zweimal das Abendmahl nimmt.

Und doch sind dies alles nur *Zeichen* eines Gefühls, das auch ganz anders sich ausdrücken kann. Denn mit demselben Gefühle, mit welchem Du bei dem Abendmahle das Brot nimmst aus der Hand des Priesters, mit demselben Gefühle, sage ich, erwürgt der Mexikaner seinen Bruder vor dem Altare seines Götzen.

Ich will Dich dadurch nur aufmerksam machen, daß alle diese religiösen Gebräuche nichts sind, als *menschliche* Vorschriften, die zu allen Zeiten verschieden waren und noch in diesem Augenblicke an allen Orten der Erde verschieden sind. *Darin* kann also das Wesen der Religion nicht liegen, weil es ja sonst höchst schwankend und ungewiß wäre. Wer steht uns dafür, daß nicht in kurzem ein zweiter *Luther* unter uns aufsteht, und umwirft, was jener baute. Aber in uns flammt eine Vorschrift – und die muß göttlich sein, weil sie ewig und allgemein ist; sie heißt: *erfülle Deine Pflicht;* und dieser Satz enthält die Lehren aller Religionen.

Alle anderen Sätze folgen aus diesem und sind in ihm gegründet, oder sie sind nicht darin begriffen, und dann sind sie unfruchtbar und unnütz.

Daß ein Gott sei, daß es ein ewiges Leben, einen Lohn für die Tugend, eine Strafe für das Laster gebe, das alles sind Sätze, die in jenem nicht gegründet sind, und die wir also entbehren können. Denn gewiß sollen wir sie nach dem Willen der Gottheit selbst entbehren können, weil sie es uns selbst unmöglich gemacht hat, es einzusehen und zu begreifen. Würdest Du nicht mehr tun, was recht ist, wenn der Gedanke an Gott und Unsterblichkeit nur ein Traum wäre? Ich nicht.

Daher *bedarf* ich zwar zu meiner Rechtschaffenheit dieser Sätze nicht; aber zuweilen, *wenn ich meine Pflicht erfüllt habe,* erlaube ich mir, mit stiller Hoffnung an einen Gott zu denken, der mich sieht, und an eine frohe Ewigkeit, die meiner wartet; denn zu beiden fühle ich mich doch mit meinem Glauben hingezogen, den mein Herz mir ganz zusichert und mein Verstand mehr bestätigt, als widerspricht.

Aber dieser Glaube sei irrig, oder nicht, – gleichviel! Es warte auf mich eine Zukunft, oder nicht – gleichviel! Ich erfülle für dieses Leben meine Pflicht, und wenn Du mich fragst: *warum?* so ist die Antwort leicht: eben *weil* es meine Pflicht ist.

Ich schränke mich daher mit meiner Tätigkeit ganz für dieses Erdenleben ein. Ich will mich nicht um meine Bestimmung nach dem Tode kümmern, aus Furcht darüber meine Bestimmung für dieses Leben zu vernachlässigen. Ich fürchte nicht die Höllenstrafe der Zukunft, weil ich mein eignes Gewissen fürchte, und rechne nicht auf einen Lohn jenseits des Grabes, weil ich ihn mir diesseits desselben schon erwerben kann.

Dabei bin ich überzeugt, gewiß in den großen ewigen Plan der Natur einzugreifen, wenn ich nur den Platz ganz erfülle, auf den sie mich in dieser Erde setzte. Nicht umsonst hat sie mir diesen *gegenwärtigen* Wirkungskreis angewiesen, und gesetzt ich verträumte diesen und forschte dem *zukünftigen* nach – ist denn nicht die *Zukunft* eine *kommende Gegenwart,* und soll ich denn auch *diese* Gegenwart wieder verträumen?

Doch ich kehre zu meinem Gegenstande zurück. Ich habe Dir diese Gedanken bloß zur Prüfung vorgelegt. Ich fühle mich ruhiger und sicherer, wenn ich den Gedanken an die dunkle Bestimmung der Zukunft ganz von mir entferne, und mich allein an die gewisse und deutliche Bestimmung für dieses Erdenleben halte.

Ich will Dir nun meinen ersten Hauptgedanken erklären. *Bestimmung unseres irdischen Lebens* heißt Zweck desselben, oder die Absicht, zu welcher uns Gott auf diese Erde gesetzt hat. *Vernünftig darüber nachdenken* heißt nicht nur diesen Zweck selbst deutlich kennen, sondern auch in allen Verhältnissen unseres Lebens immer die zweckmäßigsten Mittel zu seiner Erreichung herausfinden.

Das, sagte ich, wäre die ganze wahre Aufklärung des Weibes und die einzige Philosophie, die ihr ansteht.

Deine Bestimmung, liebe Freundin, oder überhaupt die Bestimmung des Weibes ist wohl unzweifelhaft und unverkennbar; denn welche andere kann es sein, als diese, *Mutter zu werden, und der Erde tugendhafte Menschen zu erziehen?*

Und wohl euch, daß eure Bestimmung so einfach und beschränkt ist! Durch euch will die Natur nur ihre Zwecke erreichen, durch uns Männer auch der Staat noch die seinigen, und daraus entwickeln sich oft die unseligsten Widersprüche.

(In der Folge mehr.)

An Ulrike von Kleist

Weimar, im November 1802

Mein liebes Ulrickchen, ich bin sehr beunruhigt, über das Ausbleiben aller Nachrichten von Dir. Wenn ich nicht irre, so solltest *Du* nach unsrer Verabredung zuerst schreiben –? Sollte *ich* es, so verzeih mir; und dem Himmel sei Dank, daß er mir in diesem Augenblick zufällig die Lust zum Schreiben gab. Denn Du weißt, was ein Brief von mir bedeutet. Es könnte eine Zeit kommen, wo Du ein *leeres* Blatt von mir mit Freudentränen benetztest – Ich wohne hier zur Miete, und hätte allerdings die Geschirre usw. brauchen können; bin aber oft ganze Tage in Oßmannstedt, wo mir ein Zimmer eingeräumt worden ist; denn Wieland hat sich nicht entschließen können, das Haus, in dem es spukt, zu beziehen. Wirklich, im Ernste, wegen seiner Bedienung, die er sonst hätte abschaffen müssen. – Möchte Dich der Himmel doch nur glücklich in die Arme der Deinigen geführt haben! Warum sage ich nicht, der Unsrigen? Und wenn es die Meinigen nicht sind, wessen ist die Schuld, als meine? Ach, ich habe die Augen zusammengekniffen, indem ich dies schrieb – – Wenn Du nur glücklich von Werben nach Guhrow gekommen bist, für das andre bin ich nicht besorgt. – Jetzt eben fällt mir etwas ein, was wohl der Grund Deines langen Stillschweigens sein könnte; nämlich die Arbeit an meinen Hemden. Ich möchte auf jede Hand weinen, die einen Stich daran tut – Lebe wohl. Schreibe doch recht bald, poste restante. Und die Hemden werden mir allerdings wohltun.

Heinrich.

Auch brauche ich immer noch Chemisetts.

Michael Kohlhaas

(Aus einer alten Chronik)

An den Ufern der Havel lebte, um die Mitte des sechzehnten Jahrhunderts, ein Roßhändler, namens *Michael Kohlhaas,* Sohn eines Schulmeisters, einer der rechtschaffensten zugleich und entsetzlichsten Menschen seiner Zeit. – Dieser außerordentliche Mann würde, bis in sein dreißigstes Jahr für das Muster eines guten Staatsbürgers haben gelten können. Er besaß in einem Dorfe, das noch von ihm den Namen führt, einen Meierhof, auf welchem er sich durch sein Gewerbe ruhig ernährte; die Kinder, die ihm sein Weib schenkte, erzog er, in der Furcht Gottes, zur Arbeitsamkeit und Treue; nicht einer war unter seinen Nachbarn, der sich nicht seiner Wohltätigkeit, oder seiner Gerechtigkeit erfreut hätte; kurz, die Welt würde sein Andenken haben segnen müssen, wenn er in einer Tugend nicht ausgeschweift hätte. Das Rechtgefühl aber machte ihn zum Räuber und Mörder.

Er ritt einst, mit einer Koppel junger Pferde, wohlgenährt alle und glänzend, ins Ausland, und überschlug eben, wie er den Gewinst, den er auf den Märkten damit zu machen hoffte, anlegen wolle: teils, nach Art guter Wirte, auf neuen Gewinst, teils aber auch auf den Genuß der Gegenwart: als er an die Elbe kam, und bei einer stattlichen Ritterburg, auf sächsischem Gebiete, einen Schlagbaum traf, den er sonst auf diesem Wege nicht gefunden hatte. Er hielt, in einem Augenblick, da eben der Regen heftig stürmte, mit den Pferden still, und rief den Schlagwärter, der auch bald darauf, mit einem grämlichen Gesicht, aus dem Fenster sah. Der Roßhändler sagte, daß er ihm öffnen solle. Was gibts hier Neues? fragte er, da der Zöllner, nach einer geraumen Zeit, aus dem Hause trat. Landesherrliches Privilegium, antwortete dieser, indem er aufschloß: dem Junker Wenzel von Tronka verliehen. – So, sagte Kohlhaas. Wenzel heißt der Junker? und sah sich das Schloß an, das mit glänzenden Zinnen über das Feld blickte. Ist der alte Herr tot? – Am Schlagfluß gestorben, erwiderte der Zöllner, indem er den Baum in die Höhe ließ. – Hm! Schade! versetzte Kohlhaas. Ein würdiger alter Herr, der seine Freude am Verkehr der Menschen hatte, Handel und Wandel, wo er nur vermochte, forthalf, und einen Steindamm einst bauen ließ, weil mir eine Stute, draußen, wo der Weg ins Dorf geht, das Bein gebrochen. Nun! Was bin ich schuldig? – fragte er; und holte die Groschen, die der Zollwärter verlangte, mühselig unter dem im Winde flatternden Mantel hervor. »Ja, Alter«, setzte er noch hinzu, da dieser: hurtig! hurtig! murmelte, und über die Witterung fluchte: »wenn der Baum im Walde stehen geblieben wäre, wärs besser gewesen, für mich und Euch«; und damit gab er ihm das Geld und wollte reiten. Er war aber noch kaum unter den Schlagbaum gekommen, als eine neue Stimme schon: halt dort, der Roßkamm! hinter ihm vom Turm erscholl, und er den Burgvogt ein Fenster zuwerfen und zu ihm herabeilen sah. Nun, was gibts Neues? fragte Kohlhaas bei sich selbst, und hielt mit den Pferden an. Der Burgvogt, indem er sich noch eine Weste über seinen weitläufigen Leib zuknüpfte, kam, und fragte, schief gegen die Witterung gestellt, nach dem Paßschein. – Kohlhaas fragte: der Paßschein? Er sagte, ein wenig betreten, daß er, soviel er wisse, keinen habe; daß man ihm aber nur beschreiben möchte, was dies für ein Ding des Herrn sei: so werde er, vielleicht zufälligerweise damit versehen sein. Der Schloßvogt, indem er ihn von der Seite ansah, versetzte, daß ohne einen landesherrlichen Erlaubnisschein, kein Roßkamm mit Pferden über die Grenze gelassen würde. Der Roßkamm versicherte, daß er siebzehn Mal in seinem Leben, ohne einen solchen Schein, über die Grenze gezogen sei; daß er alle landesherrlichen Verfügungen, die sein Gewerbe angingen, genau kennte; daß dies wohl nur ein Irrtum sein würde, wegen dessen er sich zu bedenken bitte, und daß man ihn, da seine Tagereise lang sei, nicht länger unnützer Weise hier aufhalten möge. Doch der Vogt erwiderte, daß er das achtzehnte Mal nicht durchschlüpfen würde, daß die Verordnung deshalb erst neuerlich erschienen wäre, und daß er entweder den Paßschein noch hier lösen, oder zurückkehren müsse, wo er hergekommen sei. Der Roßhändler, den diese ungesetzlichen Erpressungen zu erbittern anfingen, stieg, nach einer kurzen Besinnung, vom Pferde, gab es einem Knecht, und sagte, daß er den Junker von Tronka selbst darüber sprechen würde. Er ging auch auf die Burg; der Vogt folgte ihm, indem er von filzigen Geldraffern und nützlichen Aderlässen derselben murmelte; und beide traten, mit ihren Blicken einander messend, in den Saal. Es traf sich, daß der Junker eben, mit einigen muntern Freunden, beim Becher saß, und, um eines Schwanks willen, ein unendliches Gelächter unter ihnen erscholl, als Kohlhaas, um seine Beschwerde anzubringen, sich ihm näherte. Der Junker fragte, was er wolle; die Ritter, als sie den fremden Mann erblickten, wurden still; doch kaum hatte dieser sein Gesuch, die Pferde betreffend, angefangen, als der ganze Troß schon: Pferde? Wo sind sie? ausrief, und an die Fenster eilte, um sie zu betrachten. Sie flogen, da sie die glänzende Koppel sahen, auf den Vorschlag des Junkers, in den Hof hinab; der Regen hatte aufgehört; Schloßvogt und Verwalter und Knechte versammelten sich um sie, und alle musterten die Tiere. Der eine lobte den Schweißfuchs mit der Blesse, dem andern gefiel der Kastanienbraune, der dritte streichelte den Schecken mit schwarzgelben Flecken; und alle meinten, daß die Pferde wie Hirsche wären, und im Lande keine bessern gezogen würden. Kohlhaas erwiderte munter, daß die Pferde nicht besser wären, als die Ritter, die sie reiten sollten; und forderte sie auf, zu kaufen. Der Junker, den der mächtige Schweißhengst sehr reizte, befragte ihn auch um den Preis; der Verwalter lag ihm an, ein Paar Rappen zu kaufen, die er, wegen Pferdemangels, in der Wirtschaft gebrauchen zu können glaubte; doch als der Roßkamm sich erklärt hatte, fanden die Ritter ihn zu teuer, und der Junker sagte, daß er nach der Tafelrunde reiten und sich den König Arthur aufsuchen müsse, wenn er die Pferde so anschlage. Kohlhaas, der den Schloßvogt und den Verwalter, indem sie sprechende Blicke auf die Rappen warfen, mit einander flüstern sah, ließ es, aus einer dunkeln Vorahndung, an nichts fehlen, die Pferde an sie los zu werden. Er sagte zum Junker: »Herr, die Rappen habe ich vor sechs Monaten für 25 Goldgülden gekauft; gebt mir 30, so sollt Ihr sie haben.« Zwei Ritter, die neben dem Junker standen, äußerten nicht undeutlich, daß die Pferde wohl so viel wert wären; doch der Junker meinte, daß er für den Schweißfuchs wohl, aber nicht eben für die Rappen, Geld ausgeben möchte, und machte Anstalten, aufzubrechen; worauf Kohlhaas sagte, er würde vielleicht das nächste Mal, wenn er wieder mit seinen Gaulen durchzöge, einen Handel mit ihm machen; sich dem Junker empfahl, und die Zügel seines Pferdes ergriff, um abzureiten. In diesem Augenblick trat der Schloßvogt aus dem Haufen vor, und sagte, er höre, daß er ohne einen Paßschein nicht reisen dürfe. Kohlhaas wandte sich und fragte den Junker, ob es denn mit diesem Umstand, der sein ganzes Gewerbe zerstöre, in der Tat seine Richtigkeit habe? Der Junker antwortete, mit einem verlegnen Gesicht, indem er abging: ja, Kohlhaas, den Paß mußt du lösen. Sprich mit dem Schloßvogt, und zieh deiner Wege. Kohlhaas versicherte ihn, daß es gar nicht seine Absicht sei, die Verordnungen, die wegen Ausführung der Pferde bestehen möchten, zu umgehen; versprach, bei seinem Durchzug durch Dresden, den Paß in der Geheimschreiberei zu lösen, und bat, ihn nur diesmal, da er von dieser Forderung durchaus nichts gewußt, ziehen zu lassen. Nun! sprach der Junker, da eben das Wetter wieder zu stürmen anfing, und seine dürren Glieder durchsauste: laßt den Schlucker laufen. Kommt! sagte er zu den Rittern, kehrte sich um, und wollte nach dem Schlosse gehen. Der Schloßvogt sagte, zum Junker gewandt, daß er wenigstens ein Pfand, zur Sicherheit, daß er den Schein lösen würde, zurücklassen müsse. Der Junker blieb wieder unter dem Schloßtor stehen. Kohlhaas fragte, welchen Wert er denn, an Geld oder an Sachen, zum Pfande, wegen der Rappen, zurücklassen solle? Der Verwalter meinte, in den Bart murmelnd, er könne ja die Rappen selbst zurücklassen. Allerdings, sagte der Schloßvogt, das ist das Zweckmäßigste; ist der Paß gelöst, so kann er sie zu jeder Zeit wieder abholen. Kohlhaas, über eine so unverschämte Forderung betreten, sagte dem Junker, der sich die Wamsschöße frierend vor den Leib hielt, daß er die Rappen ja verkaufen wolle; doch dieser, da in demselben Augenblick ein Windstoß eine ganze Last von Regen und Hagel durchs Tor jagte, rief, um der Sache ein Ende zu machen: wenn er die Pferde nicht loslassen will, so schmeißt ihn wieder über den Schlagbaum zurück; und ging ab. Der Roßkamm, der wohl sah, daß er hier der Gewalttätigkeit weichen mußte, entschloß sich, die Forderung, weil doch nichts anders übrig blieb, zu erfüllen; spannte die Rappen aus, und führte sie in einen Stall, den ihm der Schloßvogt anwies. Er ließ einen Knecht bei ihnen zurück, versah ihn mit Geld, ermahnte ihn, die Pferde, bis zu seiner Zurückkunft, wohl in acht zu nehmen, und setzte seine Reise, mit dem Rest der Koppel, halb und halb ungewiß, ob nicht doch wohl, wegen aufkeimender Pferdezucht, ein solches Gebot, im Sächsischen, erschienen sein könne, nach Leipzig, wo er auf die Messe wollte, fort.

In Dresden, wo er, in einer der Vorstädte der Stadt, ein Haus mit einigen Ställen besaß, weil er von hier aus, seinen Handel auf den kleineren Märkten des Landes zu bestreiten pflegte, begab er sich, gleich nach seiner Ankunft, auf die Geheimschreiberei, wo er von den Räten, deren er einige kannte, erfuhr, was ihm allerdings sein erster Glaube schon gesagt hatte, daß die Geschichte von dem Paßschein ein Märchen sei. Kohlhaas, dem die mißvergnügten Räte, auf sein Ansuchen, einen schriftlichen Schein über den Ungrund derselben gaben, lächelte über den Witz des dürren Junkers, obschon er noch nicht recht einsah, was er damit bezwecken mochte; und die Koppel der Pferde, die er bei sich führte, einige Wochen darauf, zu seiner Zufriedenheit, verkauft, kehrte er, ohne irgend weiter ein bitteres Gefühl, als das der allgemeinen Not der Welt, zur Tronkenburg zurück. Der Schloßvogt, dem er den Schein zeigte, ließ sich nicht weiter darüber aus, und sagte, auf die Frage des Roßkamms, ob er die Pferde jetzt wieder bekommen könne: er möchte nur hinunter gehen und sie holen. Kohlhaas hatte aber schon, da er über den

Hof ging, den unangenehmen Auftritt, zu erfahren, daß sein Knecht, ungebührlichen Betragens halber, wie es hieß, wenige Tage nach dessen Zurücklassung in der Tronkenburg, zerprügelt und weggejagt worden sei. Er fragte den Jungen, der ihm diese Nachricht gab, was denn derselbe getan? und wer während dessen die Pferde besorgt hätte? worauf dieser aber erwiderte, er wisse es nicht, und darauf dem Roßkamm, dem das Herz schon von Ahnungen schwoll, den Stall, in welchem sie standen, öffnete. Wie groß war aber sein Erstaunen, als er, statt seiner zwei glatten und wohlgenährten Rappen, ein Paar dürre, abgehärmte Mähren erblickte; Knochen, denen man, wie Riegeln, hätte Sachen aufhängen können; Mähnen und Haare, ohne Wartung und Pflege, zusammengeknetet: das wahre Bild des Elends im Tierreiche! Kohlhaas, den die Pferde, mit einer schwachen Bewegung, anwieherten, war auf das äußerste entrüstet, und fragte, was seinen Gaulen widerfahren wäre? Der Junge, der bei ihm stand, antwortete, daß ihnen weiter kein Unglück zugestoßen wäre, daß sie auch das gehörige Futter bekommen hätten, daß sie aber, da gerade Ernte gewesen sei, wegen Mangels an Zugvieh, ein wenig auf den Feldern gebraucht worden wären. Kohlhaas fluchte über diese schändliche und abgekartete Gewalttätigkeit, verbiß jedoch, im Gefühl seiner Ohnmacht, seinen Ingrimm, und machte schon, da doch nichts anders übrig blieb, Anstalten, das Raubnest mit den Pferden nur wieder zu verlassen, als der Schloßvogt, von dem Wortwechsel herbeigerufen, erschien, und fragte, was es hier gäbe? Was es gibt? antwortete Kohlhaas. Wer hat dem Junker von Tronka und dessen Leuten die Erlaubnis gegeben, sich meiner bei ihm zurückgelassenen Rappen zur Feldarbeit zu bedienen? Er setzte hinzu, ob das wohl menschlich wäre? versuchte, die erschöpften Gaule durch einen Gertenstreich zu erregen, und zeigte ihm, daß sie sich nicht rührten. Der Schloßvogt, nachdem er ihn eine Weile trotzig angesehen hatte, versetzte: seht den Grobian! Ob der Flegel nicht Gott danken sollte, daß die Mähren überhaupt noch leben? Er fragte, wer sie, da der Knecht weggelaufen, hätte pflegen sollen? Ob es nicht billig gewesen wäre, daß die Pferde das Futter, das man ihnen gereicht habe, auf den Feldern abverdient hätten? Er schloß, daß er hier keine Flausen machen möchte, oder daß er die Hunde rufen, und sich durch sie Ruhe im Hofe zu verschaffen wissen würde. – Dem Roßhändler schlug das Herz gegen den Wams. Es drängte ihn, den nichtswürdigen Dickwanst in den Kot zu werfen, und den Fuß auf sein kupfernes Antlitz zu setzen. Doch sein Rechtgefühl, das einer Goldwaage glich, wankte noch; er war, vor der Schranke seiner eigenen Brust, noch nicht gewiß, ob eine Schuld seinen Gegner drücke; und während er, die Schimpfreden niederschluckend, zu den Pferden trat, und ihnen, in stiller Erwägung der Umstände, die Mähnen zurecht legte, fragte er mit gesenkter Stimme: um welchen Versehens halber der Knecht denn aus der Burg entfernt worden sei? Der Schloßvogt erwiderte: weil der Schlingel trotzig im Hofe gewesen ist! Weil er sich gegen einen notwendigen Stallwechsel gesträubt, und verlangt hat, daß die Pferde zweier Jungherren, die auf die Tronkenburg kamen, um seiner Mähren willen, auf der freien Straße übernachten sollten! – Kohlhaas hätte den Wert der Pferde darum gegeben, wenn er den Knecht zur Hand gehabt, und dessen Aussage mit der Aussage dieses dickmäuligen Burgvogts hätte vergleichen können. Er stand noch, und streifte den Rappen die Zoddeln aus, und sann, was in seiner Lage zu tun sei, als sich die Szene plötzlich änderte, und der Junker Wenzel von Tronka, mit einem Schwarm von Rittern, Knechten und Hunden, von der Hasenhetze kommend, in den Schloßplatz sprengte. Der Schloßvogt, als er fragte, was vorgefallen sei, nahm sogleich das Wort, und während die Hunde, beim Anblick des Fremden, von der einen Seite, ein Mordgeheul gegen ihn anstimmten, und die Ritter ihnen, von der andern, zu schweigen geboten, zeigte er ihm, unter der gehässigsten Entstellung der Sache, an, was dieser Roßkamm, weil seine Rappen ein wenig gebraucht worden wären, für eine Rebellion verführe. Er sagte, mit Hohngelächter, daß er sich weigere, die Pferde als die seinigen anzuerkennen. Kohlhaas rief: »das *sind* nicht meine

Pferde, gestrenger Herr! Das sind die *Pferde* nicht, die dreißig Goldgülden wert waren! Ich will meine wohlgenährten und gesunden Pferde wieder haben!« – Der Junker, indem ihm eine flüchtige Blässe ins Gesicht trat, stieg vom Pferde, und sagte: wenn der H… A… die Pferde nicht wiedernehmen will, so mag er es bleiben lassen. Komm, Günther! rief er – Hans! Kommt! indem er sich den Staub mit der Hand von den Beinkleidern schüttelte; und: schafft Wein! rief er noch, da er mit den Rittern unter der Tür war; und ging ins Haus. Kohlhaas sagte, daß er eher den Abdecker rufen, und die Pferde auf den Schindanger schmeißen lassen, als sie so, wie sie wären, in seinen Stall zu Kohlhaasenbrück führen wolle. Er ließ die Gaule, ohne sich um sie zu bekümmern, auf dem Platz stehen, schwang sich, indem er versicherte, daß er sich Recht zu verschaffen wissen würde, auf seinen Braunen, und ritt davon.

Spornstreichs auf dem Wege nach Dresden war er schon, als er, bei dem Gedanken an den Knecht, und an die Klage, die man auf der Burg gegen ihn führte, schrittweis zu reiten anfing, sein Pferd, ehe er noch tausend Schritt gemacht hatte, wieder wandte, und zur vorgängigen Vernehmung des Knechts, wie es ihm klug und gerecht schien, nach Kohlhaasenbrück einbog. Denn ein richtiges, mit der gebrechlichen Einrichtung der Welt schon bekanntes Gefühl machte ihn, trotz der erlittenen Beleidigungen, geneigt, falls nur wirklich dem Knecht, wie der Schloßvogt behauptete, eine Art von Schuld beizumessen sei, den Verlust der Pferde, als eine gerechte Folge davon, zu verschmerzen. Dagegen sagte ihm ein ebenso vortreffliches Gefühl, und dies Gefühl faßte tiefere und tiefere Wurzeln, in dem Maße, als er weiter ritt, und überall, wo er einkehrte, von den Ungerechtigkeiten hörte, die täglich auf der Tronkenburg gegen die Reisenden verübt wurden: daß wenn der ganze Vorfall, wie es allen Anschein habe, bloß abgekartet sein sollte, er mit seinen Kräften der Welt in der Pflicht verfallen sei, sich Genugtuung für die erlittene Kränkung, und Sicherheit für zukünftige seinen Mitbürgern zu verschaffen.

Sobald er, bei seiner Ankunft in Kohlhaasenbrück, Lisbeth, sein treues Weib, umarmt, und seine Kinder, die um seine Kniee frohlockten, geküßt hatte, fragte er gleich nach Herse, dem Großknecht: und ob man nichts von ihm gehört habe? Lisbeth sagte: ja liebster Michael, dieser Herse! Denke dir, daß dieser unselige Mensch, vor etwa vierzehn Tagen, auf das jämmerlichste zerschlagen, hier eintrifft; nein, so zerschlagen, daß er auch nicht frei atmen kann. Wir bringen ihn zu Bett, wo er heftig Blut speit, und vernehmen, auf unsre wiederholten Fragen, eine Geschichte, die keiner versteht. Wie er von dir mit Pferden, denen man den Durchgang nicht verstattet, auf der Tronkenburg zurückgelassen worden sei, wie man ihn, durch die schändlichsten Mißhandlungen, gezwungen habe, die Burg zu verlassen, und wie es ihm unmöglich gewesen wäre, die Pferde mitzunehmen. So? sagte Kohlhaas, indem er den Mantel ablegte. Ist er denn schon wieder hergestellt? – Bis auf das Blutspeien, antwortete sie, halb und halb. Ich wollte sogleich einen Knecht nach der Tronkenburg schicken, um die Pflege der Rosse, bis zu deiner Ankunft daselbst, besorgen zu lassen. Denn da sich der Herse immer wahrhaftig gezeigt hat, und so getreu uns, in der Tat wie kein anderer, so kam es mir nicht zu, in seine Aussage, von so viel Merkmalen unterstützt, einen Zweifel zu setzen, und etwa zu glauben, daß er der Pferde auf eine andere Art verlustig gegangen wäre. Doch er beschwört mich, niemandem zuzumuten, sich in diesem Raubneste zu zeigen, und die Tiere aufzugeben, wenn ich keinen Menschen dafür aufopfern wolle. – Liegt er denn noch im Bette? fragte Kohlhaas, indem er sich von der Halsbinde befreite. – Er geht, erwiderte sie, seit einigen Tagen schon wieder im Hofe umher. Kurz, du wirst sehen, fuhr sie fort, daß alles seine Richtigkeit hat, und daß diese Begebenheit einer von den Freveln ist, die man sich seit kurzem auf der Tronkenburg gegen die Fremden erlaubt. – Das muß ich doch erst untersuchen, erwiderte Kohlhaas. Ruf ihn mir, Lisbeth, wenn er auf ist, doch her! Mit diesen Worten setzte er sich in den Lehnstuhl; und die Hausfrau, die sich über seine Gelassenheit sehr freute, ging, und holte den Knecht.

Was hast du in der Tronkenburg gemacht? fragte Kohlhaas, da Lisbeth mit ihm in das Zimmer trat. Ich bin nicht eben wohl mit dir zufrieden. – Der Knecht, auf dessen blassem Gesicht sich, bei diesen Worten, eine Röte fleckig zeigte, schwieg eine Weile; und: da habt Ihr recht, Herr! antwortete er; denn einen Schwefelfaden, den ich durch Gottes Fügung bei mir trug, um das Raubnest, aus dem ich verjagt worden war, in Brand zu stecken, warf ich, als ich ein Kind darin jammern hörte, in das Elbwasser, und dachte: mag es Gottes Blitz einäschern; ich wills nicht! – Kohlhaas sagte betroffen: wodurch aber hast du dir die Verjagung aus der Tronkenburg zugezogen? Drauf Herse: durch einen schlechten Streich, Herr; und trocknete sich den Schweiß von der Stirn; Geschehenes ist aber nicht zu ändern. Ich wollte die Pferde nicht auf der Feldarbeit zu Grunde richten lassen, und sagte, daß sie noch jung wären und nicht gezogen hätten. – Kohlhaas erwiderte, indem er seine Verwirrung zu verbergen suchte, daß er hierin nicht ganz die Wahrheit gesagt, indem die Pferde schon zu Anfange des verflossenen Frühjahrs ein wenig im Geschirr gewesen wären. Du hättest dich auf der Burg, fuhr er fort, wo du doch eine Art von Gast warest, schon ein oder etliche Mal, wenn gerade, wegen schleuniger Einführung der Ernte Not war, gefällig zeigen können. – Das habe ich auch getan, Herr, sprach Herse. Ich dachte, da sie mir grämliche Gesichter machten, es wird doch die Rappen just nicht kosten. Am dritten Vormittag spannt ich sie vor, und drei Fuhren Getreide führt ich ein. Kohlhaas, dem das Herz emporquoll, schlug die Augen zu Boden, und versetzte: davon hat man mir nichts gesagt, Herse! – Herse versicherte ihn, daß es so sei. Meine Ungefälligkeit, sprach er, bestand darin, daß ich die Pferde, als sie zu Mittag kaum ausgefressen hatten, nicht wieder ins Joch spannen wollte; und daß ich dem Schloßvogt und dem Verwalter, als sie mir vorschlugen frei Futter dafür anzunehmen, und das Geld, das Ihr mir für Futterkosten zurückgelassen hattet, in den Sack zu stecken, antwortete – ich würde ihnen sonst was tun; mich umkehrte und wegging. – Um dieser Ungefälligkeit aber, sagte

Kohlhaas, bist du von der Tronkenburg nicht weggejagt worden. – Behüte Gott, rief der Knecht, um eine gottvergessene Missetat! Denn auf den Abend wurden die Pferde zweier Ritter, welche auf die Tronkenburg kamen, in den Stall geführt, und meine an die Stalltüre angebunden. Und da ich dem Schloßvogt, der sie daselbst einquartierte, die Rappen aus der Hand nahm, und fragte, wo die Tiere jetzo bleiben sollten, so zeigte er mir einen Schweinekoben an, der von Latten und Brettern an der Schloßmauer auferbaut war. – Du meinst, unterbrach ihn Kohlhaas, es war ein so schlechtes Behältnis für Pferde, daß es einem Schweinekoben ähnlicher war, als einem Stall. – Es war ein Schweinekoben, Herr, antwortete Herse; wirklich und wahrhaftig ein Schweinekoben, in welchem die Schweine aus- und einliefen, und ich nicht aufrecht stehen konnte. – Vielleicht war sonst kein Unterkommen für die Rappen aufzufinden, versetzte Kohlhaas; die Pferde der Ritter gingen, auf eine gewisse Art, vor. – Der Platz, erwiderte der Knecht, indem er die Stimme fallen ließ, war eng. Es hauseten jetzt in allem sieben Ritter auf der Burg. Wenn Ihr es gewesen wäret, Ihr hättet die Pferde ein wenig zusammenrücken lassen. Ich sagte, ich wolle mir im Dorf einen Stall zu mieten suchen; doch der Schloßvogt versetzte, daß er die Pferde unter seinen Augen behalten müsse, und daß ich mich nicht unterstehen solle, sie vom Hofe wegzuführen. – Hm! sagte Kohlhaas. Was gabst du darauf an? – Weil der Verwalter sprach, die beiden Gäste würden bloß übernachten, und am andern Morgen weiter reiten, so führte ich die Pferde in den Schweinekoben hinein. Aber der folgende Tag verfloß, ohne daß es geschah; und als der dritte anbrach, hieß es, die Herren würden noch einige Wochen auf der Burg verweilen. – Am Ende wars nicht so schlimm, Herse, im Schweinekoben, sagte Kohlhaas, als es dir, da du zuerst die Nase hineinstecktest, vorkam. – 's ist wahr, erwiderte jener. Da ich den Ort ein bissel ausfegte, eines an. Ich gab der Magd einen Groschen, daß sie die Schweine woanders einstecke. Und den Tag über bewerkstelligte ich auch, daß die Pferde aufrecht stehen konnten, indem ich die Bretter oben, wenn der Morgen dämmerte, von den Latten abnahm, und abends wieder auflegte. Sie guckten nun, wie Gänse, aus dem Dach vor, und sahen sich nach, Kohlhaasenbrück, oder sonst, wo es besser ist, um. – Nun denn, fragte Kohlhaas, warum also, in aller Welt, jagte man dich fort? – Herr, ich sags Euch, versetzte der Knecht, weil man meiner los sein wollte. Weil sie die Pferde, so lange ich dabei war, nicht zu Grunde richten konnten. Überall schnitten sie mir, im Hofe und in der Gesinde-stube, widerwärtige Gesichter; und weil ich dachte, zieht ihr die Mäuler, daß sie verrenken, so brachen sie die Gelegenheit vom Zaune, und warfen mich vom Hofe herunter. – Aber die Veran-lassung! rief Kohlhaas. Sie werden doch irgend eine Veranlas-sung gehabt haben! – O allerdings, antwortete Herse, und die al-lergerechteste. Ich nahm, am Abend des zweiten Tages, den ich im Schweinekoben zugebracht, die Pferde, die sich darin doch zugesudelt hatten, und wollte sie zur Schwemme reiten. Und da ich eben unter dem Schloßtore bin, und mich wenden will, hör ich den Vogt und den Verwalter, mit Knechten, Hunden und Prügeln, aus der Gesindestube, hinter mir herstürzen, und: halt, den Spitzbuben! rufen: halt, den Galgenstrick! als ob sie beses-sen wären. Der Torwächter tritt mir in den Weg; und da ich ihn und den rasenden Haufen, der auf mich anläuft, frage: was auch gibts? was es gibt? antwortet der Schloßvogt; und greift meinen beiden Rappen in den Zügel. Wo will Er hin mit den Pferden? fragt er, und packt mich an die Brust. Ich sage, wo ich hin will? Himmeldonner! Zur Schwemme will ich reiten. Denkt Er, daß ich –? Zur Schwemme? ruft der Schloßvogt. Ich will dich, Gau-ner, auf der Heerstraße, nach Kohlhaasenbrück schwimmen leh-ren! und schmeißt mich, mit einem hämischen Mordzug, er und der Verwalter, der mir das Bein gefaßt hat, vom Pferd herunter, daß ich mich, lang wie ich bin, in den Kot messe. Mord! Hagel! ruf ich, Sielzeug und Decken liegen, und ein Bündel Wäsche von mir, im Stall; doch er und die Knechte, indessen der Verwalter die Pferde wegführt, mit Füßen und Peitschen und Prügeln über mich her, daß ich halbtot hinter dem Schloßtor niedersinke. Und da ich sage: die Raubhunde! Wo führen sie mir die Pferde hin? und mich erhebe: heraus aus dem Schloßhof! schreit der Vogt, und: hetz, Kaiser! hetz, Jäger! erschallt es, und: hetz, Spitz! und eine Koppel von mehr denn zwölf Hunden fällt über mich her. Drauf brech ich, war es eine Latte, ich weiß nicht was, vom Zaune, und drei Hunde tot streck ich neben mir nieder; doch da ich, von jämmerlichen Zerfleischungen gequält, weichen muß: Flüt! gellt eine Pfeife; die Hunde in den Hof, die Torflügel zusammen, der Riegel vor: und auf der Straße ohnmächtig sink ich nieder. – Kohlhaas sagte, bleich im Gesicht, mit erzwungener Schelmerei: hast du auch nicht entweichen wollen, Herse? Und da dieser, mit dunkler Röte, vor sich niedersah: gesteh mirs, sagte er; es gefiel dir im Schweinekoben nicht; du dachtest, im Stall zu Kohlhaasenbrück ists doch besser. – Himmelschlag! rief Herse: Sielzeug und Decken ließ ich ja, und einen Bündel Wäsche, im Schweinekoben zurück. Würd ich drei Reichsgülden nicht zu mir gesteckt haben, die ich, im rotseidnen Halstuch, hinter der Krippe versteckt hatte? Blitz, Holl und Teufel! Wenn Ihr so sprecht, so möcht ich nur gleich den Schwefelfaden, den ich wegwarf, wieder anzünden! Nun, nun! sagte der Roßhändler; es war eben nicht böse gemeint! Was du gesagt hast, schau, Wort für Wort, ich glaub es dir; und das Abendmahl, wenn es zur Sprache kommt, will ich selbst nun darauf nehmen. Es tut mir leid, daß es dir in meinen Diensten nicht Messer ergangen ist; geh, Herse, geh zu Bett, laß dir eine Flasche Wein geben, und tröste dich: dir soll Gerechtigkeit widerfahren! Und damit stand er auf, fertigte ein Verzeichnis der Sachen an, die der Großknecht im Schweinekoben zurückgelassen; spezifizierte den Wert derselben, fragte ihn auch, wie hoch er die Kurkosten anschlage; und ließ ihn, nachdem er ihm noch einmal die Hand gereicht, abtreten.

Hierauf erzählte er Lisbeth, seiner Frau, den ganzen Verlauf und inneren Zusammenhang der Geschichte, erklärte ihr, wie er entschlossen sei, die öffentliche Gerechtigkeit für sich aufzufordern, und hatte die Freude, zu sehen, daß sie ihn, in diesem Vorsatz, aus voller Seele bestärkte. Denn sie sagte, daß noch mancher andre Reisende, vielleicht minder duldsam, als er, über jene Burg ziehen würde; daß es ein Werk Gottes wäre, Unordnungen, gleich diesen, Einhalt zu tun; und daß sie die Kosten, die ihm die Führung des Prozesses verursachen würde, schon beitreiben wolle. Kohlhaas nannte sie sein wackeres Weib, erfreute sich diesen und den folgenden Tag in ihrer und seiner Kinder Mitte, und brach, sobald es seine Geschäfte irgend zuließen, nach Dresden auf, um seine Klage vor Gericht zu bringen.

Hier verfaßte er, mit Hülfe eines Rechtsgelehrten, den er kannte, eine Beschwerde, in welcher er, nach einer umständlichen Schilderung des Frevels, den der Junker Wenzel von Tronka, an ihm sowohl, als an seinem Knecht Herse, verübt hatte, auf gesetzmäßige Bestrafung desselben, Wiederherstellung der Pferde in den vorigen Stand, und auf Ersatz des Schadens antrug, den er sowohl, als sein Knecht, dadurch erlitten hatten. Die Rechtssache war in der Tat klar. Der Umstand, daß die Pferde gesetzwidriger Weise festgehalten worden waren, warf ein entscheidendes Licht auf alles Übrige; und selbst wenn man hätte annehmen wollen, daß die Pferde durch einen bloßen Zufall erkrankt wären, so würde die Forderung des Roßkamms, sie ihm gesund wieder zuzustellen, noch gerecht gewesen sein. Es fehlte Kohlhaas auch, während er sich in der Residenz umsah, keineswegs an Freunden, die seine Sache lebhaft zu unterstützen versprachen; der ausgebreitete Handel, den er mit Pferden trieb, hatte ihm die Bekanntschaft, und die Redlichkeit, mit welcher er dabei zu Werke ging, ihm das Wohlwollen der bedeutendsten Männer des Landes verschafft. Er speisete bei seinem Advokaten, der selbst ein ansehnlicher Mann war, mehrere Mal heiter zu Tisch; legte eine Summe Geldes, zur Bestreitung der Prozeßkosten, bei ihm nieder; und kehrte, nach Verlauf einiger Wochen, völlig von demselben über den Ausgang seiner Rechtssache beruhigt, zu Lisbeth, seinem Weibe, nach Kohlhaasenbrück zurück. Gleichwohl vergingen Monate, und das Jahr war daran, abzuschließen, bevor er, von Sachsen aus, auch nur eine

Erklärung über die Klage, die er daselbst anhängig gemacht hatte, geschweige denn die Resolution selbst, erhielt. Er fragte, nachdem er mehrere Male von neuem bei dem Tribunal eingekommen war, seinen Rechtsgehülfen, in einem vertrauten Briefe, was eine so übergroße Verzögerung verursache; und erfuhr, daß die Klage, auf eine höhere Insinuation, bei dem Dresdner Gerichtshofe, gänzlich niedergeschlagen worden sei. – Auf die befremdete Rückschrift des Roßkamms, worin dies seinen Grund habe, meldete ihm jener: daß der Junker Wenzel von Tronka mit zwei Jungherren, Hinz und Kunz von Tronka, verwandt sei, deren einer, bei der Person des Herrn, Mundschenk, der andre gar Kämmerer sei. – Er riet ihm noch, er möchte, ohne weitere Bemühungen bei der Rechtsinstanz, seiner, auf der Tronkenburg befindlichen, Pferde wieder habhaft zu werden suchen; gab ihm zu verstehen, daß der Junker, der sich jetzt in der Hauptstadt aufhalte, seine Leute angewiesen zu haben scheine, sie ihm auszuliefern; und schloß mit dem Gesuch, ihn wenigstens, falls er sich hiermit nicht beruhigen wolle, mit ferneren Aufträgen in dieser Sache zu verschonen.

Kohlhaas befand sich um diese Zeit gerade in Brandenburg, wo der Stadthauptmann, Heinrich von Geusau, unter dessen Regierungsbezirk Kohlhaasenbrück gehörte, eben beschäftigt war, aus einem beträchtlichen Fonds, der der Stadt zugefallen war, mehrere wohltätige Anstalten, für Kranke und Arme, einzurichten. Besonders war er bemüht, einen mineralischen Quell, der auf einem Dorf in der Gegend sprang, und von dessen Heilkräften man sich mehr, als die Zukunft nachher bewährte, versprach, für den Gebrauch der Preßhaften einzurichten; und da Kohlhaas ihm, wegen manchen Verkehrs, in dem er, zur Zeit seines Aufenthalts am Hofe, mit demselben gestanden hatte, bekannt war, so erlaubte er Hersen, dem Großknecht, dem ein Schmerz beim Atemholen über der Brust, seit jenem schlimmen Tage auf der Tronkenburg, zurückgeblieben war, die Wirkung der kleinen, mit Dach und Einfassung versehenen, Heilquelle zu versuchen. Es traf sich, daß der Stadthauptmann eben, am Rande des Kessels, in welchen Kohlhaas den Herse gelegt hatte, gegenwärtig war, um einige Anordnungen zu treffen, als jener, durch einen Boten, den ihm seine Frau nachschickte, den niederschlagenden Brief seines Rechtsgehülfen aus Dresden empfing. Der Stadthauptmann, der, während er mit dem Arzte sprach, bemerkte, daß Kohlhaas eine Träne auf den Brief, den er bekommen und eröffnet hatte, fallen ließ, näherte sich ihm, auf eine freundliche und herzliche Weise, und fragte ihn, was für ein Unfall ihn betroffen; und da der Roßhändler ihm, ohne ihm zu antworten, den Brief überreichte: so klopfte ihm dieser würdige Mann, dem die abscheuliche Ungerechtigkeit, die man auf der Tronkenburg an ihm verübt hatte, und an deren Folgen Herse eben, vielleicht auf die Lebenszeit, krank danieder lag, bekannt war, auf die Schulter, und sagte ihm: er solle nicht mutlos sein; er werde ihm zu seiner Genugtuung verhelfen! Am Abend, da sich der Roßkamm, seinem Befehl gemäß, zu ihm aufs Schloß begeben hatte, sagte er ihm, daß er nur eine Supplik, mit einer kurzen Darstellung des Vorfalls, an den Kurfürsten von Brandenburg aufsetzen, den Brief des Advokaten beilegen, und wegen der Gewalttätigkeit, die man sich, auf sächsischem Gebiet, gegen ihn erlaubt, den landesherrlichen Schutz aufrufen möchte. Er versprach ihm, die Bittschrift, unter einem anderen Paket, das schon bereit liege, in die Hände des Kurfürsten zu bringen, der seinethalb unfehlbar, wenn es die Verhältnisse zuließen, bei dem Kurfürsten von Sachsen einkommen würde; und mehr als eines solchen Schrittes bedürfe es nicht, um ihm bei dem Tribunal in Dresden, den Künsten des Junkers und seines Anhanges zum Trotz, Gerechtigkeit zu verschaffen. Kohlhaas, lebhaft erfreut, dankte dem Stadthauptmann, für diesen neuen Beweis seiner Gewogenheit, aufs herzlichste; sagte, es tue ihm nur leid, daß er nicht, ohne irgend Schritte in Dresden zu tun, seine Sache gleich in Berlin anhängig gemacht habe; und nachdem er, in der Schreiberei des Stadtgerichts, die Beschwerde, ganz den Forderungen gemäß, verfaßt, und dem Stadthauptmann übergeben hatte, kehrte er, beruhigter über den Ausgang seiner Geschichte, als je, nach Kohlhaasenbrück zurück. Er hatte aber schon, in wenig Wochen, den Kummer, durch einen Gerichtsherrn, der in Geschäften des Stadthauptmanns nach Potsdam ging, zu erfahren, daß der Kurfürst die Supplik seinem Kanzler, dem Grafen Kallheim, übergeben habe, und daß dieser nicht unmittelbar, wie es zweckmäßig schien, bei dem Hofe zu Dresden, um Untersuchung und Bestrafung der Gewalttat, sondern um vorläufige, nähere Information bei dem Junker von Tronka eingekommen sei. Der Gerichtsherr, der, vor Kohlhaasens Wohnung, im Wagen haltend, den Auftrag zu haben schien, dem Roßhändler diese Eröffnung zu machen, konnte ihm auf die betroffene Frage: warum man also verfahren? keine befriedigende Auskunft geben. Er fügte nur noch hinzu: der Stadthauptmann ließe ihm sagen, er möchte sich in Geduld fassen; schien bedrängt, seine Reise fortzusetzen; und erst am Schluß der kurzen Unterredung erriet Kohlhaas, aus einigen hingeworfenen Worten, daß der Graf Kallheim mit dem Hause derer von Tronka verschwägert sei. – Kohlhaas, der keine Freude mehr, weder an seiner Pferdezucht, noch an Haus und Hof, kaum an Weib und Kind hatte, durchharrte, in trüber Ahndung der Zukunft, den nächsten Mond; und ganz seiner Erwartung gemäß kam, nach Verlauf dieser Zeit, Herse, dem das Bad einige Linderung verschafft hatte, von Brandenburg zurück, mit einem, ein größeres Reskript begleitenden, Schreiben des Stadthauptmanns, des Inhalts: es tue ihm leid, daß er nichts in seiner Sache tun könne; er schicke ihm eine, an ihn ergangene, Resolution der Staatskanzlei, und rate ihm, die Pferde, die er in der Tronkenburg zurückgelassen, wieder abführen, und die Sache übrigens ruhen zu lassen. – Die Resolution lautete: »er sei, nach dem Bericht des Tribunals in Dresden, ein unnützer Querulant; der Junker, bei dem er die Pferde zurückgelassen, halte ihm dieselben, auf keine Weise, zurück; er möchte nach der Burg schicken, und sie holen, oder dem Junker wenigstens wissen lassen, wohin er sie ihm senden solle; die Staatskanzlei aber, auf jeden Fall, mit solchen Plakkereien und Stänkereien verschonen.« Kohlhaas, dem es nicht um die Pferde zu tun war – er hätte gleichen Schmerz empfunden, wenn es ein Paar Hunde gegolten hätte – Kohlhaas schäumte vor Wut, als er diesen Brief empfing. Er sah, so oft sich ein Geräusch im Hofe hören ließ, mit der widerwärtigsten Erwartung, die seine Brust jemals bewegt hatte, nach dem Torwege, ob die Leute des Jungherren erscheinen, und ihm, vielleicht gar mit einer Entschuldigung, die Pferde, abgehungert und abgehärmt, wieder zustellen würden; der einzige Fall, in welchem seine von der Welt wohlerzogene Seele, auf nichts das ihrem Gefühl völlig entsprach gefaßt war. Er hörte aber in kurzer Zeit schon, durch einen Bekannten, der die Straße gereiset war, daß die Gaule auf der Tronkenburg, nach wie vor, den übrigen Pferden des Landjunkers gleich, auf dem Felde gebraucht würden; und mitten durch den Schmerz, die Welt in einer so ungeheuren Unordnung zu erblicken, zuckte die innerliche Zufriedenheit empor, seine eigne Brust nunmehr in Ordnung zu sehen. Er lud einen Amtmann, seinen Nachbar, zu sich, der längst mit dem Plan umgegangen war, seine Besitzungen durch den Ankauf der, ihre Grenze berührenden, Grundstücke zu vergrößern, und fragte ihn, nachdem sich derselbe bei ihm niedergelassen, was er für seine Besitzungen, im Brandenburgischen und im Sächsischen, Haus und Hof, in Pausch und Bogen, es sei nagelfest oder nicht, geben wolle? Lisbeth, sein Weib, erblaßte bei diesen Worten. Sie wandte sich, und hob ihr Jüngstes auf, das hinter ihr auf dem Boden spielte, Blicke, in welchen sich der Tod malte, bei den roten Wangen des Knaben vorbei, der mit ihren Halsbändern spielte, auf den Roßkamm, und ein Papier werfend, das er in der Hand hielt. Der Amtmann fragte, indem er ihn befremdet ansah, was ihn plötzlich auf so sonderbare Gedanken bringe; worauf jener, mit so viel Heiterkeit, als er erzwingen konnte, erwiderte: der Gedanke, seinen Meierhof, an den Ufern der Havel, zu verkaufen, sei nicht allzuneu; sie hätten beide schon oft über diesen Gegenstand verhandelt; sein Haus in der Vorstadt in Dresden sei, in Vergleich damit, ein bloßer Anhang, der nicht in Erwägung komme; und kurz, wenn er ihm seinen Willen tun, und beide Grundstücke übernehmen wolle, so sei er bereit, den Kontrakt darüber mit ihm abzuschließen. Er setzte, mit einem etwas erzwungenen Scherz hinzu, Kohlhaasenbrück sei ja nicht die Welt; es könne Zwecke geben, in Vergleich mit welchen, seinem Hauswesen, als ein ordentlicher Vater, vorzustehen, untergeordnet und nichtswürdig sei; und kurz, seine Seele, müsse er ihm sagen, sei auf große Dinge gestellt, von welchen er vielleicht bald hören werde. Der Amtmann, durch diese Worte beruhigt, sagte, auf eine lustige Art, zur Frau, die das Kind einmal über das andere küßte: er werde doch nicht gleich Bezahlung verlangen? legte Hut und Stock, die er zwischen den Knieen gehalten hatte, auf den Tisch, und nahm das Blatt, das der Roßkamm in der Hand hielt, um es zu durchlesen. Kohlhaas, indem er demselben näher rückte, erklärte ihm, daß es ein von ihm aufgesetzter eventueller in vier Wochen verfallener Kaufkontrakt sei; zeigte ihm, daß darin nichts fehle, als die Unterschriften, und die Einrückung der Summen, sowohl was den Kaufpreis selbst, als auch den Reukauf, d. h. die Leistung betreffe, zu der er sich, falls er binnen vier Wochen zurückträte, verstehen wolle; und forderte ihn noch einmal munter auf, ein Gebot zu tun, indem er ihm versicherte, daß er billig sein, und keine großen Umstände machen würde. Die Frau ging in der Stube auf und ab; ihre Brust flog, daß das Tuch, an welchem der Knabe gezupft hatte, ihr völlig von der Schulter herabzufallen drohte. Der Amtmann sagte, daß er ja den Wert der Besitzung in Dresden keinesweges beurteilen könne; worauf ihm Kohlhaas, Briefe, die bei ihrem Ankauf gewechselt worden waren, hinschiebend, antwortete: daß er sie zu 100 Goldgülden anschlage; obschon daraus hervorging, daß sie ihm fast um die Hälfte mehr gekostet hatte. Der Amtmann, der den Kaufkontrakt noch einmal überlas, und darin auch von seiner Seite, auf eine sonderbare Art, die Freiheit stipuliert fand, zurückzutreten, sagte, schon halb entschlossen: daß er ja die Gestütpferde, die in seinen Ställen wären, nicht brauchen könne; doch da Kohlhaas erwiderte, daß er die Pferde auch gar nicht loszuschlagen willens sei, und daß er auch einige Waffen, die in der Rüstkammer hingen, für sich behalten wolle, so – zögerte jener noch und zögerte, und wiederholte endlich ein Gebot, das er ihm vor kurzem schon einmal, halb im Scherz, halb im Ernst, nichtswürdig gegen den Wert der Besitzung, auf einem Spaziergange gemacht hatte. Kohlhaas schob ihm Tinte und Feder hin, um zu schreiben; und da der Amtmann, der seinen Sinnen nicht traute, ihn noch einmal gefragt hatte, ob es sein Ernst sei? und der Roßkamm ihm ein wenig empfindlich geantwortet hatte: ob er glaube, daß er bloß seinen Scherz mit ihm treibe? so nahm jener zwar, mit einem bedenklichen Gesicht, die Feder, und schrieb; dagegen durchstrich er den Punkt, in welchem von der Leistung, falls dem Verkäufer der Handel gereuen sollte, die Rede war; verpflichtete sich zu einem Darlehn von 100 Goldgülden, auf die Hypothek des Dresdenschen Grundstücks, das er auf keine Weise käuflich an sich bringen wollte; und ließ ihm, binnen zwei Monaten völlige Freiheit, von dem Handel wieder zurückzutreten. Der Roßkamm, von diesem Verfahren gerührt, schüttelte ihm mit vieler Herzlichkeit die Hand; und nachdem sie noch, welches eine Hauptbedingung war, übereingekommen waren, daß des Kaufpreises vierter Teil unfehlbar gleich bar, und der Rest, in drei Monaten, in der Hamburger Bank, gezählt werden sollte, rief jener nach Wein, um sich eines so glücklich abgemachten Geschäfts zu erfreuen. Er sagte einer Magd, die mit den Flaschen hereintrat, Sternbald, der Knecht, solle ihm den Fuchs satteln; er müsse, gab er an, nach der Hauptstadt reiten, wo er Verrichtungen habe; und gab zu verstehen, daß er in kurzem, wenn er zurückkehre, sich offenherziger über das, was er jetzt noch für sich behalten müsse, auslassen würde. Hierauf, indem er die Gläser einschenkte, fragte er nach dem Polen und Türken, die gerade damals mit einander im Streit lagen; verwickelte den Amtmann in mancherlei politische Konjekturen darüber; trank ihm schlüßlich hierauf noch einmal das Gedeihen ihres Geschäfts zu, und entließ ihn. – Als der Amtmann das Zimmer verlassen hatte, fiel Lisbeth auf Knieen vor ihm nieder. Wenn du mich irgend, rief sie, mich und die Kinder, die ich dir geboren habe, in deinem Herzen trägst; wenn wir nicht im voraus schon, um welcher Ursach willen, weiß ich nicht, verstoßen sind: so sage mir, was diese entsetzlichen Anstalten zu bedeuten haben! Kohlhaas sagte: liebstes Weib, nichts, das dich noch, so wie die Sachen stehn, beunruhigen dürfte. Ich habe eine Resolution erhalten, in welcher man mir sagt, daß meine Klage gegen den Junker Wenzel von Tronka eine nichtsnutzige Stänkerei sei. Und weil hier ein Mißverständnis obwalten muß: so habe ich mich entschlossen, meine Klage noch einmal, persönlich bei dem Landesherrn selbst, einzureichen. – Warum willst du dein Haus verkaufen? rief sie, indem sie mit einer verstörten Gebärde, aufstand. Der Roßkamm, indem er sie sanft an seine Brust drückte, erwiderte: weil ich in einem Lande, liebste Lisbeth, in welchem man mich, in meinen Rechten, nicht schützen will, nicht bleiben mag. Lieber ein Hund sein, wenn ich von Füßen getreten werden soll, als ein Mensch! Ich bin gewiß, daß meine Frau hierin so denkt, als ich. – Woher weißt du, fragte jene wild, daß man dich in deinen Rechten nicht schützen wird? Wenn du dem Herrn bescheiden, wie es dir zukommt, mit deiner Bittschrift nahst: woher weißt du, daß sie beiseite geworfen, oder mit Verweigerung, dich zu hören, beantwortet werden wird? – Wohlan, antwortete Kohlhaas, wenn meine Furcht hierin ungegründet ist, so ist auch mein Haus noch nicht verkauft. Der Herr selbst, weiß ich, ist gerecht; und wenn es mir nur gelingt, durch die, die ihn umringen, bis an seine Person zu kommen, so zweifle ich nicht, ich verschaffe mir Recht, und kehre fröhlich, noch ehe die Woche verstreicht, zu dir und meinen alten Geschäften zurück. Möcht ich alsdann noch, setzt' er hinzu, indem er sie küßte, bis an das Ende meines Lebens bei dir verharren! – Doch ratsam ist es, fuhr er fort, daß ich mich auf jeden Fall gefaßt mache; und daher wünschte ich, daß du dich, auf einige Zeit, wenn es sein kann, entferntest, und mit den Kindern zu deiner Muhme nach Schwerin gingst, die du überdies längst hast besuchen wollen. – Wie? rief die Hausfrau. Ich soll nach Schwerin gehen? Über die

Grenze mit den Kindern, zu meiner Muhme nach Schwerin? Und das Entsetzen erstickte ihr die Sprache. – Allerdings, antwortete Kohlhaas, und das, wenn es sein kann, gleich, damit ich in den Schritten, die ich für meine Sache tun will, durch keine Rücksichten gestört werde. – »O! ich verstehe dich!« rief sie. »Du brauchst jetzt nichts mehr, als Waffen und Pferde; alles andere kann nehmen, wer will!« Und damit wandte sie sich, warf sich auf einen Sessel nieder, und weinte. – Kohlhaas sagte betroffen: liebste Lisbeth, was machst du? Gott hat mich mit Weib und Kindern und Gütern gesegnet; soll ich heute zum erstenmal wünschen, daß es anders wäre? – – – Er setzte sich zu ihr, die ihm, bei diesen Worten, errötend um den Hals gefallen war, freundlich nieder. – Sag mir an, sprach er, indem er ihr die Locken von der Stirne strich: was soll ich tun? Soll ich meine Sache aufgeben? Soll ich nach der Tronkenburg gehen, und den Ritter bitten, daß er mir die Pferde wieder gebe, mich aufschwingen, und sie dir herreiten? – Lisbeth wagte nicht: ja! ja! ja! zu sagen – sie schüttelte weinend mit dem Kopf, sie drückte ihn heftig an sich, und überdeckte mit heißen Küssen seine Brust. »Nun also!« rief Kohlhaas. »Wenn du fühlst, daß mir, falls ich mein Gewerbe forttreiben soll, Recht werden muß: so gönne mir auch die Freiheit, die mir nötig ist, es mir zu verschaffen!« Und damit stand er auf, und sagte dem Knecht, der ihm meldete, daß der Fuchs gesattelt stünde: morgen müßten auch die Braunen eingeschirrt werden, um seine Frau nach Schwerin zu führen. Lisbeth sagte: sie habe einen Einfall! Sie erhob sich, wischte sich die Tränen aus den Augen, und fragte ihn, der sich an einem Pult niedergesetzt hatte: ob er ihr die Bittschrift geben, und sie, statt seiner, nach Berlin gehen lassen wolle, um sie dem Landesherrn zu überreichen. Kohlhaas, von dieser Wendung, um mehr als einer Ursach willen, gerührt, zog sie auf seinen Schoß nieder, und sprach: liebste Frau, das ist nicht wohl möglich! Der Landesherr ist vielfach umringt, mancherlei Verdrießlichkeiten ist der ausgesetzt, der ihm naht. Lisbeth versetzte, daß es in tausend Fällen einer Frau leichter sei, als einem Mann, ihm zu nahen. Gib mir die Bittschrift, wiederholte sie; und wenn du weiter nichts willst, als sie in seinen Händen wissen, so verbürge ich mich dafür: er soll sie bekommen! Kohlhaas, der von ihrem Mut sowohl, als ihrer Klugheit, mancherlei Proben hatte, fragte, wie sie es denn anzustellen denke; worauf sie, indem sie verschämt vor sich niedersah, erwiderte: daß der Kastellan des kurfürstlichen Schlosses, in früheren Zeiten, da er zu Schwerin in Diensten gestanden, um sie geworben habe; daß derselbe zwar jetzt verheiratet sei, und mehrere Kinder habe; daß sie aber immer noch nicht ganz vergessen wäre; – und kurz, daß er es ihr nur überlassen möchte, aus diesem und manchem andern Umstand, der zu beschreiben zu weitläufig wäre, Vorteil zu ziehen. Kohlhaas küßte sie mit vieler Freude, sagte, daß er ihren Vorschlag annähme, belehrte sie, daß es weiter nichts bedürfe, als einer Wohnung bei der Frau desselben, um den Landesherrn, im Schlosse selbst, anzutreten, gab ihr die Bittschrift, ließ die Braunen anspannen, und schickte sie mit Sternbald, seinem treuen Knecht, wohleingepackt ab.

Diese Reise war aber von allen erfolglosen Schritten, die er in seiner Sache getan hatte, der allerunglücklichste. Denn schon nach wenig Tagen zog Sternbald in den Hof wieder ein, Schritt vor Schritt den Wagen führend, in welchem die Frau, mit einer gefährlichen Quetschung an der Brust, ausgestreckt darnieder lag. Kohlhaas, der bleich an das Fuhrwerk trat, konnte nichts Zusammenhängendes über das, was dieses Unglück verursacht hatte, erfahren. Der Kastellan war, wie der Knecht sagte, nicht zu Hause gewesen; man war also genötigt worden, in einem Wirtshause, das in der Nähe des Schlosses lag, abzusteigen; dies Wirtshaus hatte Lisbeth am andern Morgen verlassen, und dem Knecht befohlen, bei den Pferden zurückzubleiben; und eher nicht, als am Abend, sei sie, in diesem Zustand, zurückgekommen. Es schien, sie hatte sich zu dreist an die Person des Landesherrn vorgedrängt, und, ohne Verschulden desselben, von dem bloßen rohen Eifer einer Wache, die ihn umringte, einen Stoß, mit dem Schaft einer Lanze, vor die Brust erhalten. Wenigstens berichteten die Leute so, die sie, in bewußtlosem Zustand, gegen Abend in den Gasthof brachten; denn sie selbst konnte, von aus dem Mund vorquellendem Blute gehindert, wenig sprechen. Die Bittschrift war ihr nachher durch einen Ritter abgenommen worden. Sternbald sagte, daß es sein Wille gewesen sei, sich gleich auf ein Pferd zu setzen, und ihm von diesem unglücklichen Vorfall Nachricht zu geben; doch sie habe, trotz der Vorstellungen des herbeigerufenen Wundarztes, darauf bestanden, ohne alle vorgängige Benachrichtigungen, zu ihrem Manne nach Kohlhaasenbrück abgeführt zu werden. Kohlhaas brachte sie, die von der Reise völlig zu Grunde gerichtet worden war, in ein Bett, wo sie, unter schmerzhaften Bemühungen, Atem zu holen, noch einige Tage lebte. Man versuchte vergebens, ihr das Bewußtsein wieder zu geben, um über das, was vorgefallen war, einige Aufschlüsse zu erhalten; sie lag, mit starrem, schon gebrochenen Auge, da, und antwortete nicht. Nur kurz vor ihrem Tode kehrte ihr noch einmal die Besinnung wieder. Denn da ein Geistlicher lutherischer Religion (zu welchem eben damals aufkeimenden Glauben sie sich, nach dem Beispiel ihres Mannes, bekannt hatte) neben ihrem Bette stand, und ihr mit lauter und empfindlich-feierlicher Stimme, ein Kapitel aus der Bibel vorlas: so sah sie ihn plötzlich, mit einem finstern Ausdruck, an, nahm ihm, als ob ihr daraus nichts vorzulesen wäre, die Bibel aus der Hand, blätterte und blätterte, und schien etwas darin zu suchen; und zeigte dem Kohlhaas, der an ihrem Bette saß, mit dem Zeigefinger, den Vers: »Vergib deinen Feinden; tue wohl auch denen, die dich hassen.« – Sie drückte ihm dabei mit einem überaus seelenvollen Blick die Hand, und starb. – Kohlhaas dachte: »so möge mir Gott nie vergeben, wie ich dem Junker vergebe!« küßte sie, indem ihm häufig die Tränen flossen, drückte ihr die Augen zu, und verließ das Gemach. Er nahm die hundert Goldgülden, die ihm der Amtmann schon, für die Ställe in Dresden, zugefertigt hatte, und bestellte ein Leichenbegängnis, das weniger für sie, als für eine Fürstin, angeordnet schien: ein eichener Sarg, stark mit Metall beschlagen, Kissen von Seide, mit goldnen und silbernen Troddeln, und ein Grab von acht Ellen Tiefe, mit Feldsteinen gefüttert und Kalk. Er stand selbst, sein Jüngstes auf dem Arm, bei der Gruft, und sah der Arbeit zu. Als der Begräbnistag kam, ward die Leiche, weiß wie Schnee, in einen Saal aufgestellt, den er mit schwarzem Tuch hatte beschlagen lassen. Der Geistliche hatte eben eine rührende Rede an ihrer Bahre vollendet, als ihm die landesherrliche Resolution auf die Bittschrift zugestellt ward, welche die Abgeschiedene übergeben hatte, des Inhalts: er solle die Pferde von der Tronkenburg abholen, und bei Strafe, in das Gefängnis geworfen zu werden, nicht weiter in dieser Sache einkommen. Kohlhaas steckte den Brief ein, und ließ den Sarg auf den Wagen bringen. Sobald der Hügel geworfen, das Kreuz darauf gepflanzt, und die Gäste, die die Leiche bestattet hatten, entlassen waren, warf er sich noch einmal vor ihrem, nun verödeten Bette nieder, und übernahm sodann das Geschäft der Rache. Er setzte sich nieder und verfaßte einen Rechtsschluß, in welchem er den Junker Wenzel von Tronka, kraft der ihm angeborenen Macht, verdammte, die Rappen, die er ihm abgenommen, und auf den Feldern zu Grunde gerichtet, binnen drei Tagen nach Sicht, nach Kohlhaasenbrück zu führen, und in Person in seinen Ställen dick zu füttern. Diesen Schluß sandte er durch einen reitenden Boten an ihn ab, und instruierte denselben, flugs nach Übergabe des Papiers, wieder bei ihm in Kohlhaasenbrück zu sein. Da die drei Tage, ohne Überlieferung der Pferde, verflossen, so rief er Hersen; eröffnete ihm, was er dem Jungherrn, die Dickfütterung derselben anbetreffend, aufgegeben; fragte ihn zweierlei, ob er mit ihm nach der Tronkenburg reiten und den Jungherrn holen; auch, ob er über den Hergeholten, wenn er bei Erfüllung des Rechtsschlusses, in den Ställen von Kohlhaasenbrück, faul sei, die Peitsche führen wolle? und da Herse, so wie er ihn nur verstanden hatte: »Herr, heute noch!« aufjauchzte, und, indem er die Mütze in die Höhe warf, versicherte: einen Riemen, mit zehn Knoten, um ihm das Striegeln zu lehren, lasse er sich flechten! so verkaufte Kohlhaas das Haus, schickte die Kinder, in einen Wagen gepackt, über die

Grenze; rief, bei Anbruch der Nacht, auch die übrigen Knechte zusammen, sieben an der Zahl, treu ihm jedweder, wie Gold; bewaffnete und beritt sie, und brach nach der Tronkenburg auf. Er fiel auch, mit diesem kleinen Haufen, schon, beim Einbruch der dritten Nacht, den Zollwärter und Torwächter, die im Gespräch unter dem Tor standen, niederreitend, in die Burg, und während, unter plötzlicher Aufprasselung aller Baracken im Schloßraum, die sie mit Feuer bewarfen, Herse, über die Windeltreppe, in den Turm der Vogtei eilte, und den Schloßvogt und Verwalter, die, halb entkleidet, beim Spiel saßen, mit Hieben und Stichen überfiel, stürzte Kohlhaas zum Junker Wenzel ins Schloß. Der Engel des Gerichts fährt also vom Himmel herab; und der Junker, der eben, unter vielem Gelächter, dem Troß junger Freunde, der bei ihm war, den Rechtsschluß, den ihm der Roßkamm übermacht hatte, vorlas, hatte nicht sobald dessen Stimme im Schloßhof vernommen: als er den Herren schon, plötzlich leichenbleich: Brüder, rettet euch! zurief, und verschwand. Kohlhaas, der, beim Eintritt in den Saal, einen Junker Hans von Tronka, der ihm entgegen kam, bei der Brust faßte, und in den Winkel des Saals schleuderte, daß er sein Hirn an den Steinen versprützte, fragte, während die Knechte die anderen Ritter, die zu den Waffen gegriffen hatten, überwältigten, und zerstreuten: wo der Junker Wenzel von Tronka sei? Und da er, bei der Unwissenheit der betäubten Männer, die Türen zweier Gemächer, die in die Seitenflügel des Schlosses führten, mit einem Fußtritt sprengte, und in allen Richtungen, in denen er das weitläufige Gebäude durchkreuzte, niemanden fand, so stieg er fluchend in den Schloßhof hinab, um die Ausgange besetzen zu lassen. Inzwischen war, vom Feuer der Baracken ergriffen, nun schon das Schloß, mit allen Seitengebäuden, starken Rauch gen Himmel qualmend, angegangen, und während Sternbald, mit drei geschäftigen Knechten, alles, was nicht niet- und nagelfest war, zusammenschleppten, und zwischen den Pferden, als gute Beute, umstürzten, flogen, unter dem Jubel Hersens, aus den offenen Fenstern der Vogtei, die Leichen des Schloßvogts und Verwalters, mit Weib und Kindern, herab. Kohlhaas, dem sich, als er die Treppe vom Schloß niederstieg, die alte, von der Gicht geplagte Haushälterin, die dem Junker die Wirtschaft führte, zu Füßen warf, fragte sie, indem er auf der Stufe stehen blieb: wo der Junker Wenzel von Tronka sei? und da sie ihm, mit schwacher, zitternder Stimme, zur Antwort gab: sie glaube, er habe sich in die Kapelle geflüchtet; so rief er zwei Knechte mit Fackeln, ließ, in Ermangelung der Schlüssel, den Eingang mit Brechstangen und Beilen eröffnen, kehrte Altäre und Bänke um, und fand gleichwohl, zu seinem grimmigen Schmerz, den Junker nicht. Es traf sich, daß ein junger, zum Gesinde der Tronkenburg gehöriger Knecht, in dem Augenblick, da Kohlhaas aus der Kapelle zurückkam, herbeieilte, um aus einem weitläufigen, steinernen Stall, den die Flamme bedrohte, die Streithengste des Junkers herauszuziehen. Kohlhaas, der, in eben diesem Augenblick, in einem kleinen, mit Stroh bedeckten Schuppen, seine beiden Rappen erblickte, fragte den Knecht: warum er die Rappen nicht rette? und da dieser, indem er den Schlüssel in die Stalltür steckte, antwortete: der Schuppen stehe ja schon in Flammen; so warf Kohlhaas den Schlüssel, nachdem er ihn mit Heftigkeit aus der Stalltüre gerissen, über die Mauer, trieb den Knecht, mit hageldichten, flachen Hieben der Klinge, in den brennenden Schuppen hinein, und zwang ihn, unter entsetzlichem Gelächter der Umstehenden, die Rappen zu retten. Gleichwohl, als der Knecht schreckenblaß, wenige Momente nachdem der Schuppen hinter ihm zusammenstürzte, mit den Pferden, die er an der Hand hielt, daraus hervortrat, fand er den Kohlhaas nicht mehr; und da er sich zu den Knechten auf den Schloßplatz begab, und den Roßhändler, der ihm mehreremal den Rücken zukehrte, fragte: was er mit den Tieren nun anfangen solle? – hob dieser plötzlich, mit einer fürchterlichen Gebärde, den Fuß, daß der Tritt, wenn er ihn getan hätte, sein Tod gewesen wäre: bestieg, ohne ihm zu antworten, seinen Braunen, setzte sich unter das Tor der Burg, und erharrte, inzwischen die Knechte ihr Wesen forttrieben, schweigend den Tag.

Als der Morgen anbrach, war das ganze Schloß, bis auf die Mauern, niedergebrannt, und niemand befand sich mehr darin, als Kohlhaas und seine sieben Knechte. Er stieg vom Pferde, und untersuchte noch einmal, beim hellen Schein der Sonne, den ganzen, in allen seinen Winkeln jetzt von ihr erleuchteten Platz, und da er sich, so schwer es ihm auch ward, überzeugen mußte, daß die Unternehmung auf die Burg fehlgeschlagen war, so schickte er, die Brust voll Schmerz und Jammer, Hersen mit einigen Knechten aus, um über die Richtung, die der Junker auf seiner Flucht genommen, Nachricht einzuziehen. Besonders beunruhigte ihn ein reiches Fräuleinstift, namens Erlabrunn, das an den Ufern der Mulde lag, und dessen Äbtissin, Antonia von Tronka, als eine fromme, wohltätige und heilige Frau, in der Gegend bekannt war; denn es schien dem unglücklichen Kohlhaas nur zu wahrscheinlich, daß der Junker sich, entblößt von aller Notdurft, wie er war, in dieses Stift geflüchtet hatte, indem die Äbtissin seine leibliche Tante und die Erzieherin seiner ersten Kindheit war. Kohlhaas, nachdem er sich von diesem Umstand unterrichtet hatte, bestieg den Turm der Vogtei, in dessen Innerem sich noch ein Zimmer, zur Bewohnung brauchbar, darbot, und verfaßte ein sogenanntes »Kohlhaasisches Mandat«, worin er das Land aufforderte, dem Junker Wenzel von Tronka, mit dem er in einem gerechten Krieg liege, keinen Vorschub zu tun, vielmehr jeden Bewohner, seine Verwandten und Freunde nicht ausgenommen, verpflichtete, denselben bei Strafe Leibes und des Lebens, und unvermeidlicher Einäscherung alles dessen, was ein Besitztum heißen mag, an ihn auszuliefern. Diese Erklärung streute er, durch Reisende und Fremde, in der Gegend aus; ja, er gab Waldmann, dem Knecht, eine Abschrift davon, mit dem bestimmten Auftrage, sie in die Hände der Dame Antonia nach Erlabrunn zu bringen. Hierauf besprach er einige Tronkenburgische Knechte, die mit dem Junker unzufrieden waren, und von der Aussicht auf Beute gereizt, in seine Dienste zu treten wünschten; bewaffnete sie, nach Art des Fußvolks, mit Armbrüsten und Dolchen, und lehrte sie, hinter den berittenen Knech-

ten aufsitzen; und nachdem er alles, was der Troß zusammenge-
schleppt hatte, zu Geld gemacht und das Geld unter denselben
verteilt hatte, ruhete er einige Stunden, unter dem Burgtor, von
seinen jämmerlichen Geschäften aus.

Gegen Mittag kam Herse und bestätigte ihm, was ihm sein
Herz, immer auf die trübsten Ahnungen gestellt, schon gesagt
hatte: nämlich, daß der Junker in dem Stift zu Erlabrunn, bei der
alten Dame Antonia von Tronka, seiner Tante, befindlich sei. Es
schien, er hatte sich, durch eine Tür, die, an der hinteren Wand
des Schlosses, in die Luft hinausging, über eine schmale, stei-
nerne Treppe gerettet, die, unter einem kleinen Dach, zu einigen
Kähnen in die Elbe hinablief. Wenigstens berichtete Herse, daß
er, in einem Elbdorf, zum Befremden der Leute, die wegen des
Brandes in der Tronkenburg versammelt gewesen, um Mitternacht, in einem Nachen, ohne Steuer und Ruder, angekommen,
und mit einem Dorffuhrwerk nach Erlabrunn weiter gereiset
sei. – – – Kohlhaas seufzte bei dieser Nachricht tief auf; er fragte,
ob die Pferde gefressen hätten? und da man ihm antwortete: ja:
so ließ er den Haufen aufsitzen, und stand schon in drei Stunden
vor Erlabrunn. Eben, unter dem Gemurmel eines entfernten
Gewitters am Horizont, mit Fackeln, die er sich vor dem Ort
angesteckt, zog er mit seiner Schar in den Klosterhof ein, und
Waldmann, der Knecht, der ihm entgegen trat, meldete ihm, daß
das Mandat richtig abgegeben sei, als er die Äbtissin und den
Stiftsvogt, in einem verstörten Wortwechsel, unter das Portal
des Klosters treten sah; und während jener, der Stiftsvogt, ein
kleiner, alter, schneeweißer Mann, grimmige Blicke auf Kohlhaas schießend, sich den Harnisch anlegen ließ, und den Knechten, die ihn umringten, mit dreister Stimme zurief, die Sturm-
glocke zu ziehn: trat jene, die Stiftsfrau, das silberne Bildnis des
Gekreuzigten in der Hand, bleich, wie Linnenzeug, von der
Rampe herab, und warf sich mit allen ihren Jungfrauen, vor
Kohlhaasens Pferd nieder. Kohlhaas, während Herse und Sternbald den Stiftsvogt, der kein Schwert in der Hand hatte, überwältigten, und als Gefangenen zwischen die Pferde führten,

fragte sie: wo der Junker Wenzel von Tronka sei? und da sie, einen großen Ring mit Schlüsseln von ihrem Gurt loslösend: in Wittenberg, Kohlhaas, würdiger Mann! antwortete, und, mit bebender Stimme, hinzusetzte: fürchte Gott und tue kein Unrecht! – so wandte Köhlhaas, in die Hölle unbefriedigter Rache zurückgeschleudert, das Pferd, und war im Begriff: steckt an! zu rufen, als ein ungeheurer Wetterschlag, dicht neben ihm, zur Erde niederfiel. Kohlhaas, indem er sein Pferd zu ihr zurückwandte, fragte sie: ob sie sein Mandat erhalten? und da die Dame mit schwacher, kaum hörbarer Stimme, antwortete: eben jetzt! – »Wann?« – Zwei Stunden, so wahr mir Gott helfe, nach des Junkers, meines Vetters, bereits vollzogener Abreise! – – – und Waldmann, der Knecht, zu dem Kohlhaas sich, unter finsteren Blicken, umkehrte, stotternd diesen Umstand bestätigte, indem er sagte, daß die Gewässer der Mulde, vom Regen geschwellt, ihn verhindert hätten, früher, als eben jetzt, einzutreffen: so sammelte sich Kohlhaas; ein plötzlich furchtbarer Regenguß, der die Fackeln verlöschend, auf das Pflaster des Platzes niederrauschte, löste den Schmerz in seiner unglücklichen Brust; er wandte, indem er kurz den Hut vor der Dame rückte, sein Pferd, drückte ihm, mit den Worten: folgt mir meine Brüder; der Junker ist in Wittenberg! die Sporen ein, und verließ das Stift.

Er kehrte, da die Nacht einbrach, in einem Wirtshause auf der Landstraße ein, wo er, wegen großer Ermüdung der Pferde, einen Tag ausruhen mußte, und da er wohl einsah, daß er mit einem Haufen von zehn Mann (denn so stark war er jetzt), einem Platz wie Wittenberg war, nicht trotzen konnte, so verfaßte er ein zweites Mandat, worin er, nach einer kurzen Erzählung dessen, was ihm im Lande begegnet, »jeden guten Christen«, wie er sich ausdrückte, »unter Angelobung eines Handgelds und anderer kriegerischen Vorteile«, aufforderte »seine Sache gegen den Junker von Tronka, als dem allgemeinen Feind aller Christen, zu ergreifen«. In einem anderen Mandat, das bald darauf erschien, nannte er sich: »einen Reichs- und Weltfreien, Gott allein unterworfenen Herrn«; eine Schwärmerei krankhafter und mißgeschaffener Art, die ihm gleichwohl, bei dem Klang seines Geldes und der Aussicht auf Beute, unter dem Gesindel, das der Friede mit Polen außer Brot gesetzt hatte, Zulauf in Menge verschaffte: dergestalt, daß er in der Tat dreißig und etliche Köpfe zählte, als er sich, zur Einäscherung von Wittenberg, auf die rechte Seite der Elbe zurückbegab. Er lagerte sich, mit Pferden und Knechten, unter dem Dache einer alten verfallenen Ziegelscheune, in der Einsamkeit eines finsteren Waldes, der damals diesen Platz umschloß, und hatte nicht sobald durch Sternbald, den er, mit dem Mandat, verkleidet in die Stadt schickte, erfahren, daß das Mandat daselbst schon bekannt sei, als er auch mit seinen Haufen schon, am heiligen Abend vor Pfingsten, aufbrach, und den Platz, während die Bewohner im tiefsten Schlaf lagen, an mehreren Ecken zugleich, in Brand steckte. Dabei klebte er, während die Knechte in der Vorstadt plünderten, ein Blatt an den Türpfeiler einer Kirche an, des Inhalts: »er, Kohlhaas, habe die Stadt in Brand gesteckt, und werde sie, wenn man ihm den Junker nicht ausliefere, dergestalt einäschern, daß er«, wie er sich ausdrückte, »hinter keiner Wand werde zu sehen brauchen, um ihn zu finden.« – Das Entsetzen der Einwohner, über diesen unerhörten Frevel, war unbeschreiblich; und die Flamme, die bei einer zum Glück ziemlich ruhigen Sommernacht, zwar nicht mehr als neunzehn Häuser, worunter gleichwohl eine Kirche war, in den Grund gelegt hatte, war nicht sobald, gegen Anbruch des Tages, einigermaßen gedämpft worden, als der alte Landvogt, Otto von Gorgas, bereits ein Fähnlein von fünfzig Mann aussandte, um den entsetzlichen Wüterich aufzuheben. Der Hauptmann aber, der es führte, namens Gerstenberg, benahm sich so schlecht dabei, daß die ganze Expedition Kohlhaasen, statt ihn zu stürzen, vielmehr zu einem höchst gefährlichen kriegerischen Ruhm verhalf; denn da dieser Kriegsmann sich in mehrere Abteilungen auflösete, um ihn, wie er meinte, zu umzingeln und zu erdrücken, ward er von Kohlhaas, der seinen Haufen zusammenhielt, auf vereinzelten Punkten, angegriffen und geschlagen, dergestalt, daß schon, am Abend des nächstfol-

genden Tages, kein Mann mehr von dem ganzen Haufen, auf den
die Hoffnung des Landes gerichtet war, gegen ihm im Felde
stand. Kohlhaas, der durch diese Gefechte einige Leute eingebüßt hatte, steckte die Stadt, am Morgen des nächsten Tages, von
neuem in Brand, und seine mörderischen Anstalten waren so
gut, daß wiederum eine Menge Häuser, und fast alle Scheunen
der Vorstadt, in die Asche gelegt wurden. Dabei plackte er das
bewußte Mandat wieder, und zwar an die Ecken des Rathauses
selbst, an, und fügte eine Nachricht über das Schicksal des, von
dem Landvogt abgeschickten und von ihm zu Grunde gerichteten, Hauptmanns von Gerstenberg bei. Der Landvogt, von diesem Trotz aufs äußerste entrüstet, setzte sich selbst, mit mehreren Rittern, an die Spitze eines Haufens von hundert und funfzig
Mann. Er gab dem Junker Wenzel von Tronka, auf seine schriftliche Bitte, eine Wache, die ihn vor der Gewalttätigkeit des
Volks, das ihn platterdings aus der Stadt entfernt wissen wollte,
schützte; und nachdem er, auf allen Dörfern in der Gegend, Wachen ausgestellt, auch die Ringmauer der Stadt, um sie vor einem
Überfall zu decken, mit Posten besetzt hatte, zog er, am Tage des
heiligen Gervasius, selbst aus, um den Drachen, der das Land
verwüstete, zu fangen. Diesen Haufen war der Roßkamm klug
genug, zu vermeiden; und nachdem er den Landvogt, durch geschickte Märsche, fünf Meilen von der Stadt hinweggelockt, und
vermittelst mehrerer Anstalten, die er traf, zu dem Wahn ver-
leitet hatte, daß er sich, von der Übermacht gedrängt, ins Brandenburgische werfen würde: wandte er sich plötzlich, beim
Einbruch der dritten Nacht, kehrte, in einem Gewaltritt, nach
Wittenberg zurück, und steckte die Stadt zum drittenmal in
Brand. Herse, der sich verkleidet in die Stadt schlich, führte dieses entsetzliche Kunststück aus; und die Feuersbrunst war, wegen eines scharf wehenden Nordwindes, so verderblich und um
sich fressend, daß, in weniger als drei Stunden, zwei und vierzig
Häuser, zwei Kirchen, mehrere Klöster und Schulen, und das
Gebäude der kurfürstlichen Landvogtei selbst, in Schutt und
Asche lagen. Der Landvogt, der seinen Gegner, beim Anbruch

des Tages, im Brandenburgischen glaubte, fand, als er von dem, was vorgefallen, benachrichtigt, in bestürzten Märschen zurückkehrte, die Stadt in allgemeinem Aufruhr; das Volk hatte sich zu Tausenden vor dem, mit Balken und Pfählen verrammelten, Hause des Junkers gelagert, und forderte, mit rasendem Geschrei, seine Abführung aus der Stadt. Zwei Bürgermeister, namens Jenkens und Otto, die in Amtskleidern an der Spitze des ganzen Magistrats gegenwärtig waren, bewiesen vergebens, daß man platterdings die Rückkehr eines Eilboten abwarten müsse, den man wegen Erlaubnis den Junker nach Dresden bringen zu dürfen, wohin er selbst aus mancherlei Gründen abzugehen wünsche, an den Präsidenten der Staatskanzlei geschickt habe; der unvernünftige, mit Spießen und Stangen bewaffnete Haufen gab auf diese Worte nichts, und eben war man, unter Mißhandlung einiger zu kräftigen Maßregeln auffordernden Räte, im Begriff das Haus worin der Junker war zu stürmen, und der Erde gleich zu machen, als der Landvogt, Otto von Gorgas, an der Spitze seines Reuterhaufens, in der Stadt erschien. Diesem würdigen Herrn, der schon durch seine bloße Gegenwart dem Volk Ehrfurcht und Gehorsam einzuflößen gewohnt war, war es, gleichsam zum Ersatz für die fehlgeschlagene Unternehmung, von welcher er zurückkam, gelungen, dicht vor den Toren der Stadt drei zersprengte Knechte von der Bande des Mordbrenners aufzufangen; und da er, inzwischen die Kerle vor dem Angesicht des Volks mit Ketten belastet wurden, den Magistrat in einer klugen Anrede versicherte, den Kohlhaas selbst denke er in kurzem, indem er ihm auf die Spur sei, gefesselt einzubringen: so glückte es ihm, durch die Kraft aller dieser beschwichtigenden Umstände, die Angst des versammelten Volks zu entwaffnen, und über die Anwesenheit des Junkers, bis zur Zurückkunft des Eilboten aus Dresden, einigermaßen zu beruhigen. Er stieg, in Begleitung einiger Ritter, vom Pferde, und verfügte sich, nach Wegräumung der Palisaden und Pfähle, in das Haus, wo er den Junker, der aus einer Ohnmacht in die andere fiel, unter den Händen zweier Ärzte fand, die ihn mit Essenzen und Irritanzen wieder ins Leben zurück zu bringen suchten; und da Herr Otto von Gorgas wohl fühlte, daß dies der Augenblick nicht war, wegen der Aufführung, die er sich zu Schulden kommen lasse, Worte mit ihm zu wechseln: so sagte er ihm bloß, mit einem Blick stiller Verachtung, daß er sich ankleiden, und ihm, zu seiner eigenen Sicherheit, in die Gemächer der Ritterhaft folgen möchte. Als man dem Junker ein Wams angelegt, und einen Helm aufgesetzt hatte, und er, die Brust, wegen Mangels an Luft, noch halb offen, am Arm des Landvogts und seines Schwagers, des Grafen von Gerschau, auf der Straße erschien, stiegen gotteslästerliche und entsetzliche Verwünschungen gegen ihn zum Himmel auf. Das Volk, von den Landsknechten nur mühsam zurückgehalten, nannte ihn einen Blutigel, einen elenden Landplager und Menschenquäler, den Fluch der Stadt Wittenberg, und das Verderben von Sachsen; und nach einem jämmerlichen Zuge durch die in Trümmern liegende Stadt, während welchem er mehreremal, ohne ihn zu vermissen, den Helm verlor, den ihm ein Ritter von hinten wieder aufsetzte, erreichte man endlich das Gefängnis, wo er in einem Turm, unter dem Schutz einer starken Wache, verschwand. Mittlerweile setzte die Rückkehr des Eilboten, mit der kurfürstlichen Resolution, die Stadt in neue Besorgnis. Denn die Landesregierung, bei welcher die Bürgerschaft von Dresden, in einer dringenden Supplik, unmittelbar eingekommen war, wollte, vor Überwältigung des Mordbrenners, von dem Aufenthalt des Junkers in der Residenz nichts wissen; vielmehr verpflichtete sie den Landvogt, denselben da, wo er sei, weil er irgendwo sein müsse, mit der Macht, die ihm zu Gebote stehe, zu beschirmen: wogegen sie der guten Stadt Wittenberg, zu ihrer Beruhigung, meldete, daß bereits ein Heerhaufen von fünfhundert Mann, unter Anführung des Prinzen Friedrich von Meißen im Anzuge sei, um sie vor den ferneren Belästigungen desselben zu beschützen. Der Landvogt, der wohl einsah, daß eine Resolution dieser Art, das Volk keinesweges beruhigen konnte: denn nicht nur, daß mehrere kleinen Vorteile, die der Roßhändler, an verschiedenen Punkten, vor der

Stadt erfochten, über die Stärke, zu der er herangewachsen, äußerst unangenehme Gerüchte verbreiteten; der Krieg, den er, in der Finsternis der Nacht, durch verkleidetes Gesindel, mit Pech, Stroh und Schwefel führte, hätte, unerhört und beispiellos, wie er war, selbst einen größeren Schutz, als mit welchem der Prinz von Meißen heranrückte, unwirksam machen können: der Landvogt, nach einer kurzen Überlegung, entschloß sich, die Resolution, die er empfangen, ganz und gar zu unterdrücken. Er plackte bloß einen Brief, in welchem ihm der Prinz von Meißen seine Ankunft meldete, an die Ecken der Stadt an; ein verdeckter Wagen, der, beim Anbruch des Tages, aus dem Hofe des Herrenzwingers kam, fuhr, von vier schwer bewaffneten Reutern begleitet, auf die Straße nach Leipzig hinaus, wobei die Reuter, auf eine unbestimmte Art verlauten ließen, daß es nach der Pleißenburg gehe; und da das Volk über den heillosen Junker, an dessen Dasein Feuer und Schwert gebunden, dergestalt beschwichtigt war, brach er selbst, mit einem Haufen von dreihundert Mann, auf, um sich mit dem Prinzen Friedrich von Meißen zu vereinigen. Inzwischen war Kohlhaas in der Tat, durch die sonderbare Stellung, die er in der Welt einnahm, auf hundert und neun Köpfe herangewachsen; und da er auch in Jassen einen Vorrat an Waffen aufgetrieben, und seine Schar, auf das vollständigste, damit ausgerüstet hatte: so faßte er, von dem doppelten Ungewitter, das auf ihn heranzog, benachrichtigt, den Entschluß, demselben, mit der Schnelligkeit des Sturmwinds, ehe es über ihn zusammenschlüge, zu begegnen. Demnach griff er schon, Tags darauf, den Prinzen von Meißen, in einem nächtlichen Überfall, bei Mühlberg an; bei welchem Gefechte er zwar, zu seinem großen Leidwesen, den Herse einbüßte, der gleich durch die ersten Schüsse an seiner Seite zusammenstürzte: durch diesen Verlust erbittert aber, in einem drei Stunden langen Kampfe, den Prinzen, unfähig sich in dem Flecken zu sammeln, so zurichtete, daß er beim Anbruch des Tages, mehrerer schweren Wunden, und einer gänzlichen Unordnung seines Haufens wegen, genötigt war, den Rückweg nach Dresden einzuschlagen. Durch diesen

Vorteil tollkühn gemacht, wandte er sich, ehe derselbe noch davon unterrichtet sein konnte, zu dem Landvogt zurück, fiel ihn bei dem Dorfe Damerow, am hellen Mittag, auf freiem Felde an, und schlug sich, unter mörderischem Verlust zwar, aber mit gleichen Vorteilen, bis in die sinkende Nacht mit ihm herum. Ja, er würde den Landvogt, der sich in den Kirchhof zu Damerow geworfen hatte, am andern Morgen unfehlbar mit dem Rest seines Haufens wieder angegriffen haben, wenn derselbe nicht durch Kundschafter von der Niederlage, die der Prinz bei Mühlberg erlitten, benachrichtigt worden wäre, und somit für ratsamer gehalten hätte, gleichfalls, bis auf einen besseren Zeitpunkt, nach Wittenberg zurückzukehren. Fünf Tage, nach Zersprengung dieser beiden Haufen, stand er vor Leipzig, und steckte die Stadt an drei Seiten in Brand. – Er nannte sich in dem Mandat, das er, bei dieser Gelegenheit, ausstreute, »einen Statthalter Michaels, des Erzengels, der gekommen sei, an allen, die in dieser Streitsache des Junkers Partei ergreifen würden, mit Feuer und Schwert, die Arglist, in welcher die ganze Welt versunken sei, zu bestrafen«. Dabei rief er, von dem Lützner Schloß aus, das er überrumpelt, und worin er sich festgesetzt hatte, das Volk auf, sich zur Errichtung einer besseren Ordnung der Dinge, an ihn anzuschließen; und das Mandat war, mit einer Art von Verrükkung, unterzeichnet: »Gegeben auf dem Sitz unserer provisorischen Weltregierung, dem Erzschlosse zu Lützen.« Das Glück der Einwohner von Leipzig wollte, daß das Feuer, wegen eines anhaltenden Regens der vom Himmel fiel, nicht um sich griff, dergestalt, daß bei der Schnelligkeit der bestehenden Löschanstalten, nur einige Kramläden, die um die Pleißenburg lagen, in Flammen auflohten. Gleichwohl war die Bestürzung in der Stadt, über das Dasein des rasenden Mordbrenners, und den Wahn, in welchem derselbe stand, daß der Junker in Leipzig sei, unaussprechlich; und da ein Haufen von hundert und achtzig Reisigen, den man gegen ihn ausschickte, zersprengt in die Stadt zurückkam: so blieb dem Magistrat, der den Reichtum der Stadt nicht aussetzen wollte, nichts anderes übrig, als die Tore gänzlich zu sperren, und die Bürgerschaft Tag und Nacht, außerhalb der Mauern, wachen zu lassen. Vergebens ließ der Magistrat, auf den Dörfern der umliegenden Gegend, Deklarationen anheften, mit der bestimmten Versicherung, daß der Junker nicht in der Pleißenburg sei; der Roßkamm, in ähnlichen Blättern, bestand darauf, daß er in der Pleißenburg sei, und erklärte, daß, wenn derselbe nicht darin befindlich wäre, er mindestens verfahren würde, als ob er darin wäre, bis man ihm den Ort, mit Namen genannt, werde angezeigt haben, worin er befindlich sei. Der Kurfürst, durch einen Eilboten, von der Not, in welcher sich die Stadt Leipzig befand, benachrichtigt, erklärte, daß er bereits einen Heerhaufen von zweitausend Mann zusammenzöge, und sich selbst an dessen Spitze setzen würde, um den Kohlhaas zu fangen. Er erteilte dem Herrn Otto von Gorgas einen schweren Verweis, wegen der zweideutigen und unüberlegten List, die er angewendet, um des Mordbrenners aus der Gegend von Wittenberg loszuwerden; und niemand beschreibt die Verwirrung, die ganz Sachsen und insbesondere die Residenz ergriff, als man daselbst erfuhr, daß, auf den Dörfern bei Leipzig, man wußte nicht von wem, eine Deklaration an den Kohlhaas angeschlagen worden sei, des Inhalts: »Wenzel, der Junker, befinde sich bei seinen Vettern Hinz und Kunz, in Dresden.«

Unter diesen Umständen übernahm der Doktor Martin Luther das Geschäft, den Kohlhaas, durch die Kraft beschwichtigender Worte, von dem Ansehn, das ihm seine Stellung in der Welt gab, unterstützt, in den Damm der menschlichen Ordnung zurückzudrücken, und auf ein tüchtiges Element in der Brust des Mordbrenners bauend, erließ er ein Plakat folgenden Inhalts an ihn, das in allen Städten und Flecken des Kurfürstentums angeschlagen ward:

»Kohlhaas, der du dich gesandt zu sein vorgibst, das Schwert der Gerechtigkeit zu handhaben, was unterfängst du dich, Vermessener, im Wahnsinn stockblinder Leidenschaft, du, den Ungerechtigkeit selbst, vom Wirbel bis zur Sohle erfüllt?

Weil der Landesherr dir, dem du untertan bist, dein Recht verweigert hat, dein Recht in dem Streit um ein nichtiges Gut, erhebst du dich, Heilloser, mit Feuer und Schwert, und brichst, wie der Wolf der Wüste, in die friedliche Gemeinheit, die er beschirmt. Du, der die Menschen mit dieser Angabe, voll Unwahrhaftigkeit und Arglist, verführt: meinst du, Sünder, vor Gott dereinst, an dem Tage, der in die Falten aller Herzen scheinen wird, damit auszukommen? Wie kannst du sagen, daß dir dein Recht verweigert worden ist, du, dessen grimmige Brust, vom Kitzel schnöder Selbstrache gereizt, nach den ersten, leichtfertigen Versuchen, die dir gescheitert, die Bemühung gänzlich aufgegeben hat, es dir zu verschaffen? Ist eine Bank voll Gerichtsdienern und Schergen, die einen Brief, der gebracht wird, unterschlagen, oder ein Erkenntnis, das sie abliefern sollen, zurückhalten, deine Obrigkeit? Und muß ich dir sagen, Gottvergessener, daß deine Obrigkeit von deiner Sache nichts weiß – was sag ich? daß der Landesherr, gegen den du dich auflehnst, auch deinen Namen nicht kennt, dergestalt, daß wenn dereinst du vor Gottes Thron trittst, in der Meinung, ihn anzuklagen, er, heiteren Antlitzes, wird sprechen können: diesem Mann, Herr, tat ich kein Unrecht, denn sein Dasein ist meiner Seele fremd? Das Schwert, wisse, das du führst, ist das Schwert des Raubes und der Mordlust, ein Rebell bist du und kein Krieger des gerechten Gottes, und dein Ziel auf Erden ist Rad und Galgen, und jenseits die Verdammnis, die über die Missetat und die Gottlosigkeit verhängt ist. Wittenberg, usw. *Martin Luther.*«

Kohlhaas wälzte eben, auf dem Schlosse zu Lützen, einen neuen Plan, Leipzig einzuäschern, in seiner zerrissenen Brust herum: – denn auf die, in den Dörfern angeschlagene Nachricht, daß der Junker Wenzel in Dresden sei, gab er nichts, weil sie von niemand, geschweige denn vom Magistrat, wie er verlangt hatte, unterschrieben war: – als Sternbald und Waldmann das Plakat, das, zur Nachtzeit, an den Torweg des Schlosses, angeschlagen worden war, zu ihrer großen Bestürzung, bemerkten. Vergebens hofften sie, durch mehrere Tage, daß Kohlhaas, den sie nicht gern deshalb antreten wollten, es erblicken würde; finster und in sich gekehrt, in der Abendstunde erschien er zwar, aber bloß, um seine kurzen Befehle zu geben, und sah nichts: dergestalt, daß sie an einem Morgen, da er ein paar Knechte, die in der Gegend, wider seinen Willen, geplündert hatten, aufknüpfen lassen wollte, den Entschluß faßten, ihn darauf aufmerksam zu machen. Eben kam er, während das Volk von beiden Seiten schüchtern auswich, in dem Aufzuge, der ihm, seit seinem letzten Mandat, gewöhnlich war, von dem Richtplatz zurück: ein großes Cherubsschwert, auf einem rotledernen Kissen, mit Quasten von Gold verziert, ward ihm vorangetragen, und zwölf Knechte, mit brennenden Fackeln folgten ihm: da traten die beiden Männer, ihre Schwerter unter dem Arm, so, daß es ihn befremden mußte, um den Pfeiler, an welchen das Plakat angeheftet war, herum. Kohlhaas, als er, mit auf dem Rücken zusammengelegten Händen, in Gedanken vertieft, unter das Portal kam, schlug die Augen auf und stutzte; und da die Knechte, bei seinem Anblick, ehrerbietig auswichen: so trat er, indem er sie zerstreut ansah, mit einigen raschen Schritten, an den Pfeiler heran. Aber wer beschreibt, was in seiner Seele vorging, als er das Blatt, dessen Inhalt ihn der Ungerechtigkeit zieh, daran erblickte: unterzeichnet von dem teuersten und verehrungswürdigsten Namen, den er kannte, von dem Namen Martin Luthers! Eine dunkle Röte stieg in sein Antlitz empor; er durchlas es, indem er den Helm abnahm, zweimal von Anfang bis zu Ende; wandte sich, mit ungewissen Blicken, mitten unter die Knechte zurück, als ob er etwas sagen wollte, und sagte nichts; löste das Blatt von der Wand los, durchlas es noch einmal; und rief: Waldmann! laß mir mein Pferd satteln! sodann: Sternbald! folge mir ins Schloß! und verschwand. Mehr als dieser wenigen Worte bedurfte es nicht, um ihn, in der ganzen Verderblichkeit, in der er dastand, plötzlich zu entwaffnen. Er warf sich in die Verkleidung eines thüringischen Landpächters; sagte Sternbald, daß ein Geschäft, von bedeutender Wichtigkeit, ihn nach Wittenberg zu reisen nötige; übergab ihm, in Gegenwart einiger der vorzüglichsten Knechte, die Anführung des in Lützen zurückbleibenden Haufens; und zog, unter der Versicherung, daß er in drei Tagen, binnen welcher Zeit kein Angriff zu fürchten sei, wieder zurück sein werde, nach Wittenberg ab.

Er kehrte, unter einem fremden Namen, in ein Wirtshaus ein, wo er, sobald die Nacht angebrochen war, in seinem Mantel, und mit einem Paar Pistolen versehen, die er in der Tronkenburg erbeutet hatte, zu Luthern ins Zimmer trat. Luther, der unter Schriften und Büchern an seinem Pulte saß, und den fremden, besonderen Mann die Tür öffnen und hinter sich verriegeln sah, fragte ihn: wer er sei? und was er wolle? und der Mann, der seinen Hut ehrerbietig in der Hand hielt, hatte nicht sobald, mit dem schüchternen Vorgefühl des Schreckens, den er verursachen würde, erwidert: daß er Michael Kohlhaas, der Roßhändler sei; als Luther schon: weiche fern hinweg! ausrief, und indem er, vom Pult erstehend, nach einer Klingel eilte, hinzusetzte: dein Odem ist Pest und deine Nähe Verderben! Kohlhaas, indem er, ohne sich vom Platz zu regen, sein Pistol zog, sagte: Hochwürdiger Herr, dies Pistol, wenn Ihr die Klingel rührt, streckt mich leblos zu Euren Füßen nieder! Setzt Euch und hört mich an; unter den Engeln, deren Psalmen Ihr aufschreibt, seid Ihr nicht sicherer, als bei mir. Luther, indem er sich niedersetzte, fragte: was willst du? Kohlhaas erwiderte: Eure Meinung von mir, daß ich ein ungerechter Mann sei, widerlegen! Ihr habt mir in Eurem Plakat gesagt, daß meine Obrigkeit von meiner Sache nichts weiß: wohlan, verschafft mir freies Geleit, so gehe ich nach Dresden, und lege sie ihr vor. – »Heilloser und entsetzlicher Mann!« rief Luther, durch diese Worte verwirrt zugleich und beruhigt: »wer gab dir das Recht, den Junker von Tronka, in Verfolg eigenmächtiger Rechtsschlüsse, zu überfallen, und da du ihn auf seiner Burg nicht fandst mit Feuer und Schwert die ganze Gemeinschaft heimzusuchen, die ihn beschirmt?« Kohlhaas erwiderte: hochwürdiger Herr, niemand, fortan! Eine Nachricht, die ich aus Dresden erhielt, hat mich getäuscht, mich verführt! Der Krieg, den ich mit der Gemeinheit der Menschen führe, ist eine Missetat, sobald ich aus ihr nicht, wie Ihr mir die Versicherung gegeben habt, verstoßen war! Verstoßen! rief Luther, indem er ihn ansah. Welch eine Raserei der Gedanken ergriff dich? Wer hätte dich aus der Gemeinschaft des Staats, in welchem du lebtest, verstoßen? Ja, wo ist, so lange Staaten bestehen, ein Fall, daß jemand, wer es auch sei, daraus verstoßen worden wäre? – Verstoßen, antwortete Kohlhaas, indem er die Hand zusammendrückte, nenne ich den, dem der Schutz der Gesetze versagt ist! Denn dieses Schutzes, zum Gedeihen meines friedlichen Gewerbes, bedarf ich; ja, er ist es, dessenhalb ich mich, mit dem Kreis dessen, was ich erworben, in diese Gemeinschaft flüchte; und wer mir ihn versagt, der stößt mich zu den Wilden der Einöde hinaus; er gibt mir, wie wollt Ihr das leugnen, die Keule, die mich selbst schützt, in die Hand. – Wer hat dir den Schutz der Gesetze versagt? rief Luther. Schrieb ich dir nicht, daß die Klage, die du eingereicht, dem Landesherrn, dem du sie eingereicht, fremd ist? Wenn Staatsdiener hinter seinem Rücken Prozesse unterschlagen, oder sonst seines geheiligten Namens, in seiner Unwissenheit, spotten; wer anders als Gott darf ihn wegen der Wahl solcher Diener zur Rechenschaft ziehen, und bist du, gottverdammter und entsetzlicher Mensch, befugt, ihn deshalb zu richten? – Wohlan, versetzte Kohlhaas, wenn mich der Landesherr nicht verstößt, so kehre ich auch wieder in die Gemeinschaft, die er beschirmt, zurück. Verschafft mir, ich wiederhol es, freies Geleit nach Dresden: so lasse ich den Haufen, den ich im Schloß zu Lützen versammelt, auseinander gehen, und bringe die Klage, mit der ich abgewiesen worden bin, noch einmal bei dem Tribunal des Landes vor. – Luther, mit einem verdrießlichen Gesicht, warf die Papiere, die auf seinem Tisch lagen, übereinander, und schwieg. Die trotzige Stellung, die dieser seltsame Mensch im Staat einnahm, verdroß ihn; und den Rechtsschluß, den er, von Kohlhaasenbrück aus, an den Junker erlassen, erwägend, fragte er: was er denn von dem Tribunal zu Dresden verlange? Kohlhaas antwortete: Bestrafung des Junkers, den Gesetzen gemäß; Wiederherstellung der Pferde in den vorigen Stand; und Ersatz des Schadens, den ich sowohl, als mein bei Mühlberg gefallener Knecht Herse, durch die Gewalttat, die man an uns verübte, erlitten. – Luther rief: Ersatz des Schadens! Summen zu Tausenden, bei Juden und Christen, auf Wechseln und Pfändern, hast du, zur Bestreitung deiner wilden Selbstrache, aufgenommen. Wirst du den Wert auch, auf der Rechnung, wenn es zur Nachfrage kommt, ansetzen? Gott behüte! erwiderte Kohlhaas. Haus und Hof, und den Wohlstand, den ich besessen, fordere ich nicht zurück; so wenig als die Kosten des Begräbnisses meiner Frau! Hersens alte Mutter wird eine Berechnung der Heilkosten, und eine Spezifikation dessen, was ihr Sohn in der Tronkenburg eingebüßt, beibringen; und den Schaden, den ich wegen Nichtverkaufs der Rappen erlitten, mag die Regierung durch einen Sachverständigen abschätzen lassen. – Luther sagte: rasender, unbegreiflicher und entsetzlicher Mensch! und sah ihn an. Nachdem dein Schwert sich, an dem Junker, Rache, die grimmigste, genommen, die sich erdenken läßt: was treibt dich, auf ein Erkenntnis gegen ihn zu bestehen, dessen Schärfe, wenn es zuletzt fällt, ihn mit einem Gewicht von so geringer Erheblichkeit nur trifft? – Kohlhaas erwiderte, indem ihm eine Träne über die Wangen rollte: hochwürdiger Herr! es hat mich meine Frau gekostet; Kohlhaas will der Welt zeigen, daß sie in keinem ungerechten Handel umgekommen ist. Fügt Euch in diesen Stücken meinem Willen, und laßt den Gerichtshof sprechen; in allem anderen, was sonst noch streitig sein mag, füge ich mich Euch. – Luther sagte: schau her, was du forderst, wenn anders die Umstände so sind, wie die öffentliche Stimme hören läßt, ist gerecht; und hättest du den Streit, bevor du eigenmächtig zur Selbstrache geschritten, zu des Landesherrn Entscheidung zu bringen gewußt, so wäre dir deine Forderung, zweifle ich nicht, Punkt vor Punkt bewilligt worden. Doch hättest du nicht, alles wohl erwogen, besser getan, du hättest, um deines Erlösers willen, dem Junker vergeben, die Rappen, dürre und abgehärmt, wie sie waren, bei der Hand genommen, dich aufgesetzt, und zur Dickfütterung in deinen Stall nach Kohlhaasenbrück heimgeritten? – Kohlhaas antwortete: kann sein! indem er ans Fenster trat: kann sein, auch nicht! Hätte ich gewußt, daß ich sie mit Blut aus dem Herzen meiner lieben Frau würde auf die Beine bringen müssen: kann sein, ich hätte getan, wie Ihr gesagt, hochwürdiger Herr, und einen Scheffel Hafer nicht gescheut! Doch, weil sie mir einmal so teuer zu stehen gekommen sind, so habe es denn, meine ich, seinen Lauf: laßt das Erkenntnis, wie es mir zukömmt, sprechen, und den Junker mir die Rappen auffüttern. – – Luther sagte, indem er, unter mancherlei Gedanken, wieder zu seinen Papieren griff: er wolle mit dem Kurfürsten seinethalben in Unterhandlung treten. Inzwischen möchte er sich, auf dem Schlosse zu Lützen, still halten; wenn der Herr ihm freies Geleit bewillige, so werde man es ihm auf dem Wege öffentlicher Anplackung bekannt machen. – Zwar, fuhr er fort, da Kohlhaas sich herabbog, um seine Hand zu küssen: ob der Kurfürst Gnade für Recht ergehen lassen wird, weiß ich nicht; denn einen Heerhaufen, vernehm ich, zog er zusammen, und steht im Begriff, dich im Schlosse zu Lützen aufzuheben: inzwischen, wie ich dir schon gesagt habe, an meinem Bemühen soll es nicht liegen. Und damit stand er auf, und machte Anstalt, ihn zu entlassen. Kohlhaas meinte, daß seine Fürsprache ihn über diesen Punkt völlig beruhige; worauf Luther ihn mit der Hand grüßte, jener aber plötzlich ein Knie vor ihm senkte und sprach: er habe noch eine Bitte auf seinem Herzen. Zu Pfingsten nämlich, wo er an den Tisch des Herrn zu gehen pflege, habe er die Kirche, dieser seiner kriegerischen Unternehmung wegen, versäumt; ob er die Gewogenheit haben wolle, ohne weitere Vorbereitung, seine Beichte zu empfangen, und ihm, zur Auswechselung dagegen, die Wohltat des heiligen Sakraments zu erteilen? Luther, nach einer kurzen Besinnung, indem er ihn scharf ansah, sagte: ja, Kohlhaas, das will ich tun! Der Herr aber, dessen Leib du begehrst, vergab seinem Feind. – Willst du, setzte er, da jener ihn betreten ansah, hinzu, dem Junker, der dich beleidigt hat, gleichfalls vergeben: nach der Tronkenburg gehen, dich auf deine Rappen setzen, und sie zur Dickfütterung nach Kohlhaasenbrück heimreiten? – »Hochwürdiger Herr«, sagte Kohlhaas errötend, indem er seine Hand ergriff, – nun? – »der Herr auch vergab allen seinen Feinden nicht. Laßt mich den Kurfürsten, meinen beiden Herren, dem Schloßvogt und Verwalter, den Herren Hinz und Kunz, und wer mich sonst in dieser Sache gekränkt haben mag, vergeben: den Junker aber, wenn es sein kann, nötigen, daß er mir die Rappen wieder dick füttere.« – Bei diesen Worten kehrte ihm Luther, mit einem mißvergnügten Blick, den Rücken zu, und zog die Klingel. Kohlhaas, während, dadurch herbeigerufen, ein Famulus sich mit Licht in dem Vorsaal meldete, stand betreten, indem er sich die Augen trocknete, vom Boden auf; und da der Famulus vergebens, weil der Riegel vorgeschoben war, an der Türe wirkte, Luther aber sich wieder zu seinen Papieren niedergesetzt hatte: so machte Kohlhaas dem Mann die Türe auf. Luther, mit einem kurzen, auf den fremden Mann gerichteten Seitenblick, sagte dem Famulus: leuchte! worauf dieser, über den Besuch, den er erblickte, ein wenig befremdet, den Hausschlüssel von der Wand nahm, und sich, auf die Entfernung desselben wartend, unter die halboffene Tür des Zimmers zurückbegab. – Kohlhaas sprach, indem er seinen Hut bewegt zwischen beide Hände nahm: und so kann ich, hochwürdigster Herr, der Wohltat versöhnt zu werden, die ich mir von Euch erbat, nicht teilhaftig werden? Luther antwortete kurz: deinem Heiland, nein; dem Landesherrn, – das bleibt einem Versuch, wie ich dir versprach, vorbehalten! Und damit winkte er dem Famulus, das Geschäft, das er ihm aufgetragen, ohne weiteren Aufschub, abzumachen. Kohlhaas legte, mit dem Ausdruck schmerzlicher Empfindung, seine beiden Hände auf die Brust; folgte dem Mann, der ihm die Treppe hinunter leuchtete, und verschwand.

Am anderen Morgen erließ Luther ein Sendschreiben an den Kurfürsten von Sachsen, worin er, nach einem bitteren Seitenblick auf die seine Person umgebenden Herren Hinz und Kunz,

Kämmerer und Mundschenk von Tronka, welche die Klage, wie allgemein bekannt war, untergeschlagen hatten, dem Herrn, mit der Freimütigkeit, die ihm eigen war, eröffnete, daß bei so ärgerlichen Umständen, nichts anderes zu tun übrig sei, als den Vorschlag des Roßhändlers anzunehmen, und ihm des Vorgefallenen wegen, zur Erneuerung seines Prozesses, Amnestie zu erteilen. Die öffentliche Meinung, bemerkte er, sei auf eine höchst gefährliche Weise, auf dieses Mannes Seite, dergestalt, daß selbst in dem dreimal von ihm eingeäscherten Wittenberg, eine Stimme zu seinem Vorteil spreche; und da er sein Anerbieten, falls er damit abgewiesen werden sollte, unfehlbar, unter gehässigen Bemerkungen, zur Wissenschaft des Volks bringen würde, so könne dasselbe leicht in dem Grade verführt werden, daß mit der Staatsgewalt gar nichts mehr gegen ihn auszurichten sei. Er schloß, daß man, in diesem außerordentlichen Fall, über die Bedenklichkeit, mit einem Staatsbürger, der die Waffen ergriffen, in Unterhandlung zu treten, hinweggehen müsse; daß derselbe in der Tat durch das Verfahren, das man gegen ihn beobachtet, auf gewisse Weise außer der Staatsverbindung gesetzt worden sei; und kurz, daß man ihn, um aus dem Handel zu kommen, mehr als eine fremde, in das Land gefallene Macht, wozu er sich auch, da er ein Ausländer sei, gewissermaßen qualifiziere, als einen Rebellen, der sich gegen den Thron auflehne, betrachten müsse. – Der Kurfürst erhielt diesen Brief eben, als der Prinz Christiern von Meißen, Generalissimus des Reichs, Oheim des bei Mühlberg geschlagenen und an seinen Wunden noch daniederliegenden Prinzen Friedrich von Meißen; der Großkanzler des Tribunals, Graf Wrede; Graf Kallheim, Präsident der Staatskanzlei; und die beiden Herren Hinz und Kunz von Tronka, dieser Kämmerer, jener Mundschenk, die Jugendfreunde und Vertrauten des Herrn, in dem Schlosse gegenwärtig waren. Der Kämmerer, Herr Kunz, der, in der Qualität eines Geheimenrats, des Herrn geheime Korrespondenz, mit der Befugnis, sich seines Namens und Wappens zu bedienen, besorgte, nahm zuerst das Wort, und nachdem er noch einmal weitläufig auseinander

gelegt hatte, daß er die Klage, die der Roßhändler gegen den Junker, seinen Vetter, bei dem Tribunal eingereicht, nimmermehr
durch eine eigenmächtige Verfügung niedergeschlagen haben
würde, wenn er sie nicht, durch falsche Angaben verführt, für
eine völlig grundlose und nichtsnutzige Plackerei gehalten hätte,
kam er auf die gegenwärtige Lage der Dinge. Er bemerkte, daß,
weder nach göttlichen noch menschlichen Gesetzen, der Roßkamm, um dieses Mißgriffs willen, befugt gewesen wäre, eine so
ungeheure Selbstrache, als er sich erlaubt, auszuüben; schilderte
den Glanz, der durch eine Verhandlung mit demselben, als einer
rechtlichen Kriegsgewalt, auf sein gottverdammtes Haupt falle;
und die Schmach, die dadurch auf die geheiligte Person des
Kurfürsten zurückspringe, schien ihm so unerträglich, daß er,
im Feuer der Beredsamkeit, lieber das Äußerste erleben, den
Rechtsschluß des rasenden Rebellen erfüllt, und den Junker, seinen Vetter, zur Dickfütterung der Rappen nach Kohlhaasenbrück abgeführt sehen, als den Vorschlag, den der Doktor Luther gemacht, angenommen wissen wollte. Der Großkanzler des
Tribunals, Graf Wrede, äußerte, halb zu ihm gewandt, sein Be-
dauern, daß eine so zarte Sorgfalt, als er, bei der Auflösung dieser allerdings mißlichen Sache, für den Ruhm des Herrn zeige,
ihn nicht, bei der ersten Veranlassung derselben, erfüllt hätte. Er
stellte dem Kurfürsten sein Bedenken vor, die Staatsgewalt, zur
Durchsetzung einer offenbar unrechtlichen Maßregel, in Anspruch zu nehmen; bemerkte, mit einem bedeutenden Blick auf
den Zulauf, den der Roßhändler fortdauernd im Lande fand, daß
der Faden der Freveltaten sich auf diese Weise ins Unendliche
fortzuspinnen drohe, und erklärte, daß nur ein schlichtes Recht-
tun, indem man unmittelbar und rücksichtslos den Fehltritt,
den man sich zu Schulden kommen lassen, wieder gut machte,
ihn abreißen und die Regierung glücklich aus diesem häßlichen
Handel herausziehen könne. Der Prinz Christiern von Meißen,
auf die Frage des Herrn, was er davon halte? äußerte, mit Vereh-
rung gegen den Großkanzler gewandt: die Denkungsart, die er
an den Tag lege, erfülle ihn zwar mit dem größesten Respekt; in-

dem er aber dem Kohlhaas zu seinem Recht verhelfen wolle, bedenke er nicht, daß er Wittenberg und Leipzig, und das ganze durch ihn mißhandelte Land, in seinem gerechten Anspruch auf Schadenersatz, oder wenigstens Bestrafung, beeinträchtige. Die Ordnung des Staats sei, in Beziehung auf diesen Mann, so verrückt, daß man sie schwerlich durch einen Grundsatz, aus der Wissenschaft des Rechts entlehnt, werde einrenken können. Daher stimme er, nach der Meinung des Kämmerers, dafür, das Mittel, das für solche Fälle eingesetzt sei, ins Spiel zu ziehen: einen Kriegshaufen, von hinreichender Größe zusammenzuraffen, und den Roßhändler, der in Lützen aufgepflanzt sei, damit aufzuheben oder zu erdrücken. Der Kämmerer, indem er für ihn und den Kurfürsten Stühle von der Wand nahm, und auf eine verbindliche Weise ins Zimmer setzte, sagte: er freue sich, daß ein Mann, von seiner Rechtschaffenheit und Einsicht mit ihm in dem Mittel, diese Sache zweideutiger Art beizulegen, übereinstimme. Der Prinz, indem er den Stuhl, ohne sich zu setzen, in der Hand hielt, und ihn ansah, versicherte ihn: daß er gar nicht Ursache hätte sich deshalb zu freuen, indem die damit verbundene Maßregel notwendig die wäre, einen Verhaftbefehl vorher gegen ihn zu erlassen, und wegen Mißbrauchs des landesherrlichen Namens den Prozeß zu machen. Denn wenn Notwendigkeit erfordere, den Schleier vor dem Thron der Gerechtigkeit niederzulassen, über eine Reihe von Freveltaten, die unabsehbar wie sie sich forterzeugt, vor den Schranken desselben zu erscheinen, nicht mehr Raum fänden, so gelte das nicht von der ersten, die sie veranlaßt; und allererst seine Anklage auf Leben und Tod könne den Staat zur Zermalmung des Roßhändlers bevollmächtigen, dessen Sache, wie bekannt, sehr gerecht sei, und dem man das Schwert, das er führe, selbst in die Hand gegeben. Der Kurfürst, den der Junker bei diesen Worten betroffen ansah, wandte sich, indem er über das ganze Gesicht rot ward, und trat ans Fenster. Der Graf Kallheim, nach einer verlegenen Pause von allen Seiten, sagte, daß man auf diese Weise aus dem Zauberkreise, in dem man befangen, nicht herauskäme. Mit demselben Rechte könne seinem Neffen, dem Prinzen Friedrich, der Prozeß gemacht werden; denn auch er hätte, auf dem Streifzug sonderbarer Art, den er gegen den Kohlhaas unternommen, seine Instruktion auf mancherlei Weise überschritten: dergestalt, daß wenn man nach der weitläufigen Schar derjenigen frage, die die Verlegenheit, in welcher man sich befinde, veranlaßt, er gleichfalls unter die Zahl derselben würde benannt, und von dem Landesherrn wegen dessen was bei Mühlberg vorgefallen, zur Rechenschaft gezogen werden müssen. Der Mundschenk, Herr Hinz von Tronka, während der Kurfürst mit ungewissen Blikken an seinen Tisch trat, nahm das Wort und sagte: er begriffe nicht, wie der Staatsbeschluß, der zu fassen sei, Männern von solcher Weisheit, als hier versammelt wären, entgehen könne. Der Roßhändler habe, seines Wissens, gegen bloß freies Geleit nach Dresden, und erneuerte Untersuchung seiner Sache, versprochen, den Haufen, mit dem er in das Land gefallen, auseinander gehen zu lassen. Daraus aber folge nicht, daß man ihm, wegen dieser frevelhaften Selbstrache, Amnestie erteilen müsse: zwei Rechtsbegriffe, die der Doktor Luther sowohl, als auch der Staatsrat zu verwechseln scheine. Wenn, fuhr er fort, indem er den Finger an die Nase legte, bei dem Tribunal zu Dresden, gleichviel wie, das Erkenntnis der Rappen wegen gefallen ist; so hindert nichts, den Kohlhaas auf den Grund seiner Mordbrennereien und Räubereien einzustecken: eine staatskluge Wendung, die die Vorteile der Ansichten beider Staatsmänner vereinigt, und des Beifalls der Welt und Nachwelt gewiß ist. – Der Kurfürst, da der Prinz sowohl als der Großkanzler dem Mundschenk, Herrn Hinz, auf diese Rede mit einem bloßen Blick antworteten, und die Verhandlung mithin geschlossen schien, sagte: daß er die verschiedenen Meinungen, die sie ihm vorgetragen, bis zur nächsten Sitzung des Staatsrats bei sich selbst überlegen würde. – Es schien, die Präliminar-Maßregel, deren der Prinz gedacht, hatte seinem für Freundschaft sehr empfänglichen Herzen die Lust benommen, den Heereszug gegen den Kohlhaas, zu welchem schon alles vorbereitet war, auszuführen. Wenigstens behielt er den Großkanzler, Grafen Wrede, dessen Meinung ihm die zweckmäßigste schien, bei sich zurück; und da dieser ihm Briefe vorzeigte, aus welchen hervorging, daß der Roßhändler in der Tat schon zu einer Stärke von vierhundert Mann herangewachsen sei; ja, bei der allgemeinen Unzufriedenheit, die wegen der Unziemlichkeiten des Kämmerers im Lande herrschte, in kurzem auf eine doppelte und dreifache Stärke rechnen könne: so entschloß sich der Kurfürst, ohne weiteren Anstand, den Rat, den ihm der Doktor Luther erteilt, anzunehmen. Dem gemäß übergab er dem Grafen Wrede die ganze Leitung der Kohlhaasischen Sache; und schon nach wenigen Tagen erschien ein Plakat, das wir, dem Hauptinhalt nach, folgendermaßen mitteilen:

»Wir etc. etc. Kurfürst von Sachsen, erteilen, in besonders gnädiger Rücksicht auf die an Uns ergangene Fürsprache des Doktors Martin Luther, dem Michael Kohlhaas, Roßhändler aus dem Brandenburgischen, unter der Bedingung, binnen drei Tagen nach Sicht die Waffen, die er ergriffen, niederzulegen, behufs einer erneuerten Untersuchung seiner Sache, freies Geleit nach Dresden; dergestalt zwar, daß, wenn derselbe, wie nicht zu erwarten, bei dem Tribunal zu Dresden mit seiner Klage, der Rappen wegen, abgewiesen werden sollte, gegen ihn, seines eigenmächtigen Unternehmens wegen, sich selbst Recht zu verschaffen, mit der ganzen Strenge des Gesetzes verfahren werden solle; im entgegengesetzten Fall aber, ihm mit seinem ganzen Haufen, Gnade für Recht bewilligt, und völlige Amnestie, seiner in Sachsen ausgeübten Gewalttätigkeiten wegen, zugestanden sein solle.«

Kohlhaas hatte nicht sobald, durch den Doktor Luther, ein Exemplar dieses in allen Plätzen des Landes angeschlagenen Plakats erhalten, als er, so bedingungsweise auch die darin geführte Sprache war, seinen ganzen Haufen schon, mit Geschenken, Danksagungen und zweckmäßigen Ermahnungen auseinander gehen ließ. Er legte alles, was er an Geld, Waffen und Gerätschaften er-

beutet haben mochte, bei den Gerichten zu Lützen, als kurfürstliches Eigentum, nieder; und nachdem er den Waldmann mit
Briefen, wegen Wiederkaufs seiner Meierei, wenn es möglich sei,
an den Amtmann nach Kohlhaasenbrück, und den Sternbald
zur Abholung seiner Kinder, die er wieder bei sich zu haben
wünschte, nach Schwerin geschickt hatte, verließ er das Schloß
zu Lützen, und ging, unerkannt, mit dem Rest seines kleinen
Vermögens, das er in Papieren bei sich trug, nach Dresden.

Der Tag brach eben an, und die ganze Stadt schlief noch, als er
an die Tür der kleinen, in der Pirnaischen Vorstadt gelegenen
Besitzung, die ihm durch die Rechtschaffenheit des Amtmanns
übrig geblieben war, anklopfte, und Thomas, dem alten, die
Wirtschaft führenden Hausmann, der ihm mit Erstaunen und
Bestürzung aufmachte, sagte: er möchte dem Prinzen von Meißen auf dem Gubernium melden, daß er, Kohlhaas der Roßhändler, da wäre. Der Prinz von Meißen, der auf diese Meldung
für zweckmäßig hielt, augenblicklich sich selbst von dem Verhältnis, in welchem man mit diesem Mann stand, zu unterrichten, fand, als er mit einem Gefolge von Rittern und Troßknech-
ten bald darauf erschien, in den Straßen, die zu Kohlhaasens
Wohnung führten, schon eine unermeßliche Menschenmenge
versammelt. Die Nachricht, daß der Würgengel da sei, der die
Volksbedrücker mit Feuer und Schwert verfolgte, hatte ganz
Dresden, Stadt und Vorstadt, auf die Beine gebracht; man mußte
die Haustür vor dem Andrang des neugierigen Haufens verriegeln, und die Jungen kletterten an den Fenstern heran, um den
Mordbrenner, der darin frühstückte, in Augenschein zu nehmen. Sobald der Prinz, mit Hülfe der ihm Platz machenden Wache, ins Haus gedrungen, und in Kohlhaasens Zimmer getreten
war, fragte er diesen, welcher halb entkleidet an einem Tische
stand: ob er Kohlhaas, der Roßhändler, wäre? worauf Kohlhaas,
indem er eine Brieftasche mit mehreren über sein Verhältnis lautenden Papieren aus seinem Gurt nahm, und ihm ehrerbietig
überreichte, antwortete: ja! und hinzusetzte: er finde sich nach
Auflösung seines Kriegshaufens, der ihm erteilten landesherr-

lichen Freiheit gemäß, in Dresden ein, um seine Klage, der Rappen wegen, gegen den Junker Wenzel von Tronka vor Gericht zu bringen. Der Prinz, nach einem flüchtigen Blick, womit er ihn von Kopf zu Fuß überschaute, durchlief die in der Brieftasche befindlichen Papiere; ließ sich von ihm erklären, was es mit einem von dem Gericht zu Lützen ausgestellten Schein, den er darin fand, über die zu Gunsten des kurfürstlichen Schatzes gemachte Deposition für eine Bewandtnis habe; und nachdem er die Art des Mannes noch, durch Fragen mancherlei Gattung, nach seinen Kindern, seinem Vermögen und der Lebensart die er künftig zu führen denke, geprüft, und überall so, daß man wohl seinetwegen ruhig sein konnte, befunden hatte, gab er ihm die Briefschaften wieder, und sagte: daß seinem Prozeß nichts im Wege stünde, und daß er sich nur unmittelbar, um ihn einzuleiten, an den Großkanzler des Tribunals, Grafen Wrede, selbst wenden möchte. Inzwischen, sagte der Prinz, nach einer Pause, indem er ans Fenster trat, und mit großen Augen das Volk, das vor dem Hause versammelt war, überschaute: du wirst auf die ersten Tage eine Wache annehmen müssen, die dich, in deinem Hause sowohl, als wenn du ausgehst, schütze! – – Kohlhaas sah betroffen vor sich nieder, und schwieg. Der Prinz sagte: »gleichviel!« indem er das Fenster wieder verließ. »Was daraus entsteht, du hast es dir selbst beizumessen«; und damit wandte er sich wieder nach der Tür, in der Absicht, das Haus zu verlassen. Kohlhaas, der sich besonnen hatte, sprach: Gnädigster Herr! tut, was Ihr wollt! Gebt mir Euer Wort, die Wache, sobald ich es wünsche, wieder aufzuheben: so habe ich gegen diese Maßregel nichts einzuwenden! Der Prinz erwiderte: das bedürfe der Rede nicht; und nachdem er drei Landsknechten, die man ihm zu diesem Zweck vorstellte, bedeutet hatte: daß der Mann, in dessen Hause sie zurückblieben, frei wäre, und daß sie ihm bloß zu seinem Schutz, wenn er ausginge, folgen sollten, grüßte er den Roßhändler mit einer herablassenden Bewegung der Hand, und entfernte sich.

Gegen Mittag begab sich Kohlhaas, von seinen drei Landsknechten begleitet, unter dem Gefolge einer unabsehbaren Menge, die ihm aber auf keine Weise, weil sie durch die Polizei gewarnt war, etwas zu Leide tat, zu dem Großkanzler des Tribunals, Grafen Wrede. Der Großkanzler, der ihn mit Milde und Freundlichkeit in seinem Vorgemach empfing, unterhielt sich während zwei ganzer Stunden mit ihm, und nachdem er sich den ganzen Verlauf der Sache, von Anfang bis zu Ende, hatte erzählen lassen, wies er ihn, zur unmittelbaren Abfassung und Einreichung der Klage, an einen, bei dem Gericht angestellten, berühmten Advokaten der Stadt. Kohlhaas, ohne weiteren Verzug, verfügte sich in dessen Wohnung; und nachdem die Klage, ganz der ersten niedergeschlagenen gemäß, auf Bestrafung des Junkers nach den Gesetzen, Wiederherstellung der Pferde in den vorigen Stand, und Ersatz *seines* Schadens sowohl, als auch dessen, den sein bei Mühlberg gefallener Knecht Herse erlitten hatte, zu Gunsten der alten Mutter desselben, aufgesetzt war, begab er sich wieder, unter Begleitung des ihn immer noch angaffenden Volks, nach Hause zurück, wohl entschlossen, es anders nicht, als nur wenn notwendige Geschäfte ihn riefen, zu verlassen.

Inzwischen war auch der Junker seiner Haft in Wittenberg entlassen, und nach Herstellung von einer gefährlichen Rose, die seinen Fuß entzündet hatte, von dem Landesgericht unter peremtorischen Bedingungen aufgefordert worden, sich zur Verantwortung auf die von dem Roßhändler Kohlhaas gegen ihn eingereichte Klage, wegen widerrechtlich abgenommener und zu Grunde gerichteter Rappen, in Dresden zu stellen. Die Gebrüder Kämmerer und Mundschenk von Tronka, Lehnsvettern des Junkers, in deren Hause er abtrat, empfingen ihn mit der größesten Erbitterung und Verachtung; sie nannten ihn einen Elenden und Nichtswürdigen, der Schande und Schmach über die ganze Familie bringe, kündigten ihm an, daß er seinen Prozeß nunmehr unfehlbar verlieren würde, und forderten ihn auf, nur gleich zur Herbeischaffung der Rappen, zu deren Dickfütterung er, zum Hohngelächter der Welt, verdammt werden werde, Anstalt zu machen. Der Junker sagte, mit schwacher, zitternder Stimme: er sei der bejammernswürdigste Mensch von der Welt. Er verschwor sich, daß er von dem ganzen verwünschten Handel, der ihn ins Unglück stürze, nur wenig gewußt, und daß der Schloßvogt und der Verwalter an allem schuld wären, indem sie die Pferde, ohne sein entferntestes Wissen und Wollen, bei der Ernte gebraucht, und durch unmäßige Anstrengungen, zum Teil auf ihren eigenen Feldern, zu Grunde gerichtet hätten. Er setzte sich, indem er dies sagte, und bat ihn nicht durch Kränkungen und Beleidigungen in das Übel, von dem er nur soeben erst erstanden sei, mutwillig zurückzustürzen. Am andern Tage schrieben die Herren Hinz und Kunz, die in der Gegend der eingeäscherten Tronkenburg Güter besaßen, auf Ansuchen des Junkers, ihres Vetters, weil doch nichts anders übrig blieb, an ihre dort befindlichen Verwalter und Pächter, um Nachricht über die an jenem unglücklichen Tage abhanden gekommenen und seitdem gänzlich verschollenen Rappen einzuziehn. Aber alles, was sie bei der gänzlichen Verwüstung des Platzes, und der Niedermetzelung fast aller Einwohner, erfahren konnten, war, daß ein Knecht sie, von den flachen Hieben des Mordbrenners getrieben, aus dem brennenden Schuppen, in welchem sie standen, gerettet, nachher aber auf die Frage, wo er sie hinführen, und was er damit anfangen solle, von dem grimmigen Wüterich einen Fußtritt zur Antwort erhalten habe. Die alte, von der Gicht geplagte Haushälterin des Junkers, die sich nach Meißen geflüchtet hatte, versicherte demselben, auf eine schriftliche Anfrage, daß der Knecht sich, am Morgen jener entsetzlichen Nacht, mit den Pferden nach der brandenburgischen Grenze gewandt habe; doch alle Nachfragen, die man daselbst anstellte, waren vergeblich, und es schien dieser Nachricht ein Irrtum zum Grunde zu liegen, indem der Junker keinen Knecht hatte, der im Brandenburgischen, oder auch nur auf der Straße dorthin, zu Hause war. Männer aus Dresden, die wenige Tage nach dem Brande der Tronkenburg in Wilsdruf gewesen waren, sagten aus, daß um die benannte Zeit ein Knecht mit zwei an der

Halfter gehenden Pferden dort angekommen, und die Tiere, weil sie sehr elend gewesen wären, und nicht weiter fort gekonnt hätten, im Kuhstall eines Schäfers, der sie wieder hätte aufbringen wollen, stehen gelassen hätte. Es schien mancherlei Gründe wegen sehr wahrscheinlich, daß dies die in Untersuchung stehenden Rappen waren; aber der Schäfer aus Wilsdruf hatte sie, wie Leute, die dorther kamen, versicherten, schon wieder, man wußte nicht an wen, verhandelt; und ein drittes Gerücht, dessen Urheber unentdeckt blieb, sagte gar aus, daß die Pferde bereits in Gott verschieden, und in der Knochengrube zu Wilsdruf begraben wären. Die Herren Hinz und Kunz, denen diese Wendung der Dinge, wie man leicht begreift, die erwünschteste war, indem sie dadurch, bei des Junkers ihres Vetters Ermangelung eigener Ställe, der Notwendigkeit, die Rappen in den ihrigen aufzufüttern, überhoben waren, wünschten gleichwohl, völliger Sicherheit wegen, diesen Umstand zu bewahrheiten. Herr Wenzel von Tronka erließ demnach, als Erb-, Lehns- und Gerichtsherr, ein Schreiben an die Gerichte zu Wilsdruf, worin er dieselben, nach einer weitläufigen Beschreibung der Rappen, die, wie er sagte, ihm anvertraut und durch einen Unfall abhanden gekommen wären, dienstfreundlichst ersuchte, den dermaligen Aufenthalt derselben zu erforschen, und den Eigner, wer er auch sei, aufzufordern und anzuhalten, sie, gegen reichliche Wiedererstattung aller Kosten, in den Ställen des Kämmerers Herrn Kunz, zu Dresden abzuliefern. Dem gemäß erschien auch wirklich, wenige Tage darauf, der Mann an den sie der Schäfer aus Wilsdruf verhandelt hatte, und führte sie, dürr und wankend, an die Runge seines Karrens gebunden, auf den Markt der Stadt; das Unglück aber Herrn Wenzels, und noch mehr des ehrlichen Kohlhaas wollte, daß es der Abdecker aus Döbbeln war.

Sobald Herr Wenzel, in Gegenwart des Kämmerers, seines Vetters, durch ein unbestimmtes Gerücht vernommen hatte, daß ein Mann mit zwei schwarzen aus dem Brande der Tronkenburg entkommenen Pferden in der Stadt angelangt sei, begaben sich beide, in Begleitung einiger aus dem Hause zusammengerafften

Knechte, auf den Schloßplatz, wo er stand, um sie demselben, falls es die dem Kohlhaas zugehörigen wären, gegen Erstattung der Kosten abzunehmen, und nach Hause zu führen. Aber wie betreten waren die Ritter, als sie bereits einen, von Augenblick zu Augenblick sich vergrößernden Haufen von Menschen, den das Schauspiel herbeigezogen, um den zweirädrigen Karren, an dem die Tiere befestigt waren, erblickten; unter unendlichem Gelächter einander zurufend, daß die Pferde schon, um derenthalben der Staat wanke, an den Schinder gekommen wären! Der Junker, der um den Karren herumgegangen war, und die jämmerlichen Tiere, die alle Augenblicke sterben zu wollen schienen, betrachtet hatte, sagte verlegen: das wären die Pferde nicht, die er dem Kohlhaas abgenommen; doch Herr Kunz, der Kämmerer, einen Blick sprachlosen Grimms voll auf ihn werfend, der, wenn er von Eisen gewesen wäre, ihn zerschmettert hätte, trat, indem er seinen Mantel, Orden und Kette entblößend, zurückschlug, zu dem Abdecker heran, und fragte ihn: ob das die Rappen wären, die der Schäfer von Wilsdruf an sich gebracht, und der Junker Wenzel von Tronka, dem sie gehörten, bei den Gerichten daselbst requiriert hätte? Der Abdecker, der, einen Eimer Wasser in der Hand, beschäftigt war, einen dicken, wohlbeleibten Gaul, der seinen Karren zog, zu tränken, sagte: »die schwarzen?« – Er streifte dem Gaul, nachdem er den Eimer niedergesetzt, das Gebiß aus dem Maul, und sagte: »die Rappen, die an die Runge gebunden wären, hätte ihm der Schweinehirte von Hainichen verkauft. Wo der sie her hätte, und ob sie von dem Wilsdrufer Schäfer kämen, das wisse er nicht. Ihm hätte«, sprach er, während er den Eimer wieder aufnahm, und zwischen Deichsel und Knie anstemmte: »ihm hätte der Gerichtsbote aus Wilsdruf gesagt, daß er sie nach Dresden in das Haus derer von Tronka bringen solle; aber der Junker, an den er gewiesen sei, heiße Kunz.« Bei diesen Worten wandte er sich mit dem Rest des Wassers, den der Gaul im Eimer übrig gelassen hatte, und schüttete ihn auf das Pflaster der Straße aus. Der Kämmerer, der, von den Blicken der hohnlachenden Menge umstellt, den Kerl, der mit empfindungslosem Eifer seine Geschäfte betrieb, nicht bewegen konnte, daß er ihn ansah, sagte: daß er der Kämmerer, Kunz von Tronka, wäre; die Rappen aber, die er an sich bringen solle, müßten dem Junker, seinem Vetter, gehören; von einem Knecht, der bei Gelegenheit des Brandes aus der Tonkenburg entwichen, an den Schäfer zu Wilsdruf gekommen, und ursprünglich zwei dem Roßhändler Kohlhaas zugehörige Pferde sein! Er fragte den Kerl, der mit gespreizten Beinen dastand, und sich die Hosen in die Höhe zog: ob er davon nichts wisse? Und ob sie der Schweinehirte von Hainichen nicht vielleicht, auf welchen Umstand alles ankomme, von dem Wilsdrufer Schäfer, oder von einem Dritten, der sie seinerseits von demselben gekauft, erstanden hätte? – Der Abdecker, der sich an den Wagen gestellt und sein Wasser abgeschlagen hatte, sagte: »er wäre mit den Rappen nach Dresden bestellt, um in dem Hause derer von Tronka sein Geld dafür zu empfangen. Was er da vorbrächte, verstände er nicht; und ob sie, vor dem Schweinehirten aus Hainichen, Peter oder Paul besessen hätte, oder der Schäfer aus Wilsdruf, gelte ihm, da sie nicht gestohlen wären, gleich.« Und damit ging er, die Peitsche quer über seinen breiten Rücken, nach einer Kneipe, die auf dem Platze lag, in der Absicht, hungrig wie er war, ein Frühstück einzunehmen. Der Kämmerer, der auf der Welt Gottes nicht wußte, was er mit Pferden, die der Schweinehirte von Hainichen an den Schinder in Dobbeln verkauft, machen solle, falls es nicht diejenigen wären, auf welchen der Teufel durch Sachsen ritt, forderte den Junker auf, ein Wort zu sprechen; doch da dieser mit bleichen, bebenden Lippen erwiderte: das Ratsamste wäre, daß man die Rappen kaufe, sie möchten dem Kohlhaas gehören oder nicht: so trat der Kämmerer, Vater und Mutter, die ihn geboren, verfluchend, indem er sich den Mantel zurückschlug, gänzlich unwissend, was er zu tun oder zu lassen habe, aus dem Haufen des Volks zurück. Er rief den Freiherrn von Wenk, einen Bekannten, der über die Straße ritt, zu sich heran, und trotzig, den Platz nicht zu verlassen, eben weil das Gesindel höhnisch auf ihn einblickte, und, mit vor dem Mund zusammen-

gedrückten Schnupftüchern, nur auf seine Entfernung zu warten
schien, um loszuplatzen, bat er ihn, bei dem Großkanzler, Grafen Wrede, abzusteigen, und durch dessen Vermittelung den
Kohlhaas zur Besichtigung der Rappen herbeizuschaffen. Es traf
sich, daß Kohlhaas eben, durch einen Gerichtsboten herbeigerufen, in dem Gemach des Großkanzlers, gewisser, die Deposition
in Lützen betreffenden Erläuterungen wegen, die man von ihm
bedurfte, gegenwärtig war, als der Freiherr, in der eben erwähnten Absicht, zu ihm ins Zimmer trat; und während der Großkanzler sich mit einem verdrießlichen Gesicht vom Sessel erhob,
und den Roßhändler, dessen Person jenem unbekannt war, mit
den Papieren, die er in der Hand hielt, zur Seite stehen ließ,
stellte der Freiherr ihm die Verlegenheit, in welcher sich die Herren von Tronka befanden, vor. Der Abdecker von Döbbeln sei,
auf mangelhafte Requisition der Wilsdrufer Gerichte, mit Pferden erschienen, deren Zustand so heillos beschaffen wäre, daß
der Junker Wenzel anstehen müsse, sie für die dem Kohlhaas ge-
hörigen anzuerkennen; dergestalt, daß, falls man sie gleichwohl
dem Abdecker abnehmen solle, um in den Ställen der Ritter, zu
ihrer Wiederherstellung, einen Versuch zu machen, vorher eine
Okular-Inspektion des Kohlhaas, um den besagten Umstand außer Zweifel zu setzen, notwendig sei. »Habt demnach die Güte,
schloß er, den Roßhändler durch eine Wache aus seinem Hause
abholen und auf den Markt, wo die Pferde stehen, hinführen zu
lassen.« Der Großkanzler, indem er sich eine Brille von der Nase
nahm, sagte: daß er in einem doppelten Irrtum stünde; einmal,
wenn er glaube, daß der in Rede stehende Umstand anders nicht,
als durch eine Okular-Inspektion des Kohlhaas auszumitteln sei;
und dann, wenn er sich einbilde, er, der Kanzler, sei befugt, den
Kohlhaas durch eine Wache, wohin es dem Junker beliebe, abführen zu lassen. Dabei stellte er ihm den Roßhändler, der hinter
ihm stand, vor, und bat ihn, indem er sich niederließ und seine
Brille wieder aufsetzte, sich in dieser Sache an ihn selbst zu wenden. – Kohlhaas, der mit keiner Miene, was in seiner Seele vorging, zu erkennen gab, sagte: daß er bereit wäre, ihm zur Besich-

tigung der Rappen, die der Abdecker in die Stadt gebracht, auf
den Markt zu folgen. Er trat, während der Freiherr sich betroffen
zu ihm umkehrte, wieder an den Tisch des Großkanzlers
heran, und nachdem er demselben noch, aus den Papieren seiner
Brieftasche, mehrere, die Deposition in Lützen betreffende
Nachrichten gegeben hatte, beurlaubte er sich von ihm; der Freiherr,
der, über das ganze Gesicht rot, ans Fenster getreten war,
empfahl sich ihm gleichfalls; und beide gingen, begleitet von
den drei durch den Prinzen von Meißen eingesetzten Landsknechten,
unter dem Troß einer Menge von Menschen, nach dem
Schloßplatz hin. Der Kämmerer, Herr Kunz, der inzwischen den
Vorstellungen mehrerer Freunde, die sich um ihn eingefunden
hatten, zum Trotz, seinen Platz, dem Abdecker von Döbbeln gegenüber,
unter dem Volke behauptet hatte, trat, sobald der Freiherr
mit dem Roßhändler erschien, an den letzteren heran, und
fragte ihn, indem er sein Schwert, mit Stolz und Ansehen, unter
dem Arm hielt: ob die Pferde, die hinter dem Wagen stünden, die
seinigen wären? Der Roßhändler, nachdem er, mit einer bescheidenen
Wendung gegen den die Frage an ihn richtenden Herrn,
den er nicht kannte, den Hut gerückt hatte, trat, ohne ihm zu
antworten, im Gefolge sämtlicher Ritter, an den Schinderkarren
heran; und die Tiere, die, auf wankenden Beinen, die Häupter
zur Erde gebeugt, dastanden, und von dem Heu, das ihnen der
Abdecker vorgelegt hatte, nicht fraßen, flüchtig, aus einer Ferne
von zwölf Schritt, in welcher er stehen blieb, betrachtet: gnädigster
Herr! wandte er sich wieder zu dem Kämmerer zurück, der
Abdecker hat ganz recht; die Pferde, die an seinen Karren gebunden
sind, gehören mir! Und damit, indem er sich in dem ganzen
Kreise der Herren umsah, rückte er den Hut noch einmal, und
begab sich, von seiner Wache begleitet, wieder von dem Platz
hinweg. Bei diesen Worten trat der Kämmerer, mit einem raschen,
seinen Helmbusch erschütternden Schritt zu dem Abdekker
heran, und warf ihm einen Beutel mit Geld zu; und während
dieser sich, den Beutel in der Hand, mit einem bleiernen Kamm
die Haare über die Stirn zurückkämmte, und das Geld betrach-

tete, befahl er einem Knecht, die Pferde abzulösen und nach Hause zu führen! Der Knecht, der auf den Ruf des Herrn, einen Kreis von Freunden und Verwandten, die er unter dem Volke besaß, verlassen hatte, trat auch, in der Tat, ein wenig rot im Gesicht, über eine große Mistpfütze, die sich zu ihren Füßen gebildet hatte, zu den Pferden heran; doch kaum hatte er ihre Halftern erfaßt, um sie loszubinden, als ihn Meister Himboldt, sein Vetter, schon beim Arm ergriff, und mit den Worten: du rührst die Schindmähren nicht an! von dem Karren hinwegschleuderte. Er setzte, indem er sich mit ungewissen Schritten über die Mistpfütze wieder zu dem Kämmerer, der über diesen Vorfall sprachlos dastand, zurück wandte, hinzu: daß er sich einen Schinderknecht anschaffen müsse, um ihm einen solchen Dienst zu leisten! Der Kämmerer, der, vor Wut schäumend, den Meister auf einen Augenblick betrachtet hatte, kehrte sich um, und rief über die Häupter der Bitter, die ihn umringten, hinweg, nach der Wache; und sobald, auf die Bestellung des Freiherrn von Wenk, ein Offizier mit einigen kurfürstlichen Trabanten, aus dem Schloß erschienen war, forderte er denselben unter einer kurzen Darstellung der schändlichen Aufhetzerei, die sich die Bürger der Stadt erlaubten, auf, den Rädelsführer, Meister Himboldt, in Verhaft zu nehmen. Er verklagte den Meister, indem er ihn bei der Brust faßte: daß er seinen, die Rappen auf seinen Befehl losbindenden Knecht von dem Karren hinweggeschleudert und mißhandelt hätte. Der Meister, indem er den Kämmerer mit einer geschickten Wendung, die ihn befreiete, zurückwies, sagte: gnädigster Herr! einem Burschen von zwanzig Jahren bedeuten, was er zu tun hat, heißt nicht, ihn verhetzen! Befragt ihn, ob er sich gegen Herkommen und Schicklichkeit mit den Pferden, die an die Karre gebunden sind, befassen will; will er es, nach dem, was ich gesagt, tun: sei's! Meinethalb mag er sie jetzt abludern und häuten! Bei diesen Worten wandte sich der Kämmerer zu dem Knecht herum, und fragte ihn: ob er irgend Anstand nähme, seinen Befehl zu erfüllen, und die Pferde, die dem Kohlhaas gehörten, loszubinden, und nach Hause zu führen? und da dieser schüchtern, indem er sich unter die Bürger mischte, erwiderte: die Pferde müßten erst ehrlich gemacht werden, bevor man ihm das zumute; so folgte ihm der Kämmerer von hinten, riß ihm den Hut ab, der mit seinem Hauszeichen geschmückt war, zog, nachdem er den Hut mit Füßen getreten, von Leder, und jagte den Knecht mit wütenden Hieben der Klinge augenblicklich vom Platz weg und aus seinen Diensten. Meister Himboldt rief: schmeißt den Mordwüterich doch gleich zu Boden! und während die Bürger, von diesem Auftritt empört, zusammentraten, und die Wache hinwegdrängten, warf er den Kämmerer von hinten nieder, riß ihm Mantel, Kragen und Helm ab, wand ihm das Schwert aus der Hand, und schleuderte es, in einem grimmigen Wurf, weit über den Platz hinweg. Vergebens rief der Junker Wenzel, indem er sich aus dem Tumult rettete, den Rittern zu, seinem Vetter beizuspringen; ehe sie noch einen Schritt dazu getan hatten, waren sie schon von dem Andrang des Volks zerstreut, dergestalt, daß der Kämmerer, der sich den Kopf beim Fallen verletzt hatte, der ganzen Wut der Menge preis gegeben war. Nichts, als die Erscheinung eines Trupps berittener Landsknechte, die zufällig über den Platz zogen, und die der Offizier der kurfürstlichen Trabanten zu seiner Unterstützung herbeirief, konnte den Kämmerer retten. Der Offizier, nachdem er den Haufen verjagt, ergriff den wütenden Meister, und während derselbe durch einige Reuter nach dem Gefängnis gebracht ward, hoben zwei Freunde den unglücklichen mit Blut bedeckten Kämmerer vom Boden auf, und führten ihn nach Hause. Einen so heillosen Ausgang nahm der wohlgemeinte und redliche Versuch, dem Roßhändler wegen des Unrechts, das man ihm zugefügt, Genugtuung zu verschaffen. Der Abdecker von Döbbeln, dessen Geschäft abgemacht war, und der sich nicht länger aufhalten wollte, band, da sich das Volk zu zerstreuen anfing, die Pferde an einen Laternenpfahl, wo sie, den ganzen Tag über, ohne daß sich jemand um sie bekümmerte, ein Spott der Straßenjungen und Tagediebe, stehen blieben; dergestalt, daß in Ermangelung aller Pflege und Wartung die Polizei sich ihrer annehmen mußte, und gegen Einbruch der Nacht den Abdecker von Dresden herbeirief, um sie, bis auf weitere Verfügung, auf der Schinderei vor der Stadt zu besorgen.

Dieser Vorfall, so wenig der Roßhändler ihn in der Tat verschuldet hatte, erweckte gleichwohl, auch bei den Gemäßigtern und Besseren, eine, dem Ausgang seiner Streitsache höchst gefährliche Stimmung im Lande. Man fand das Verhältnis desselben zum Staat ganz unerträglich, und in Privathäusern und auf öffentlichen Plätzen, erhob sich die Meinung, daß es besser sei, ein offenbares Unrecht an ihm zu verüben, und die ganze Sache von neuem niederzuschlagen, als ihm Gerechtigkeit, durch Gewalttaten ertrotzt, in einer so nichtigen Sache, zur bloßen Befriedigung seines rasenden Starrsinns, zukommen zu lassen. Zum völligen Verderben des armen Kohlhaas mußte der Großkanzler selbst, aus übergroßer Rechtlichkeit, und einem davon herrührenden Haß gegen die Familie von Tronka, beitragen, diese Stimmung zu befestigen und zu verbreiten. Es war höchst unwahrscheinlich, daß die Pferde, die der Abdecker von Dresden jetzt besorgte, jemals wieder in den Stand, wie sie aus dem Stall zu Kohlhaasenbrück gekommen waren, hergestellt werden würden; doch gesetzt, daß es durch Kunst und anhaltende Pflege möglich gewesen wäre: die Schmach, die zufolge der bestehenden Umstände, dadurch auf die Familie des Junkers fiel, war so groß, daß bei dem staatsbürgerlichen Gewicht, den sie, als eine der ersten und edelsten, im Lande hatte, nichts billiger und zweckmäßiger schien, als eine Vergütigung der Pferde in Geld einzuleiten. Gleichwohl, auf einen Brief, in welchem der Präsident, Graf Kallheim, im Namen des Kämmerers, den seine Krankheit abhielt, dem Großkanzler, einige Tage darauf, diesen Vorschlag machte, erließ derselbe zwar ein Schreiben an den Kohlhaas, worin er ihn ermahnte, einen solchen Antrag, wenn er an ihn ergehen sollte, nicht von der Hand zu weisen; den Präsidenten selbst aber bat er, in einer kurzen, wenig verbindlichen Antwort, ihn mit Privataufträgen in dieser Sache zu verschonen, und forderte den Kämmerer auf, sich an den Roßhändler selbst zu wenden, den er ihm als einen sehr billigen und bescheidenen Mann schilderte. Der Roßhändler, dessen Wille, durch den Vorfall, der sich auf dem Markt zugetragen, in der Tat gebrochen war, wartete auch nur, dem Rat des Großkanzlers gemäß, auf eine Eröffnung von Seiten des Junkers, oder seiner Angehörigen, um ihnen mit völliger Bereitwilligkeit und Vergebung alles Geschehenen, entgegenzukommen; doch eben diese Eröffnung war den stolzen Rittern zu tun empfindlich; und schwer erbittert über die Antwort, die sie von dem Großkanzler empfangen hatten, zeigten sie dieselbe dem Kurfürsten, der, am Morgen des nächstfolgenden Tages, den Kämmerer krank, wie er an seinen Wunden danieder lag, in seinem Zimmer besucht hatte. Der Kämmerer, mit einer, durch seinen Zustand, schwachen und rührenden Stimme, fragte ihn, ob er, nachdem er sein Leben daran gesetzt, um diese Sache, seinen Wünschen gemäß, beizulegen, auch noch seine Ehre dem Tadel der Welt aussetzen, und mit einer Bitte um Vergleich und Nachgiebigkeit, vor einem Manne erscheinen solle, der alle nur erdenkliche Schmach und Schande über ihn und seine Familie gebracht habe. Der Kurfürst, nachdem er den Brief gelesen hatte, fragte den Grafen Kallheim verlegen: ob das Tribunal nicht befugt sei, ohne weitere Rücksprache mit dem Kohlhaas, auf den Umstand, daß die Pferde nicht wieder herzustellen wären, zu fußen, und dem gemäß das Urteil, gleich, als ob sie tot wären, auf bloße Vergütigung derselben in Geld abzufassen? Der Graf antwortete: »gnädigster Herr, sie *sind* tot: sind in staatsrechtlicher Bedeutung tot, weil sie keinen Wert haben, und werden es physisch sein, bevor man sie, aus der Abdeckerei, in die Ställe der Ritter gebracht hat«; worauf der Kurfürst, indem er den Brief einsteckte, sagte, daß er mit dem Großkanzler selbst darüber sprechen wolle, den Kämmerer, der sich halb aufrichtete und seine Hand dankbar ergriff, beruhigte, und nachdem er ihm noch empfohlen hatte, für seine Gesundheit Sorge zu tragen, mit vieler Huld sich von seinem Sessel erhob, und das Zimmer verließ.

So standen die Sachen in Dresden, als sich über den armen

Kohlhaas, noch ein anderes, bedeutenderes Gewitter, von Lützen her, zusammenzog, dessen Strahl die arglistigen Ritter geschickt genug waren, auf das unglückliche Haupt desselben herabzuleiten. Johann Nagelschmidt nämlich, einer von den durch den Roßhändler zusammengebrachten, und nach Erscheinung der kurfürstlichen Amnestie wieder abgedankten Knechten, hatte für gut befunden, wenige Wochen nachher, an der böhmischen Grenze, einen Teil dieses zu allen Schandtaten aufgelegten Gesindels von neuem zusammenzuraffen, und das Gewerbe, auf dessen Spur ihn Kohlhaas geführt hatte, auf seine eigne Hand fortzusetzen. Dieser nichtsnutzige Kerl nannte sich, teils um den Häschern von denen er verfolgt ward, Furcht einzuflößen, teils um das Landvolk, auf die gewohnte Weise, zur Teilnahme an seinen Spitzbübereien zu verleiten, einen Statthalter des Kohlhaas; sprengte mit einer seinem Herrn abgelernten Klugheit aus, daß die Amnestie an mehreren, in ihre Heimat ruhig zurückgekehrten Knechten nicht gehalten, ja der Kohlhaas selbst, mit himmelschreiender Wortbrüchigkeit, bei seiner Ankunft in Dresden eingesteckt, und einer Wache übergeben worden sei; dergestalt, daß in Plakaten, die den Kohlhaasischen ganz ähnlich waren, sein Mordbrennerhaufen als ein zur bloßen Ehre Gottes aufgestandener Kriegshaufen erschien, bestimmt, über die Befolgung der ihnen von dem Kurfürsten angelobten Amnestie zu wachen; alles, wie schon gesagt, keineswegs zur Ehre Gottes, noch aus Anhänglichkeit an den Kohlhaas, dessen Schicksal ihnen völlig gleichgültig war, sondern um unter dem Schutz solcher Vorspiegelungen desto ungestrafter und bequemer zu sengen und zu plündern. Die Ritter, sobald die ersten Nachrichten davon nach Dresden kamen, konnten ihre Freude über diesen, dem ganzen Handel eine andere Gestalt gebenden Vorfall nicht unterdrücken. Sie erinnerten mit weisen und mißvergnügten Seitenblicken an den Mißgriff, den man begangen, indem man dem Kohlhaas, ihren dringenden und wiederholten Warnungen zum Trotz, Amnestie erteilt, gleichsam als hätte man die Absicht gehabt Bösewichtern aller Art dadurch, zur

Nachfolge auf seinem Wege, das Signal zu geben; und nicht zufrieden, dem Vorgeben des Nagelschmidt, zur bloßen Aufrechthaltung und Sicherheit seines unterdrückten Herrn die Waffen ergriffen zu haben, Glauben zu schenken, äußerten sie sogar die bestimmte Meinung, daß die ganze Erscheinung desselben nichts, als ein von dem Kohlhaas angezetteltes Unternehmen sei, um die Regierung in Furcht zu setzen, und den Fall des Rechtsspruchs, Punkt vor Punkt, seinem rasenden Eigensinn gemäß, durchzusetzen und zu beschleunigen. Ja, der Mundschenk, Herr Hinz, ging so weit, einigen Jagdjunkern und Hofherren, die sich nach der Tafel im Vorzimmer des Kurfürsten um ihn versammelt hatten, die Auflösung des Räuberhaufens in Lützen als eine verwünschte Spiegelfechterei darzustellen; und indem er sich über die Gerechtigkeitsliebe des Großkanzlers sehr lustig machte, erwies er aus mehreren witzig zusammengestellten Umständen, daß der Haufen, nach wie vor, noch in den Wäldern des Kurfürstentums vorhanden sei, und nur auf den Wink des Roßhändlers warte, um daraus von neuem mit Feuer und Schwert hervorzubrechen. Der Prinz Christiern von Meißen, über diese Wendung der Dinge, die seines Herrn Ruhm auf die empfindlichste Weise zu beflecken drohete, sehr mißvergnügt, begab sich sogleich zu demselben aufs Schloß; und das Interesse der Ritter, den Kohlhaas, wenn es möglich wäre, auf den Grund neuer Vergehungen zu stürzen, wohl durchschauend, bat er sich von demselben die Erlaubnis aus, unverzüglich ein Verhör über den Roßhändler anstellen zu dürfen. Der Roßhändler, nicht ohne Befremden, durch einen Häscher in das Gubernium abgeführt, erschien, den Heinrich und Leopold, seine beiden kleinen Knaben auf dem Arm; denn Sternbald, der Knecht, war Tags zuvor mit seinen fünf Kindern aus dem Mecklenburgischen, wo sie sich aufgehalten hatten, bei ihm angekommen, und Gedanken mancherlei Art, die zu entwickeln zu weitläufig sind, bestimmten ihn, die Jungen, die ihn bei seiner Entfernung unter dem Erguß kindischer Tränen darum baten, aufzuheben, und in das Verhör mitzunehmen. Der Prinz, nachdem er die Kinder, die Kohlhaas neben sich niedergesetzt hatte, wohlgefällig betrachtet und auf eine freundliche Weise nach ihrem Alter und Namen gefragt hatte, eröffnete ihm, was der Nagelschmidt, sein ehemaliger Knecht, sich in den Tälern des Erzgebirges für Freiheiten herausnehme; und indem er ihm die sogenannten Mandate desselben überreichte, forderte er ihn auf, dagegen vorzubringen, was er zu seiner Rechtfertigung vorzubringen wüßte. Der Roßhändler, so schwer er auch in der Tat über diese schändlichen und verräterischen Papiere erschrak, hatte gleichwohl, einem so rechtschaffenen Manne, als der Prinz war, gegenüber, wenig Mühe, die Grundlosigkeit der gegen ihn auf die Bahn gebrachten Beschuldigungen, befriedigend auseinander zu legen. Nicht nur, daß zufolge seiner Bemerkung er, so wie die Sachen standen, überhaupt noch zur Entscheidung seines, im besten Fortgang begriffenen Rechtsstreits, keiner Hülfe von Seiten eines Dritten bedürfte: aus einigen Briefschaften, die er bei sich trug, und die er dem Prinzen vorzeigte, ging sogar eine Unwahrscheinlichkeit ganz eigner Art hervor, daß das Herz des Nagelschmidts gestimmt sein sollte, ihm dergleichen Hülfe zu leisten, indem er den Kerl, wegen auf dem platten Lande verübter Notzucht und anderer Schelmereien, kurz vor Auflösung des Haufens in Lützen hatte hängen lassen wollen; dergestalt, daß nur die Erscheinung der kurfürstlichen Amnestie, indem sie das ganze Verhältnis aufhob, ihn gerettet hatte, und beide Tags darauf, als Todfeinde auseinander gegangen waren. Kohlhaas, auf seinen von dem Prinzen angenommenen Vorschlag, setzte sich nieder, und erließ ein Sendschreiben an den Nagelschmidt, worin er das Vorgeben desselben zur Aufrechthaltung der an ihm und seinen Haufen gebrochenen Amnestie aufgestanden zu sein, für eine schändliche und ruchlose Erfindung erklärte; ihm sagte, daß er bei seiner Ankunft in Dresden weder eingesteckt, noch einer Wache übergeben, auch seine Rechtssache ganz so, wie er es wünsche, im Fortgange sei; und ihn wegen der, nach Publikation der Amnestie im Erzgebirge ausgeübten Mordbrennereien, zur Warnung des um ihn versammelten Gesindels, der ganzen Rache der Ge-

setze preis gab. Dabei wurden einige Fragmente der Kriminal-
verhandlung, die der Roßhändler auf dem Schlosse zu Lützen, in
Bezug auf die oben erwähnten Schändlichkeiten, über ihn hatte
anstellen lassen, zur Belehrung des Volks über diesen nichtsnut-
zigen, schon damals dem Galgen bestimmten, und, wie schon
erwähnt, nur durch das Patent das der Kurfürst erließ, geretteten
Kerl, angehängt. Dem gemäß beruhigte der Prinz den Kohlhaas
über den Verdacht, den man ihm, durch die Umstände notge-
drungen, in diesem Verhör habe äußern müssen; versicherte ihn,
daß so lange *er* in Dresden wäre, die ihm erteilte Amnestie auf
keine Weise gebrochen werden solle; reichte den Knaben noch
einmal, indem er sie mit Obst, das auf seinem Tische stand, beschenkte, die Hand, grüßte den Kohlhaas und entließ ihn. Der
Großkanzler, der gleichwohl die Gefahr, die über den Roßhändler schwebte, erkannte, tat sein Äußerstes, um die Sache desselben, bevor sie durch neue Ereignisse verwickelt und verworren
würde, zu Ende zu bringen; das aber wünschten und bezweck-
ten die staatsklugen Ritter eben, und statt, wie zuvor, mit still-
schweigendem Eingeständnis der Schuld, ihren Widerstand auf
ein bloß gemildertes Rechtserkenntnis einzuschränken, fingen
sie jetzt an, in Wendungen arglistiger und rabulistischer Art,
diese Schuld selbst gänzlich zu leugnen. Bald gaben sie vor, daß
die Rappen des Kohlhaas, in Folge eines bloß eigenmächtigen
Verfahrens des Schloßvogts und Verwalters, von welchem der
Junker nichts oder nur Unvollständiges gewußt, auf der Tronkenburg zurückgehalten worden seien; bald versicherten sie,
daß die Tiere schon, bei ihrer Ankunft daselbst, an einem heftigen und gefährlichen Husten krank gewesen wären, und beriefen sich deshalb auf Zeugen, die sie herbeizuschaffen sich
anheischig machten; und als sie mit diesen Argumenten, nach
weitläuftigen Untersuchungen und Auseinandersetzungen, aus
dem Felde geschlagen waren, brachten sie gar ein kurfürstliches
Edikt bei, worin, vor einem Zeitraum von zwölf Jahren, einer
Viehseuche wegen, die Einführung der Pferde aus dem Brandenburgischen ins Sächsische, in der Tat verboten worden war:

zum sonnenklaren Beleg nicht nur der Befugnis, sondern sogar der Verpflichtung des Junkers, die von dem Kohlhaas über die Grenze gebrachten Pferde anzuhalten. – Kohlhaas, der inzwischen von dem wackern Amtmann zu Kohlhaasenbrück seine Meierei, gegen eine geringe Vergütigung des dabei gehabten Schadens, käuflich wieder erlangt hatte, wünschte, wie es scheint wegen gerichtlicher Abmachung dieses Geschäfts, Dresden auf einige Tage zu verlassen, und in diese seine Heimat zu reisen; ein Entschluß, an welchem gleichwohl, wie wir nicht zweifeln, weniger das besagte Geschäft, so dringend es auch in der Tat, wegen Bestellung der Wintersaat, sein mochte, als die Absicht unter so sonderbaren und bedenklichen Umständen seine Lage zu prüfen, Anteil hatte: zu welchem vielleicht auch noch Gründe anderer Art mitwirkten, die wir jedem, der in seiner Brust Bescheid weiß, zu erraten überlassen wollen. Demnach verfügte er sich, mit Zurücklassung der Wache, die ihm zugeordnet war, zum Großkanzler, und eröffnete ihm, die Briefe des Amtmanns in der Hand: daß er willens sei, falls man seiner, wie es den Anschein habe, bei dem Gericht nicht notwendig bedürfe, die Stadt zu verlassen, und auf einen Zeitraum von acht oder zwölf Tagen, binnen welcher Zeit er wieder zurück zu sein versprach, nach dem Brandenburgischen zu reisen. Der Großkanzler, indem er mit einem mißvergnügten und bedenklichen Gesichte zur Erde sah, versetzte: er müsse gestehen, daß seine Anwesenheit grade jetzt notwendiger sei als jemals, indem das Gericht wegen arglistiger und winkelziehender Einwendungen der Gegenpart, seiner Aussagen und Erörterungen, in tausenderlei nicht vorherzusehenden Fällen, bedürfe; doch da Kohlhaas ihn auf seinen, von dem Rechtsfall wohl unterrichteten Advokaten verwies, und mit bescheidener Zudringlichkeit, indem er sich auf acht Tage einzuschränken versprach, auf seine Bitte beharrte, so sagte der Großkanzler nach einer Pause kurz, indem er ihn entließ: »er hoffe, daß er sich deshalb Pässe, bei dem Prinzen Christiern von Meißen, ausbitten würde.« – – Kohlhaas, der sich auf das Gesicht des Großkanzlers gar wohl verstand, setzte sich, in seinem Entschluß nur bestärkt, auf der Stelle nieder, und bat, ohne irgend einen Grund anzugeben, den Prinzen von Meißen, als Chef des Guberniums, um Pässe auf acht Tage nach Kohlhaasenbrück, und zurück. Auf dieses Schreiben erhielt er eine, von dem Schloßhauptmann, Freiherrn Siegfried von Wenk, unterzeichnete Gubernial-Resolution, des Inhalts: »sein Gesuch um Pässe nach Kohlhaasenbrück werde des Kurfürsten Durchlaucht vorgelegt werden, auf dessen höchster Bewilligung, sobald sie einginge, ihm die Pässe zugeschickt werden würden.« Auf die Erkundigung Kohlhaasens bei seinem Advokaten, wie es zuginge, daß die Gubernial-Resolution von einem Freiherrn Siegfried von Wenk, und nicht von dem Prinzen Christiern von Meißen, an den er sich gewendet, unterschrieben sei, erhielt er zur Antwort: daß der Prinz vor drei Tagen auf seine Güter gereist, und die Gubernialgeschäfte während seiner Abwesenheit dem Schloßhauptmann Freiherrn Siegfried von Wenk, einem Vetter des oben erwähnten Herren gleiches Namens, übergeben worden wären. – Kohlhaas, dem das Herz unter allen diesen Umständen unruhig zu klopfen anfing, harrte durch mehrere Tage auf die Entscheidung seiner, der Person des Landesherrn mit befremdender Weitläuftigkeit vorgelegten Bitte; doch es verging eine Woche, und es verging mehr, ohne daß weder diese Entscheidung einlief, noch auch das Rechtserkenntnis, so bestimmt man es ihm auch verkündigt hatte, bei dem Tribunal gefällt ward: dergestalt, daß er am zwölften Tage, fest entschlossen, die Gesinnung der Regierung gegen ihn, sie möge sein, welche man wolle, zur Sprache zu bringen, sich niedersetzte, und das Gubernium von neuem in einer dringenden Vorstellung um die erforderten Pässe bat. Aber wie betreten war er, als er am Abend des folgenden, gleichfalls ohne die erwartete Antwort verstrichenen Tages, mit einem Schritt, den er gedankenvoll, in Erwägung seiner Lage, und besonders der ihm von dem Doktor Luther ausgewirkten Amnestie, an das Fenster seines Hinterstübchens tat, in dem kleinen, auf dem Hofe befindlichen Nebengebäude, das er ihr zum Aufenthalte angewiesen hatte, die Wache nicht er-

blickte, die ihm bei seiner Ankunft der Prinz von Meißen einge-
setzt hatte. Thomas, der alte Hausmann, den er herbeirief und
fragte: was dies zu bedeuten habe? antwortete ihm seufzend:
Herr! es ist nicht alles wie es sein soll; die Landsknechte, deren
heute mehr sind wie gewöhnlich, haben sich bei Einbruch der
Nacht um das ganze Haus verteilt; zwei stehen, mit Schild und
Spieß, an der vordern Tür auf der Straße; zwei an der hintern im
Garten: und noch zwei andere liegen im Vorsaal auf ein Bund
Stroh, und sagen, daß sie daselbst schlafen würden. Kohlhaas,
der seine Farbe verlor, wandte sich und versetzte: »es wäre
gleichviel, wenn sie nur da wären; und er möchte den Landsknechten, sobald er auf den Flur käme, Licht hinsetzen, damit
sie sehen könnten.« Nachdem er noch, unter dem Vorwande, ein
Geschirr auszugießen, den vordem Fensterladen eröffnet, und
sich von der Wahrheit des Umstands, den ihm der Alte entdeckt,
überzeugt hatte: denn eben ward sogar in geräuschloser Ab-
lösung die Wache erneuert, an welche Maßregel bisher, so lange
die Einrichtung bestand, noch niemand gedacht hatte: so legte er
sich, wenig schlaflustig allerdings, zu Bette, und sein Entschluß
war für den kommenden Tag sogleich gefaßt. Denn nichts miß-
gönnte er der Regierung, mit der er zu tun hatte, mehr, als den
Schein der Gerechtigkeit, während sie in der Tat die Amnestie,
die sie ihm angelobt hatte, an ihm brach; und falls er wirklich ein
Gefangener sein sollte, wie es keinem Zweifel mehr unterworfen
war, wollte er derselben auch die bestimmte und unumwundene
Erklärung, daß es so sei, abnötigen. Demnach ließ er, sobald der
Morgen des nächsten Tages anbrach, durch Sternbald, seinen
Knecht, den Wagen anspannen und vorführen, um wie er vor-
gab, zu dem Verwalter nach Lockewitz zu fahren, der ihn, als ein
alter Bekannter, einige Tage zuvor in Dresden gesprochen und
eingeladen hatte, ihn einmal mit seinen Kindern zu besuchen.
Die Landsknechte, welche mit zusammengesteckten Köpfen,
die dadurch veranlaßten Bewegungen im Hause wahrnahmen,
schickten einen aus ihrer Mitte heimlich in die Stadt, worauf
binnen wenigen Minuten ein Gubernial-Offiziant an der Spitze

mehrerer Häscher erschien, und sich, als ob er daselbst ein Geschäft hätte, in das gegenüberliegende Haus begab. Kohlhaas der mit der Ankleidung seiner Knaben beschäftigt, diese Bewegungen gleichfalls bemerkte, und den Wagen absichtlich länger, als eben nötig gewesen wäre, vor dem Hause halten ließ, trat, sobald er die Anstalten der Polizei vollendet sah, mit seinen Kindern, ohne darauf Rücksicht zu nehmen, vor das Haus hinaus; und während er dem Troß der Landsknechte, die unter der Tür standen, im Vorübergehen sagte, daß sie nicht nötig hätten, ihm zu folgen, hob er die Jungen in den Wagen und küßte und tröstete die kleinen weinenden Mädchen, die, seiner Anordnung gemäß, bei der Tochter des alten Hausmanns zurückbleiben sollten. Kaum hatte er selbst den Wagen bestiegen, als der Gubernial-Offiziant mit seinem Gefolge von Häschern, aus dem gegenüberliegenden Hause, zu ihm herantrat, und ihn fragte: wohin er wolle? Auf die Antwort Kohlhaasens: »daß er zu seinem Freund, dem Amtmann nach Lockewitz fahren wolle, der ihn vor einigen Tagen mit seinen beiden Knaben zu sich aufs Land geladen«, antwortete der Gubernial-Offiziant: daß er in diesem Fall einige Augenblicke warten müsse, indem einige berittene Landsknechte, dem Befehl des Prinzen von Meißen gemäß, ihn begleiten würden. Kohlhaas fragte lächelnd von dem Wagen herab: »ob er glaube, daß seine Person in dem Hause eines Freundes, der sich erboten, ihn auf einen Tag an seiner Tafel zu bewirten, nicht sicher sei?« Der Offiziant erwiderte auf eine heitere und angenehme Art: daß die Gefahr allerdings nicht groß sei; wobei er hinzusetzte: daß ihm die Knechte auch auf keine Weise zur Last fallen sollten. Kohlhaas versetzte ernsthaft: »daß ihm der Prinz von Meißen, bei seiner Ankunft in Dresden, freigestellt, ob er sich der Wache bedienen wolle oder nicht«; und da der Offiziant sich über diesen Umstand wunderte, und sich mit vorsichtigen Wendungen auf den Gebrauch, während der ganzen Zeit seiner Anwesenheit, berief: so erzählte der Roßhändler ihm den Vorfall, der die Einsetzung der Wache in seinem Hause veranlaßt hatte. Der Offiziant versicherte ihn, daß die Befehle des Schloßhauptmanns, Freiherrn von Wenk, der in diesem Augenblick Chef der Polizei sei, ihm die unausgesetzte Beschützung seiner Person zur Pflicht mache; und bat ihn, falls er sich die Begleitung nicht gefallen lassen wolle, selbst auf das Gubernium zu gehen, um den Irrtum, der dabei obwalten müsse, zu berichtigen. Kohlhaas, mit einem sprechenden Blick, den er auf den Offizianten warf, sagte, entschlossen die Sache zu beugen oder zu brechen: »daß er dies tun wolle«; stieg mit klopfendem Herzen von dem Wagen, ließ die Kinder durch den Hausmann in den Flur tragen, und verfügte sich, während der Knecht mit dem Fuhrwerk vor dem Hause halten blieb, mit dem Offizianten und seiner Wache in das Gubernium. Es traf sich, daß der Schloßhauptmann, Freiherr Wenk eben mit der Besichtigung einer Bande, am Abend zuvor eingebrachter Nagelschmidtscher Knechte, die man in der Gegend von Leipzig aufgefangen hatte, beschäftigt war, und die Kerle über manche Dinge, die man gern von ihnen gehört hätte, von den Rittern, die bei ihm waren, befragt wurden, als der Roßhändler mit seiner Begleitung zu ihm in den Saal trat. Der Freiherr, sobald er den Roßhändler erblickte, ging, während die Ritter plötzlich still wurden, und mit dem Verhör der Knechte einhielten, auf ihn zu, und fragte ihn: was er wolle? und da der Roßkamm ihm auf ehrerbietige Weise sein Vorhaben, bei dem Verwalter in Lockewitz zu Mittag zu speisen, und den Wunsch, die Landsknechte deren er dabei nicht bedürfe zurücklassen zu dürfen, vorgetragen hatte, antwortete der Freiherr, die Farbe im Gesicht wechselnd, indem er eine andere Rede zu verschlucken schien: »er würde wohl tun, wenn er sich still in seinem Hause hielte, und den Schmaus bei dem Lokkewitzer Amtmann vor der Hand noch aussetzte.« – Dabei wandte er sich, das ganze Gespräch zerschneidend, dem Offizianten zu, und sagte ihm: »daß es mit dem Befehl, den er ihm, in Bezug auf den Mann gegeben, sein Bewenden hätte, und daß derselbe anders nicht, als in Begleitung sechs berittener Landsknechte die Stadt verlassen dürfe.« – Kohlhaas fragte: ob er ein Gefangener wäre, und ob er glauben solle, daß die ihm feierlich, vor den Augen der ganzen Welt angelobte Amnestie gebrochen sei? worauf der Freiherr sich plötzlich glutrot im Gesichte zu ihm wandte, und, indem er dicht vor ihn trat, und ihm in das Auge sah, antwortete: ja! ja! ja! – ihm den Rücken zukehrte, ihn stehen ließ, und wieder zu den Nagelschmidtschen Knechten ging. Hierauf verließ Kohlhaas den Saal, und ob er schon einsah, daß er sich das einzige Rettungsmittel, das ihm übrig blieb, die Flucht, durch die Schritte die er getan, sehr erschwert hatte, so lobte er sein Verfahren gleichwohl, weil er sich nunmehr auch seinerseits von der Verbindlichkeit den Artikeln der Amnestie nachzukommen, befreit sah. Er ließ, da er zu Hause kam, die Pferde ausspannen, und begab sich, in Begleitung des Gubernial-Offizianten, sehr traurig und erschüttert in sein Zimmer; und während dieser Mann auf eine dem Roßhändler Ekel erregende Weise, versicherte, daß alles nur auf einem Mißverständnis beruhen müsse, das sich in Kurzem lösen würde, verriegelten die Häscher, auf seinen Wink, alle Ausgänge der Wohnung die auf den Hof führten; wobei der Offiziant ihm versicherte, daß ihm der vordere Haupteingang nach wie vor, zu seinem beliebigen Gebrauch offen stehe.

Inzwischen war der Nagelschmidt in den Wäldern des Erzgebirgs, durch Häscher und Landsknechte von allen Seiten so gedrängt worden, daß er bei dem gänzlichen Mängel an Hülfsmitteln, eine Rolle der Art, wie er sie übernommen, durchzuführen, auf den Gedanken verfiel, den Kohlhaas in der Tat ins Interesse zu ziehen; und da er von der Lage seines Rechtsstreits in Dresden durch einen Reisenden, der die Straße zog, mit ziemlicher Genauigkeit unterrichtet war: so glaubte er, der offenbaren Feindschaft, die unter ihnen bestand, zum Trotz, den Roßhändler bewegen zu können, eine neue Verbindung mit ihm einzugehen. Demnach schickte er einen Knecht, mit einem, in kaum leserlichem Deutsch abgefaßten Schreiben an ihn ab, des Inhalts: »Wenn er nach dem Altenburgischen kommen, und die Anführung des Haufens, der sich daselbst, aus Resten des aufgelösten zusammengefunden, wieder übernehmen wolle, so sei er erbötig, ihm zur Flucht aus seiner Haft in Dresden mit Pferden, Leuten und Geld an die Hand zu gehen; wobei er ihm versprach, künftig gehorsamer und überhaupt ordentlicher und besser zu sein, als vorher, und sich zum Beweis seiner Treue und Anhänglichkeit anheischig machte, selbst in die Gegend von Dresden zu kommen, um seine Befreiung aus seinem Kerker zu bewirken.« Nun hatte der, mit diesem Brief beauftragte Kerl das Unglück, in einem Dorf dicht vor Dresden, in Krämpfen häßlicher Art, denen er von Jugend auf unterworfen war, niederzusinken; bei welcher Gelegenheit der Brief, den er im Brustlatz trug, von Leuten, die ihm zu Hülfe kamen, gefunden, er selbst aber, sobald er sich erholt, arretiert, und durch eine Wache unter Begleitung vielen Volks, auf das Gubernium transportiert ward. Sobald der Schloßhauptmann von Wenk diesen Brief gelesen hatte, verfügte er sich unverzüglich zum Kurfürsten aufs Schloß, wo er die Herren Kunz und Hinz, welcher ersterer von seinen Wunden wieder hergestellt war, und den Präsidenten der Staatskanzelei, Grafen Kallheim, gegenwärtig fand. Die Herren waren der Meinung, daß der Kohlhaas ohne weiteres arretiert, und ihm, auf den Grund geheimer Einverständnisse mit dem Nagelschmidt, der Prozeß gemacht werden müsse; indem sie bewiesen, daß ein solcher Brief nicht, ohne daß frühere auch von Seiten des Roßhändlers vorangegangen, und ohne daß überhaupt eine frevelhafte und verbrecherische Verbindung, zu Schmiedung neuer Greuel, unter ihnen statt finden sollte, geschrieben sein könne. Der Kurfürst weigerte sich standhaft, auf den Grund bloß dieses Briefes, dem Kohlhaas das freie Geleit, das er ihm angelobt, zu brechen; er war vielmehr der Meinung, daß eine Art von Wahrscheinlichkeit aus dem Briefe des Nagelschmidt hervorgehe, daß keine frühere Verbindung zwischen ihnen statt gefunden habe; und alles, wozu er sich, um hierüber aufs Reine zu kommen, auf den Vorschlag des Präsidenten, obschon nach großer Zögerung entschloß, war, den Brief durch den von dem Nagelschmidt abgeschickten Knecht, gleichsam als ob derselbe nach wie vor frei sei, an ihn abgeben zu lassen, und zu prüfen, ob er ihn beantworten würde. Dem gemäß ward der Knecht, den man in ein Gefängnis gesteckt hatte, am andern Morgen auf das Gubernium geführt, wo der Schloßhauptmann ihm den Brief wieder zustellte, und ihn unter dem Versprechen, daß er frei sein, und die Strafe die er verwirkt, ihm erlassen sein solle, aufforderte, das Schreiben, als sei nichts vorgefallen, dem Roßhändler zu übergeben; zu welcher List schlechter Art sich dieser Kerl auch ohne weiteres gebrauchen ließ, und auf scheinbar geheimnisvolle Weise, unter dem Vorwand, daß er Krebse zu verkaufen habe, womit ihn der Gubernial-Offiziant, auf dem Markte, versorgt hatte, zu Kohlhaas ins Zimmer trat. Kohlhaas, der den Brief, während die Kinder mit den Krebsen spielten, las, würde den Gauner gewiß unter andern Umständen beim Kragen genommen, und den Landsknechten, die vor seiner Tür standen, überliefert haben; doch da bei der Stimmung der Gemüter auch selbst dieser Schritt noch einer gleichgültigen Auslegung fähig war, und er sich vollkommen überzeugt hatte, daß nichts auf der Welt ihn aus dem Handel, in dem er verwickelt war, retten konnte: so sah er dem Kerl, mit einem traurigen Blick, in sein ihm wohlbekanntes Gesicht, fragte ihn, wo er wohnte, und beschied ihn, in einigen Stunden, wieder zu sich, wo er ihm, in Bezug auf seinen Herrn, seinen Beschluß eröffnen wolle. Er hieß dem Sternbald, der zufällig in die Tür trat, dem Mann, der im Zimmer war, etliche Krebse abkaufen; und nachdem dies Geschäft abgemacht war, und beide sich ohne einander zu kennen, entfernt hatten, setzte er sich nieder und schrieb einen Brief folgenden Inhalts an den Nagelschmidt: »Zuvörderst daß er seinen Vorschlag, die Oberanführung seines Haufens im Altenburgischen betreffend, annähme; daß er dem gemäß, zur Befreiung aus der vorläufigen Haft, in welcher er, mit seinen fünf Kindern gehalten werde, ihm einen Wagen mit zwei Pferden nach der Neustadt bei Dresden schicken solle; daß er auch, rascheren Fortkommens wegen, noch eines Gespannes von zwei Pferden auf der Straße nach Wittenberg bedürfe, auf welchem Umweg er allein, aus Gründen, die anzugeben zu weitläufig wären, zu ihm kommen könne; daß er die Landsknechte, die ihn bewachten, zwar durch Bestechung gewinnen zu können glaube, für den Fall aber daß Gewalt nötig sei, ein paar beherzte, gescheute und wohlbewaffnete Knechte, in der Neustadt bei Dresden gegenwärtig wissen wolle; daß er ihm zur Bestreitung der mit allen diesen Anstalten verbundenen Kosten, eine Rolle von zwanzig Goldkronen durch den Knecht zuschicke, über deren Verwendung er sich, nach abgemachter Sache, mit ihm berechnen wolle; daß er sich übrigens, weil sie unnötig sei, seine eigne Anwesenheit bei seiner Befreiung in Dresden verbitte, ja ihm vielmehr den bestimmten Befehl erteile, zur einstweiligen Anführung der Bande, die nicht ohne Oberhaupt sein könne, im Altenburgischen zurückzubleiben.« – Diesen Brief, als der Knecht gegen Abend kam, überlieferte er ihm; beschenkte ihn selbst reichlich, und schärfte ihm ein, denselben wohl in acht zu nehmen. – Seine Absicht war mit seinen fünf Kindern nach Hamburg zu gehen, und sich von dort nach der Levante oder nach Ostindien, oder so weit der Himmel über andere Menschen, als die er kannte, blau war, einzuschiffen: denn die Dickfütterung der Rappen hatte seine, von Gram sehr gebeugte Seele auch unabhängig von dem Widerwillen, mit dem Nagelschmidt deshalb gemeinschaftliche Sache zu machen, aufgegeben. – Kaum hatte der Kerl diese Antwort dem Schloßhauptmann überbracht, als der Großkanzler abgesetzt, der Präsident, Graf Kallheim, an dessen Stelle, zum Chef des Tribunals ernannt, und Kohlhaas, durch einen Kabinettsbefehl des Kurfürsten arretiert, und schwer mit Ketten beladen in die Stadttürme gebracht ward. Man machte ihm auf den Grund dieses Briefes, der an alle Ecken der Stadt angeschlagen ward, den Prozeß; und da er vor den Schranken des Tribunals auf die Frage, ob er die Handschrift anerkenne, dem Rat, der sie ihm vorhielt, antwortete: »ja!« zur Antwort aber auf die Frage, ob er zu seiner Verteidigung etwas vorzubringen wisse, indem er den Blick zur Erde schlug, erwiderte, »nein!« so ward er verurteilt, mit glühenden Zangen von Schinderknechten gekniffen, geviertteilt, und sein Körper, zwischen Rad und Galgen, verbrannt zu werden.

So standen die Sachen für den armen Kohlhaas in Dresden, als der Kurfürst von Brandenburg zu seiner Rettung aus den Händen der Übermacht und Willkür auftrat, und ihn, in einer bei der kurfürstlichen Staatskanzlei daselbst eingereichten Note, als brandenburgischen Untertan reklamierte. Denn der wackere Stadthauptmann, Herr Heinrich von Geusau, hatte ihn, auf einem Spaziergange an den Ufern der Spree, Von der Geschichte dieses sonderbaren und nicht verwerflichen Mannes unterrichtet, bei welcher Gelegenheit er von den Fragen des erstaunten Herrn gedrängt, nicht umhin konnte, der Schuld zu erwähnen, die durch die Unziemlichkeiten seines Erzkanzlers, des Grafen Siegfried von Kallheim, seine eigene Person drückte: worüber der Kurfürst schwer entrüstet, den Erzkanzler, nachdem er ihn zur Rede gestellt und befunden, daß die Verwandtschaft desselben mit dem Hause derer von Tronka an allem schuld sei, ohne weiteres, mit mehreren Zeichen seiner Ungnade entsetzte, und den Herrn Heinrich von Geusau zum Erzkanzler ernannte.

Es traf sich aber, daß die Krone Polen grade damals, indem sie mit dem Hause Sachsen, um welchen Gegenstandes willen wissen wir nicht, im Streit lag, den Kurfürsten von Brandenburg, in wiederholten und dringenden Vorstellungen anging, sich mit ihr in gemeinschaftlicher Sache gegen das Haus Sachsen zu verbinden; dergestalt, daß der Erzkanzler, Herr Geusau, der in solchen Dingen nicht ungeschickt war, wohl hoffen durfte, den Wunsch seines Herrn, dem Kohlhaas, es koste was es wolle, Gerechtigkeit zu verschaffen, zu erfüllen, ohne die Ruhe des Ganzen auf eine mißlichere Art, als die Rücksicht auf einen einzelnen erlaubt, aufs Spiel zu setzen. Demnach forderte der Erzkanzler nicht nur wegen gänzlich willkürlichen, Gott und Menschen mißgefälligen Verfahrens, die unbedingte und ungesäumte Auslieferung des Kohlhaas, um denselben, falls ihn eine Schuld drücke, nach brandenburgischen Gesetzen, auf Klageartikel, die der Dresdner Hof deshalb durch einen Anwalt in Berlin anhängig machen könne, zu richten; sondern er begehrte sogar selbst Pässe für einen Anwalt, den der Kurfürst nach Dresden zu schicken willens sei, um dem Kohlhaas, wegen der ihm auf sächsischem Grund und Boden abgenommenen Rappen und anderer himmelschreienden Mißhandlungen und Gewalttaten halber, gegen den Junker Wenzel von Tronka, Recht zu verschaffen. Der Kämmerer, Herr Kunz, der bei der Veränderung der Staatsämter in Sachsen zum Präsidenten der Staatskanzlei ernannt worden war, und der aus mancherlei Gründen den Berliner Hof, in der Bedrängnis in der er sich befand, nicht verletzen wollte, antwortete im Namen seines über die eingegangene Note sehr niedergeschlagenen Herrn: »daß man sich über die Unfreundschaftlichkeit und Unbilligkeit wundere, mit welcher man dem Hofe zu Dresden das Recht abspräche, den Kohlhaas wegen Verbrechen, die er im Lande begangen, den Gesetzen gemäß zu richten, da doch weltbekannt sei, daß derselbe ein beträchtliches Grundstück in der Hauptstadt besitze, und sich selbst in der Qualität als sächsischen Bürger gar nicht verleugne.« Doch da die Krone Polen bereits zur Ausfechtung ihrer Ansprüche einen Heerhaufen von fünftausend Mann an der Grenze von Sachsen zusammenzog, und der Erzkanzler, Herr Heinrich von Geusau, erklärte: »daß Kohlhaasenbrück, der Ort, nach welchem der Roßhändler heiße, im Brandenburgischen liege, und daß man die Vollstreckung des über ihn ausgesprochenen Todesurteils für eine Verletzung des Völkerrechts halten würde«: so rief der Kurfürst, auf den Rat des Kämmerers, Herrn Kunz selbst, der sich aus diesem Handel zurückzuziehen wünschte, den Prinzen Christiern von Meißen von seinen Gütern herbei, und entschloß sich, auf wenige Worte dieses verständigen Herrn, den Kohlhaas, der Forderung gemäß, an den Berliner Hof auszuliefern. Der Prinz, der obschon mit den Unziemlichkeiten die vorgefallen waren, wenig zufrieden, die Leitung der Kohlhaasischen Sache auf den Wunsch seines bedrängten Herrn, übernehmen mußte, fragte ihn, auf welchen Grund er nunmehr den Roßhändler bei dem Kammergericht zu Berlin verklagt wissen wolle; und da man sich auf den leidigen Brief desselben an den Nagelschmidt, wegen der zweideutigen und unklaren Umstände, unter welchen er geschrieben war, nicht berufen konnte, der früheren Plünderungen und Einäscherungen aber, wegen des Plakats, worin sie ihm vergeben worden waren, nicht erwähnen durfte: so beschloß der Kurfürst, der Majestät des Kaisers zu Wien einen Bericht über den bewaffneten Einfall des Kohlhaas in Sachsen vorzulegen, sich über den Bruch des von ihm eingesetzten öffentlichen Landfriedens zu beschweren, und sie, die allerdings durch keine Amnestie gebunden war, anzuliegen, den Kohlhaas bei dem Hofgericht zu Berlin deshalb durch einen Reichsankläger zur Rechenschaft zu ziehen. Acht Tage darauf ward der Roßkamm durch den Ritter Friedrich von Malzahn, den der Kurfürst von Brandenburg mit sechs Reutern nach Dresden geschickt hatte, geschlossen wie er war, auf einen Wagen geladen, und mit seinen fünf Kindern, die man auf seine Bitte aus Findel- und Waisenhäusern wieder zusammengesucht hatte, nach Berlin transportiert. Es traf sich daß der Kurfürst von Sachsen auf die Einladung des Landdrosts, Grafen Aloysius von Kallheim, der damals an der Grenze von Sachsen beträchtliche Besitzungen hatte, in Gesellschaft des Kämmerers, Herrn Kunz, und seiner Gemahlin, der Dame Heloise, Tochter des Landdrosts und Schwester des Präsidenten, andrer glänzenden Herren und Damen, Jagdjunker und Hofherren, die dabei waren, nicht zu erwähnen, zu einem großen Hirschjagen, das man, um ihn zu erheitern, angestellt hatte, nach Dahme gereist war; dergestalt, daß unter dem Dach bewimpelter Zelte, die quer über die Straße auf einem Hügel erbaut waren, die ganze Gesellschaft vom Staub der Jagd noch bedeckt unter dem Schall einer heitern vom Stamm einer Eiche herschallenden Musik, von Pagen bedient und Edelknaben, an der Tafel saß, als der Roßhändler langsam mit seiner Reuterbedeckung die Straße von Dresden daher gezogen kam. Denn die Erkrankung eines der kleinen, zarten Kinder des Kohlhaas, hatte den Ritter von Malzahn, der ihn begleitete, genötigt, drei Tage lang in Herzberg zurückzubleiben; von welcher Maßregel er, dem Fürsten dem er diente deshalb allein verantwortlich, nicht nötig befunden hatte, der Regierung zu Dresden weitere Kenntnis zu geben. Der Kurfürst, der mit halboffener Brust, den Federhut, nach Art der Jäger, mit Tannenzweigen geschmückt, neben der Dame Heloise saß, die, in Zeiten früherer Jugend, seine erste Liebe gewesen war, sagte von der Anmut des Festes, das ihn umgaukelte, heiter gestimmt: »Lasset uns hingehen, und dem Unglücklichen, wer es auch sei, diesen Becher mit Wein reichen!« Die Dame Heloise, mit einem herzlichen Blick auf ihn, stand sogleich auf, und füllte, die ganze Tafel plündernd, ein silbernes Geschirr, das ihr ein Page reichte, mit Früchten, Kuchen und Brot an; und schon hatte, mit Erquickungen jeglicher Art, die ganze Gesellschaft wimmelnd das Zelt verlassen, als der Landdrost ihnen mit einem verlegenen Gesicht entgegen kam, und sie bat zurückzubleiben. Auf die betretene Frage des Kurfürsten was vorgefallen wäre, daß er so bestürzt sei? antwortete der Landdrost stotternd gegen den Kämmerer gewandt, daß der Kohlhaas im Wagen sei; auf welche jedermann unbegreifliche Nachricht, indem weltbekannt war, daß derselbe bereits vor sechs Tagen abgereist war, der Kämmerer, Herr Kunz, seinen Becher mit Wein nahm, und ihn, mit einer Rückwendung gegen das Zelt, in den Sand schüttete. Der Kurfürst setzte, über und über rot, den seinigen auf einen Teller, den ihm ein Edelknabe auf den Wink des Kämmerers zu diesem Zweck vorhielt; und während der Ritter Friedrich von Malzahn, unter ehrfurchtsvoller Begrüßung der Gesellschaft, die er nicht kannte, langsam durch die Zeltleinen, die über die Straße liefen, nach Dahme weiter zog, begaben sich die Herrschaften, auf die Einladung des Landdrosts, ohne weiter davon Notiz zu nehmen, ins Zelt zurück. Der Landdrost, sobald sich der Kurfürst niedergelassen hatte, schickte unter der Hand nach Dahme, um bei dem Magistrat daselbst die unmittelbare Weiterschaffung des Roßhändlers bewirken zu lassen; doch da der Ritter, wegen bereits zu weit vorgerückter Tageszeit, bestimmt in dem Ort übernachten zu wollen erklärte, so mußte man sich begnügen, ihn in einer dem Magistrat zugehörigen Meierei, die, in Gebüschen versteckt, auf der Seite lag, geräuschlos unterzubringen. Nun begab es sich, daß gegen Abend, da die Herrschaften vom Wein und dem Genuß eines üppigen Nachtisches zerstreut, den ganzen Vorfall wieder vergessen hatten, der Landdrost den Gedanken auf die Bahn brachte, sich noch einmal, eines Rudels Hirsche wegen, der sich hatte blicken lassen, auf den Anstand zu stellen; welchen Vorschlag die ganze Gesellschaft mit Freuden ergriff, und paarweise nachdem sie sich mit Büchsen versorgt, über Gräben und Hecken in die nahe Forst eilte: dergestalt, daß der Kurfürst und die Dame Heloise, die sich, um dem Schauspiel beizuwohnen, an seinen Arm hing, von einem Boten, den man ihnen zugeordnet hatte, unmittelbar, zu ihrem Erstaunen, durch den Hof des Hauses geführt wurden, in welchem Kohlhaas mit den brandenburgischen Reutern befindlich war. Die Dame als sie dies hörte, sagte: »kommt, gnädigster Herr, kommt!« und versteckte die Kette, die ihm vom Halse herabhing, schäkernd in seinen seidenen Brustlatz: »laßt uns ehe der Troß nachkömmt in die Meierei schleichen, und den wunderlichen Mann, der darin übernachtet, betrachten!« Der Kurfürst, indem er errötend ihre Hand ergriff, sagte: Heloise! was fällt Euch ein? Doch da sie, indem sie ihn betreten ansah, versetzte: »daß ihn ja in der Jägertracht, die ihn decke, kein Mensch erkenne!« und ihn fortzog; und in eben diesem Augenblick ein paar Jagdjunker, die ihre Neugierde schon befriedigt hatten, aus dem Hause heraustraten, versichernd, daß in der Tat, vermöge einer Veranstaltung, die der Landdrost getroffen, weder der Ritter noch der Roßhändler wisse, welche Gesellschaft in der Gegend von Dahme versammelt sei; so drückte der Kurfürst sich den Hut lächelnd in die Augen, und sagte: »Torheit, du regierst die Welt, und dein Sitz ist ein schöner weiblicher Mund!« – Es traf sich daß Kohlhaas eben mit dem Rücken gegen die Wand auf einem Bund Stroh saß, und sein, ihm in Herzberg erkranktes Kind mit Semmel und Milch fütterte, als die Herrschaften, um ihn zu besuchen, in die Meierei traten; und da die Dame ihn, um ein Gespräch einzuleiten, fragte: wer er sei? und was dem Kinde fehle? auch was er verbrochen und wohin man ihn unter solcher Bedeckung abführe? so rückte er seine lederne Mütze vor ihr, und gab ihr auf alle diese Fragen, indem er sein Geschäft fortsetzte, unreichliche aber befriedigende Antwort. Der Kurfürst, der hinter den Jagdjunkern stand, und eine kleine bleierne Kapsel, die ihm an einem seidenen Faden vom Hals herabhing, bemerkte, fragte ihn, da sich grade nichts Besseres zur Unterhaltung darbot: was diese zu bedeuten hätte und was darin befindlich wäre? Kohlhaas erwiderte: »ja, gestrenger Herr, diese Kapsel!« – und damit streifte er sie vom Nacken ab, öffnete sie und nahm einen kleinen mit Mundlack versiegelten Zettel heraus – »mit dieser Kapsel hat es eine wunderliche Bewandtnis! Sieben Monden mögen es etwa sein, genau am Tage nach dem Begräbnis meiner Frau; und von Kohlhaasenbrück, wie Euch vielleicht bekannt sein wird, war ich aufgebrochen, um des Junkers von Tronka, der mir viel Unrecht zugefügt, habhaft zu werden, als um einer Verhandlung willen, die mir unbekannt ist, der Kurfürst von Sachsen und der Kurfürst von Brandenburg in Jüterbock, einem Marktflecken, durch den der Streifzug mich führte, eine Zusammenkunft hielten; und da sie sich gegen Abend ihren Wünschen gemäß vereinigt hatten, so gingen sie, in freundschaftlichem Gespräch, durch die Straßen der Stadt, um den Jahrmarkt, der eben darin fröhlich abgehalten ward, in Augenschein zu nehmen. Da trafen sie auf eine Zigeunerin, die, auf einem Schemel sitzend, dem Volk, das sie umringte, aus dem Kalender wahrsagte, und fragten sie scherzhafter Weise: ob sie ihnen nicht auch etwas, das ihnen lieb wäre, zu eröffnen hätte? Ich, der mit meinem Haufen eben in einem Wirtshause abgestiegen, und auf dem Platz, wo dieser Vorfall sich zutrug, gegenwärtig war, konnte hinter allem Volk, am Eingang einer Kirche, wo ich stand, nicht vernehmen, was die wunderliche Frau den Herren sagte; dergestalt, daß, da die Leute lachend einander zuflüsterten, sie teile nicht jedermann ihre Wissenschaft mit, und sich des Schauspiels wegen das sich bereitete, sehr bedrängten, ich, weniger neugierig, in der Tat, als um den Neugierigen Platz zu machen, auf eine Bank stieg, die hinter mir im Kircheneingange ausgehauen war. Kaum hatte ich von diesem Standpunkt aus, mit völliger Freiheit der Aussicht, die Herrschaften und das Weib, das auf dem Schemel vor ihnen saß und etwas aufzukritzeln schien, erblickt: da steht sie plötzlich auf ihre Krücken gelehnt, indem sie sich im Volk umsieht, auf; faßt mich, der nie ein Wort mit ihr wechselte, noch ihrer Wissenschaft Zeit seines Lebens begehrte, ins Auge; drängt sich durch den ganzen dichten Auflauf der Menschen zu mir heran und spricht: ›da! wenn es der Herr wissen will, so mag er dich danach fragen!‹ Und damit, gestrenger Herr, reichte sie mir mit ihren dürren knöchernen Händen diesen Zettel dar. Und da ich betreten, während sich alles Volk zu mir umwendet, spreche: Mütterchen, was auch verehrst du mir da? antwortet sie, nach vielem unvernehmlichen Zeug, worunter ich jedoch zu meinem großen Befremden meinen Namen höre: ›ein Amulett, Kohlhaas, der Roßhändler; verwahr es wohl, es wird dir dereinst das Leben retten!‹ und verschwindet. – Nun!« fuhr Kohlhaas gutmütig fort: »die Wahrheit zu gestehen, hats mir in Dresden, so scharf es herging, das Leben nicht gekostet; und wie es mir in Berlin gehen wird, und ob ich auch dort damit bestehen werde, soll die Zukunft lehren.« – Bei diesen Worten setzte sich der Kurfürst auf eine Bank; und ob er schon auf die betretne Frage der Dame: was ihm fehle? antwortete: nichts, gar nichts! so fiel er doch schon ohnmächtig auf den Boden nieder, ehe sie noch Zeit hatte ihm beizuspringen, und in ihre Arme aufzunehmen. Der Rittet von Malzahn, der in eben diesem Augenblick, eines Geschäfts halber, ins Zimmer trat, sprach: heiliger Gott! was fehlt dem Herrn? Die Dame rief: schafft Wasser her! Die Jagdjunker hoben ihn auf und trugen ihn auf ein im Nebenzimmer befindliches Bett; und die Bestürzung erreichte ihren Gipfel, als der Kämmerer, den ein Page herbeirief, nach mehreren vergeblichen Bemühungen, ihn ins Leben zurückzubringen, erklärte: er gebe alle Zeichen von sich, als ob ihn der Schlag gerührt! Der Landdrost, während der Mundschenk einen reitenden Boten nach Luckau schickte, um einen Arzt herbeizuholen, ließ ihn, da er die Augen aufschlug, in einen Wagen bringen, und Schritt vor

Schritt nach seinem in der Gegend befindlichen Jagdschloß abführen; aber diese Reise zog ihm, nach seiner Ankunft daselbst, zwei neue Ohnmachten zu: dergestalt, daß er sich erst spät am andern Morgen, bei der Ankunft des Arztes aus Luckau, unter gleichwohl entscheidenden Symptomen eines herannahenden Nervenfiebers, einigermaßen erholte. Sobald er seiner Sinne mächtig geworden war, richtete er sich halb im Bette auf, und seine erste Frage war gleich: wo der Kohlhaas sei? Der Kämmerer, der seine Frage mißverstand, sagte, indem er seine Hand ergriff: daß er sich dieses entsetzlichen Menschen wegen beruhigen möchte, indem derselbe, seiner Bestimmung gemäß, nach jenem sonderbaren und unbegreiflichen Vorfall, in der Meierei zu Dahme, unter brandenburgischer Bedeckung, zurückgeblieben wäre. Er fragte ihn, unter der Versicherung seiner lebhaftesten Teilnahme und der Beteurung, daß er seiner Frau, wegen des unverantwortlichen Leichtsinns, ihn mit diesem Mann zusammenzubringen, die bittersten Vorwürfe gemacht hätte: was ihn denn so wunderbar und ungeheuer in der Unterredung mit demselben ergriffen hätte? Der Kurfürst sagte: er müsse ihm nur gestehen, daß der Anblick eines nichtigen Zettels, den der Mann in einer bleiernen Kapsel mit sich führe, schuld an dem ganzen unangenehmen Zufall sei, der ihm zugestoßen. Er setzte noch mancherlei zur Erklärung dieses Umstands, das der Kämmerer nicht verstand, hinzu; versicherte ihn plötzlich, indem er seine Hand zwischen die seinigen drückte, daß ihm der Besitz dieses Zettels von der äußersten Wichtigkeit sei; und bat ihn, unverzüglich aufzusitzen, nach Dahme zu reiten, und ihm den Zettel, um welchen Preis es immer sei, von demselben zu erhandeln. Der Kämmerer, der Mühe hatte, seine Verlegenheit zu verbergen, versicherte ihn: daß, falls dieser Zettel einigen Wert für ihn hätte, nichts auf der Welt notwendiger wäre, als dem Kohlhaas diesen Umstand zu verschweigen; indem, sobald derselbe durch eine unvorsichtige Äußerung Kenntnis davon nähme, alle Reichtümer, die er besäße, nicht hinreichen würden, ihn aus den Händen dieses grimmigen, in seiner Rachsucht unersättlichen

Kerls zu erkaufen. Er fügte, um ihn zu beruhigen, hinzu, daß man auf ein anderes Mittel denken müsse, und daß es vielleicht durch List, vermöge eines Dritten ganz Unbefangenen, indem der Bösewicht wahrscheinlich, an und für sich, nicht sehr daran hänge, möglich sein würde, sich den Besitz des Zettels, an dem ihm so viel gelegen sei, zu verschaffen. Der Kurfürst, indem er sich den Schweiß abtrocknete, fragte: ob man nicht unmittelbar zu diesem Zweck nach Dahme schicken, und den weiteren Transport des Roßhändlers, vorläufig, bis man des Blattes, auf welche Weise es sei, habhaft geworden, einstellen könne? Der Kämmerer, der seinen Sinnen nicht traute, versetzte: daß leider allen wahrscheinlichen Berechnungen zufolge, der Roßhändler Dahme bereits verlassen haben, und sich jenseits der Grenze, auf brandenburgischem Grund und Boden befinden müsse, wo das Unternehmen, die Fortschaffung desselben zu hemmen, oder wohl gar rückgängig zu machen, die unangenehmsten und weit-läuftigsten, ja solche Schwierigkeiten, die vielleicht gar nicht zu beseitigen wären, veranlassen würde. Er fragte ihn, da der Kur-fürst sich schweigend, mit der Gebärde eines ganz Hoffnungs-losen, auf das Kissen zurücklegte: was denn der Zettel enthalte? und durch welchen Zufall befremdlicher und unerklärlicher Art ihm, daß der Inhalt ihn betreffe, bekannt sei? Hierauf aber, unter zweideutigen Blicken auf den Kämmerer, dessen Willfährigkeit er in diesem Falle mißtraute, antwortete der Kurfürst nicht: starr, mit unruhig klopfendem Herzen lag er da, und sah auf die Spitze des Schnupftuchs nieder, das er gedankenvoll zwischen den Händen hielt; und bat ihn plötzlich, den Jagdjunker vom Stein, einen jungen, rüstigen und gewandten Herrn, dessen er sich öfter schon zu geheimen Geschäften bedient hatte, unter dem Vorwand, daß er ein anderweitiges Geschäft mit ihm abzu-machen habe, ins Zimmer zu rufen. Den Jagdjunker, nachdem er ihm die Sache auseinandergelegt, und von der Wichtigkeit des Zettels, in dessen Besitz der Kohlhaas war, unterrichtet hatte, fragte er, ob er sich ein ewiges Recht auf seine Freundschaft er-werben, und ihm den Zettel, noch ehe derselbe Berlin erreicht, verschaffen wolle? und da der Junker, sobald er das Verhältnis nur, sonderbar wie es war, einigermaßen überschaute, versicherte, daß er ihm mit allen seinen Kräften zu Diensten stehe: so trug ihm der Kurfürst auf, dem Kohlhaas nachzureiten, und ihm, da demselben mit Geld wahrscheinlich nicht beizukommen sei, in einer mit Klugheit angeordneten Unterredung, Freiheit und Leben dafür anzubieten, ja ihm, wenn er darauf bestehe, unmittelbar, obschon mit Vorsicht, zur Flucht aus den Händen der brandenburgischen Reuter, die ihn transportierten, mit Pferden, Leuten und Geld an die Hand zu gehen. Der Jagdjunker, nachdem er sich ein Blatt von der Hand des Kurfürsten zur Beglaubigung ausgebeten, brach auch sogleich mit einigen Knechten auf, und hatte, da er den Odem der Pferde nicht sparte, das Glück, den Kohlhaas auf einem Grenzdorf zu treffen, wo derselbe mit dem Ritter von Malzahn und seinen fünf Kindern ein Mittagsmahl, das im Freien vor der Tür eines Hauses angerichtet war, zu sich nahm. Der Ritter von Malzahn, dem der Junker sich als einen Fremden, der bei seiner Durchreise den seltsamen Mann, den er mit sich führe, in Augenschein zu nehmen wünsche, vorstellte, nötigte ihn sogleich auf zuvorkommende Art, indem er ihn mit dem Kohlhaas bekannt machte, an der Tafel nieder; und da der Ritter in Geschäften der Abreise ab und zuging, die Reuter aber an einem, auf des Hauses anderer Seite befindlichen Tisch, ihre Mahlzeit hielten: so traf sich die Gelegenheit bald, wo der Junker dem Roßhändler eröffnen konnte, wer er sei, und in welchen besonderen Aufträgen er zu ihm komme. Der Roßhändler, der bereits Rang und Namen dessen, der beim Anblick der in Rede stehenden Kapsel, in der Meierei zu Dahme in Ohnmacht gefallen war, kannte, und der zur Krönung des Taumels, in welchen ihn diese Entdeckung versetzt hatte, nichts bedurfte, als Einsicht in die Geheimnisse des Zettels, den er, um mancherlei Gründe willen, entschlossen war, aus bloßer Neugierde nicht zu eröffnen: der Roßhändler sagte, eingedenk der unedelmütigen und unfürstlichen Behandlung, die er in Dresden, bei seiner gänzlichen Bereitwilligkeit, alle nur möglichen Opfer zu bringen, hatte erfahren müssen: »daß er den Zettel behalten wolle.« Auf die Frage des Jagdjunkers: was ihn zu dieser sonderbaren Weigerung, da man ihm doch nichts Minderes, als Freiheit und Leben dafür anbiete, veranlasse? antwortete Kohlhaas: »Edler Herr! Wenn Euer Landesherr käme, und spräche, ich will mich, mit dem ganzen Troß derer, die mir das Szepter führen helfen, vernichten – vernichten, versteht Ihr, welches allerdings der größeste Wunsch ist, den meine Seele hegt: so würde ich ihm doch den Zettel noch, der ihm mehr wert ist, als das Dasein, verweigern und sprechen: du kannst mich auf das Schafott bringen, ich aber kann dir weh tun, und ich wills!« Und damit, im Antlitz den Tod, rief er einen Reuter herbei, unter der Aufforderung, ein gutes Stück Essen, das in der Schüssel übrig geblieben war, zu sich zu nehmen; und für den ganzen Rest der Stunde, die er im Flecken zubrachte, für den Junker, der an der Tafel saß, wie nicht vorhanden, wandte er sich erst wieder, als er den Wagen bestieg, mit einem Blick, der ihn abschiedlich grüßte, zu ihm zurück. – Der Zustand des Kurfürsten, als er diese Nachricht bekam, verschlimmerte sich in dem Grade, daß der Arzt, während drei verhängnisvoller Tage, seines Lebens Wegen, das zu gleicher Zeit, von so vielen Seiten angegriffen ward, in der größesten Besorgnis war. Gleichwohl stellte er sich, durch die Kraft seiner natürlichen Gesundheit, nach dem Krankenlager einiger peinlich zugebrachten Wochen wieder her; dergestalt wenigstens, daß man ihn in einen Wagen bringen, und mit Kissen und Decken wohl versehen, nach Dresden zu seinen Regierungsgeschäften wieder zurückführen konnte. Sobald er in dieser Stadt angekommen war, ließ er den Prinzen Christiern von Meißen rufen, und fragte denselben: wie es mit der Abfertigung des Gerichtsrats Eibenmayer stünde, den man, als Anwalt in der Sache des Kohlhaas, nach Wien zu schicken gesonnen gewesen wäre, um kaiserlicher Majestät daselbst die Beschwerde wegen gebrochenen, kaiserlichen Landfriedens, vorzulegen? Der Prinz antwortete ihm: daß derselbe, dem, bei seiner Abreise nach Dahme hinterlassenen Befehl gemäß, gleich nach Ankunft des

Rechtsgelehrten Zäuner, den der Kurfürst von Brandenburg als Anwalt nach Dresden geschickt hätte, um die Klage desselben, gegen den Junker Wenzel von Tronka, der Rappen wegen, vor Gericht zu bringen, nach Wien abgegangen wäre. Der Kurfürst, indem er errötend an seinen Arbeitstisch trat, wunderte sich über diese Eilfertigkeit, indem er seines Wissens erklärt hätte, die definitive Abreise des Eibenmayer, wegen vorher notwendiger Rücksprache mit dem Doktor Luther, der dem Kohlhaas die Amnestie ausgewirkt, einem näheren und bestimmteren Befehl vorbehalten zu wollen. Dabei warf er einige Briefschaften und Akten, die auf dem Tisch lagen, mit dem Ausdruck zurückgehaltenen Unwillens, über einander. Der Prinz, nach einer Pause, in welcher er ihn mit großen Augen ansah, versetzte, daß es ihm leid täte, wenn er seine Zufriedenheit in dieser Sache verfehlt habe; inzwischen könne er ihm den Beschluß des Staatsrats vorzeigen, worin ihm die Abschickung des Rechtsanwalts, zu dem besagten Zeitpunkt, zur Pflicht gemacht worden wäre. Er setzte hinzu, daß im Staatsrat von einer Rücksprache mit dem Doktor Luther, auf keine Weise die Rede gewesen wäre; daß es früherhin vielleicht zweckmäßig gewesen sein möchte, diesen geistlichen Herrn, wegen der Verwendung, die er dem Kohlhaas angedeihen lassen, zu berücksichtigen, nicht aber jetzt mehr, nachdem man demselben die Amnestie vor den Augen der ganzen Welt gebrochen, ihn arretiert, und zur Verurteilung und Hinrichtung an die brandenburgischen Gerichte ausgeliefert hätte. Der Kurfürst sagte: das Versehen, den Eibenmayer abgeschickt zu haben, wäre auch in der Tat nicht groß; inzwischen wünsche er, daß derselbe vorläufig, bis auf weiteren Befehl, in seiner Eigenschaft als Ankläger zu Wien nicht aufträte, und bat den Prinzen, deshalb das Erforderliche unverzüglich durch einen Expressen, an ihn zu erlassen. Der Prinz antwortete: daß dieser Befehl leider um einen Tag zu spät käme, indem der Eibenmayer bereits nach einem Berichte, der eben heute eingelaufen, in seiner Qualität als Anwalt aufgetreten, und mit Einreichung der Klage bei der Wiener Staatskanzlei vorgegangen wäre. Er setzte auf die betroffene

Frage des Kurfürsten: wie dies überall in so kurzer Zeit möglich sei? hinzu: daß bereits, seit der Abreise dieses Mannes drei Wochen verstrichen wären, und daß die Instruktion, die er erhalten, ihm eine ungesäumte Abmachung dieses Geschäfts, gleich nach seiner Ankunft in Wien zur Pflicht gemacht hätte. Eine Verzögerung, bemerkte der Prinz, würde in diesem Fall um so unschicklicher gewesen sein, da der brandenburgische Anwalt Zäuner, gegen den Junker Wenzel von Tronka mit dem trotzigsten Nachdruck verfahre, und bereits auf eine vorläufige Zurückziehung der Rappen, aus den Händen des Abdeckers, behufs ihrer künftigen Wiederherstellung, bei dem Gerichtshof angetragen, und auch aller Einwendungen der Gegenpart ungeachtet, durchgesetzt habe. Der Kurfürst, indem er die Klingel zog, sagte: »gleichviel! es hätte nichts zu bedeuten!« und nachdem er sich mit gleichgültigen Fragen: wie es sonst in Dresden stehe? und was in seiner Abwesenheit vorgefallen sei? zu dem Prinzen zurückgewandt hatte: grüßte er ihn, unfähig seinen innersten Zustand zu verbergen, mit der Hand, und entließ ihn. Er forderte ihm noch an demselben Tage schriftlich, unter dem Vorwande, daß er die Sache, ihrer politischen Wichtigkeit wegen, selbst bearbeiten wolle, die sämtlichen Kohlhaasischen Akten ab; und da ihm der Gedanke, denjenigen zu verderben, von dem er allein über die Geheimnisse des Zettels Auskunft erhalten konnte, unerträglich war: so verfaßte er einen eigenhändigen Brief an den Kaiser, worin er ihn auf herzliche und dringende Weise bat, aus wichtigen Gründen, die er ihm vielleicht in kurzer Zeit bestimmter auseinander legen würde, die Klage, die der Eibenmayer gegen den Kohlhaas eingereicht, vorläufig bis auf einen weiteren Beschluß, zurücknehmen zu dürfen. Der Kaiser, in einer durch die Staatskanzlei ausgefertigten Note, antwortete ihm: »daß der Wechsel, der plötzlich in seiner Brust vorgegangen zu sein scheine, ihn aufs äußerste befremde; daß der sächsischerseits an ihn erlassene Bericht, die Sache des Kohlhaas zu einer Angelegenheit gesamten heiligen römischen Reichs gemacht hätte; daß demgemäß er, der Kaiser, als Oberhaupt dessel-

ben, sich verpflichtet gesehen hätte, als Ankläger in dieser Sache
bei dem Hause Brandenburg aufzutreten; dergestalt, daß da bereits der Hof-Assessor Franz Müller, in der Eigenschaft als Anwalt nach Berlin gegangen wäre, um den Kohlhaas daselbst, wegen Verletzung des öffentlichen Landfriedens, zur Rechenschaft
zu ziehen, die Beschwerde nunmehr auf keine Weise zurückge-
nommen werden könne, und die Sache den Gesetzen gemäß, ihren weiteren Fortgang nehmen müsse.« Dieser Brief schlug den
Kurfürsten völlig nieder; und da, zu seiner äußersten Betrübnis,
in einiger Zeit Privatschreiben aus Berlin einliefen, in welchen
die Einleitung des Prozesses bei dem Kammergericht gemeldet,
und bemerkt ward, daß der Kohlhaas wahrscheinlich, allen Bemühungen des ihm zugeordneten Advokaten ungeachtet, auf
dem Schafott enden werde: so beschloß dieser unglückliche
Herr noch einen Versuch zu machen, und bat den Kurfürsten
von Brandenburg, in einer eigenhändigen Zuschrift, um des
Roßhändlers Leben. Er schützte vor, daß die Amnestie, die man
diesem Manne angelobt, die Vollstreckung eines Todesurteils an
demselben, füglicher Weise, nicht zulasse; versicherte ihn, daß
es, trotz der scheinbaren Strenge, mit welcher man gegen ihn
verfahren, nie seine Absicht gewesen wäre, ihn sterben zu lassen;
und beschrieb ihm, wie trostlos er sein würde, wenn der Schutz,
den man vorgegeben hätte, ihm von Berlin aus angedeihen lassen
zu wollen, zuletzt, in einer unerwarteten Wendung, zu seinem
größeren Nachteile ausschlüge, als wenn er in Dresden geblieben, und seine Sache nach sächsischen Gesetzen entschieden
worden wäre. Der Kurfürst von Brandenburg, dem in dieser
Angabe mancherlei zweideutig und unklar schien, antwortete
ihm: »daß der Nachdruck, mit welchem der Anwalt kaiserlicher
Majestät verführe, platterdings nicht erlaube, dem Wunsch, den
er ihm geäußert, gemäß, von der strengen Vorschrift der Gesetze
abzuweichen. Er bemerkte, daß die ihm vorgelegte Besorgnis
in der Tat zu weit ginge, indem die Beschwerde, wegen der
dem Kohlhaas in der Amnestie verziehenen Verbrechen ja nicht
von ihm, der demselben die Amnestie erteilt, sondern von dem

Reichsoberhaupt, das daran auf keine Weise gebunden sei, bei dem Kammergericht zu Berlin anhängig gemacht worden wäre. Dabei stellte er ihm vor, wie notwendig bei den fortdauernden Gewalttätigkeiten des Nagelschmidt, die sich sogar schon, mit unerhörter Dreistigkeit, bis aufs brandenburgische Gebiet erstreckten, die Statuierung eines abschreckenden Beispiels wäre, und bat ihn, falls er dies alles nicht berücksichtigen wolle, sich an des Kaisers Majestät selbst zu wenden, indem, wenn dem Kohlhaas zu Gunsten ein Machtspruch fallen sollte, dies allein auf eine Erklärung von dieser Seite her geschehen könne.« Der Kurfürst, aus Gram und Ärger über alle diese mißglückten Versuche, verfiel in eine neue Krankheit; und da der Kämmerer ihn an einem Morgen besuchte, zeigte er ihm die Briefe, die er, um dem Kohlhaas das Leben zu fristen, und somit wenigstens Zeit zu gewinnen, des Zettels, den er besäße, habhaft zu werden, an den Wiener und Berliner Hof erlassen. Der Kämmerer warf sich auf Knieen vor ihm nieder, und bat ihn, um alles was ihm heilig und teuer sei, ihm zu sagen, was dieser Zettel enthalte? Der Kurfürst sprach, er möchte das Zimmer verriegeln, und sich auf das Bett niedersetzen; und nachdem er seine Hand ergriffen, und mit einem Seufzer an sein Herz gedrückt hatte, begann er folgendergestalt: »Deine Frau hat dir, wie ich höre, schon erzählt, daß der Kurfürst von Brandenburg und ich, am dritten Tage der Zusammenkunft, die wir in Jüterbock hielten, auf eine Zigeunerin trafen; und da der Kurfürst, aufgeweckt wie er von Natur ist, beschloß, den Ruf dieser abenteuerlichen Frau, von deren Kunst, eben bei der Tafel, auf ungebührliche Weise die Rede gewesen war, durch einen Scherz im Angesicht alles Volks zu nichte zu machen: so trat er mit verschränkten Armen vor ihren Tisch, und forderte, der Weissagung wegen, die sie ihm machen sollte, ein Zeichen von ihr, das sich noch heute erproben ließe, vorschützend, daß er sonst nicht, und wäre sie auch die römische Sybille selbst; an ihre Worte glauben könne. Die Frau, indem sie uns flüchtig von Kopf zu Fuß maß, sagte: das Zeichen würde sein, daß uns der große, gehörnte Rehbock, den der Sohn des

Gärtners im Park erzog, auf dem Markt, worauf wir uns befanden, bevor wir ihn noch verlassen, entgegenkommen würde. Nun mußt du wissen, daß dieser, für die Dresdner Küche bestimmte Rehbock, in einem mit Latten hoch verzäunten Verschlage, den die Eichen des Parks beschatteten, hinter Schloß und Riegel aufbewahrt ward, dergestalt, daß, da überdies anderen kleineren Wildes und Geflügels wegen, der Park überhaupt und obenein der Garten, der zu ihm führte, in sorgfältigem Beschluß gehalten ward, schlechterdings nicht abzusehen war, wie uns das Tier, diesem sonderbaren Vorgeben gemäß, bis auf dem Platz, wo wir standen, entgegen kommen würde; gleichwohl schickte der Kurfürst aus Besorgnis vor einer dahinter steckenden Schelmerei, nach einer kurzen Abrede mit mir, entschlossen, auf unabänderliche Weise, alles was sie noch vorbringen würde, des Spaßes wegen, zu Schanden zu machen, ins Schloß, und befahl, daß der Rehbock augenblicklich getötet, und für die Tafel, an einem der nächsten Tage, zubereitet werden solle. Hierauf wandte er sich zu der Frau, vor welcher diese Sache laut verhandelt worden war, zurück, und sagte: nun, wohlan! was hast du mir für die Zukunft zu entdecken? Die Frau, indem sie in seine Hand sah, sprach: Heil meinem Kurfürsten und Herrn! Deine Gnaden wird lange regieren, das Haus, aus dem du stammst, lange bestehen, und deine Nachkommen groß und herrlich werden und zu Macht gelangen, vor allen Fürsten und Herren der Welt! Der Kurfürst, nach einer Pause, in welcher er die Frau gedankenvoll ansah, sagte halblaut, mit einem Schritte, den er zu mir tat, daß es ihm jetzo fast leid täte, einen Boten abgeschickt zu haben, um die Weissagung zu nichte zu machen; und während das Geld aus den Händen der Ritter, die ihm folgten, der Frau haufenweis, unter vielem Jubel, in den Schoß regnete, fragte er sie, indem er selbst in die Tasche griff, und ein Goldstück dazu legte: ob der Gruß, den sie mir zu eröffnen hätte, auch von so silbernem Klang wäre, als der seinige? Die Frau, nachdem sie einen Kasten, der ihr zur Seite stand, aufgemacht, und das Geld, nach Sorte und Menge, weitläufig und umständlich darin geordnet, und den Kasten wieder verschlossen hatte, schützte ihre Hand vor die Sonne, gleichsam als ob sie ihr lästig wäre, und sah mich an; und da ich die Frage an sie wiederholte, und, auf scherzhafte Weise, während sie meine Hand prüfte, zum Kurfürsten sagte: *mir,* scheint es, hat sie nichts, das eben angenehm wäre, zu verkünden: so ergriff sie ihre Krücken, hob sich langsam daran vom Schemel empor, und indem sie sich, mit geheimnisvoll vorgehaltenen Händen, dicht zu mir heran drängte, flüsterte sie mir vernehmlich ins Ohr: nein! – So! sagt ich verwirrt, und trat einen Schritt vor der Gestalt zurück, die sich, mit einem Blick, kalt und leblos, wie aus marmornen Augen, auf den Schemel, der hinter ihr stand, zurücksetzte: von welcher Seite her droht meinem Hause Gefahr? Die Frau, indem sie eine Kohle und ein Papier zur Hand nahm und ihre Knie kreuzte, fragte: ob sie es mir aufschreiben solle? und da ich, verlegen in der Tat, bloß weil mir, unter den bestehenden Umständen, nichts anders übrig blieb, antwortete: ja! das tu! so versetzte sie: ›wohlan! dreierlei schreib ich dir auf: den Namen des letzten Regenten deines Hauses, die Jahrzahl, da er sein Reich verlieren, und den Namen dessen, der es, durch die Gewalt der Waffen, an sich reißen wird.‹ Dies, vor den Augen allen Volks abgemacht, erhebt sie sich, verklebt den Zettel mit Lack, den sie in ihrem welken Munde befeuchtet, und drückt einen bleiernen, an ihrem Mittelfinger befindlichen Siegelring darauf. Und da ich den Zettel, neugierig, wie du leicht begreifst, mehr als Worte sagen können, erfassen will, spricht sie: ›mit nichten, Hoheit!‹ und wendet sich und hebt ihrer Krücken eine empor: ›von jenem Mann dort, der, mit dem Federhut, auf der Bank steht, hinter allem Volk, am Kircheneingang, lösest du, wenn es dir beliebt, den Zettel ein!‹ Und damit, ehe ich noch recht begriffen, was sie sagt, auf dem Platz, vor Erstaunen sprachlos, läßt sie mich stehen; und während sie den Kasten, der hinter ihr stand, zusammenschlug, und über den Rücken warf, mischt sie sich, ohne daß ich weiter bemerken konnte, was sie tut, unter den Haufen des uns umringenden Volks. Nun trat, zu meinem in der Tat herzlichen

Trost, in eben diesem Augenblick der Ritter auf, den der Kurfürst ins Schloß geschickt hatte, und meldete ihm, mit lachendem Munde, daß der Rehbock getötet, und durch zwei Jäger, vor seinen Augen, in die Küche geschleppt worden sei. Der Kurfürst, indem er seinen Arm munter in den meinigen legte, in der Absicht, mich von dem Platz hinwegzuführen, sagte: nun, wohlan! so war die Prophezeiung eine alltägliche Gaunerei, und Zeit und Gold, die sie uns gekostet nicht wert! Aber wie groß war unser Erstaunen, da sich, noch während dieser Worte, ein Geschrei rings auf dem Platze erhob, und aller Augen sich einem großen, vom Schloßhof herantrabenden Schlächterhund zuwandten, der in der Küche den Rehbock als gute Beute beim Nacken erfaßt, und das Tier drei Schritte von uns, verfolgt von Knechten und Mägden, auf den Boden fallen ließ: dergestalt, daß in der Tat die Prophezeiung des Weibes, zum Unterpfand alles dessen, was sie vorgebracht, erfüllt, und der Rehbock uns bis auf den Markt, obschon allerdings tot, entgegen gekommen war. Der Blitz, der an einem Wintertag vom Himmel fällt, kann nicht vernichtender treffen, als mich dieser Anblick, und meine erste Bemühung, sobald ich der Gesellschaft in der ich mich befand, überhoben, war gleich, den Mann mit dem Federhut, den mir das Weib bezeichnet hatte, auszumitteln; doch keiner meiner Leute, unausgesetzt während drei Tage auf Kundschaft geschickt, war im Stande mir auch nur auf die entfernteste Weise Nachricht davon zu geben: und jetzt, Freund Kunz, vor wenig Wochen, in der Meierei zu Dahme, habe ich den Mann mit meinen eigenen Augen gesehn.« – Und damit ließ er die Hand des Kämmerers fahren; und während er sich den Schweiß abtrocknete, sank er wieder auf das Lager zurück. Der Kämmerer, der es für vergebliche Mühe hielt, mit seiner Ansicht von diesem Vorfall die Ansicht, die der Kurfürst davon hatte, zu durchkreuzen und zu berichtigen, bat ihn, doch irgend ein Mittel zu versuchen, des Zettels habhaft zu werden, und den Kerl nachher seinem Schicksal zu überlassen; doch der Kurfürst antwortete, daß er platterdings kein Mittel dazu sähe, obschon der Gedanke, ihn entbehren zu müssen, oder wohl gar die Wissenschaft davon mit diesem Menschen untergehen zu sehen, ihn dem Jammer und der Verzweiflung nahe brächte. Auf die Frage des Freundes: ob er denn Versuche gemacht, die Person der Zigeunerin selbst auszuforschen? erwiderte der Kurfürst, daß das Gubernium, auf einen Befehl, den er unter einem falschen Vorwand an dasselbe erlassen, diesem Weibe vergebens, bis auf den heutigen Tag, in allen Plätzen des Kurfürstentums nachspüre: wobei er, aus Gründen, die er jedoch näher zu entwickeln sich weigerte, überhaupt zweifelte, daß sie in Sachsen auszumitteln sei. Nun traf es sich, daß der Kämmerer, mehrerer beträchtlichen Güter wegen, die seiner Frau aus der Hinterlassenschaft des abgesetzten und bald darauf verstorbenen Erzkanzlers, Grafen Kallheim, in der Neumark zugefallen waren, nach Berlin reisen wollte; dergestalt, daß, da er den Kurfürsten in der Tat liebte, er ihn nach einer kurzen Überlegung fragte: ob er ihm in dieser Sache freie Hand lassen wolle? und da dieser, indem er seine Hand herzlich an seine Brust drückte, antwortete: »denke, du seist ich, und schaff mir den Zettel!« so beschleunigte der Kämmerer, nachdem er seine Geschäfte abgegeben, um einige Tage seine Abreise, und fuhr, mit Zurücklassung seiner Frau, bloß von einigen Bedienten begleitet, nach Berlin ab.

Kohlhaas, der inzwischen, wie schon gesagt, in Berlin angekommen, und, auf einen Spezialbefehl des Kurfürsten, in ein ritterliches Gefängnis gebracht worden war, das ihn mit seinen fünf Kindern, so bequem als es sich tun ließ, empfing, war gleich nach Erscheinung des kaiserlichen Anwalts aus Wien, auf den Grund wegen Verletzung des öffentlichen, kaiserlichen Landfriedens, vor den Schranken des Kammergerichts zur Rechenschaft gezogen worden; und ob er schon in seiner Verantwortung einwandte, daß er wegen seines bewaffneten Einfalls in Sachsen, und der dabei verübten Gewalttätigkeiten, kraft des mit dem Kurfürsten von Sachsen zu Lützen abgeschlossenen Vergleichs, nicht belangt werden könne: so erfuhr er doch, zu seiner Belehrung, daß des Kaisers Majestät, deren Anwalt hier die Beschwerde führe, darauf keine Rücksicht nehmen könne: ließ sich auch sehr bald, da man ihm die Sache auseinander setzte und erklärte, wie ihm dagegen von Dresden her, in seiner Sache gegen den Junker Wenzel von Tronka, völlige Genugtuung widerfahren werde, die Sache gefallen. Demnach traf es sich, daß grade am Tage der Ankunft des Kämmerers, das Gesetz über ihn sprach, und er verurteilt ward mit dem Schwerte vom Leben zum Tode gebracht zu werden; ein Urteil, an dessen Vollstreckung gleichwohl, bei der verwickelten Lage der Dinge, seiner Milde ungeachtet, niemand glaubte, ja, das die ganze Stadt, bei dem Wohlwollen das der Kurfürst für den Kohlhaas trug, unfehlbar durch ein Machtwort desselben, in eine bloße, vielleicht beschwerliche und langwierige Gefängnisstrafe verwandelt zu sehen hoffte. Der Kämmerer, der gleichwohl einsah, daß keine Zeit zu verlieren sein möchte, falls der Auftrag, den ihm sein Herr gegeben, in Erfüllung gehen sollte, fing sein Geschäft damit an, sich dem Kohlhaas, am Morgen eines Tages, da derselbe in harmloser Betrachtung der Vorübergehenden, am Fenster seines Gefängnisses stand, in seiner gewöhnlichen Hoftracht, genau und umständlich zu zeigen; und da er; aus einer plötzlichen Bewegung seines Kopfes, schloß, daß der Roßhändler ihn bemerkt hatte, und besonders, mit großem Vergnügen, einen unwillkürlichen Griff desselben mit der Hand auf die Gegend der Brust, wo die Kapsel lag, wahrnahm: so hielt er das, was in der Seele desselben in diesem Augenblick vorgegangen war, für eine hinlängliche Vorbereitung, um in dem Versuch, des Zettels habhaft zu werden, einen Schritt weiter vorzurücken. Er bestellte ein altes, auf Krücken herumwandelndes Trödelweib zu sich, das er in den Straßen von Berlin, unter einem Troß andern, mit Lumpen handelnden Gesindels bemerkt hatte, und das ihm, dem Alter und der Tracht nach, ziemlich mit dem, das ihm der Kurfürst beschrieben hatte, übereinzustimmen schien; und in der Voraussetzung, der Kohlhaas werde sich die Züge derjenigen, die ihm in einer flüchtigen Erscheinung den Zettel überreicht hatte, nicht eben tief eingeprägt haben, beschloß er, das gedachte Weib statt ihrer unterzuschieben, und bei Kohlhaas, wenn es sich tun ließe, die Rolle, als ob sie die Zigeunerin wäre, spielen zu lassen. Dem gemäß, um sie dazu in Stand zu setzen, unterrichtete er sie umständlich von allem, was zwischen dem Kurfürsten und der gedachten Zigeunerin in Jüterbock vorgefallen war, wobei er, weil er nicht wußte, wie weit das Weib in ihren Eröffnungen gegen den Kohlhaas gegangen war, nicht vergaß, ihr besonders die drei geheimnisvollen, in dem Zettel enthaltenen Artikel einzuschärfen; und nachdem er ihr auseinandergesetzt hatte, was sie, auf abgerissene und unverständliche Weise, fallen lassen müsse, gewisser Anstalten wegen, die man getroffen, sei es durch List oder durch Gewalt, des Zettels, der dem sächsischen Hofe von der äußersten Wichtigkeit sei, habhaft zu werden, trug er ihr auf, dem Kohlhaas den Zettel, unter dem Vorwand, daß derselbe bei ihm nicht mehr sicher sei, zur Aufbewahrung während einiger verhängnisvollen Tage, abzufordern. Das Trödelweib übernahm auch sogleich gegen die Verheißung einer beträchtlichen Belohnung, wovon der Kämmerer ihr auf ihre Forderung einen Teil im voraus bezahlen mußte, die Ausführung des besagten Geschäfts; und da die Mutter des bei Mühlberg gefallenen Knechts Herse, den Kohlhaas, mit Erlaubnis der Regierung, zuweilen besuchte, diese Frau ihr aber seit einigen Monden her, bekannt war: so gelang es ihr, an einem der nächsten Tage, vermittelst einer kleinen Gabe an den Kerkermeister, sich bei dem Roßkamm Eingang zu verschaffen. – Kohlhaas aber, als diese Frau zu ihm eintrat, meinte, an einem Siegelring, den sie an der Hand trug, und einer ihr vom Hals herabhangenden Korallenkette, die bekannte alte Zigeunerin selbst wieder zu erkennen, die ihm in Jüterbock den Zettel überreicht hatte; und wie denn die Wahrscheinlichkeit nicht immer auf Seiten der Wahrheit ist, so traf es sich, daß hier etwas geschehen war, das wir zwar berichten: die Freiheit aber, daran zu zweifeln, demjenigen, dem es wohlgefällt, zugestehen müssen: der Kämmerer hatte den ungeheuersten Mißgriff begangen, und in dem alten Trödelweib, das er in den Straßen von Berlin aufgriff, um die Zigeunerin nachzuahmen, die geheimnisreiche Zigeunerin selbst getroffen, die er nachgeahmt wissen wollte. Wenigstens berichtete das Weib, indem sie, auf ihre Krücken gestützt, die Wangen der Kinder streichelte, die sich, betroffen von ihrem wunderlichen Anblick, an den Vater lehnten: daß sie schon seit geraumer Zeit aus dem Sächsischen ins Brandenburgische zurückgekehrt sei, und sich, auf eine, in den Straßen von Berlin unvorsichtig gewagte Frage des Kämmerers, nach der Zigeunerin, die im Frühjahr des verflossenen Jahres, in Jüterbock gewesen, sogleich an ihn gedrängt, und, unter einem falschen Namen, zu dem Geschäfte, das er besorgt wissen wollte, angetragen habe. Der Roßhändler, der eine sonderbare Ähnlichkeit zwischen ihr und seinem verstorbenen Weibe Lisbeth bemerkte, dergestalt, daß er sie hätte fragen können, ob sie ihre Großmutter sei: denn nicht nur, daß die Züge ihres Gesichts, ihre Hände, auch in ihrem knöchernen Bau noch schön, und besonders der Gebrauch, den sie davon im Reden machte, ihn aufs lebhafteste an sie erinnerten: auch ein Mal, womit seiner Frauen Hals bezeichnet war, bemerkte er an dem ihrigen. Der Roßhändler nötigte sie, unter Gedanken, die sich seltsam in ihm kreuzten, auf einen Stuhl nieder, und fragte, was sie in aller Welt in Geschäften des Kämmerers zu ihm führe? Die Frau, während der alte Hund des Kohlhaas ihre Kniee umschnüffelte, und von ihrer Hand gekraut, mit dem Schwanz wedelte, antwortete: »der Auftrag, den ihr der Kämmerer gegeben, wäre, ihm zu eröffnen, auf welche drei dem sächsischen Hofe wichtigen Fragen der Zettel geheimnisvolle Antwort enthalte; ihn vor einem Abgesandten, der sich in Berlin befinde, um seiner habhaft zu werden, zu warnen: und ihm den Zettel, unter dem Vorwande, daß er an seiner Brust, wo er ihn trage, nicht mehr sicher sei, abzufordern. Die Absicht aber, in der sie komme, sei, ihm zu sagen, daß die Drohung ihn durch Arglist oder Gewalttätigkeit um den Zettel zu bringen, abgeschmackt, und ein leeres Trugbild sei; daß er unter dem Schutz des Kurfürsten von Brandenburg, in dessen Verwahrsam er sich befinde, nicht das Mindeste für denselben zu befürchten habe;

ja, daß das Blatt bei ihm weit sicherer sei, als bei ihr, und daß er sich wohl hüten möchte, sich durch Ablieferung desselben, an wen und unter welchem Vorwand es auch sei, darum bringen zu lassen. – Gleichwohl schloß sie, daß sie es für klug hielte, von dem Zettel den Gebrauch zu machen, zu welchem sie ihm denselben auf dem Jahrmarkt zu Jüterbock eingehändigt, dem Antrag, den man ihm auf der Grenze durch den Junker vom Stein gemacht, Gehör zu geben, und den Zettel, der ihm selbst weiter nichts nutzen könne, für Freiheit und Leben an den Kurfürsten von Sachsen auszuliefern.« Kohlhaas, der über die Macht jauchzte, die ihm gegeben war, seines Feindes Ferse, in dem Augenblick, da sie ihn in den Staub trat, tödlich zu verwunden, antwortete: nicht um die Welt, Mütterchen, nicht um die Welt! und drückte der Alten Hand, und wollte nur wissen, was für Antworten auf die ungeheuren Fragen im Zettel enthalten wären? Die Frau, inzwischen sie das Jüngste, das sich zu ihren Füßen niedergekauert hatte, auf den Schoß nahm, sprach: »nicht um die Welt, Kohlhaas, der Roßhändler; aber um diesen hübschen, kleinen, blonden Jungen!« und damit lachte sie ihn an, herzte und küßte ihn, der sie mit großen Augen ansah, und reichte ihm, mit ihren dürren Händen, einen Apfel, den sie in ihrer Tasche trug, dar. Kohlhaas sagte verwirrt: daß die Kinder selbst, wenn sie groß wären, ihn, um seines Verfahrens loben würden, und daß er, für sie und ihre Enkel nichts Heilsameres tun könne, als den Zettel behalten. Zudem fragte er, wer ihn, nach der Erfahrung, die er gemacht, vor einem neuen Betrug sicher stelle, und ob er nicht zuletzt, unnützer Weise, den Zettel, wie jüngst den Kriegshaufen, den er in Lützen zusammengebracht, an den Kurfürsten aufopfern würde? »Wer mir sein Wort einmal gebrochen,« sprach er, »mit dem wechsle ich keins mehr; und nur deine Forderung, bestimmt und unzweideutig, trennt mich, gutes Mütterchen, von dem Blatt, durch welches mir für alles, was ich erlitten, auf so wunderbare Weise Genugtuung geworden ist.« Die Frau, indem sie das Kind auf den Boden setzte, sagte: daß er in mancherlei Hinsicht recht hätte, und daß er tun und lassen könnte, was er wollte! Und damit nahm sie ihre Krücken wieder zur Hand, und wollte gehn. Kohlhaas wiederholte seine Frage, den Inhalt des wunderbaren Zettels betreffend; er wünschte, da sie flüchtig antwortete: »daß er ihn ja eröffnen könne, obschon es eine bloße Neugierde wäre,« noch über tausend andere Dinge, bevor sie ihn verließe, Aufschluß zu erhalten; wer sie eigentlich sei, woher sie zu der Wissenschaft, die ihr inwohne, komme, warum sie dem Kurfürsten, für den er doch geschrieben, den Zettel verweigert, und grade ihm, unter so vielen tausend Menschen, der ihrer Wissenschaft nie begehrt, das Wunderblatt überreicht habe? – – Nun traf es, sich, daß in eben diesem Augenblick ein Geräusch hörbar ward, das einige Polizei-Offizianten, die die Treppe heraufstiegen, verursachten; dergestalt, daß das Weib, von plötzlicher Besorgnis, in diesen Gemächern von ihnen betroffen zu werden, ergriffen, antwortete: »auf Wiedersehen Kohlhaas, auf Wiedersehn! Es soll dir, wenn wir uns wiedertreffen, an Kenntnis über dies alles nicht fehlen!« Und damit, indem sie sich gegen die Tür wandte, rief sie: »lebt wohl, Kinderchen, lebt wohl!« küßte das kleine Geschlecht nach der Reihe, und ging ab.

Inzwischen hatte der Kurfürst von Sachsen, seinen jammervollen Gedanken preisgegeben, zwei Astrologen, namens Oldenholm und Olearius, welche damals in Sachsen in großem Ansehen standen, herbeigerufen, und wegen des Inhalts des geheimnisvollen, ihm und dem ganzen Geschlecht seiner Nachkommen so wichtigen Zettels zu Rate gezogen; und da die Männer, nach einer, mehrere Tage lang im Schloßturm zu Dresden fortgesetzten, tiefsinnigen Untersuchung, nicht einig werden konnten, ob die Prophezeiung sich auf späte Jahrhunderte oder aber auf die jetzige Zeit beziehe, und vielleicht die Krone Polen, mit welcher die Verhältnisse immer noch sehr kriegerisch waren, damit gemeint sei: so wurde durch solchen gelehrten Streit, statt sie zu zerstreuen, die Unruhe, um nicht zu sagen, Verzweiflung, in welcher sich dieser unglückliche Herr befand, nur geschärft, und zuletzt bis auf einen Grad, der seiner Seele ganz unerträglich war, vermehrt. Dazu kam, daß der Kämmerer um diese Zeit seiner Frau, die im Begriff stand, ihm nach Berlin zu folgen, auftrug, dem Kurfürsten, bevor sie abreiste, auf eine geschickte Art beizubringen, wie mißlich es nach einem verunglückten Versuch, den er mit einem Weibe gemacht, das sich seitdem nicht wieder habe blicken lassen, mit der Hoffnung aussehe, des Zettels in dessen Besitz der Kohlhaas sei, habhaft zu werden, indem das über ihn gefällte Todesurteil, nunmehr, nach einer umständlichen Prüfung der Akten, von dem Kurfürsten von Brandenburg unterzeichnet, und der Hinrichtungstag bereits auf den Montag nach Palmarum festgesetzt sei; auf welche Nachricht der Kurfürst sich, das Herz von Kummer und Reue zerrissen, gleich einem ganz Verlorenen, in seinem Zimmer verschloß, während zwei Tage, des Lebens satt, keine Speise zu sich nahm, und am dritten plötzlich, unter der kurzen Anzeige an das Gubernium, daß er zu dem Fürsten von Dessau auf die Jagd reise, aus Dresden verschwand. Wohin er eigentlich ging, und ob er sich nach Dessau wandte, lassen wir dahin gestellt sein, indem die Chroniken, aus deren Vergleichung wir Bericht erstatten, an dieser Stelle, auf befremdende Weise, einander widersprechen und aufheben. Gewiß ist, daß der Fürst von Dessau, unfähig zu jagen, um diese Zeit krank in Braunschweig, bei seinem Oheim, dem Herzog Heinrich, lag, und daß die Dame Heloise, am Abend des folgenden Tages, in Gesellschaft eines Grafen von Königstein, den sie für ihren Vetter ausgab, bei dem Kämmerer Herrn Kunz, ihrem Gemahl, in Berlin eintraf. – Inzwischen war dem Kohlhaas, auf Befehl des Kurfürsten, das Todesurteil vorgelesen, die Ketten abgenommen, und die über sein Vermögen lautenden Papiere, die ihm in Dresden abgesprochen worden waren, wieder zugestellt worden; und da die Räte, die das Gericht an ihn abgeordnet hatte, ihn fragten, wie er es mit dem, was er besitze, nach seinem Tode gehalten wissen wolle: so verfertigte er, mit Hülfe eines Notars, zu seiner Kinder Gunsten ein Testament, und setzte den Amtmann zu Kohlhaasenbrück, seinen wackern Freund, zum Vormund derselben ein. Demnach glich nichts der Ruhe und Zufriedenheit seiner letzten Tage; denn auf eine sonderbare Spezial-Verordnung des Kurfürsten war bald darauf auch noch der Zwinger, in welchem er sich befand, eröffnet, und allen seinen Freunden, deren er sehr viele in der Stadt besaß, bei Tag und Nacht freier Zutritt zu ihm verstattet worden. Ja, er hatte noch die Genugtuung, den Theologen Jakob Freising, als einen Abgesandten Doktor Luthers, mit einem eigenhändigen, ohne Zweifel sehr merkwürdigen Brief, der aber verloren gegangen ist, in sein Gefängnis treten zu sehen, und von diesem geistlichen Herrn in Gegenwart zweier brandenburgischen Dechanten, die ihm an die Hand gingen, die Wohltat der heiligen Kommunion zu empfangen. Hierauf erschien nun, unter einer allgemeinen Bewegung der Stadt, die sich immer noch nicht entwöhnen konnte, auf ein Machtwort, das ihn rettete, zu hoffen, der verhängnisvolle Montag nach Palmarum, an welchem er die Welt, wegen des allzuraschen Versuchs, sich selbst in ihr Recht verschaffen zu wollen, versöhnen sollte. Eben trat er, in Begleitung einer starken Wache, seine beiden Knaben auf dem Arm (denn diese Vergünstigung hatte er sich ausdrücklich vor den Schranken des Gerichts ausgebeten), von dem Theologen Jakob Freising geführt, aus dem Tor seines Gefängnisses, als unter einem wehmütigen Gewimmel von Bekannten, die ihm die Hände drückten, und von ihm Abschied nahmen, der Kastellan des kurfürstlichen Schlosses, verstört im Gesicht, zu ihm herantrat, und ihm ein Blatt gab, das ihm, wie er sagte, ein altes Weib für ihn eingehändigt. Kohlhaas, während er den Mann der ihm nur wenig bekannt war, befremdet ansah, eröffnete das Blatt, dessen Siegelring ihn, im Mundlack ausgedrückt, sogleich an die bekannte Zigeunerin erinnerte. Aber wer beschreibt das Erstaunen, das ihn ergriff, als er folgende Nachricht darin fand: »Kohlhaas, der Kurfüst von Sachsen ist in Berlin; auf den Richtplatz schon ist er vorangegangen, und wird, wenn dir daran liegt, an einem Hut, mit blauen und weißen Federbüschen kenntlich sein. Die Absicht, in der er kömmt, brauche ich dir nicht zu sagen; er will die Kapsel, sobald du verscharrt bist, ausgraben, und den Zettel, der darin befindlich ist, eröffnen lassen. – Deine Elisabeth.« – Kohlhaas, indem er sich auf das äußerste bestürzt zu dem Kastellan umwandte, fragte ihn: ob er das wunderbare Weib, das ihm den Zettel übergeben, kenne? Doch da der Kastellan antwortete: »Kohlhaas, das Weib« – – und in Mitten der Rede auf sonderbare Weise stockte, so konnte er, von dem Zuge, der in diesem Augenblick wieder antrat, fortgerissen, nicht vernehmen, was der Mann, der an allen Gliedern zu zittern schien, vorbrachte. – Als er auf dem Richtplatz ankam, fand er den Kurfürsten von Brandenburg mit seinem Gefolge, worunter sich auch der Erzkanzler, Herr Heinrich von Geusau befand, unter einer unermeßlichen Menschenmenge, daselbst zu Pferde halten: ihm zur Rechten der kaiserliche Anwalt Franz Müller, eine Abschrift des Todesurteils in der Hand; ihm zur Linken, mit dem Konklusum des Dresdner Hofgerichts, sein eigener Anwalt, der Rechtsgelehrte Anton Zäuner; ein Herold in der Mitte des halboffenen Kreises, den das Volk schloß, mit einem Bündel Sachen, und den beiden, von Wohlsein glänzenden, die Erde mit ihren Hufen stampfenden Rappen. Denn der Erzkanzler, Herr Heinrich, hatte die Klage, die er, im Namen seines Herrn, in Dresden anhängig gemacht, Punkt für Punkt, und ohne die mindeste Einschränkung gegen den Junker Wenzel von Tronka, durchgesetzt; dergestalt, daß die Pferde, nachdem man sie durch Schwingung einer Fahne über ihre Häupter, ehrlich gemacht, und aus den Händen des Abdeckers, der sie ernährte, zurückgezogen hatte, von den Leuten des Junkers dickgefüttert, und in Gegenwart einer eigens dazu niedergesetzten Kommission, dem Anwalt, auf dem Markt zu Dresden, übergeben worden waren. Demnach sprach der Kurfürst, als Kohlhaas von der Wache begleitet, auf den Hügel zu ihm heranschritt: Nun, Kohlhaas, heut ist der Tag, an dem dir dein Recht geschieht! Schau her, hier liefere ich dir alles, was du auf der Tronkenburg gewaltsamer Weise eingebüßt, und was ich, als dein Landesherr, dir wieder zu verschaffen, schuldig war, zurück: Rappen, Halstuch, Reichsgulden, Wäsche, bis auf die Kurkosten sogar für deinen bei Mühl-

berg gefallenen Knecht Herse. Bist du mit mir zufrieden? –
Kohlhaas, während er das, ihm auf den Wink des Erzkanzlers
eingehändigte Konklusum, mit großen, funkelnden Augen
überlas, setzte die beiden Kinder, die er auf dem Arm trug, neben sich auf den Boden nieder; und da er auch einen Artikel
darin fand, in welchem der Junker Wenzel zu zweijähriger Gefängnisstrafe verurteilt ward: so ließ er sich, aus der Ferne, ganz
überwältigt von Gefühlen, mit kreuzweis auf die Brust gelegten
Händen, vor dem Kurfürsten nieder. Er versicherte freudig dem
Erzkanzler, indem er aufstand, und die Hand auf seinen Schoß
legte, daß sein höchster Wunsch auf Erden erfüllt sei; trat an die
Pferde heran, musterte sie, und klopfte ihren feisten Hals; und
erklärte dem Kanzler, indem er wieder zu ihm zurückkam, heiter: »daß er sie seinen beiden Söhnen Heinrich und Leopold
schenke!« Der Kanzler, Herr Heinrich von Geusau, vom Pferde
herab mild zu ihm gewandt, versprach ihm, in des Kurfürsten
Namen, daß sein letzter Wille heilig gehalten werden solle: und
forderte ihn auf, auch über die übrigen im Bündel befindlichen
Sachen, nach seinem Gutdünken zu schalten. Hierauf rief Kohlhaas die alte Mutter Hersens, die er auf dem Platz wahrgenom-
men hatte, aus dem Haufen des Volks hervor, und indem er
ihr die Sachen übergab, sprach er: »da, Mütterchen; das gehört
dir!« – die Summe, die, als Schadenersatz für ihn, bei dem im
Bündel liegenden Gelde befindlich war, als ein Geschenk noch,
zur Pflege und Erquickung ihrer alten Tage, hinzufügend. – –
Der Kurfürst rief: »nun, Kohlhaas, der Roßhändler, du, dem sol-
chergestalt Genugtuung geworden, mache dich bereit, kaiserlicher Majestät, deren Anwalt hier steht, wegen des Bruchs ihres
Landfriedens, deinerseits Genugtuung zu geben!« Kohlhaas, indem er seinen Hut abnahm, und auf die Erde warf, sagte: daß er
bereit dazu wäre! übergab die Kinder, nachdem er sie noch einmal vom Boden erhoben, und an seine Brust gedrückt hatte,
dem Amtmann von Kohlhaasenbrück, und trat, während dieser
sie unter stillen Tränen, vom Platz hinwegführte, an den Block.
Eben knüpfte er sich das Tuch vom Hals ab und öffnete seinen

Brustlatz: als er, mit einem flüchtigen Blick auf den Kreis, den das Volk bildete, in geringer Entfernung von sich, zwischen zwei Rittern, die ihn mit ihren Leibern halb deckten, den wohlbekannten Mann mit blauen und weißen Federbüschen wahrnahm. Kohlhaas löste sich, indem er mit einem plötzlichen, die Wache, die ihn umringte, befremdenden Schritt, dicht vor ihn trat, die Kapsel von der Brust; er nahm den Zettel heraus, entsiegelte ihn, und überlas ihn: und das Auge unverwandt auf den Mann mit blauen und weißen Federbüschen gerichtet, der bereits süßen Hoffnungen Raum zu geben anfing, steckte er ihn in den Mund und verschlang ihn. Der Mann mit blauen und weißen Federbüschen sank, bei diesem Anblick, ohnmächtig, in Krämpfen nieder. Kohlhaas aber, während die bestürzten Begleiter desselben sich herabbeugten, und ihn vom Boden aufhoben, wandte sich zu dem Schafott, wo sein Haupt unter dem Beil des Scharfrichters fiel. Hier endigt die Geschichte vom Kohlhaas. Man legte die Leiche unter einer allgemeinen Klage des Volks in einen Sarg; und während die Träger sie aufhoben, um sie anständig auf den Kirchhof der Vorstadt zu begraben, rief der Kurfürst die Söhne des Abgeschiedenen herbei und schlug sie, mit der Erklärung an den Erzkanzler, daß sie in seiner Pagenschule erzogen werden sollten, zu Rittern. Der Kurfürst von Sachsen kam bald darauf, zerrissen an Leib und Seele, nach Dresden zurück, wo man das Weitere in der Geschichte nachlesen muß. Vom Kohlhaas aber haben noch im vergangenen Jahrhundert, im Mecklenburgischen, einige frohe und rüstige Nachkommen gelebt.

Das letzte Lied

Fern ab am Horizont, auf Felsenrissen,
Liegt der gewitterschwarze Krieg getürmt.
Die Blitze zucken schon, die ungewissen,
Der Wandrer sucht das Laubdach, das ihn schirmt.
Und wie ein Strom, geschwellt von Regengüssen,
Aus seines Ufers Bette heulend stürmt,
Kommt das Verderben, mit entbundnen Wogen,
Auf alles, was besteht, herangezogen.

Der alten Staaten graues Prachtgerüste
Sinkt donnernd ein, von ihm hinweggespült,
Wie, auf der Heide Grund, ein Wurmgeniste,
Von einem Knaben scharrend weggewühlt;
Und wo das Leben, um der Menschen Brüste,
In tausend Lichtern jauchzend hat gespielt,
Ist es so lautlos jetzt, wie in den Reichen,
Durch die die Wellen des Kozytus schleichen.

Und ein Geschlecht, von düsterm Haar umflogen,
Tritt aus der Nacht, das keinen Namen führt,
Das, wie ein Hirngespinst der Mythologen,
Hervor aus der Erschlagnen Knochen stiert;
Das ist geboren nicht und nicht erzogen
Vom alten, das im deutschen Land regiert:
Das läßt in Tönen, wie der Nord an Strömen,
Wenn er im Schilfrohr seufzet, sich vernehmen.

Und du, o Lied, voll unnennbarer Wonnen,
Das das Gefühl so wunderbar erhebt,
Das, einer Himmelsurne wie entronnen,

Zu den entzückten Ohren niederschwebt,
Bei dessen Klang, empor ins Reich der Sonnen,
Von allen Banden frei die Seele strebt;
Dich trifft der Todespfeil; die Parzen winken,
Und stumm ins Grab mußt du daniedersinken.

Erschienen, festlich, in der Völker Reigen,
Wird dir kein Beifall mehr entgegen blühn,
Kein Herz dir klopfen, keine Brust dir steigen,
Dir keine Träne mehr zur Erde glühn,
Und nur wo einsam, unter Tannenzweigen,
Zu Leichensteinen stille Pfade fliehn,
Wird Wanderern, die bei den Toten leben,
Ein Schatten deiner Schön' entgegenschweben.

Und stärker rauscht der Sänger in die Saiten,
Der Töne ganze Macht lockt er hervor,
Er singt die Lust, fürs Vaterland zu streiten,
Und machtlos schlägt sein Ruf an jedes Ohr, –
Und da sein Blick das Blutpanier der Zeiten
Stets weiter flattern sieht, von Tor zu Tor,
Schließt er sein Lied, er wünscht mit ihm zu enden,
Und legt die Leier weinend aus den Händen.

Betrachtungen über den Weltlauf

Es gibt Leute, die sich die Epochen, in welchen die Bildung einer Nation fortschreitet, in einer gar wunderlichen Ordnung vorstellen. Sie bilden sich ein, daß ein Volk zuerst in tierischer *Roheit* und *Wildheit* daniederläge; daß man nach Verlauf einiger Zeit, das Bedürfnis einer Sittenverbesserung empfinden, und somit die *Wissenschaft von der Tugend* aufstellen müsse; daß man, um den Lehren derselben Eingang zu verschaffen, daran denken würde, sie in schönen Beispielen zu versinnlichen, und daß somit die *Ästhetik* erfunden werden würde: daß man nunmehr, nach den Vorschriften derselben, schöne Versinnlichungen verfertigen, und somit die *Kunst* selbst ihren Ursprung nehmen würde: und daß vermittelst der Kunst endlich das Volk auf die höchste Stufe menschlicher *Kultur* hinaufgeführt werden würde. Diesen Leuten dient zur Nachricht, daß alles, wenigstens bei den Griechen und Römern, in ganz umgekehrter Ordnung erfolgt ist. Diese Völker machten mit der *heroischen* Epoche, welches ohne Zweifel die höchste ist, die erschwungen werden kann, den Anfang; als sie in keiner menschlichen und bürgerlichen Tugend mehr Helden hatten, *dichteten* sie welche; als sie keine mehr dichten konnten, erfanden sie dafür die *Regeln;* als sie sich in den Regeln verwirrten, abstrahierten sie die *Weltweisheit* selbst; und als sie damit fertig waren, wurden sie *schlecht*.

Unwahrscheinliche Wahrhaftigkeiten

»Drei Geschichten«, sagte ein alter Offizier in einer Gesellschaft, »sind von der Art, daß ich ihnen zwar selbst vollkommenen Glauben beimesse, gleichwohl aber Gefahr liefe, für einen Windbeutel gehalten zu werden, wenn ich sie erzählen wollte. Denn die Leute fordern, als erste Bedingung, von der Wahrheit, daß sie wahrscheinlich sei; und doch ist die Wahrscheinlichkeit, wie die Erfahrung lehrt, nicht immer auf Seiten der Wahrheit.«

Erzählen Sie, riefen einige Mitglieder, erzählen Sie! – denn man kannte den Offizier als einen heitern und schätzenswürdigen Mann, der sich der Lüge niemals schuldig machte.

Der Offizier sagte lachend, er wolle der Gesellschaft den Gefallen tun; erklärte aber noch einmal im voraus, daß er auf den Glauben derselben, in diesem besonderen Fall, keinen Anspruch mache.

Die Gesellschaft dagegen sagte ihm denselben im voraus zu; sie forderte ihn nur auf, zu reden, und horchte.

»Auf einem Marsch 1792 in der Rheinkampagne«, begann der Offizier, »bemerkte ich, nach einem Gefecht, das wir mit dem Feinde gehabt hatten, einen Soldaten, der stramm, mit Gewehr und Gepäck, in Reih und Glied ging, obschon er einen Schuß mitten durch die Brust hatte; wenigstens sah man das Loch vorn im Riemen der Patrontasche, wo die Kugel eingeschlagen hatte, und hinten ein anderes im Rock, wo sie wieder herausgegangen war. Die Offiziere, die ihren Augen bei diesem seltsamen Anblick nicht trauten, forderten ihn zu wiederholten Malen auf, hinter die Front zu treten und sich verbinden zu lassen; aber der Mensch versicherte, daß er gar keine Schmerzen habe, und bat, ihn, um dieses Prellschusses willen, wie er es nannte, nicht von dem Regiment zu entfernen. Abends, da wir ins Lager gerückt waren, untersuchte der herbeigerufene Chirurgus seine Wunde;

und fand, daß die Kugel vom Brustknochen, den sie nicht Kraft genug gehabt, zu durchschlagen, zurückgeprellt, zwischen der Ribbe und der Haut, welche auf elastische Weise nachgegeben, um den ganzen Leib herumgeglitscht, und hinten, da sie sich am Ende des Rückgrats gestoßen, zu ihrer ersten senkrechten Richtung zurückgekehrt, und aus der Haut wieder hervorgebrochen war. Auch zog diese kleine Fleischwunde dem Kranken nichts als ein Wundfieber zu: und wenige Tage verflossen, so stand er wieder in Reih und Glied.«

Wie? fragten einige Mitglieder der Gesellschaft betroffen, und glaubten, sie hätten nicht recht gehört.

Die Kugel? Um den ganzen Leib herum? Im Kreise? – – Die Gesellschaft hatte Mühe, ein Gelächter zu unterdrücken.

»Das war die erste Geschichte«, sagte der Offizier, indem er eine Prise Tabak nahm, und schwieg.

Beim Himmel! platzte ein Landedelmann los: da haben Sie recht; diese Geschichte ist von der Art, daß man sie nicht glaubt!

»Eilf Jahre darauf«, sprach der Offizier, »im Jahr 1803, befand ich mich, mit einem Freunde, in dem Flecken Königstein in Sachsen, in dessen Nähe, wie bekannt, etwa auf eine halbe Stunde, am Rande des äußerst steilen, vielleicht dreihundert Fuß hohen, Elbufers, ein beträchtlicher Steinbruch ist. Die Arbeiter pflegen, bei großen Blöcken, wenn sie mit Werkzeugen nicht mehr hinzu kommen können, feste Körper, besonders Pfeifenstiele, in den Riß zu werfen, und überlassen der, keilförmig wirkenden, Gewalt dieser kleinen Körper das Geschäft, den Block völlig von dem Felsen abzulösen. Es traf sich, daß, eben um diese Zeit, ein ungeheurer, mehrere tausend Kubikfuß messender, Block zum Fall auf die Fläche des Elbufers, in dem Steinbruch, bereit war; und da dieser Augenblick, wegen des sonderbar im Gebirge widerhallenden Donners, und mancher andern, aus der Erschütterung des Erdreichs hervorgehender Erscheinungen, die man nicht berechnen kann, merkwürdig ist: so begaben, unter vielen andern Einwohnern der Stadt, auch wir uns, mein Freund und ich, täglich abends nach dem Steinbruch hinaus, um den Moment, da der Block fallen würde, zu erhaschen. Der Block fiel aber in der Mittagsstunde, da wir eben, im Gasthof zu Königstein, an der Tafel saßen; und erst um 5 Uhr gegen Abend hatten wir Zeit, hinaus zu spazieren, und uns nach den Umständen, unter denen er gefallen war, zu erkundigen. Was aber war die Wirkung dieses seines Falls gewesen? Zuvörderst muß man wissen, daß, zwischen der Felswand des Steinbruchs und dem Bette der Elbe, noch ein beträchtlicher, etwa 50 Fuß in der Breite haltender Erdstrich befindlich war; dergestalt, daß der Block (welches hier wichtig ist) nicht unmittelbar ins Wasser der Elbe, sondern auf die sandige Fläche dieses Erdstrichs gefallen war. Ein Elbkahn, meine Herren, das war die Wirkung dieses Falls gewesen, war, durch den Druck der Luft, der dadurch verursacht worden, aufs Trockne gesetzt worden; ein Kahn, der, etwa 60 Fuß lang und 30 breit, schwer mit Holz beladen, am andern, entgegengesetzten, Ufer der Elbe lag: diese Augen haben ihn im Sande – was sag ich? sie haben, am anderen Tage, noch die Arbeiter gesehen, welche, mit Hebeln und Walzen, bemüht waren, ihn wieder flott zu machen, und ihn, vom Ufer herab, wieder ins Wasser zu schaffen. Es ist wahrscheinlich, daß die ganze Elbe (die Oberfläche derselben) einen Augenblick ausgetreten, auf das andere flache Ufer übergeschwappt und den Kahn, als einen festen Körper, daselbst zurückgelassen; etwa wie, auf dem Rande eines flachen Gefäßes, ein Stück Holz zurückbleibt, wenn das Wasser, auf welchem es schwimmt, erschüttert wird.«

»Und der Block«, fragte die Gesellschaft, fiel nicht ins Wasser der Elbe?

Der Offizier wiederholte: nein!

Seltsam! rief die Gesellschaft.

Der Landedelmann meinte, daß er die Geschichten, die seinen Satz belegen sollten, gut zu wählen wüßte.

»Die dritte Geschichte«, fuhr der Offizier fort, »trug sich zu, im Freiheitskriege der Niederländer, bei der Belagerung von Antwerpen durch den Herzog von Parma. Der Herzog hatte die Schelde, vermittelst einer Schiffsbrücke, gesperrt, und die Antwerpner arbeiteten ihrerseits, unter Anleitung eines geschickten Italieners, daran, dieselbe durch Brander, die sie gegen die Brücke losließen, in die Luft zu sprengen. In dem Augenblick, meine Herren, da die Fahrzeuge die Schelde herab, gegen die Brücke, anschwimmen, steht, das merken Sie wohl, ein Fahnenjunker, auf dem linken Ufer der Schelde, dicht neben dem Herzog von Parma; jetzt, verstehen Sie, jetzt geschieht die Explosion: und der Junker, Haut und Haar, samt Fahne und Gepäck, und ohne daß ihm das mindeste auf dieser Reise zugestoßen, steht auf dem rechten. Und die Schelde ist hier, wie Sie wissen werden, einen kleinen Kanonenschuß breit.«

»Haben Sie verstanden?«

Himmel, Tod und Teufel! rief der Landedelmann.

Dixi! sprach der Offizier, nahm Stock und Hut und ging weg.

Herr Hauptmann! riefen die andern lachend: Herr Hauptmann! – Sie wollten wenigstens die Quelle dieser abenteuerlichen Geschichte, die er für wahr ausgab, wissen.

Lassen Sie ihn, sprach ein Mitglied der Gesellschaft; die Geschichte steht in dem Anhang zu Schillers Geschichte vom Abfall der vereinigten Niederlande; und der Verfasser bemerkt ausdrücklich, daß ein Dichter von diesem Faktum keinen Gebrauch machen könne, der Geschichtschreiber aber, wegen der Unverwerflichkeit der Quellen und der Übereinstimmung der Zeugnisse, genötigt sei, dasselbe aufzunehmen.

Aufsatz, den sichern Weg des Glücks zu finden und ungestört – auch unter den größten Drangsalen des Lebens – ihn zu genießen!

An Rühle [von Lilienstern]
Von Heinrich Kleist

Wir sehen die Großen dieser Erde im Besitze der Güter dieser Welt. Sie leben in Herrlichkeit und Überfluß, die Schätze der Kunst und der Natur scheinen sich um sie und für sie zu versammeln, und darum nennt man sie Günstlinge des Glücks. Aber der Unmut trübt ihre Blicke, der Schmerz bleicht ihre Wangen, der Kummer spricht aus allen ihren Zügen.

Dagegen sehen wir einen armen Tagelöhner, der im Schweiße seines Angesichts sein Brot erwirbt; Mangel und Armut umgeben ihn, sein ganzes Leben scheint ein ewiges Sorgen und Schaffen und Darben. Aber die Zufriedenheit blickt aus seinen Augen, die Freude lächelt auf seinem Antlitz, Frohsinn und Vergessenheit umschweben die ganze Gestalt.

Was die Menschen also Glück und Unglück nennen, das sehn Sie wohl, mein Freund, ist es *nicht immer;* denn bei allen Begünstigungen des äußern Glückes haben wir Tränen in den Augen des erstern, und bei allen Vernachlässigungen desselben, ein Lächeln auf dem Antlitz des andern gesehen.

Wenn also die Regel des Glückes sich nur so unsicher auf äußere Dinge gründet, wo wird es sich denn sicher und unwandelbar gründen? Ich glaube da, mein Freund, wo es auch nur einzig genossen und entbehrt wird, im *Innern.*

Irgendwo in der Schöpfung *muß* es sich gründen, der Inbegriff *aller* Dinge *muß* die Ursachen und die Bestandteile des Glückes enthalten, mein Freund, denn die Gottheit wird die Sehnsucht nach Glück nicht täuschen, die sie selbst unauslöschlich in unsrer Seele erweckt hat, wird die Hoffnung nicht betrügen, durch welche sie unverkennbar auf ein für uns mögliches Glück hindeutet. Denn glücklich zu sein, das ist ja der erste aller unsrer Wünsche, der laut und lebendig aus jeder Ader und jeder Nerve unsers Wesens spricht, der uns durch den ganzen Lauf unsers Lebens begleitet, der schon dunkel in dem ersten kindischen Gedanken unsrer Seele lag und den wir endlich als Greise mit in die Gruft nehmen werden. Und wo, mein Freund, kann dieser Wunsch erfüllt werden, wo kann das Glück besser sich gründen, als da, wo auch die Werkzeuge seines Genusses, unsre Sinne liegen, wohin die ganze Schöpfung sich bezieht, wo die Welt mit ihren unermeßlichen Reizungen im kleinen sich wiederholt?

Da ist es ja auch allein nur unser Eigentum, es hangt von keinen äußeren Verhältnissen ab, kein Tyrann kann es uns rauben, kein Bösewicht kann es stören, wir tragen es mit in alle Weltteile umher.

Wenn das Glück nur allein von äußeren Umständen, wenn es also vom Zufall abhinge, mein Freund, und wenn Sie mir auch davon tausend Beispiele aufführten; was mit der Güte und Weisheit Gottes streitet, kann nicht wahr sein. Der Gottheit liegen die Menschen alle gleich nahe am Herzen, nur der bei weiten kleinste Teil ist indes der vom Schicksal begünstigte, für den größten wären also die Genüsse des Glücks auf immer verloren. Nein, mein Freund, so ungerecht kann Gott nicht sein, es muß ein Glück geben, das sich von den äußeren Umständen trennen läßt, alle Menschen haben ja gleiche Ansprüche darauf, für alle muß es also in gleichem Grade möglich sein.

Lassen Sie uns also das Glück nicht an äußere Umstände knüpfen, wo es immer nur wandelbar sein würde, wie die Stütze, auf welcher es ruht; lassen Sie es uns lieber als Belohnung und Ermunterung an die Tugend knüpfen, dann erscheint es in schönerer Gestalt und auf sicherem Boden. Diese Vorstellung scheint Ihnen in einzelnen Fällen und unter gewissen Umständen wahr, mein Freund, *sie ist es in allen,* und es freut mich in voraus, daß ich Sie davon überzeugen werde.

Wenn ich Ihnen so das Glück als Belohnung der Tugend aufstelle, so erscheint zunächst freilich das erste als Zweck und das andere nur als Mittel. Dabei fühle ich, daß in diesem Sinne die Tugend auch nicht in ihrem höchsten und erhabensten Beruf erscheint, ohne darum angeben zu können, wie dieses Verhältnis zu ändern sei. Es ist möglich daß es das Eigentum einiger wenigen schönern Seelen ist, die Tugend allein um der Tugend selbst willen zu lieben, und zu üben. Aber mein Herz sagt mir, daß die Erwartung und Hoffnung auf ein menschliches Glück, und die Aussicht auf tugendhafte, wenn freilich nicht mehr ganz so reine Freuden, dennoch nicht strafbar und verbrecherisch sei. Wenn ein Eigennutz dabei zum Grunde liegt, so ist es der edelste der sich denken läßt, denn es ist der Eigennutz der Tugend selbst.

Und dann, mein Freund, dienen und unterstützen sich doch diese beiden Gottheiten so wechselseitig, das Glück als Aufmunterung zur Tugend, die Tugend als Weg zum Glück, daß es dem Menschen wohl erlaubt sein kann, sie nebeneinander und ineinander zu denken. Es ist kein bessrer Sporn zur Tugend möglich, als die Aussicht auf ein nahes Glück, und kein schönerer und edlerer Weg zum Glücke denkbar, als der Weg der Tugend.

Aber, mein Freund, er ist nicht allein der schönste und edelste, – wir vergessen ja, was wir erweisen wollten, daß er der einzige ist. Scheuen Sie sich also um so weniger die Tugend dafür zu halten, was sie ist, für die Führerin der Menschen auf dem Wege zum Glück. Ja mein Freund, *die Tugend macht nur allein glücklich.* Das was die Toren Glück nennen, ist kein Glück, es betäubt ihnen nur die Sehnsucht nach wahrem Glücke, es lehrt sie eigentlich nur ihres Unglücks vergessen. Folgen Sie dem Reichen und Geehrten nur in sein Kämmerlein, wenn er Orden und Band an sein Bette hängt und sich einmal als Mensch erblickt. Folgen Sie ihm nur in die Einsamkeit; das ist der Prüfstein des Glückes. Da werden Sie Tränen über bleiche Wangen rollen sehen, da werden Sie Seufzer sich aus der bewegten Brust empor heben hören. Nein, nein, mein Freund, die Tugend, und einzig allein nur die Tugend ist die Mutter des Glücks, und *der Beste ist der Glücklichste.*

Sie hören mich so viel und so lebhaft von der Tugend sprechen, und doch weiß ich, daß Sie mit diesem Worte nur einen dunkeln Sinn verknüpfen; Lieber, es geht mir wie Ihnen, wenn ich gleich so viel davon rede. Es erscheint mir nur wie ein Hohes, Erhabenes, Unnennbares, für das ich vergebens ein Wort suche, um es durch die Sprache, vergebens eine Gestalt, um es durch ein Bild auszudrücken. Und dennoch strebe ich ihm mit der innigsten Innigkeit entgegen, als stünde es klar und deutlich vor meiner Seele. Alles was ich davon weiß, ist, daß es die unvollkommnen Vorstellungen, deren ich jetzt nur fähig bin, gewiß auch enthalten wird; aber ich ahnde noch mehr, noch etwas Höheres, noch etwas Erhaberenes, und das ist es recht eigentlich, was ich nicht ausdrücken und formen kann.

Mich tröstet indes die Rückerinnerung dessen, um wieviel noch dunkler, noch verworrener, als jetzt, in früheren Zeiten der Begriff der Tugend in meiner Seele lag, und wie nach und nach, seitdem ich denke, und an meiner Bildung arbeite, auch das Bild der Tugend für mich an Gestalt und Bildung gewonnen hat; daher hoffe und glaube ich, daß so wie es sich in meiner Seele nach und nach mehr aufklärt, auch dieses Bild sich in immer deutlicheren Umrissen mir darstellen, und jemehr es an Wahrheit gewinnt, meine Kräfte stärken und meinen Willen begeistern wird.

Wenn ich Ihnen mit einigen Zügen die undeutliche Vorstellung bezeichnen soll, die mich als Ideal der Tugend im Bilde eines Weisen umschwebt, so würde ich nur die Eigenschaften, die ich hin und wieder bei einzelnen Menschen zerstreut finde und deren Anblick mich besonders rührt, z. B. Edelmut, Menschenliebe, Standhaftigkeit, Bescheidenheit, Genügsamkeit etc. zusammentragen können; aber, Lieber, ein Gemälde würde das immer nicht werden, ein Rätsel würde es Ihnen, wie mir, bleiben, dem immer das bedeutungsvolle Wort der Auflösung fehlt. Aber, es sei mit diesen wenigen Zügen genug, ich getraue mich, schon jetzt zu behaupten, daß wenn wir, bei der möglichst vollkommnen Ausbildung aller unser geistigen Kräfte, auch diese benannten Eigenschaften einst fest in unser Innerstes gründen,

ich sage, wenn wir bei der Bildung unsers Urteils, bei der Erhö-
hung unseres Scharfsinns durch Erfahrungen und Studien aller
Art, mit der Zeit die Grundsätze des Edelmuts, der Gerechtigkeit, der Menschenliebe, der Standhaftigkeit, der Bescheidenheit, der Duldung, der Mäßigkeit, der Genügsamkeit usw. uner-
schütterlich und unauslöschlich in unsern Herzen verflochten,
unter diesen Umständen behaupte ich, daß wir nie unglücklich
sein werden.

Ich nenne nämlich Glück nur die vollen und überschweng-
lichen Genüsse, die – um es mit einem Zuge Ihnen darzustellen –
in dem erfreulichen Anschaun der moralischen Schönheit unseres eigenen Wesens liegen. Diese Genüsse, die Zufriedenheit
unsrer selbst, das Bewußtsein guter Handlungen, das Gefühl
unsrer durch alle Augenblicke unsers Lebens vielleicht gegen
tausend Anfechtungen und Verführungen standhaft behaupte-
ten Würde, sind fähig, unter allen äußern Umständen des Lebens, selbst unter den scheinbar traurigsten, ein sicheres tiefge-
fühltes und unzerstörbares Glück zu gründen.

Ich weiß es, Sie halten diese Art zu denken für ein künstliches
aber wohl glückliches Hülfsmittel, sich die trüben Wolken des
Schicksals hinweg zu philosophieren, und mitten unter Sturm
und Donner sich Sonnenschein zu erträumen. Das ist nun freilich doppelt übel, daß Sie so schlecht von dieser himmlischen
Kraft der Seele denken, einmal, weil Sie unendlich viel dadurch
entbehren, und zweitens, weil es schwer, ja unmöglich ist, Sie
besser davon denken zu machen. Aber ich wünsche zu Ihrem
Glücke und hoffe, daß die Zeit und Ihr Herz Sie die Empfindung dessen, ganz so wahr und innig schenken möge, wie sie
mich in dem Augenblick jener Äußerung belebte.

Die höchste nützlichste Wirkung, die Sie dieser Denkungsart,
oder vielmehr (denn das ist sie eigentlich) Empfindungsweise,
zuschreiben, ist, daß sie vielleicht dazu diene, den Menschen
unter der Last niederdrückender Schicksale vor der Verzweiflung zu sichern; und Sie glauben, daß wenn auch wirklich Vernunft und Herz einen Menschen dahin bringen könnte, daß er

selbst unter äußerlich unvorteilhaften Umständen sich glücklich fühlte, er doch immer in äußerlich vorteilhaften Verhältnissen glücklicher sein müßte.

Dagegen, mein Freund, kann ich nichts anführen, weil es ein vergeblicher mißverstandner Streit sein würde. Das Glück, wovon ich sprach, hangt von keinen äußeren Umständen ab, es begleitet den, der es besitzt, mit gleicher Stärke in alle Verhältnisse seines Lebens, und die Gelegenheit, es in Genüssen zu entwikkeln, findet sich in Kerkern so gut, wie auf Thronen.

Ja, mein Freund, selbst in Ketten und Banden, in die Nacht des finstersten Kerkers gewiesen, – glauben und fühlen Sie nicht, daß es auch da überschwenglich entzückende Gefühle für den tugendhaften Weisen gibt? Ach es liegt in der Tugend eine geheime göttliche Kraft, die den Menschen über sein Schicksal erhebt, in ihren Tränen reifen höhere Freuden, in ihrem Kummer selbst liegt ein neues Glück. Sie ist der Sonne gleich, die nie so göttlich schön den Horizont mit Flammenröte malt, als wenn die Nächte des Ungewitters sie umlagern.

Ach, mein Freund, ich suche und spähe umher nach Worten und Bildern, um Sie von dieser herrlichen beglückenden Wahrheit zu überzeugen. Lassen Sie uns bei dem Bilde des unschuldig Gefesselten verweilen, – oder besser noch, blicken Sie einmal zweitausend Jahre in die Vergangenheit zurück, auf jenen besten und edelsten der Menschen, der den Tod am Kreuze für die Menschheit starb, auf Christus. Er schlummerte unter seinen Mördern, er reichte seine Hände freiwillig zum Binden dar, die teuern Hände, deren Geschäfte nur Wohltun war, er fühlte sich ja doch frei, mehr als die Unmenschen, die ihn fesselten, seine Seele war so voll des Trostes, daß er dessen noch seinen Freunden mitteilen konnte, er vergab sterbend seinen Feinden, er lächelte liebreich seine Henker an, er sah dem furchtbar schrecklichen Tode ruhig und freudig entgegen, – ach die Unschuld wandelt ja heiter über sinkende Welten. In seiner Brust muß ein ganzer Himmel von Empfindungen gewohnet haben, denn »Unrecht leiden schmeichelt große Seelen«.

Ich bin nun erschöpft, mein Freund, und was ich auch sagen könnte, würde matt und kraftlos neben diesem Bilde stehen. Daher will ich nun, mein lieber Freund, glauben Sie überzeugt zu haben, daß die Tugend den Tugendhaften selbst im Unglück glücklich macht; und wenn ich über diesen Gegenstand noch etwas sagen soll, so wollen wir einmal jenes äußere Glück mit der Fackel der Wahrheit beleuchten, für dessen Reizungen Sie einen so lebhaften Sinn zu haben scheinen.

Nach dem Bilde des wahren innern Glückes zu urteilen, dessen Anblick uns soeben so lebhaft entzückt hat: verdient nun wohl Reichtum, Güter, Würden, und alle die zerbrechlichen Geschenke des Zufalls, den Namen *Glück*? So arm an Nuancen ist doch unsre deutsche Sprache nicht, vielmehr finde ich leicht ein paar Wörter, die das, was diese Güter bewirken, sehr passend und richtig ausdrücken, Vergnügen und Wohlbehagen. Um diese sehr angenehmen Genüsse sind Fortunens Günstlinge freilich reicher als ihre Stiefkinder, obgleich ihre vorzüglichsten Bestandteile in der Neuheit und Abwechselung liegen, und daher der Arme und Verlaßne auch nicht ganz davon ausgeschlossen ist.

Ja ich bin sogar geneigt zu glauben, daß in dieser Rücksicht für ihn ein Vorteil über den Reichen und Geehrten möglich ist, indem dieser bei der zu häufigen Abwechselung leicht den Sinn zu genießen abstumpft oder wohl gar mit der Abwechselung endlich ans Ende kommt und dann auf Leeren und Lücken stößt, indes der andere mit mäßigen Genüssen haushält, selten aber desto inniger den Reiz der Neuheit schmeckt, und mit seinen Abwechselungen nie ans Ende kommt, weil selbst in ihnen eine gewisse Einförmigkeit liegt.

Aber es sei, die Großen dieser Erde mögen den Vorzug vor die Geringen haben, zu schwelgen und zu prassen, alle Güter der Welt mögen sich ihren nach Vergnügen lechzenden Sinnen darbieten, und sie mögen ihrer vorzugsweise genießen; nur, mein Freund, das Vorrecht glücklich zu sein, wollen wir ihnen nicht einräumen, mit Gold sollen sie den Kummer, wenn sie ihn verdienen, nicht aufwiegen können. Da waltet ein großes unerbittliches Gesetz über die ganze Menschheit, dem der Fürst wie der Bettler unterworfen ist. Der Tugend folgt die Belohnung, dem Laster die Strafe. Kein Gold besticht ein empörtes Gewissen, und wenn der lasterhafte Fürst auch alle Blicke und Mienen und Reden besticht, wenn er auch alle Künste des Leichtsinns herbeiruft, wie Medea alle Wohlgerüche Arabiens, um den häßlichen Mordgeruch von ihren Händen zu vertreiben – und wenn er auch Mahoms Paradies um sich versammelte, um sich zu zerstreun oder zu betäuben – umsonst! Ihn quält und ängstigt sein Gewissen, wie den Geringsten seiner Untertanen.

Gegen dieses größte der Übel wollen wir uns schützen, mein Freund, dadurch schützen wir uns zugleich vor allen übrigen, und wenn wir bei der Sinnlichkeit unsrer Jugend uns nicht entbrechen können, neben den Genüssen des ersten und höchsten innern Glücks, uns auch die Genüsse des äußern zu wünschen, so lassen Sie uns wenigstens so bescheiden und begnügsam in diesen Wünschen sein, wie es Schülern für die Weisheit ansteht.

Und nun, mein Freund, will ich Ihnen eine Lehre geben, von deren Wahrheit mein Geist zwar überzeugt ist, obgleich mein Herz ihr unaufhörlich widerspricht. Diese Lehre ist, von den Wegen die zwischen dem höchsten äußern Glück und Unglück liegen, grade nur auf der Mittelstraße zu wandern, und unsre Wünsche nie auf die schwindlichen Höhen zu richten. So sehr ich jetzt noch die Mittelstraßen aller Art hasse, weil ein natürlich heftiger Trieb im Innern mich verführt, so ahnde ich dennoch, daß Zeit und Erfahrung mich einst davon überzeugen werden, daß sie dennoch die besten seien. Eine besonders wichtige Ursache uns nur ein mäßiges äußeres Glück zu wünschen, ist, daß dieses sich wirklich am häufigsten in der Welt findet, und wir daher am wenigsten fürchten dürfen getäuscht zu werden.

Wie wenig beglückend der Standpunkt auf großen außerordentlichen Höhen ist, habe ich recht innig auf dem *Brocken* empfunden. Lächeln Sie nicht, mein Freund, es waltet ein gleiches Gesetz über die moralische wie über die physische Welt.

Die Temperatur auf der Höhe des Thrones ist so rauh, so emp-findlich und der Natur des Menschen so wenig angemessen, wie der Gipfel des Blocksbergs, und die Aussicht von dem einen so wenig beglückend wie von dem andern, weil der Standpunkt auf beidem zu hoch, und das Schöne und Reizende um beides zu tief liegt.

Mit weit mehrerem Vergnügen gedenke ich dagegen der Aus-sicht auf der mittleren und mäßigen Höhe des *Regensteins*, wo kein trüber Schleier die Landschaft verdeckte, und der schöne Teppich im ganzen, wie das unendlich Mannigfaltige desselben im einzelnen klar vor meinen Augen lag. Die Luft war mäßig, nicht warm und nicht kalt, grade so wie sie nötig ist, um frei und leicht zu atmen. Ich werde Ihnen doch die bildliche Vorstel-lung *Homers* aufschreiben, die er sich von Glück und Unglück machte, ob ich Ihnen gleich schon einmal davon erzählt habe.

Im Vorhofe des Olymp, erzählt er, stünden zwei große Be-hältnisse, das eine mit Genuß, das andere mit Entbehrung ge-füllt. Wem die Götter, so spricht *Homer*, aus beiden Fässern mit gleichem Maße messen, der ist der Glücklichste; wem sie un-gleich messen, der ist unglücklich, doch am unglücklichsten der, dem sie nur allein aus einem Fasse zumessen.

Also *entbehren und genießen*, das wäre die Regel des äußeren Glücks, und der Weg, gleich weit entfernt von Reichtum und Armut, von Überfluß und Mangel, von Schimmer und Dunkel-heit, die beglückende Mittelstraße, die wir wandern wollen.

Jetzt freilich wanken wir noch auf regellosen Bahnen umher, aber, mein Freund, das ist Uns als Jünglinge zu verzeihen. Die innere Gärung ineinander wirkender Kräfte; die uns in diesem Alter erfüllt, läßt keine Ruhe im Denken und Handeln zu. Wir kennen die Beschwörungsformel noch nicht, die Zeit allein führt sie mit sich, um die wunderbar ungleichartigen Gestalten, die in unserm Innern wühlen und durcheinander treiben, zu besänfti-gen und zu beruhigen. Und alle Jünglinge, die wir um und neben uns sehen, teilen ja mit uns dieses Schicksal. Alle ihre Schritte und Bewegungen scheinen nur die Wirkung eines unfühlbaren aber gewaltigen Stoßes zu sein, der sie unwiderstehlich mit sich fortreißt. Sie erscheinen mir wie Kometen, die in regellosen Kreisen das Weltall durchschweifen, bis sie endlich eine Bahn und ein Gesetz der Bewegung finden.

Bis dahin, mein Freund, wollen wir uns also aufs Warten und Hoffen legen, und nur wenigstens uns das zu erhalten streben, was schon jetzt in unsrer Seele Gutes und Schönes liegt. Besonders und aus mehr als dieser Rücksicht wird es gut für uns, und besonders für Sie sein, wenn wir die Hoffnung zu unsrer Göttin wählen, weil es scheint als ob uns der Genuß flieht.

Denn eine von beiden Göttinnen, Lieber, lächelt dem Menschen doch immer zu, dem Frohen der Genuß, dem Traurigen die Hoffnung. Auch scheint es, als ob die Summe der glücklichen und der unglücklichen Zufälle im ganzen für jeden Menschen gleich bleibe; wer denkt bei dieser Betrachtung nicht an jenen Tyrann von Syrakus, *Polykrates*, den das Glück bei allen seinen Bewegungen begleitete, den nie ein Wunsch, nie eine Hoffnung betrog, dem der Zufall sogar den Ring wiedergab, den er, um dem Unglück ein freiwilliges Opfer zu bringen, ins Meer geworfen hatte. So hatte die Schale seines Glücks sich tief gesenkt; aber das Schicksal setzte es dafür auch mit einem Schlage wieder ins Gleichgewicht und ließ ihn am Galgen sterben. – Oft verpraßt indes ein Jüngling in ein paar Jugendjahren den Glücksvorrat seines ganzen Lebens, und darbt dann im Alter; und da Ihre Jugendjahre, mehr noch als die meinigen, so freudenleer verflossen sind, ob Sie gleich eine tiefgefühlte Sehnsucht nach Freude in sich tragen, so nähren und stärken Sie die Hoffnung auf schönere Zeiten, denn ich getraue mich, mit einiger, ja mit großer Gewißheit Ihnen eine frohe und freudenreiche Zukunft vorher zu kündigen. Denken Sie nur, mein Freund, an unsre schönen und herrlichen Pläne, an unsre Reisen. Wie vielen Genuß bieten sie uns dar, selbst den reichsten in den scheinbar ungünstigsten Zufällen, wenigstens doch *nach* ihnen, durch die Erinnerung. Oder blicken Sie über die Vollendung unsrer Reisen hin, und *sehen Sie sich an,* den an Kenntnissen bereicherten, an Herz und Geist durch Erfahrung und Tätigkeit gebildeten Mann. Denn Bildung muß der Zweck unsrer Reise sein und wir müssen ihn erreichen, oder der Entwurf ist so unsinnig wie die Ausführung ungeschickt.

Dann, mein Freund, wird die Erde unser Vaterland, und alle Menschen unsre Landsleute sein. Wir werden uns stellen und wenden können wohin wir wollen, und immer glücklich sein. Ja wir werden unser Glück zum Teil in der Gründung des Glücks anderer finden, und andere bilden, wie wir bisher selbst gebildet worden sind.

Wie viele Freuden gewährt nicht schon allein die wahre und richtige Wertschätzung der Dinge. Wie oft gründet sich das Unglück eines Menschen bloß darin, daß er den Dingen unmögliche Wirkungen zuschrieb, oder aus Verhältnissen falsche Resultate zog, und sich darinnen in seinen Erwartungen betrog. Wir werden uns seltner irren, mein Freund, wir durchschauen dann die Geheimnisse der physischen wie der moralischen Welt, bis dahin, versteht sich, wo der ewige Schleier über sie waltet, und was wir bei dem Scharfblick unsres Geistes von der Natur erwarten, das leistet sie gewiß. Ja es ist im richtigen Sinne sogar möglich, das Schicksal selbst zu leiten, und wenn uns dann auch das große allgewaltige Rad einmal mit sich fortreißt, so verlieren wir doch nie das Gefühl unsrer selbst, nie das Bewußtsein unseres Wertes. Selbst auf diesem Wege kann der Weise, wie jener Dichter sagt, *Honig aus jeder Blume saugen.* Er kennt den großen Kreislauf der Dinge, und freut sich daher der Vernichtung wie dem Segen, weil er weiß, daß in ihr wieder der Keim zu neuen und schöneren Bildungen liegt.

Und nun, mein Freund, noch ein paar Worte über ein Übel, welches ich mit Mißvergnügen als Keim in Ihrer Seele zu entdecken glaube. Ohne, wie es scheint, gegründete, vielleicht Ihnen selbst unerklärbare Ursachen, ohne besonders üble Erfahrungen, ja vielleicht selbst ohne die Bekanntschaft eines einzigen durchaus bösen Menschen, scheint es, als ob Sie die Menschen hassen und scheuen.

Lieber, in Ihrem Alter ist das besonders übel, weil es die Verknüpfung mit Menschen und die Unterstützung derselben noch so sehr nötig macht. Ich glaube nicht, mein Freund, daß diese Empfindung als Grundzug in Ihrer Seele liegt, weil sie die Hoffnung zu Ihrer vollkommnen Ausbildung, zu welcher Ihre übrigen Anlagen doch berechtigen, zerstören und Ihren Charakter unfehlbar entstellen würde. Daher glaube ich eher und lieber, worauf auch besonders Ihre Äußerungen hinzudeuten scheinen, daß es eine von jenen fremdartigen Empfindungen ist, die eigentlich keiner menschlichen Seele und besonders der Ihrigen nicht, eigentümlich sein sollte, und die Sie, von irgend einem Geiste der Sonderbarkeit und des Widerspruchs getrieben, und von einem an Ihnen unverkennbaren Trieb der Auszeichnung verführt, nur durch Kunst und Bemühung in Ihrer Seele verpflanzt haben.

Verpflanzungen, mein Freund, sind schon im allgemeinen Sinne nicht gut, weil sie immer die Schönheit des Einzelnen und die Ordnung des Ganzen stören. Südfrüchte in Nordländern zu verpflanzen, – das mag noch hingehen, der unfruchtbare Himmelsstrich mag die unglücklichen Bewohner und ihren Eingriff in die Ordnung der Dinge rechtfertigen; aber die kraft- und saftlosen verkrüppelten Erzeugnisse des Nordens in dem üppigsten südlichen Himmelstrich zu verpflanzen, – Lieber, es dringt sich nur gleich die Frage auf, *wozu?* Also der mögliche Nutzen kann es nur rechtfertigen.

Was ich aber auch denke und sinne, mein Freund, nicht ein einziger Nutzen tritt vor meine Seele, wohl aber Heere von Übeln.

Ich weiß es und Sie haben es mir ja oft mitgeteilt, Sie fühlen in sich einen lebhaften Tätigkeitstrieb, Sie wünschen einst viel und im großen zu wirken. Das ist schön, mein Freund, und Ihres Geistes würdig, auch Ihr Wirkungskreis wird sich finden, und die relativen Begriffe von *groß* und *klein* wird die Zeit feststellen.

Aber ich stoße hier gleich auf einen gewaltigen Widerspruch, den ich nicht anders zu Ihrer Ehre auflösen kann, als wenn ich die Empfindung des Menschenhasses geradezu aus Ihrer Seele wegstreiche. Denn wenn Sie wirken und schaffen wollen, wenn Sie Ihre Existenz für die Existenz andrer aufopfern und so Ihr Dasein gleichsam vertausendfachen wollen, Lieber, wenn Sie nur für andre sammeln, wenn Sie Kräfte, Zeit und Leben, nur für andre aufopfern wollen, – wem können Sie wohl dieses kostbare Opfer bringen, als dem, was Ihrem Herzen am teuersten ist, und am nächsten liegt?

Ja, mein Freund, Tätigkeit verlangt ein Opfer, ein Opfer verlangt Liebe, und so muß sich die Tätigkeit auf wahre innige Menschenliebe gründen, sie müßte denn eigennützig sein, und nur für sich selbst schaffen wollen.

Ich möchte hier schließen, mein Freund, denn das, was ich Ihnen zur Bekämpfung des Menschenhasses, wenn Sie wirklich so unglücklich wären ihn in Ihrer Brust zu verschließen, sagen könnte, wird mir durch die Vorstellung dieser häßlichen abscheulichen Empfindung, so widrig, daß es mein ganzes Wesen empört. Menschenhaß! Ein Haß über ein ganzes Menschengeschlecht! O Gott! Ist es möglich, daß ein Menschenherz weit genug für so viel Haß ist!

Und gibt es denn nichts Liebenswürdiges unter den Menschen mehr? Und gibt es keine Tugenden mehr unter ihnen, keine Gerechtigkeit, keine Wohltätigkeit, keine Bescheidenheit im Glücke, keine Größe und Standhaftigkeit im Unglück? Gibt es denn keine redlichen Väter, keine zärtlichen Mütter, keine frommen Töchter mehr? Rührt Sie denn der Anblick eines frommen Dulders, eines geheimen Wohltäters nicht? Nicht der Anblick einer schönen leidenden Unschuld? Nicht der Anblick einer triumphierenden Unschuld? Ach und wenn sich auch im ganzen Umkreis der Erde nur ein einziger Tugendhafter fände, dieser einzige wiegt ja eine ganze Hölle von Bösewichtern auf, um dieses einzigen willen – kann man ja *die ganze Menschheit* nicht hassen. Nein, lieber Freund, es stellt sich in unsrer gemeinen Lebensweise nur die Außenseite der Dinge dar, nur starke

und heftige Wirkungen fesseln unsern Blick, die mäßigen entschlüpfen ihm in dem Tumult der Dinge. Wie mancher Vater
darbt und sorgt für den Wohlstand seiner Kinder, wie manche
Tochter betet und arbeitet für die armen und kranken Eltern,
wie manches Opfer erzeugt und vollendet sich im Stillen, wie
manche wohltätige Hand waltet im Dunkeln. Aber das Gute
und Edle gibt nur sanfte Eindrücke, und doch liebt der Mensch
die heftigen, er gefällt sich in der Bewunderung und Entzük-
kung, und das Große und Ungeheure ist es eben, worin die
Menschen nicht stark sind. Und wenn es doch nur gerade das
Große und Ungeheure ist, nach dessen Eindrücken Sie sich am
meisten sehnen, nun, mein Freund, auch für diese Genüsse läßt
sich sorgen, auch dazu findet sich Stoff in dem Umkreis der
Dinge. Ich rate Ihnen daher nochmals die Geschichte an, nicht
als Studium, sondern als Lektüre. Vielleicht ist die große Überschwemmung von Romanen, die, nach Ihrer eignen Mitteilung,
auch Ihre Phantasie einst unter Wasser gesetzt hat (verzeihn Sie
mir diesen unedlen Ausdruck), aber vielleicht ist diese zu häu-
fige Lektüre an der Empfindung des Menschenhasses schuld, die
so ungleichartig und fremd neben Ihren andern Empfindungen
steht. Ein gutes leichtsinniges Herz hebt sich so gern in diese er-
dichteten Welten empor, der Anblick so vollkommner Ideale
entzückt es, und fliegt dann einmal ein Blick über das Buch hinweg, so verschwindet die Zauberin, die magere Wirklichkeit
umgibt es, und statt seiner Ideale grinset ihn ein Alltagsgesicht
an. Wir beschäftigen uns dann mit Plänen zur Realisierung dieser Träumereien, und oft um so inniger, je weniger wir durch
Handel und Wandel selbst dazu beitragen, wir finden dann die
Menschen zu ungeschickt für unsern Sinn, und so erzeugt sich
die erste Empfindung der Gleichgültigkeit und Verachtung gegen sie.

Aber wie ganz anders ist es mit der Geschichte, mein Freund!
Sie ist die getreue Darstellung dessen, was sich zu allen Zeiten
unter den Menschen zugetragen hat. Da hat keiner etwas hinzu-
gesetzt, keiner etwas weggelassen, es finden sich keine phanta-

stische Ideale, keine Dichtung, nichts als Wahre trockne Geschichte. Und dennoch, mein Freund, finden sich darin schöne herrliche Charaktergemälde großer erhabner Menschen, Menschen wie Sokrates und Christus, deren ganzer Lebenslauf Tugend war, Taten, wie des Leonidas, des Regulus, und alle die unzähligen griechischen und römischen, die alles, was die Phantasie möglicherweise nur erdichten kann, erreichen und übertreffen. Und da, mein Freund, können wir wahrhaft sehn, auf welche Höhe der Mensch sich stellen, wie nah er an die Gottheit treten kann! Das darf und soll Sie mit Bewunderung und Entzückung füllen, aber, mein Freund, es soll Sie aber auch mit Liebe für das Geschlecht erfüllen, dessen Stolz sie waren, mit Liebe zu der großen Gattung, zu der sie gehören, und deren Wert sie durch ihre Erscheinung so unendlich erhöht und veredelt haben.

Vielleicht sehn Sie sich um in diesem Augenblick unter den Völkern der Erde, und suchen und vermissen einen Sokrates, Christus, Leonidas, Regulus etc. Irren Sie sich nicht, mein Freund! Alle diese Männer waren große, seltne Menschen, aber daß *wir* das wissen, daß sie so berühmt geworden sind, haben sie dem Zufall zu danken, der ihre Verhältnisse so glücklich stellte, daß die Schönheit ihres Wesens wie eine Sonne daraus hervorstieg.

Ohne den *Melitus* und ohne den *Herodes* würde *Sokrates* und *Christus* uns vielleicht unbekannt geblieben, und doch nicht minder groß und erhaben gewesen sein. Wenn sich Ihnen also in diesem Zeitpunkt kein so bewundrungswürdiges Wesen ankündigt, – – mein Freund, ich wünsche nur, daß Sie nicht etwa denken mögen, die Menschen seien von ihrer Höhe herabgesunken, vielmehr es scheint ein Gesetz über die Menschheit zu walten, daß sie sich im allgemeinen zu allen Zeiten gleich bleibt, wie oft auch immer die Völker mit Gestalt und Form wechseln mögen.

Aus allen diesen Gründen, mein teurer Freund, verscheuchen Sie, wenn er wirklich in Ihrem Busen wohnt, den häßlich unglückseligen und, wie ich Sie überzeugt habe, selbst ungegründeten Haß der Menschen. Liebe und Wohlwollen müssen nur den Platz darin einnehmen. Ach es ist ja so öde und traurig zu hassen und zu fürchten, und es ist so süß und so freudig zu lieben und zu trauen. Ja, wahrlich, mein Freund, es ist ohne Menschenliebe gewiß kein Glück möglich, und ein so liebloses Wesen wie ein Menschenfeind ist auch keines wahren Glückes wert.

Und dann noch eines, Lieber, ist denn auch ohne Menschenliebe jene Bildung möglich, der wir mit allen unsern Kräften entgegenstreben? Alle Tugenden beziehn sich ja auf die Menschen, und sie sind nur Tugenden insofern sie ihnen nützlich sind. Großmut, Bescheidenheit, Wohltätigkeit, bei allen diesen Tugenden fragt es sich, gegen wen? und für wen? und wozu? Und immer dringt sich die Antwort auf, für die Menschen, und zu ihrem Nutzen.

Besonders dienlich wird unsre entworfne Reise sein, um Ihnen die Menschen gewiß von einer recht liebenswürdigen Seite zu zeigen. Tausend wohltätige Einflüsse erwarte und hoffe ich von ihr, aber besonders nur für Sie den ebenbenannten. Die Art unsrer Reise verschafft uns ein glückliches Verhältnis mit den Menschen. Sie erfüllen nur nicht gern, was man laut von ihnen verlangt, aber leisten desto lieber was man schweigend von ihnen hofft.

Schon auf unsrer kleinen Harzwanderung haben wir häufig diese frohe Erfahrung gemacht. Wie oft, wenn wir ermüdet und erschöpft von der Reise in ein Haus traten, und den Nächsten um einen Trunk Wasser baten, wie oft reichten die ehrlichen Leute uns Bier oder Milch und weigerten sich Bezahlung anzunehmen. Oder sie ließen freiwillig Arbeit und Geschäft im Stiche, um uns Verirrte oft auf entfernte rechte Wege zu führen. Solche stillen Wünsche werden oft empfunden, und ohne Geräusch und Anspruch erfüllt, und mit Händedrücken bezahlt, weil die geselligen Tugenden gerade diejenigen sind, deren jeder in Zeit der Not bedarf. Aber freilich, große Opfer darf und soll man auch nicht verlangen.

An Wilhelmine von Zenge

Berlin, den 22. März 1801

Liebe Herzens-Wilhelmine, diese Stunde ist seit unsrer Trennung eine von den wenigen, die ich vergnügt nennen kann, ja vielleicht die erste – Nach vielen unruhigen Tagen kam ich heute von einer Fußreise aus Potsdam zurück. Als ich zu Carln in das Zimmer trat, fragte ich nach Briefen von Dir, und als er mir den Deinigen gab, brach ich ihn nicht ganz ohne Besorgnis auf, indem ich fürchtete, er möchte voll Klagen und Scheltwörter über mein langes Stillschweigen sein. Aber Du hast mir einen Brief geschrieben, den ich in aller Hinsicht fast den *liebsten* nennen möchte – Es war mir fast als müßte ich stolz darauf sein; *denn,* sagte ich zu mir selbst, wenn W.s Gefühl sich so verfeinert, ihr Verstand sich so berichtigt, ihre Sprache sich so veredelt hat, wer ist daran – – wem hat sie es zu – – – Kurz, ich konnte mir den Genuß nicht verweigern, den Brief, sobald ich ihn gelesen hatte, Carln zu überreichen, welches ich noch nie getan habe – Ich küsse die Hand die ihn schrieb, und das Herz, das ihn diktierte. Fahre so fort nach dem Preise zu ringen, mein Bestreben soll es sein, ihn so beneidenswürdig zu machen, als möglich. Du sollst einst einen Mann an Deine Brust drücken, den *edle* Menschen *ehren,* und wenn jemals in Deinem Herzen sich; eine Sehnsucht nach etwas regt, was ich Dir nicht leiste, so ist mein Ziel verfehlt, so wie das Deinige, wenn Du nicht immer dieses Bestreben wach in mir erhältst. Ja, Wilhelmine, meine Liebe ist ganz in Deiner Gewalt. Schmerzhaft würde es mir sein, wenn ich Dir jemals aus bloßer Pflicht treu sein müßte. Gern möchte ich meine Treue immer nur der Neigung verdanken. Ich bin nicht flatterhaft, nicht leichtsinnig, nicht jede Schürze reizt mich, und ich verachte den Reichtum; wenn ich doch jemals mein Herz Dir entzöge, Dir selbst, nicht mir, würdest Du die Schuld zuzuschreiben haben. Denn so wie meine Liebe Dein Werk, nicht das meinige war, so ist auch die Erhaltung derselben nur Dein Werk, nicht das meinige. Meine Sorge ist nichts als Deine Gegenliebe, für meine eigne Neigung zu Dir kann ich nichts tun, gar nichts, Du aber *alles*. Dich zu lieben wenn ich Dich nicht liebenswürdig fände, das wäre mir das Unmögliche. Die Hand könnte ich Dir geben, und so mein Wort erfüllen, aber das Herz nicht – denn Du weißt, daß es das seltsame Eigentum ist, welches man sich nur rauben lassen darf, wenn es Zinsen tragen soll. Also sorge nie, daß ich gleichgültig gegen Dich werden möchte, sorge nur, daß *Du* mich nicht gleichgültig gegen Dich *machst*. Sei ruhig, so lange Du in Deinem Innersten fühlst, daß Du meiner Liebe wert bist, und wenn Du an jedem Abend nach einem heiter verflossenen Tage in Deinem Tagebuche die Summe Deiner Handlungen ziehest, und nach dem Abzuge ein Rest bleibt für die guten, und ein stilles, süßes, mächtig-schwellendes Gefühl Dir sagt, daß Du eine Stufe höher getreten bist als gestern, so – – so lege Dich ruhig auf Dein Lager, und denke mit Zuversicht an mich, der vielleicht in demselben Augenblicke mit derselben Zuversicht an Dich denkt, und *hoffe* – nicht zu heiß, aber auch nicht zu kalt – auf bessere Augenblicke, als die schönsten in der Vergangenheit – – auf bessere noch? – Ich sehe das Bild, und die Nadeln, und Vossens »Luise« und die Gartenlaube und die mondhellen Nächte, – und doch – – Still! »Wer rief?« – Mir wars, als drücktest Du mir den Mund mit Küssen zu.

Ich wollte nun auf Deinen Brief, Punkt vor Punkt, antworten, und las ihn darum zum zweitenmale durch (immer noch mit derselben Freude) – Aber du hast diesmals in jede Zeile ein besonderes Interesse gelegt, und jede verdiente einen eignen Bogen zur Antwort. Ich kann aber nur *einen* Gedanken herausheben, den, der mir der liebste ist. Über die andern muß ich kurz weg eilen.

Fahre fort, dem schönen Beispiel zu folgen, das Dir die Blume an Deinem Fenster gibt. So oft Du auf ein Diner, oder Souper oder Ball gehest, kehre sie um, und wenn sie bei Deiner Rückkehr doch wieder den Kelch der Sonne entgegenneigt, so laß Dich nicht von ihr beschämen, und tue ein Gleiches.

Ich wünsche Dir aus meinem Herzen Glück zu Deinem *weiblichen Brokes*. Nicht leicht würde ich in diese Vergleichung einstimmen, aber diese muß ich doch billigen. Mir selbst hat das Mädchen sehr gefallen. Du hast mir ein paar unbeschreiblich rührende Züge von ihr aufgezeichnet, und wenn gleich das Wesen, dem sie *eigen* sind, sehr viel wert ist, so ist doch auch das Wesen, das sie *verstand*, etwas wert. Denn immer ist es ein Zeichen der eignen Vortrefflichkeit, wenn die Seele auch aus den unscheinbarsten Zügen andrer das Schöne herauszufinden weiß.

Es hätte sich nicht leicht ein Umstand ereignen können, der imstande wäre, Dich so schnell auf eine höhere Stufe zu führen, als Deine Neigung für Rousseau. Ich finde in Deinem ganzen Briefe schon etwas von seinem Geiste – das zweite Geschenk, das ich Dir, von heute an gerechnet, machen werde, wird das Geschenk von Rousseaus sämtlichen Werken sein. Ich werde Dir dann auch die Ordnung seiner Lesung bezeichnen – für jetzt laß Dich nicht stören, den »Emil« ganz zu beendigen. –

Ich komme jetzt zu dem Gedanken aus Deinem Briefe, der mir in meiner Stimmung der teuerste sein mußte, und der meiner verwundeten Seele fast so wohl tat, wie Balsam einer körperlichen Wunde.

Du schreibst: »Wie sieht es aus in Deinem Innern? Du würdest mir viele Freude machen, wenn Du mir etwas mehr davon mitteiltest, als bisher; glaube mir, ich kann leicht fassen, was Du mir sagst, und ich möchte gern Deine Hauptgedanken mit Dir teilen.«

Liebe Wilhelmine, ich erkenne an diesen fünf Zeilen mehr als an irgend etwas, daß Du wahrhaft meine Freundin bist. Nur unsre äußern Schicksale interessieren die Menschen, die innern nur den Freund. Unsere äußere Lage kann ganz ruhig sein, indessen unser Innerstes ganz bewegt ist – Ach, ich kann Dir nicht beschreiben, wie wohl es mir tut, einmal jemandem, der mich versteht, mein Innerstes zu öffnen. Eine ängstliche Bangigkeit ergreift mich immer, wenn ich unter Menschen bin, die alle von dem Grundsatze ausgehen, daß man ein Narr sei, wenn man ohne Vermögen jedes Amt ausschlägt. Du wirst nicht so hart über mich urteilen, – nicht wahr?

Ja, allerdings dreht sich mein Wesen jetzt um einen Hauptgedanken, der mein Innerstes ergriffen hat, er hat eine tiefe erschütternde Wirkung auf mich hervorgebracht – Ich weiß nur nicht, wie ich das, was seit 3 Wochen durch meine Seele flog, auf diesem Blatte zusammenpressen soll. Aber Du sagst ja, Du kannst mich fassen – also darf ich mich schon etwas kürzer fassen. Ich werde Dir den Ursprung und den ganzen Umfang dieses Gedankens, nebst allen seinen Folgerungen einst, wenn Du es wünschest, weitläufiger mitteilen. Also jetzt nur so viel.

Ich hatte schon als Knabe (mich dünkt am Rhein durch eine Schrift von Wieland) mir den Gedanken angeeignet, daß die Vervollkommnung der Zweck der Schöpfung wäre. Ich glaubte, daß wir einst nach dem Tode von der Stufe der Vervollkommnung, die wir auf diesem Sterne erreichten, auf einem andern weiter fortschreiten würden, und daß wir den Schatz von Wahrheiten, den wir hier sammelten, auch dort einst brauchen könnten. Aus diesen Gedanken bildete sich so nach und nach eine eigne Religion, und das Bestreben, nie auf einen Augenblick hienieden still zu stehen, und immer unaufhörlich einem höhern Grade von Bildung entgegenzuschreiten, ward bald das einzige Prinzip meiner Tätigkeit. *Bildung* schien mir das einzige Ziel, das des Bestrebens, *Wahrheit* der einzige Reichtum, der des Besitzes würdig ist. – Ich weiß nicht, liebe Wilhelmine, ob Du diese zwei Gedanken: *Wahrheit* und *Bildung*, mit einer solchen Heiligkeit denken kannst, als ich – Das freilich, würde doch nötig sein, wenn Du den Verfolg dieser Geschichte meiner Seele verstehen willst. Mir waren sie so heilig, daß ich diesen beiden Zwecken, Wahrheit zu sammeln, und Bildung mir zu erwerben, die *kostbarsten* Opfer brachte – Du kennst sie. – Doch ich muß mich kurz fassen.

Vor kurzem ward ich mit der neueren sogenannten Kantischen Philosophie bekannt – und Dir muß ich jetzt daraus einen Gedanken mitteilen, indem ich nicht fürchten darf, daß er Dich so tief, so schmerzhaft erschüttern wird, als mich. Auch kennst Du das Ganze nicht hinlänglich, um sein Interesse vollständig zu begreifen. Ich will indessen so deutlich sprechen, als möglich.

Wenn alle Menschen statt der Augen grüne Gläser hätten, so würden sie urteilen müssen, die Gegenstände, welche sie dadurch erblicken, *sind* grün – und nie würden sie entscheiden können, ob ihr Auge ihnen die Dinge zeigt, wie sie sind, oder ob es nicht etwas zu ihnen hinzutut, was nicht ihnen, sondern dem Auge gehört. So ist es mit dem Verstande. Wir können nicht entscheiden, ob das, was wir Wahrheit nennen, wahrhaft Wahrheit ist, oder ob es uns nur so scheint. Ist das letzte, so *ist* die Wahrheit, die wir hier sammeln, nach dem Tode nicht mehr – und alles Bestreben, ein Eigentum sich zu erwerben, das uns auch in das Grab folgt, ist vergeblich –

Ach, Wilhelmine, wenn die Spitze dieses Gedankens Dein Herz nicht trifft, so lächle nicht über einen andern, der sich tief in seinem heiligsten Innern davon verwundet fühlt. Mein einziges, mein höchstes Ziel ist gesunken, und ich habe nun keines mehr –

Seit diese Überzeugung, nämlich, daß hienieden keine Wahrheit zu finden ist, vor meine Seele trat, habe ich nicht wieder ein Buch angerührt. Ich bin untätig in meinem Zimmer umhergegangen, ich habe mich an das offne Fenster gesetzt, ich bin hinausgelaufen ins Freie, eine innerliche Unruhe trieb mich zuletzt in Tabagien und Kaffeehäuser, ich habe Schauspiele und Konzerte besucht, um mich zu zerstreuen, ich habe sogar, um mich zu betäuben, eine Torheit begangen, die Dir Carl lieber erzählen mag, als ich; und dennoch war der einzige Gedanke, den meine Seele in diesem äußeren Tumulte mit glühender Angst bearbeitete, immer nur dieser: dein *einziges,* dein *höchstes* Ziel ist gesunken –

An einem Morgen wollte ich mich zur Arbeit zwingen, aber ein innerlicher Ekel überwältigte meinen Willen. Ich hatte eine unbeschreibliche Sehnsucht an Deinem Halse zu weinen, oder wenigstens einen Freund an die Brust zu drücken. Ich lief, so schlecht das Wetter auch war, nach Potsdam, ganz durchnäßt kam ich dort an, drückte Leopold, Gleißenberg, Rühle ans Herz, und mir ward wohler – –

Rühle verstand mich am besten. Lies doch, sagte er mir, den »Kettenträger« (ein Roman). Es herrscht in diesem Buche eine sanfte, freundliche Philosophie, die dich gewiß aussöhnen wird, mit allem, worüber du zürnst. Es ist wahr, er selbst hatte aus diesem Buche einige Gedanken geschöpft, die ihn sichtbar ruhiger und weiser gemacht hatten. Ich faßte den Mut diesen Roman zu lesen.

Die Rede war von Dingen, die meine Seele längst schon selbst bearbeitet hatte. Was darin gesagt ward, war von mir schon längst im voraus widerlegt. Ich fing schon an unruhig zu blättern, als der Verfasser nun gar von ganz fremdartigen politischen Händeln weitläufig zu räsonieren anfing – Und das soll die Nahrung sein für meinen glühenden Durst? – Ich legte still und beklommen das Buch auf den Tisch, ich drückte mein Haupt auf das Kissen des Sofa, eine unaussprechliche Leere erfüllte mein Inneres, auch das letzte Mittel, mich zu heben, war fehlgeschlagen – Was sollst du nun tun, rief ich? Nach Berlin zurückkehren ohne Entschluß? Ach, es ist der schmerzlichste Zustand ganz ohne ein Ziel zu sein, nach dem unser Inneres, froh-beschäftigt, fortschreitet – und das war ich jetzt –

Du wirst mich doch nicht falsch verstehen, Wilhelmine? – Ich fürchte es nicht.

In dieser Angst fiel mir ein Gedanke ein.

Liebe Wilhelmine, laß mich reisen. Arbeiten kann ich nicht, das ist nicht möglich, ich weiß nicht zu welchem Zwecke. Ich müßte, wenn ich zu Hause bliebe, die Hände in den Schoß legen, und denken. So will ich lieber spazieren gehen, und denken. Die Bewegung auf der Reise wird mir zuträglicher sein, als dieses Brüten auf einem Flecke. Ist es eine Verirrung, so läßt sie sich vergüten, und schützt mich vor einer andern, die vielleicht unwiderruflich wäre. Sobald ich einen Gedanken ersonnen habe, der mich tröstet, sobald ich einen Zweck gefaßt habe, nach dem ich wieder streben kann, so kehre ich um, ich schwöre es Dir. Mein Bild schicke ich Dir, und Deines nehme ich mit mir. Willst Du es mir unter diesen Bedingungen erlauben? Antworte bald darauf Deinem treuen Freunde *Heinrich.*

N.S. Heute schreibe ich Ulriken, daß ich wahrscheinlich, wenn Du es mir erlaubst, nach Frankreich reisen würde. Ich habe ihr versprochen, nicht das Vaterland zu verlassen, ohne es ihr vorher zu sagen. Will sie mitreisen, so muß ich es mir gefallen lassen. Ich zweifle aber, daß sie die Bedingungen annehmen wird. Denn ich kehre um, *sobald ich weiß, was ich tun soll.* Sei ruhig. Es muß etwas Gutes aus diesem innern Kampfe hervorgehn.

An Ulrike von Kleist

Berlin, den 23. März 1801
Mein liebes Ulrikchen, ich kann Dir jetzt nicht so weitläufig
schreiben, warum ich mich entschlossen habe, Berlin sobald als
möglich zu verlassen und ins Ausland zu reisen. Es scheint, als
ob ich eines von den Opfern der Torheit werden würde, deren
die Kantische Philosophie so viele auf das Gewissen hat. Mich
ekelt vor dieser Gesellschaft, und doch kann ich mich nicht los-
ringen aus ihren Banden. Der Gedanke, daß wir hienieden von
der Wahrheit nichts, gar nichts, wissen, daß das, was wir hier
Wahrheit nennen, nach dem Tode ganz anders heißt, und daß
folglich das Bestreben, sich ein Eigentum zu erwerben, das uns
auch in das Grab folgt, ganz vergeblich und fruchtlos ist, dieser
Gedanke hat mich in dem Heiligtum meiner Seele erschüttert –
Mein *einziges* und *höchstes* Ziel ist gesunken, ich habe keines
mehr. Seitdem ekelt mich vor den Büchern, ich lege die Hände in
den Schoß, und suche ein neues Ziel, dem mein Geist, froh-beschäftigt, von neuem entgegenschreiten könnte. Aber ich finde
es nicht, und eine innerliche Unruhe treibt mich umher, ich laufe
auf Kaffeehäuser und Tabagien, in Konzerte und Schauspiele,
ich begehe, um mich zu zerstreuen und zu betäuben, Torheiten,
die ich mich schäme aufzuschreiben, und doch ist der einzige
Gedanke, den in diesem äußern Tumult meine Seele unaufhörlich mit glühender Angst bearbeitet, dieser: dein einziges, und
höchstes Ziel ist gesunken – – Ich habe mich zwingen wollen zur
Arbeit, aber mich ekelt vor allem, was Wissen heißt. Ich kann
nicht einen Schritt tun, ohne mir deutlich bewußt zu sein, wohin
ich will? – Mein Wille ist zu reisen. Verloren ist die Zeit nicht,
denn arbeiten könnte ich doch nicht, ich wüßte nicht, zu welchem Zwecke? Ich will mir einen Zweck suchen, wenn es einen
gibt. Wenn ich zu Hause bliebe, so müßte ich die Hände in den

Schoß legen und denken; so will ich lieber spazieren gehen, und denken. Ich kehre um, sobald ich weiß, was ich tun soll. Ist es eine Verirrung, so läßt sie sich vergüten und schützt mich vielleicht vor einer andern, die unwiderruflich wäre. Ich habe Dir versprochen, das Vaterland nicht zu verlassen, ohne Dich davon zu benachrichtigen, und ich erfülle mein Wort. Willst Du mitreisen, so steht es in Deiner Willkür. Einen frohen Gesellschafter wirst Du nicht finden, auch würden die Kosten nicht gering sein, denn mein Zuschuß kann nicht mehr sein, als 1 Rth. für jeden Tag. Willst Du aber dennoch, so mache ich Dir gleich einige Vorschläge. Das Wohlfeilste würde sein, mit eigner Equipage zu reisen. Den Wagen könntest Du hier kaufen, ebenso ein paar alte ausrangierte polnische Husarenpferde, welche zu diesem Zwecke am besten tauglich sein möchten. Unser hiesiger Bedienter, ein brauchbarer guter Mensch, geht gern mit. Doch auf diesen Fall wäre zu viel zu verabreden, als daß es sich schriftlich leicht tun ließe. Das beste wäre daher, Du führest bis Eggersdorf, und schriebst mir, wann ich Dich dort abholen sollte. Kommt Dir dies alles aber zu rasch, so bleibe ruhig, unsre Reise aufs künftige Jahr bleibt Dir doch unverloren. In diesem Falle hilf mir doch (wenn Du nicht kannst, durch Minetten) mit 300 Rth. Aber so bald als möglich, denn die Untätigkeit macht mich unglücklich. Ich möchte gern mit dem 1. April abreisen, das heißt also schon in 8 Tagen. Mein Wille ist durch Frankreich (Paris), die Schweiz und Deutschland zu reisen. Ich kehre vielleicht in kurzem zurück, vielleicht auch nicht, doch gewiß noch vor Weihnachten. Heinrich.

N.S. Dieser Brief ist verspätet worden, und wenn ich nun auch nicht den ersten April reisen kann, so möchte ich doch gern in den ersten Tagen dieses Monats reisen.

Sage doch Tante Massow sie möchte mir sobald als möglich meine Zulage schicken. Auch außer dieser Zulage von 75 Rth. erhält sie noch 140 Rth. vom Vormund (worüber sie quittieren muß), die ich zugleich zu erhalten wünschte.

An Wilhelmine von Zenge

Paris, den 21. Juli 1801

Mein liebes Minchen, recht mit herzlicher Liebe erinnere ich mich in diesem Augenblicke Deiner – O sage, bist Du mir wohl noch mit so vieler Innigkeit, mit so vielem Vertrauen ergeben, als sonst? Meine schnelle Abreise von Berlin, ohne Abschied von Dir zu nehmen, der seltsame Dir halbunverständliche Grund, meine kurzen, trüben, verwirrten und dabei sparsamen Briefe – o sage, hat Dir nicht zuweilen eine Ahndung von Mißtrauen ein wenig das Herz berührt? Ach, ich verzeihe es Dir, und bin in meiner innersten Seele froh durch das Bewußtsein, besser zu sein, als ich scheine. Ja, meine liebe Freundin, wenn mein Betragen Dich ein wenig beängstigt hat, so war doch nicht mein Herz, sondern bloß meine Lage schuld daran. Verwirrt durch die Sätze einer traurigen Philosophie, unfähig mich zu beschäftigen, unfähig, irgend etwas zu unternehmen, unfähig, mich um ein Amt zu bewerben, hatte ich Berlin verlassen, bloß weil ich mich vor der Ruhe fürchtete, in welcher ich Ruhe grade am wenigsten fand; und nun sehe ich mich auf einer Reise ins Ausland begriffen, ohne Ziel und Zweck, ohne begreifen zu können, wohin das mich führen würde – Mir war es zuweilen auf dieser Reise, als ob ich meinem Abgrunde entgegen ginge – Und nur das Gefühl, auch Dich mit mir hinabzuziehen, Dich, mein gutes, treues, unschuldiges Mädchen, Dich, die sich mir ganz hingegeben hat, weil sie ihr Glück von mir erwartet – Ach, Wilhelmine, ich habe oft mit mir gekämpft, – und warum soll ich nicht das Herz haben, Dir zu sagen, was ich mich nicht schäme, mir selbst zu gestehen? Ich habe oft mit mir gekämpft, ob es nicht meine *Pflicht* sei, Dich zu verlassen? Ob es nicht meine *Pflicht* sei, Dich von dem zu trennen, der sichtbar seinem Abgrunde entgegen eilt? – Doch höre, was ich mir antwortete. Wenn Du sie verlassest, sagte ich mir, wird sie dann wohl glücklicher sein? Ist sie nicht doch auch dann um die Bestimmung ihres Lebens betrogen? Wird sich ein andrer Mann um ein Mädchen bewerben, dessen Verbindung weltbekannt ist? Und wird sie einen andern Mann lieben können, wie mich –? Doch nicht Dein Glück allein, auch das meinige trat mir vor die Seele – ach, liebe Freundin, wer kann sich erwehren, ein wenig eigennützig zu sein? Soll ich mir denn, so fragte ich mich, die einzige Aussicht in der Zukunft zerstören, die mich noch ein wenig mit Lebenskraft erwärmt? Soll ich auch den einzigen Wunsch meiner Seele fahren lassen, den Wunsch, Dich mein Weib zu nennen? Soll ich denn ohne Ziel, ohne Wunsch, ohne Kraft, ohne Lebensreiz umherwandeln auf diesem Sterne, mit dem Bewußtsein, niemals ein Örtchen zu finden, wo das Glück für mich blüht – Ach, Wilhelmine, es war mir nicht möglich, allen Ansprüchen auf Freude zu entsagen, und wenn ich sie auch nur in der entferntesten Zukunft fände. Und dann – ist es denn auch so *gewiß*, daß ich meinem Abgrund entgegen eile? Wer kann die Wendungen des Schicksals erraten? Gibt es eine Nacht, die ewig dauert? So wie eine unbegreifliche Fügung mich schnell unglücklich machte, kann nicht eine ebenso unbegreifliche Fügung mich ebenso schnell glücklich machen? Und wenn auch das nicht wäre, wenn auch der Himmel kein Wunder täte, worauf man in unsern Tagen nicht eben sehr hoffen darf, habe ich denn nicht auch Hülfsmittel in mir selbst? Habe ich nicht Talent, und Herz und Geist, und ist meine gesunkene Kraft denn für immer gesunken? Ist diese Schwäche mehr als eine vorübergehende Krankheit, auf welcher Gesundheit und Stärke folgen? Kann ich denn nicht arbeiten? Schäme ich mich der Arbeit? Bin ich stolz, eitel, voll Vorurteile? Ist mir nicht jede *ehrliche* Arbeit willkommen, und will ich einen größern Preis, als Freiheit, ein eignes Haus und Dich?

Küsse mein Bild, Wilhelmine, so wie ich soeben das Deinige geküßt habe – Doch höre. Eines muß ich Dir noch sagen, ich bin es Dir schuldig. Es ist gewiß, daß früh oder spät, aber doch gewiß einmal ein heitrer Morgen für mich anbricht. Ich verdiene nicht unglücklich zu sein, und werde es nicht immer bleiben. Aber – es kann ein Weilchen dauern, und dazu gehört Treue. Auch werde ich die Blüte des Glückes pflücken müssen, wo ich sie finde, überall, gleichviel in welchem Lande, und dazu gehört Liebe – Was sagst Du dazu? Frage Dein Herz. Täusche mich nicht, so wie ich fest beschlossen habe, Dich niemals zu täuschen.

Jetzt muß ich Dir doch auch etwas von meiner Reise schreiben. – Weißt Du wohl, daß Dein Freund einmal dem Tode recht nahe war? Erschrick nicht, bloß nahe, und noch steht er mit allen seinen Füßen im Leben. Am folgenden Tage, nachdem ich meinen Brief an Dich in Göttingen auf die Post gegeben hatte, reiseten wir von dieser Stadt ab nach Frankfurt am Main. Fünf Meilen vor diesem Orte, in Butzbach, einem kleinen Städtchen, hielten wir an einem Morgen vor einem Wirtshause an, den Pferden Heu vorzulegen, wobei Johann ihnen die Zügel abnahm und wir beide sorglos sitzen blieben. Während Johann in dem Hause war, kommt ein Zug von Steineseln hinter uns her, und einer von ihnen erhebt ein so gräßliches Geschrei, daß wir selbst, wenn wir nicht so vernünftig wären, scheu geworden wären. Unsere Pferde aber, die das Unglück haben, keine Vernunft zu besitzen, hoben sich kerzengrade in die Höhe, und gingen dann spornstreichs mit uns über dem Steinpflaster durch. Ich griff nach der Leine – aber die Zügel lagen den Pferden, aufgelöset, über der Brust, und ehe wir Zeit hatten, an die Größe der Gefahr zu denken, schlug unser leichter Wagen schon um, und wir stürzten – Also an ein Eselsgeschrei hing ein Menschenleben? Und wenn es geschlossen gewesen wäre, *darum* hätte ich gelebt? *Das* wäre die Absicht des Schöpfers gewesen bei diesem dunkeln, rätselhaften irdischen Leben? *Das* hätte ich darin lernen und tun sollen, und weiter nichts –? Doch, noch war es nicht geschlossen. Wozu der Himmel es mir gefristet hat, wer kann es wissen? – Kurz, wir standen beide, frisch und gesund von dem Steinpflaster auf, und umarmten uns. Der Wagen lag ganz umgestürzt, die Räder zu oberst, ein Rad war ganz zertrümmert, die Deichsel zerbrochen, die Geschirre zerrissen. Das kostete uns 3 Louisdor und 24 Stunden; dann ging es weiter – wohin? Gott weiß es.

Von Mainz aus machten wir eine Rheinreise nach Bonn. – Ach, Wilhelmine, das ist eine Gegend, wie ein Dichtertraum, und die üppigste Phantasie kann nichts Schöneres erdenken, als dieses Tal, das sich bald öffnet, bald schließt, bald blüht, bald öde ist, bald lacht, bald schreckt. Am ersten Tag, bis Koblenz, hatten wir gutes Wetter. Am zweiten, wo wir bis Köln fahren wollten, erhob sich schon bei der Abfahrt ein so starker Sturm, in widriger Richtung, daß die Schiffer mit dem großen Postschiff, das ganz bedeckt ist, nicht weiter fahren wollten, und in einem trierischen Dorfe am Ufer landeten. Da blieben wir von 10 Uhr morgens den ganzen übrigen Tag, immer hoffend, daß sich der Sturm legen würde. Endlich um 11 Uhr in der Nacht schien es ein wenig ruhiger zu werden, und wir schifften uns mit der ganzen Gesellschaft wieder ein.

Aber kaum waren wir auf der Mitte des Rheins, als wieder ein so unerhörter Sturm losbrach, daß die Schiffer das Fahrzeug gar nicht mehr regieren konnten. Die Wellen, die auf diesem breiten, mächtigen Strome, nicht so unbedeutend sind, als die Wellen der Oder, ergriffen das Schiff an seiner Fläche, und schleuderten es so gewaltig, daß es durch sein höchst gefährliches, Schwanken, die ganze Gesellschaft in Schrecken setzte. Ein jeder klammerte sich alle andern vergessend an einen Balken an, ich selbst, *mich* zu halten – Ach, es ist nichts ekelhafter, als diese Furcht vor dem Tode. Das Leben ist das einzige Eigentum, das nur dann etwas wert ist, wenn wir es nicht achten. Verächtlich ist es, wenn wir es nicht leicht fallen lassen können, und nur der kann es zu großen Zwecken nutzen, der es leicht und freudig wegwerfen könnte. Wer es mit Sorgfalt liebt, moralisch tot ist er schon, denn seine höchste Lebenskraft, nämlich es opfern zu können, modert, indessen er es pflegt. Und doch – o wie unbegreiflich ist der Wille, der über uns waltet! – Dieses rätselhafte Ding, das wir besitzen, wir wissen nicht von wem, das uns fortführt, wir wissen nicht wohin, das unser Eigentum ist, wir wissen nicht, ob wir darüber schalten dürfen, eine Habe, die nichts wert ist, wenn sie uns etwas wert ist, ein Ding, wie ein Widerspruch, flach und tief, öde und reich, würdig und verächtlich, vieldeutig und unergründlich, ein Ding, das jeder wegwerfen möchte, wie ein unverständliches Buch, sind wir nicht durch ein Naturgesetz gezwungen es zu lieben? Wir müssen vor der Vernichtung beben, die doch nicht so qualvoll sein kann, als oft das Dasein, und indessen mancher das traurige Geschenk des Lebens beweint, muß er es durch Essen und Trinken ernähren und die Flamme vor dem Erlöschen hüten, die ihn weder erleuchtet, noch erwärmt.

Das klang ja wohl recht finster? Geduld – Es wird nicht immer so sein, und ich sehne mich nach einem Tage, wie der Hirsch in der Mittagshitze nach dem Strome, sich hineinzustürzen – Aber Geduld! – Geduld –? Kann der Himmel die von seinen Menschen verlangen, da er ihnen selbst ein Herz voll Sehnsucht gab? Zerstreuung! Zerstreuung! – O wenn mir die Wahrheit des Forschens noch so würdig schiene, wie sonst, da wäre Beschäftigung hier in diesem Orte vollauf – Gott gebe mir nur Kraft! Ich will es versuchen. Ich habe hier schon durch Humboldt und Lucchesini einige Bekanntschaften französischer Gelehrter gemacht, auch schon einige Vorlesungen besucht – Ach, Wilhelmine, die Menschen sprechen mir von Alkalien und Säuren, indessen mir ein allgewaltiges Bedürfnis die Lippe trocknet – Lebe wohl, wohl, schreibe mir bald, zum Troste. Dein H. K.

(künftig etwas von Paris)

Über das Marionettentheater

Als ich den Winter 1801 in M... zubrachte, traf ich daselbst eines Abends, in einem öffentlichen Garten, den Herrn C. an, der seit kurzem, in dieser Stadt, als erster Tänzer der Oper, angestellt war, und bei dem Publiko außerordentliches Glück machte.

Ich sagte ihm, daß ich erstaunt gewesen wäre, ihn schon mehrere Mal in einem Marionettentheater zu finden, das auf dem Markte zusammengezimmert worden war, und den Pöbel, durch kleine dramatische Burlesken, mit Gesang und Tanz durchwebt, belustigte.

Er versicherte mir, daß ihm die Pantomimik dieser Puppen viel Vergnügen machte, und ließ nicht undeutlich merken, daß ein Tänzer, der sich ausbilden wolle, mancherlei von ihnen lernen könne.

Da diese Äußerung mir, durch die Art, wie er sie vorbrachte, mehr, als ein bloßer Einfall schien, so ließ ich mich bei ihm nieder, um ihn über die Gründe, auf die er eine so sonderbare Behauptung stützen könne, näher zu vernehmen.

Er fragte mich, ob ich nicht, in der Tat, einige Bewegungen der Puppen, besonders der kleineren, im Tanz sehr graziös gefunden hatte.

Diesen Umstand konnt ich nicht leugnen. Eine Gruppe von vier Bauern, die nach einem raschen Takt die Ronde tanzte, hätte von Teniers nicht hübscher gemalt werden können.

Ich erkundigte mich nach dem Mechanismus dieser Figuren, und wie es möglich wäre, die einzelnen Glieder derselben und ihre Punkte, ohne Myriaden von Fäden an den Fingern zu haben, so zu regieren, als es der Rhythmus der Bewegungen, oder der Tanz, erfordere?

Er antwortete, daß ich mir nicht vorstellen müsse, als ob jedes Glied einzeln, während der verschiedenen Momente des Tanzes, von dem Maschinisten gestellt und gezogen würde.

Jede Bewegung, sagte er, hätte einen Schwerpunkt; es wäre genug, diesen, in dem Innern der Figur, zu regieren; die Glieder, welche nichts als Pendel wären, folgten, ohne irgend ein Zutun, auf eine mechanische Weise von selbst.

Er setzte hinzu, daß diese Bewegung sehr einfach wäre; daß jedesmal, wenn der Schwerpunkt in einer *graden Linie* bewegt wird, die Glieder schon *Kurven* beschrieben; und daß oft, auf eine bloß zufällige Weise erschüttert, das Ganze schon in eine Art von rhythmische Bewegung käme, die dem Tanz ähnlich wäre.

Diese Bemerkung schien mir zuerst einiges Licht über das Vergnügen zu werfen, das er in dem Theater der Marionetten zu finden vorgegeben hatte. Inzwischen ahndete ich bei weitem die Folgerungen noch nicht, die er späterhin daraus ziehen würde.

Ich fragte ihn, ob er glaubte, daß der Maschinist, der diese Puppen regierte, selbst ein Tänzer sein, oder wenigstens einen Begriff vom Schönen im Tanz haben müsse?

Er erwiderte, daß wenn ein Geschäft, von seiner mechanischen Seite, leicht sei, daraus noch nicht folge, daß es ganz ohne Empfindung betrieben werden könne.

Die Linie, die der Schwerpunkt zu beschreiben hat, wäre zwar sehr einfach, und, wie er glaube, in den meisten Fällen, gerad. In Fällen, wo sie krumm sei, scheine das Gesetz ihrer Krümmung wenigstens von der ersten oder höchstens zweiten Ordnung; und auch in diesem letzten Fall nur elliptisch, welche Form der Bewegung den Spitzen des menschlichen Körpers (wegen der Gelenke) überhaupt die natürliche sei, und also dem Maschinisten keine große Kunst koste, zu verzeichnen.

Dagegen wäre diese Linie wieder, von einer andern Seite, etwas sehr Geheimnisvolles. Denn sie wäre nichts anders, als der *Weg der Seele des Tänzers*; und er zweifle, daß sie anders gefunden werden könne, als dadurch, daß sich der Maschinist in den Schwerpunkt der Marionette versetzt, d. h. mit andern Worten, *tanzt.*

Ich erwiderte, daß man mir das Geschäft desselben als etwas

ziemlich Geistloses vorgestellt hätte: etwa was das Drehen einer Kurbel sei, die eine Leier spielt.

Keineswegs, antwortete er. Vielmehr verhalten sich die Bewegungen seiner Finger zur Bewegung der daran befestigten Puppen ziemlich künstlich, etwa wie Zahlen zu ihren Logarithmen oder die Asymptote zur Hyperbel.

Inzwischen glaube er, daß auch dieser letzte Bruch von Geist, von dem er gesprochen, aus den Marionetten entfernt werden, daß ihr Tanz gänzlich ins Reich mechanischer Kräfte hinübergespielt, und vermittelst einer Kurbel, so wie ich es mir gedacht, hervorgebracht werden könne.

Ich äußerte meine Verwunderung zu sehen, welcher Aufmerksamkeit er diese, für den Haufen erfundene, Spielart einer schönen Kunst würdige. Nicht bloß, daß er sie einer höheren Entwickelung für fähig halte: er scheine sich sogar selbst damit zu beschäftigen.

Er lächelte, und sagte, er getraue sich zu behaupten, daß wenn ihm ein Mechanikus, nach den Forderungen, die er an ihn zu machen dächte, eine Marionette bauen wollte, er vermittelst derselben einen Tanz darstellen würde, den weder er, noch irgend ein anderer geschickter Tänzer seinerzeit, Vestris selbst nicht ausgenommen, zu erreichen imstande wäre.

Haben Sie, fragte er, da ich den Blick schweigend zur Erde schlug: haben Sie von jenen mechanischen Beinen gehört, welche englische Künstler für Unglückliche verfertigen, die ihre Schenkel verloren haben?

Ich sagte, nein: dergleichen wäre mir nie vor Augen gekommen.

Es tut mir leid, erwiderte er; denn wenn ich Ihnen sage, daß diese Unglücklichen damit tanzen, so fürchte ich fast, Sie werden es mir nicht glauben. – Was sag ich, tanzen? Der Kreis ihrer Bewegungen ist zwar beschränkt; doch diejenigen, die ihnen zu Gebote stehen, vollziehen sich mit einer Ruhe, Leichtigkeit und Anmut, die jedes denkende Gemüt in Erstaunen setzen.

Ich äußerte, scherzend, daß er ja, auf diese Weise, seinen Mann gefunden habe. Denn derjenige Künstler, der einen so merkwürdigen Schenkel zu bauen imstande sei, würde ihm unzweifelhaft auch eine ganze Marionette, seinen Forderungen gemäß, zusammensetzen können.

Wie, fragte ich, da er seinerseits ein wenig betreten zur Erde sah: wie sind denn diese Forderungen, die Sie an die Kunstfertigkeit desselben zu machen gedenken, bestellt?

Nichts, antwortete er, was sich nicht auch schon hier fände; Ebenmaß, Beweglichkeit, Leichtigkeit – nur alles in einem höheren Grade; und besonders eine naturgemäßere Anordnung der Schwerpunkte.

Und der Vorteil, den diese Puppe vor lebendigen Tänzern voraus haben würde?

Der Vorteil? Zuvörderst ein negativer, mein vortrefflicher Freund, nämlich dieser, daß sie sich niemals *zierte*. – Denn Ziererei erscheint, wie Sie wissen, wenn sich die Seele (vis motrix) in irgend einem andern Punkte befindet, als in dem Schwerpunkt der Bewegung. Da der Maschinist nun schlechthin, vermittelst des Drahtes oder Fadens, keinen andern Punkt in seiner Gewalt hat, als diesen: so sind alle übrigen Glieder, was sie sein sollen, tot, reine Pendel, und folgen dem bloßen Gesetz der Schwere; eine vortreffliche Eigenschaft, die man vergebens bei dem größesten Teil unsrer Tänzer sucht.

Sehen Sie nur die P… an, fuhr er fort, wenn sie die Daphne spielt, und sich, verfolgt vom Apoll, nach ihm umsieht; die Seele sitzt ihr in den Wirbeln des Kreuzes; sie beugt sich, als ob sie brechen wollte, wie eine Najade aus der Schule Bernins. Sehen Sie den jungen F… an, wenn er, als Paris, unter den drei Göttinnen steht, und der Venus den Apfel überreicht: die Seele sitzt ihm gar (es ist ein Schrecken, es zu sehen) im Ellenbogen.

Solche Mißgriffe, setzte er abbrechend hinzu, sind unvermeidlich, seitdem wir von dem Baum der Erkenntnis gegessen haben. Doch das Paradies ist verriegelt und der Cherub hinter uns; wir müssen die Reise um die Welt machen, und sehen, ob es vielleicht von hinten irgendwo wieder offen ist.

Ich lachte. – Allerdings, dachte ich, kann der Geist nicht irren, da, wo keiner vorhanden ist. Doch ich bemerkte, daß er noch mehr auf dem Herzen hatte, und bat ihn, fortzufahren.

Zudem, sprach er, haben diese Puppen den Vorteil, daß sie *antigrav* sind. Von der Trägheit der Materie, dieser dem Tanze entgegenstrebendsten aller Eigenschaften, wissen sie nichts: weil die Kraft, die sie in die Lüfte erhebt, größer ist, als jene, die sie an der Erde fesselt. Was würde unsre gute G… darum geben, wenn sie sechzig Pfund leichter wäre, oder ein Gewicht von dieser Größe ihr bei ihren Entrechats und Pirouetten, zu Hülfe käme? Die Puppen brauchen den Boden nur, wie die Elfen, um ihn zu *streifen,* und den Schwung der Glieder, durch die augenblickliche Hemmung neu zu beleben; wir brauchen ihn, um darauf zu *ruhen,* und uns von der Anstrengung des Tanzes zu erholen: ein Moment, der offenbar selber kein Tanz ist, und mit dem sich weiter nichts anfangen läßt, als ihn möglichst verschwinden zu machen.

Ich sagte, daß, so geschickt er auch die Sache seiner Paradoxe führe, er mich doch nimmermehr glauben machen würde, daß in einem mechanischen Gliedermann mehr Anmut enthalten sein könne, als in dem Bau des menschlichen Körpers.

Er versetzte, daß es dem Menschen schlechthin unmöglich wäre, den Gliedermann darin auch nur zu erreichen. Nur ein Gott könne sich, auf diesem Felde, mit der Materie messen; und hier sei der Punkt, wo die beiden Enden der ringförmigen Welt in einander griffen.

Ich erstaunte immer mehr, und wußte nicht, was ich zu so sonderbaren Behauptungen sagen sollte.

Es scheine, versetzte er, indem er eine Prise Tabak nahm, daß ich das dritte Kapitel vom ersten Buch Moses nicht mit Aufmerksamkeit gelesen; und wer diese erste Periode aller menschlichen Bildung nicht kennt, mit dem könne man nicht füglich über die folgenden, um wie viel weniger über die letzte, sprechen.

Ich sagte, daß ich gar wohl wüßte, welche Unordnungen, in der natürlichen Grazie des Menschen, das Bewußtsein anrichtet. Ein junger Mann von meiner Bekanntschaft hätte, durch eine bloße Bemerkung, gleichsam vor meinen Augen, seine Unschuld verloren, und das Paradies derselben, trotz aller ersinnlichen Bemühungen, nachher niemals wieder gefunden. – Doch, welche Folgerungen, setzte ich hinzu, können Sie daraus ziehen?

Er fragte mich, welch einen Vorfall ich meine?

Ich badete mich, erzählte ich, vor etwa drei Jahren, mit einem jungen Mann, über dessen Bildung damals eine wunderbare Anmut verbreitet war. Er mochte ohngefähr in seinem sechzehnten Jahre stehn, und nur ganz von fern ließen sich, von der Gunst der Frauen herbeigerufen, die ersten Spuren von Eitelkeit erblicken. Es traf sich, daß wir grade kurz zuvor in Paris den Jüngling gesehen hatten, der sich einen Splitter aus dem Fuße zieht; der Abguß der Statue ist bekannt und befindet sich in den meisten deutschen Sammlungen. Ein Blick, den er in dem Augenblick, da er den Fuß auf den Schemel setzte, um ihn abzutrocknen, in einen großen Spiegel warf, erinnerte ihn daran; er lächelte und sagte mir, welch eine Entdeckung er gemacht habe. In der Tat hatte ich, in eben diesem Augenblick, dieselbe gemacht; doch sei es, um die Sicherheit der Grazie, die ihm beiwohnte, zu prüfen, sei es, um seiner Eitelkeit ein wenig heilsam zu begegnen: ich lachte und erwiderte – er sähe wohl Geister! Er errötete, und hob den Fuß zum zweitenmal, um es mir zu zeigen; doch der Versuch, wie sich leicht hätte voraussehn lassen, mißglückte. Er hob verwirrt den Fuß zum dritten und vierten, er hob ihn wohl noch zehnmal: umsonst! er war außerstand, dieselbe Bewegung wieder hervorzubringen – was sag ich? die Bewegungen, die er machte, hatten ein so komisches Element, daß ich Mühe hatte, das Gelächter zurückzuhalten: –

Von diesem Tage, gleichsam von diesem Augenblick an, ging eine unbegreifliche Veränderung mit dem jungen Menschen vor. Er fing an, tagelang vor dem Spiegel zu stehen; und immer ein Reiz nach dem anderen verließ ihn. Eine unsichtbare und unbegreifliche Gewalt schien sich, wie ein eisernes Netz, um das freie

Spiel seiner Gebärden zu legen, und als ein Jahr verflossen war, war keine Spur mehr von der Lieblichkeit in ihm zu entdecken, die die Augen der Menschen sonst, die ihn umringten, ergötzt hatte. Noch jetzt lebt jemand, der ein Zeuge jenes sonderbaren und unglücklichen Vorfalls war, und ihn, Wort für Wort, wie ich ihn erzählt, bestätigen könnte. –

Bei dieser Gelegenheit, sagte Herr C ... freundlich, muß ich Ihnen eine andere Geschichte erzählen, von der Sie leicht begreifen werden, wie sie hierher gehört.

Ich befand mich, auf meiner Reise nach Rußland, auf einem Landgut des Herrn v. G..., eines livländischen Edelmanns, dessen Söhne sich eben damals stark im Fechten übten. Besonders der ältere, der eben von der Universität zurückgekommen war, machte den Virtuosen, und bot mir, da ich eines Morgens auf seinem Zimmer war, ein Rapier an. Wir fochten; doch es traf sich, daß ich ihm überlegen war; Leidenschaft kam dazu, ihn zu verwirren; fast jeder Stoß, den ich führte, traf, und sein Rapier flog zuletzt in den Winkel. Halb scherzend, halb empfindlich, sagte er, indem er das Rapier aufhob, daß er seinen Meister gefunden habe: doch alles auf der Welt finde den seinen, und fortan wolle er mich zu dem meinigen führen. Die Brüder lachten laut auf, und riefen: Fort! fort! In den Holzstall herab! und damit nahmen sie mich bei der Hand und führten mich zu einem Bären, den Herr v. G..., ihr Vater, auf dem Hofe auferziehen ließ.

Der Bär stand, als ich erstaunt vor ihn trat, auf den Hinterfüßen, mit dem Rücken an einem Pfahl gelehnt, an welchem er angeschlossen war, die rechte Tatze schlagfertig erhoben, und sah mir ins Auge: das war seine Fechterposition. Ich wußte nicht, ob ich träumte, da ich mich einem solchen Gegner gegenüber sah; doch: stoßen Sie! stoßen Sie! sagte Herr v. G..., und versuchen Sie, ob Sie ihm eins beibringen können! Ich fiel, da ich mich ein wenig von meinem Erstaunen erholt hatte, mit dem Rapier auf ihn aus; der Bär machte eine ganz kurze Bewegung mit der Tatze und parierte den Stoß. Ich versuchte ihn durch Finten zu verführen; der Bär rührte sich nicht. Ich fiel wieder, mit einer augenblicklichen Gewandtheit, auf ihn aus, eines Menschen Brust würde ich ohnfehlbar getroffen haben: der Bär machte eine ganz kurze Bewegung mit der Tatze und parierte den Stoß. Jetzt war ich fast in dem Fall des jungen Herrn v. G... Der Ernst des Bären kam hinzu, mir die Fassung zu rauben, Stöße und Finten wechselten sich, mir triefte der Schweiß: umsonst! Nicht bloß, daß der Bär, wie der erste Fechter der Welt, alle meine Stöße parierte; auf Finten (was ihm kein Fechter der Welt nachmacht) ging er gar nicht einmal ein: Aug in Auge, als ob er meine Seele darin lesen könnte, stand er, die Tatze schlagfertig erhoben, und wenn meine Stöße nicht ernsthaft gemeint waren, so rührte er sich nicht.

Glauben Sie diese Geschichte?

Vollkommen! rief ich, mit freudigem Beifall; jedwedem Fremden, so wahrscheinlich ist sie: um wie viel mehr Ihnen!

Nun, mein vortrefflicher Freund, sagte Herr C..., so sind Sie im Besitz von allem, was nötig ist, um mich zu begreifen. Wir sehen, daß in dem Maße, als, in der organischen Welt, die Reflexion dunkler und schwächer wird, die Grazie darin immer strahlender und herrschender hervortritt. – Doch so, wie sich der Durchschnitt zweier Linien, auf der einen Seite eines Punkts, nach dem Durchgang durch das Unendliche, plötzlich wieder auf der andern Seite einfindet, oder das Bild des Hohlspiegels, nachdem es sich in das Unendliche entfernt hat, plötzlich wieder dicht vor uns tritt: so findet sich auch, wenn die Erkenntnis gleichsam durch ein Unendliches gegangen ist, die Grazie wieder ein; so, daß sie, zu gleicher Zeit, in demjenigen menschlichen Körperbau am reinsten erscheint, der entweder gar keins, oder ein unendliches Bewußtsein hat, d.h. in dem Gliedermann, oder in dem Gott.

Mithin, sagte ich ein wenig zerstreut, müßten wir wieder von dem Baum der Erkenntnis essen, um in den Stand der Unschuld zurückzufallen?

Allerdings, antwortete er; das ist das letzte Kapitel von der Geschichte der Welt.   H. v. K.

Der Findling

Antonio Piachi, ein wohlhabender Güterhändler in Rom, war genötigt, in seinen Handelsgeschäften zuweilen große Reisen zu machen. Er pflegte dann gewöhnlich *Elvire,* seine junge Frau, unter dem Schutz ihrer Verwandten, daselbst zurückzulassen. Eine dieser Reisen führte ihn mit seinem Sohn *Paolo,* einem eilf-jährigen Knaben, den ihm seine erste Frau geboren hatte, nach Ragusa. Es traf sich, daß hier eben eine pestartige Krankheit ausgebrochen war, welche die Stadt und Gegend umher in großes Schrecken setzte. Piachi, dem die Nachricht davon erst auf der Reise zu Ohren gekommen war, hielt in der Vorstadt an, um sich nach der Natur derselben zu erkundigen. Doch da er hörte, daß das Übel von Tage zu Tage bedenklicher werde, und daß man damit umgehe, die Tore zu sperren; so überwand die Sorge für seinen Sohn alle kaufmännischen Interessen: er nahm Pferde und reisete wieder ab.

Er bemerkte, da er im Freien war, einen Knaben neben seinem Wagen, der, nach Art der Flehenden, die Hände zu ihm ausstreckte und in großer Gemütsbewegung zu sein schien. Piachi ließ halten; und auf die Frage: was er wolle? antwortete der Knabe in seiner Unschuld: er sei angesteckt; die Häscher verfolgten ihn, um ihn ins Krankenhaus zu bringen, wo sein Vater und seine Mutter schon gestorben wären; er bitte um aller Heiligen willen, ihn mitzunehmen, und nicht in der Stadt umkommen zu lassen. Dabei faßte er des Alten Hand, drückte und küßte sie und weinte darauf nieder. Piachi wollte in der ersten Regung des Entsetzens, den Jungen weit von sich schleudern; doch da dieser, in eben diesem Augenblick, seine Farbe veränderte und ohnmächtig auf den Boden niedersank, so regte sich des guten Alten Mitleid: er stieg mit seinem Sohn aus, legte den Jungen in den Wagen, und fuhr mit ihm fort, obschon er auf der Welt nicht wußte, was er mit demselben anfangen sollte.

Er unterhandelte noch, in der ersten Station, mit den Wirtsleuten, über die Art und Weise, wie er seiner wieder los werden könne: als er schon auf Befehl der Polizei, welche davon Wind bekommen hatte, arretiert und unter einer Bedeckung, er, sein Sohn und Nicolo, so hieß der kranke Knabe, wieder nach Ragusa zurück transportiert ward. Alle Vorstellungen von Seiten Piachis, über die Grausamkeit dieser Maßregel, halfen zu nichts; in Ragusa angekommen, wurden nunmehr alle drei, unter Aufsicht eines Häschers, nach dem Krankenhause abgeführt, wo er zwar, Piachi, gesund blieb, und Nicolo, der Knabe, sich von dem Übel wieder erholte: sein Sohn aber, der eilfjährige Paolo, von demselben angesteckt ward, und in drei Tagen starb.

Die Tore wurden nun wieder geöffnet und Piachi, nachdem er seinen Sohn begraben hatte, erhielt von der Polizei Erlaubnis, zu reisen. Er bestieg eben, sehr von Schmerz bewegt, den Wagen und nahm, bei dem Anblick des Platzes, der neben ihm leer blieb, sein Schnupftuch heraus, um seine Tränen fließen zu lassen: als Nicolo, mit der Mütze in der Hand, an seinen Wagen trat und ihm eine glückliche Reise wünschte. Piachi beugte sich aus dem Schlage heraus und fragte ihn, mit einer von heftigem Schluchzen unterbrochenen Stimme: ob er mit ihm reisen wollte? Der Junge, sobald er den Alten nur verstanden hatte, nickte und sprach: o ja! sehr gern; und da die Vorsteher des Krankenhauses, auf die Frage des Güterhändlers: ob es dem Jungen wohl erlaubt wäre, einzusteigen? lächelten und versicherten: daß er Gottes Sohn wäre und niemand ihn vermissen würde; so hob ihn Piachi, in einer großen Bewegung, in den Wagen, und nahm ihn, an seines Sohnes Statt, mit sich nach Rom.

Auf der Straße, vor den Toren der Stadt, sah sich der Landmäkler den Jungen erst recht an. Er war von einer besondern, etwas starren Schönheit, seine schwarzen Haare hingen ihm, in schlichten Spitzen, von der Stirn herab, ein Gesicht beschattend, das, ernst und klug, seine Mienen niemals veränderte. Der Alte tat mehrere Fragen an ihn, worauf jener aber nur kurz antwortete: ungesprächig und in sich gekehrt saß er, die Hände in die Hosen gesteckt, im Winkel da, und sah sich, mit gedankenvoll scheuen Blicken, die Gegenstände an, die an dem Wagen vorüberflogen. Von Zeit zu Zeit holte er sich, mit stillen und geräuschlosen Bewegungen, eine Handvoll Nüsse aus der Tasche, die er bei sich trug, und während Piachi sich die Tränen vom Auge wischte, nahm er sie zwischen die Zähne und knackte sie auf.

In Rom stellte ihn Piachi, unter einer kurzen Erzählung des Vorfalls, Elviren, seiner jungen trefflichen Gemahlin vor, welche sich zwar nicht enthalten konnte, bei dem Gedanken an Paolo, ihren kleinen Stiefsohn, den sie sehr geliebt hatte, herzlich zu weinen; gleichwohl aber den Nicolo, so fremd und steif er auch vor ihr stand, an ihre Brust drückte, ihm das Bette, worin jener geschlafen hatte, zum Lager anwies, und sämtliche Kleider desselben zum Geschenk machte. Piachi schickte ihn in die Schule, wo er Schreiben, Lesen und Rechnen lernte, und da er, auf eine leicht begreifliche Weise, den Jungen in dem Maße lieb gewonnen, als er ihm teuer zu stehen gekommen war, so adoptierte er ihn, mit Einwilligung der guten Elvire, welche von dem Alten keine Kinder mehr zu erhalten hoffen konnte, schon nach wenigen Wochen, als seinen Sohn. Er dankte späterhin einen Kommis ab, mit dem er, aus mancherlei Gründen, unzufrieden war, und hatte, da er den Nicolo, statt seiner, in dem Kontor anstellte, die Freude zu sehn, daß derselbe die weitläuftigen Geschäfte, in welchen er verwickelt war, auf das tätigste und vorteilhafteste verwaltete. Nichts hatte der Vater, der ein geschworner Feind aller Bigotterie war, an ihm auszusetzen, als den Umgang mit den Mönchen des Karmeliterklosters, die dem jungen Mann, wegen des beträchtlichen Vermögens das ihm einst, aus der Hinterlassenschaft des Alten, zufallen sollte, mit großer Gunst zugetan waren; und nichts ihrerseits die Mutter, als einen früh, wie es ihr schien, in der Brust desselben sich regenden Hang für das weibliche Geschlecht. Denn schon in seinem funfzehnten Jahre, war er, bei Gelegenheit dieser Mönchsbesuche, die Beute der Verführung einer gewissen *Xaviera Tartini,* Beischläferin ihres Bischofs, geworden, und ob er gleich, durch die strenge Forderung des Alten genötigt, diese Verbindung zerriß, so hatte Elvire doch mancherlei Gründe zu glauben, daß seine Enthaltsamkeit auf diesem gefährlichen Felde nicht eben groß war. Doch da Nicolo sich, in seinem zwanzigsten Jahre, mit *Constanza Parquet,* einer jungen liebenswürdigen Genueserin, Elvirens Nichte, die unter ihrer Aufsicht in Rom erzogen wurde, vermählte, so schien wenigstens das letzte Übel damit an der Quelle verstopft; beide Eltern vereinigten sich in der Zufriedenheit mit ihm, und um ihm davon einen Beweis zu geben, ward ihm eine glänzende Ausstattung zuteil, wobei sie ihm einen beträchtlichen Teil ihres schönen und weitläuftigen Wohnhauses einräumten. Kurz, als Piachi sein sechzigstes Jahr erreicht hatte, tat er das Letzte und Äußerste, was er für ihn tun konnte: er überließ ihm, auf gerichtliche Weise, mit Ausnahme eines kleinen Kapitals, das er sich vorbehielt, das ganze Vermögen, das seinem Güterhandel zum Grunde lag, und zog sich, mit seiner treuen, trefflichen Elvire, die wenige Wünsche in der Welt hatte, in den Ruhestand zurück.

Elvire hatte einen stillen Zug von Traurigkeit im Gemüt, der ihr aus einem rührenden Vorfall, aus der Geschichte ihrer Kindheit, zurückgeblieben war. Philippo Parquet, ihr Vater, ein bemittelter Tuchfärber in Genua, bewohnte ein Haus, das, wie es sein Handwerk erforderte, mit der hinteren Seite hart an den, mit Quadersteinen eingefaßten, Rand des Meeres stieß; große, am Giebel eingefugte Balken, an welchen die gefärbten Tücher aufgehängt wurden, liefen, mehrere Ellen weit, über die See hinaus. Einst, in einer unglücklichen Nacht, da Feuer das Haus ergriff, und gleich, als ob es von Pech und Schwefel erbaut wäre, zu gleicher Zeit in allen Gemächern, aus welchen es zusammengesetzt war, emporknitterte, flüchtete sich, überall von Flammen geschreckt, die dreizehnjährige Elvire von Treppe zu Treppe, und befand sich, sie wußte selbst nicht wie, auf einem dieser Balken. Das arme Kind wußte, zwischen Himmel und

Erde schwebend, gar nicht, wie es sich retten sollte; hinter ihr der brennende Giebel, dessen Glut, vom Winde gepeitscht, schon den Balken angefressen hatte, und unter ihr die weite, öde, entsetzliche See. Schon wollte sie sich allen Heiligen empfehlen und unter zwei Übeln das kleinere wählend, in die Fluten hinabspringen; als plötzlich ein junger Genueser, vom Geschlecht der Patrizier, am Eingang erschien, seinen Mantel über den Balken warf, sie umfaßte, und sich, mit eben so viel Mut als Gewandtheit, an einem der feuchten Tücher, die von dem Balken niederhingen, in die See mit ihr herabließ. Hier griffen Gondeln, die auf dem Hafen schwammen, sie auf, und brachten sie, unter vielem Jauchzen des Volks, ans Ufer; doch es fand sich, daß der junge Held, schon beim Durchgang durch das Haus, durch einen vom Gesims desselben herabfallenden Stein, eine schwere Wunde am Kopf empfangen hatte, die ihn auch bald, seiner Sinne nicht mächtig, am Boden niederstreckte. Der Marquis, sein Vater, in dessen Hotel er gebracht ward, rief, da seine Wiederherstellung sich in die Länge zog, Ärzte aus allen Gegenden Italiens herbei, die ihn zu verschiedenen Malen trepanierten und ihm mehrere Knochen aus dem Gehirn nahmen; doch alle Kunst war, durch eine unbegreifliche Schickung des Himmels, vergeblich: er erstand nur selten an der Hand Elvirens, die seine Mutter zu seiner Pflege herbeigerufen hatte, und nach einem dreijährigen höchst schmerzenvollen Krankenlager, während dessen das Mädchen nicht von seiner Seite wich, reichte er ihr noch einmal freundlich die Hand und verschied.

Piachi, der mit dem Hause dieses Herrn in Handelsverbindungen stand, und Elviren eben dort, da sie ihn pflegte, kennen gelernt und zwei Jahre darauf geheiratet hatte, hütete sich sehr, seinen Namen vor ihr zu nennen, oder sie sonst an ihn zu erinnern, weil er wußte, daß es ihr schönes und empfindliches Gemüt auf das heftigste bewegte. Die mindeste Veranlassung, die sie auch nur von fern an die Zeit erinnerte, da der Jüngling für sie litt und starb, rührte sie immer bis zu Tränen, und alsdann gab es keinen Trost und keine Beruhigung für sie; sie brach, wo sie auch sein mochte, auf, und keiner folgte ihr, weil man schon erprobt hatte, daß jedes andere Mittel vergeblich war, als sie still für sich, in der Einsamkeit, ihren Schmerz ausweinen zu lassen. Niemand, außer Piachi, kannte die Ursache dieser sonderbaren und häufigen Erschütterungen, denn niemals, so lange sie lebte, war ein Wort, jene Begebenheit betreffend, über ihre Lippen gekommen. Man war gewohnt, sie auf Rechnung eines überreizten Nervensystems zu setzen, das ihr aus einem hitzigen Fieber, in welches sie gleich nach ihrer Verheiratung verfiel, zurückgeblieben war, und somit allen Nachforschungen über die Veranlassung derselben ein Ende zu machen.

Einstmals war Nicolo, mit jener Xaviera Tartini, mit welcher er, trotz des Verbots des Vaters, die Verbindung nie ganz aufgegeben hatte, heimlich, und ohne Vorwissen seiner Gemahlin, unter der Vorspiegelung, daß er bei einem Freund eingeladen sei, auf dem Karneval gewesen und kam, in der Maske eines genuesischen Ritters, die er zufällig gewählt hatte, spät in der Nacht, da schon alles schlief, in sein Haus zurück. Es traf sich, daß dem Alten plötzlich eine Unpäßlichkeit zugestoßen war, und Elvire, um ihm zu helfen, in Ermangelung der Mägde, aufgestanden, und in den Speisesaal gegangen war, um ihm eine Flasche mit Essig zu holen. Eben hatte sie einen Schrank, der in dem Winkel stand, geöffnet, und suchte, auf der Kante eines Stuhles stehend, unter den Gläsern und Caravinen umher: als Nicolo die Tür sacht öffnete, und mit einem Licht, das er sich auf dem Flur angesteckt hatte, mit Federhut, Mantel und Degen, durch den Saal ging. Harmlos, ohne Elviren zu sehen, trat er an die Tür, die in sein Schlafgemach führte, und bemerkte eben mit Bestürzung, daß sie verschlossen war: als Elvire hinter ihm, mit Flaschen und Gläsern, die sie in der Hand hielt, wie durch einen unsichtbaren Blitz getroffen, bei seinem Anblick von dem Schemel, auf welchem sie stand, auf das Getäfel des Bodens niederfiel. Nicolo, von Schrecken bleich, wandte sich um und wollte der Unglücklichen beispringen; doch da das Geräusch, das sie gemacht hatte, notwendig den Alten herbeiziehen mußte, so unterdrückte die

Besorgnis, einen Verweis von ihm zu erhalten, alle andere Rücksichten: er riß ihr, mit verstörter Beeiferung, ein Bund Schlüssel von der Hüfte, das sie bei sich trug, und einen gefunden, der paßte, warf er den Bund in den Saal zurück und verschwand. Bald darauf, da Piachi, krank wie er war, aus dem Bette gesprungen war, und sie aufgehoben hatte, und auch Bediente und Mägde, von ihm zusammengeklingelt, mit Licht erschienen waren, kam auch Nicolo in seinem Schlafrock, und fragte, was vorgefallen sei; doch da Elvire, starr vor Entsetzen, wie ihre Zunge war, nicht sprechen konnte, und außer ihr nur er selbst noch Auskunft auf diese Frage geben konnte, so blieb der Zusammenhang der Sache in ein ewiges Geheimnis gehüllt; man trug Elviren, die an allen Gliedern zitterte, zu Bett, wo sie mehrere Tage lang an einem heftigen Fieber darniederlag, gleichwohl aber durch die natürliche Kraft ihrer Gesundheit den Zufall überwand, und bis auf eine sonderbare Schwermut, die ihr zurückblieb, sich ziemlich wieder erholte.

So verfloß ein Jahr, als Constanze, Nicolos Gemahlin, niederkam, und samt dem Kinde, das sie geboren hatte, in den Wochen starb. Dieser Vorfall, bedauernswürdig an sich, weil ein tugendhaftes und wohlerzogenes Wesen verloren ging, war es doppelt, weil er den beiden Leidenschaften Nicolos, seiner Bigotterie und seinem Hange zu den Weibern, wieder Tor und Tür öffnete. Ganze Tage lang trieb er sich wieder, unter dem Vorwand, sich zu trösten, in den Zellen der Karmelitermönche umher, und gleichwohl wußte man, daß er während der Lebzeiten seiner Frau, nur mit geringer Liebe und Treue an ihr gehangen hatte. Ja, Constanze war noch nicht unter der Erde, als Elvire schon zur Abendzeit, in Geschäften des bevorstehenden Begräbnisses in sein Zimmer tretend, ein Mädchen bei ihm fand, das, geschürzt und geschminkt, ihr als die Zofe der Xaviera Tartini nur zu wohl bekannt war. Elvire schlug bei diesem Anblick die Augen nieder, kehrte sich, ohne ein Wort zu sagen, um, und verließ das Zimmer; weder Piachi, noch sonst jemand, erfuhr ein Wort von diesem Vorfall, sie begnügte sich, mit betrübtem Herzen bei der

Leiche Constanzens, die den Nicolo sehr geliebt hatte, nieder-
zuknien und zu weinen. Zufällig aber traf es sich, daß Piachi,
der in der Stadt gewesen war, beim Eintritt in sein Haus dem
Mädchen begegnete, und da er wohl merkte, was sie hier zu
schaffen gehabt hatte, sie heftig anging und ihr halb mit List,
halb mit Gewalt, den Brief, den sie bei sich trug, abgewann. Er
ging auf sein Zimmer, um ihn zu lesen, und fand, was er voraus-
gesehen hatte, eine dringende Bitte Nicolos an Xaviera, ihm, behufs einer Zusammenkunft, nach der er sich sehne, gefälligst Ort
und Stunde zu bestimmen. Piachi setzte sich nieder und antwortete, mit verstellter Schrift, im Namen Xavieras: »gleich, noch
vor Nacht, in der Magdalenenkirche.« – siegelte diesen Zettel
mit einem fremden Wappen zu, und ließ ihn, gleich als ob er von
der Dame käme, in Nicolos Zimmer abgeben. Die List glückte
vollkommen; Nicolo nahm augenblicklich seinen Mantel, und
begab sich in Vergessenheit Constanzens, die im Sarg ausgestellt
war, aus dem Hause. Hierauf bestellte Piachi, tief entwürdigt,
das feierliche, für den kommenden Tag festgesetzte Leichenbegängnis ab, ließ die Leiche, so wie sie ausgesetzt war, von einigen
Trägern aufheben, und bloß von Elviren, ihm und einigen Verwandten begleitet, ganz in der Stille in dem Gewölbe der Magdalenenkirche, das für sie bereitet war, beisetzen. Nicolo, der in
dem Mantel gehüllt, unter den Hallen der Kirche stand, und zu
seinem Erstaunen einen ihm wohlbekannten Leichenzug heran-
nahen sah, fragte den Alten, der dem Sarge folgte: was dies be-
deute? und wen man herantrüge? Doch dieser, das Gebetbuch in
der Hand, ohne das Haupt zu erheben, antwortete bloß: Xaviera
Tartini: – worauf die Leiche, als ob Nicolo gar nicht gegenwärtig
wäre, noch einmal entdeckelt, durch die Anwesenden gesegnet,
und alsdann versenkt und in dem Gewölbe verschlossen ward.
 Dieser Vorfall, der ihn tief beschämte, erweckte in der Brust
des Unglücklichen einen brennenden Haß gegen Elviren; denn
ihr glaubte er den Schimpf, den ihm der Alte vor allem Volk angetan hatte, zu verdanken zu haben. Mehrere Tage lang sprach
Piachi kein Wort mit ihm; und da er gleichwohl, wegen der Hin-

terlassenschaft Constanzens, seiner Geneigtheit und Gefälligkeit bedurfte: so sah er sich genötigt, an einem Abend des Alten Hand zu ergreifen und ihm mit der Miene der Reue, unverzüglich und auf immerdar, die Verabschiedung der Xaviera anzugeloben. Aber dies Versprechen war er wenig gesonnen zu halten; vielmehr schärfte der Widerstand, den man ihm entgegen setzte, nur seinen Trotz, und übte ihn in der Kunst, die Aufmerksamkeit des redlichen Alten zu umgehen. Zugleich war ihm Elvire niemals schöner vorgekommen, als in dem Augenblick, da sie, zu seiner Vernichtung, das Zimmer, in welchem sich das Mädchen befand, öffnete und wieder schloß. Der Unwille, der sich mit sanfter Glut auf ihren Wangen entzündete, goß einen unendlichen Reiz über ihr mildes, von Affekten nur selten bewegtes Antlitz; es schien ihm unglaublich, daß sie, bei soviel Lockungen dazu, nicht selbst zuweilen auf dem Wege wandeln sollte, dessen Blumen zu brechen er eben so schmählich von ihr gestraft worden war. Er glühte vor Begierde, ihr, falls dies der Fall sein sollte, bei dem Alten denselben Dienst zu erweisen, als sie ihm, und bedurfte und suchte nichts, als die Gelegenheit, diesen Vorsatz ins Werk zu richten.

Einst ging er, zu einer Zeit, da gerade Piachi außer dem Hause war, an Elvirens Zimmer vorbei, und hörte, zu seinem Befremden, daß man darin sprach. Von raschen, heimtückischen Hoffnungen durchzuckt, beugte er sich mit Augen und Ohren gegen das Schloß nieder, und – Himmel! was erblickte er? Da lag sie, in der Stellung der Verzückung, zu jemandes Füßen, und ob er gleich die Person nicht erkennen konnte, so vernahm er doch ganz deutlich, recht mit dem Akzent der Liebe ausgesprochen, das geflüsterte Wort: Colino. Er legte sich mit klopfendem Herzen in das Fenster des Korridors, von wo aus er, ohne seine Absicht zu verraten, den Eingang des Zimmers beobachten konnte; und schon glaubte er, bei einem Geräusch, das sich ganz leise am Riegel erhob, den unschätzbaren Augenblick, da er die Scheinheilige entlarven könne, gekommen: als, statt des Unbekannten den er erwartete, Elvire selbst, ohne irgend eine Begleitung, mit einem ganz gleichgültigen und ruhigen Blick, den sie aus der Ferne auf ihn warf, aus dem Zimmer hervortrat. Sie hatte ein Stück selbstgewebter Leinwand unter dem Arm; und nachdem sie das Gemach, mit einem Schlüssel, den sie sich von der Hüfte nahm, verschlossen hatte, stieg sie ganz ruhig, die Hand ans Geländer gelehnt, die Treppe hinab. Diese Verstellung, diese scheinbare Gleichgültigkeit, schien ihm der Gipfel der Frechheit und Arglist, und kaum war sie ihm aus dem Gesicht, als er schon lief, einen Hauptschlüssel herbeizuholen, und nachdem er die Umringung, mit scheuen Blicken, ein wenig geprüft hatte, heimlich die Tür des Gemachs öffnete. Aber wie erstaunte er, als er alles leer fand, und in allen vier Winkeln, die er durchspähte, nichts, das einem Menschen auch nur ähnlich war, entdeckte: außer dem Bild eines jungen Ritters in Lebensgröße, das in einer Nische der Wand, hinter einem rotseidenen Vorhang, von einem besondern Lichte bestrahlt, aufgestellt war. Nicolo erschrak, er wußte selbst nicht warum: und eine Menge von Gedanken fuhren ihm, den großen Augen des Bildes, das ihn starr ansah, gegenüber, durch die Brust: doch ehe er sie noch gesammelt und geordnet hatte, ergriff ihn schon Furcht, von Elviren entdeckt und gestraft zu werden; er schloß, in nicht geringer Verwirrung, die Tür wieder zu, und entfernte sich.

Je mehr er über diesen sonderbaren Vorfall nachdachte, je wichtiger ward ihm das Bild, das er entdeckt hatte, und je peinlicher und brennender ward die Neugierde in ihm, zu wissen, wer damit gemeint sei. Denn er hatte sie, im ganzen Umriß ihrer Stellung auf Knieen liegen gesehen, und es war nur zu gewiß, daß derjenige, vor dem dies geschehen war, die Gestalt des jungen Ritters auf der Leinwand war. In der Unruhe des Gemüts, die sich seiner bemeisterte, ging er zu Xaviera Tartini, und erzählte ihr die wunderbare Begebenheit, die er erlebt hatte. Diese, die in dem Interesse, Elviren zu stürzen, mit ihm zusammentraf, indem alle Schwierigkeiten, die sie in ihrem Umgang fanden, von ihr herrührten, äußerte den Wunsch, das Bild, das in dem Zimmer derselben aufgestellt war, einmal zu sehen. Denn einer ausgebreiteten Bekanntschaft unter den Edelleuten Italiens konnte sie sich rühmen, und falls derjenige, der hier in Rede stand, nur irgend einmal in Rom gewesen und von einiger Bedeutung war, so durfte sie hoffen, ihn zu kennen. Es fügte sich auch bald, daß die beiden Eheleute Piachi, da sie einen Verwandten besuchen wollten, an einem Sonntag auf das Land reiseten, und kaum wußte Nicolo auf diese Weise das Feld rein, als er schon zu Xavieren eilte, und diese mit einer kleinen Tochter, die sie von dem Kardinal hatte, unter dem Vorwande, Gemälde und Stickereien zu besehen, als eine fremde Dame in Elvirens Zimmer führte. Doch wie betroffen war Nicolo, als die kleine Klara (so hieß die Tochter), sobald er nur den Vorhang erhoben hatte, ausrief: »Gott, mein Vater! Signor Nicolo, wer ist das anders, als Sie?« – Xaviera verstummte. Das Bild, in der Tat, je länger sie es ansah, hatte eine auffallende Ähnlichkeit mit ihm: besonders wenn sie sich ihn, wie ihrem Gedächtnis gar wohl möglich war, in dem ritterlichen Aufzug dachte, in welchem er, vor wenigen Monaten, heimlich mit ihr auf dem Karneval gewesen war. Nicolo versuchte ein plötzliches Erröten, das sich über seine Wangen ergoß, wegzuspotten; er sagte, indem er die Kleine küßte: wahrhaftig, liebste Klara, das Bild gleicht mir, wie du demjenigen, der sich deinen Vater glaubt! – Doch Xaviera, in deren Brust das bittere Gefühl der Eifersucht rege geworden war, warf einen Blick auf ihn; sie sagte, indem sie vor den Spiegel trat, zuletzt sei es gleichgültig, wer die Person sei; empfahl sich ihm ziemlich kalt und verließ das Zimmer.

Nicolo verfiel, sobald Xaviera sich entfernt hatte, in die lebhafteste Bewegung über diesen Auftritt. Er erinnerte sich, mit vieler Freude, der sonderbaren und lebhaften Erschütterung, in welche er, durch die phantastische Erscheinung jener Nacht, Elviren versetzt hatte. Der Gedanke, die Leidenschaft dieser, als ein Muster der Tugend umwandelnden Frau erweckt zu haben, schmeichelte ihn fast eben so sehr, als die Begierde, sich an ihr zu rächen; und da sich ihm die Aussicht eröffnete, mit einem und demselben Schlage beide, das eine Gelüst, wie das andere, zu be-

friedigen, so erwartete er mit vieler Ungeduld Elvirens Wieder-
kunft, und die Stunde, da ein Blick in ihr Auge seine schwan-
kende Überzeugung krönen würde. Nichts störte ihn in dem
Taumel, der ihn ergriffen hatte, als die bestimmte Erinnerung,
daß Elvire das Bild, vor dem sie auf Knieen lag, damals, als er sie
durch das Schlüsselloch belauschte: Colino, genannt hatte; doch
auch in dem Klang dieses, im Lande nicht eben gebräuchlichen
Namens, lag mancherlei, das sein Herz, er wußte nicht warum,
in süße Träume wiegte, und in der Alternative, einem von beiden
Sinnen, seinem Auge oder seinem Ohr zu mißtrauen, neigte er
sich, wie natürlich, zu demjenigen hinüber, der seiner Begierde
am lebhaftesten schmeichelte.

Inzwischen kam Elvire erst nach Verlauf mehrerer Tage von
dem Lande zurück, und da sie aus dem Hause des Vetters, den
sie besucht hatte, eine junge Verwandte mitbrachte, die sich
in Rom umzusehen wünschte, so warf sie, mit Artigkeiten gegen diese beschäftigt, auf Nicolo, der sie sehr freundlich aus
dem Wagen hob, nur einen flüchtigen nichtsbedeutenden Blick.
Mehrere Wochen, der Gastfreundin, die man bewirtete, aufge-
opfert, vergingen in einer dem Hause ungewöhnlichen Unruhe;
man besuchte, in- und außerhalb der Stadt, was einem Mädchen,
jung und lebensfroh, wie sie war, merkwürdig sein mochte; und
Nicolo, seiner Geschäfte im Kontor halber, zu allen diesen kleinen Fahrten nicht eingeladen, fiel wieder, in Bezug auf Elviren,
in die übelste Laune zurück. Er begann wieder, mit den bittersten und quälendsten Gefühlen, an den Unbekannten zurück zu
denken, den sie in heimlicher Ergebung vergötterte; und dies
Gefühl zerriß besonders am Abend der längst mit Sehnsucht
erharrten Abreise jener jungen Verwandten sein verwildertes
Herz, da Elvire, statt nun mit ihm zu sprechen, schweigend,
während einer ganzen Stunde, mit einer kleinen, weiblichen
Arbeit beschäftigt, am Speisetisch saß. Es traf sich, daß Piachi,
wenige Tage zuvor, nach einer Schachtel mit kleinen, elfenbei-
nernen Buchstaben gefragt hatte, vermittelst welcher Nicolo in
seiner Kindheit unterrichtet worden, und die dem Alten nun,

weil sie niemand mehr brauchte, in den Sinn gekommen war, an ein kleines Kind in der Nachbarschaft zu verschenken. Die Magd, der man aufgegeben hatte, sie, unter vielen anderen, alten Sachen, aufzusuchen, hatte inzwischen nicht mehr gefunden, als die sechs, die den Namen: *Nicolo* ausmachen; wahrscheinlich weil die andern, ihrer geringeren Beziehung auf den Knaben wegen, minder in Acht genommen und, bei welcher Gelegenheit es sei, verschleudert worden waren. Da nun Nicolo die Lettern, welche seit mehreren Tagen auf dem Tisch lagen, in die Hand nahm, und während er, mit dem Arm auf die Platte gestützt, in trüben Gedanken brütete, damit spielte, fand er – zufällig, in der Tat, selbst, denn er erstaunte darüber, wie er noch in seinem Leben nicht getan – die Verbindung heraus, welche den Namen: *Colino* bildet. Nicolo, dem diese logogriphische Eigenschaft seines Namens fremd war, warf, von rasenden Hoffnungen von neuem getroffen, einen ungewissen und scheuen Blick auf die ihm zur Seite sitzende Elvire. Die Übereinstimmung, die sich zwischen beiden Wörtern angeordnet fand, schien ihm mehr als ein bloßer Zufall, er erwog, in unterdrückter Freude, den Umfang dieser sonderbaren Entdeckung, und harrte, die Hände vom Tisch genommen, mit klopfendem Herzen des Augenblicks, da Elvire aufsehen und den Namen, der offen da lag, erblicken würde. Die Erwartung, in der er stand, täuschte ihn auch keineswegs; denn kaum hatte Elvire, in einem müßigen Moment, die Aufstellung der Buchstaben bemerkt, und harmlos und gedankenlos, weil sie ein wenig kurzsichtig war, sich näher darüber hingebeugt, um sie zu lesen: als sie schon Nicolos Antlitz, der in scheinbarer Gleichgültigkeit darauf niedersah, mit einem sonderbar beklommenen Blick überflog, ihre Arbeit, mit einer Wehmut, die man nicht beschreiben kann, wieder aufnahm, und, unbemerkt wie sie sich glaubte, eine Träne nach der anderen, unter sanftem Erröten, auf ihren Schoß fallen ließ. Nicolo, der alle diese innerlichen Bewegungen, ohne sie anzusehen, beobachtete, zweifelte gar nicht mehr, daß sie unter dieser Versetzung der Buchstaben nur seinen eignen Namen verberge. Er

333

sah sie die Buchstaben mit einemmal sanft übereinander schieben, und seine wilden Hoffnungen erreichten den Gipfel der Zuversicht, als sie aufstand, ihre Handarbeit weglegte und in ihr Schlafzimmer verschwand. Schon wollte er aufstehen und ihr dahin folgen: als Piachi eintrat, und von einer Hausmagd, auf die Frage, wo Elvire sei? zur Antwort erhielt: »daß sie sich nicht wohl befinde und sich auf das Bett gelegt habe.« Piachi, ohne eben große Bestürzung zu zeigen, wandte sich um, und ging, um zu sehen, was sie mache; und da er nach einer Viertelstunde, mit der Nachricht, daß sie nicht zu Tische kommen würde, wiederkehrte und weiter kein Wort darüber verlor: so glaubte Nicolo den Schlüssel zu allen rätselhaften Auftritten dieser Art, die er erlebt hatte, gefunden zu haben.

Am andern Morgen, da er, in seiner schändlichen Freude, beschäftigt war, den Nutzen, den er aus dieser Entdeckung zu ziehen hoffte, zu überlegen, erhielt er ein Billet von Xavieren, worin sie ihn bat, zu ihr zu kommen, indem sie ihm, Elviren betreffend, etwas, das ihm interessant sein würde, zu eröffnen hätte. Xaviera stand, durch den Bischof, der sie unterhielt, in der engsten Verbindung mit den Mönchen des Karmeliterklosters; und da seine Mutter in diesem Kloster zur Beichte ging, so zweifelte er nicht, daß es jener möglich gewesen wäre, über die geheime Geschichte ihrer Empfindungen Nachrichten, die seine unnatürlichen Hoffnungen bestätigen konnten, einzuziehen. Aber wie unangenehm, nach einer sonderbaren schalkhaften Begrüßung Xavierens, ward er aus der Wiege genommen, als sie ihn lächelnd auf den Diwan, auf welchem sie saß, niederzog, und ihm sagte: sie müsse ihm nur eröffnen, daß der Gegenstand von Elvirens Liebe ein, schon seit zwölf Jahren, im Grabe schlummernder Toter sei. – Aloysius, Marquis von Montferrat, dem ein Oheim zu Paris, bei dem er erzogen worden war, den Zunamen *Collin*, späterhin in Italien scherzhafter Weise in *Colino* umgewandelt, gegeben hatte, war das Original des Bildes, das er in der Nische, hinter dem rotseidenen Vorhang, in Elvirens Zimmer entdeckt hatte; der junge, genuesische Bitter, der sie, in ihrer

Kindheit, auf so edelmütige Weise aus dem Feuer gerettet und an den Wunden, die er dabei empfangen hatte, gestorben war. – Sie setzte hinzu, daß sie ihn nur bitte, von diesem Geheimnis weiter keinen Gebrauch zu machen, indem es ihr, unter dem Siegel der äußersten Verschwiegenheit, von einer Person, die selbst kein eigentliches Recht darüber habe, im Karmeliterkloster anvertraut worden sei. Nicolo versicherte, indem Blässe und Röte auf seinem Gesicht wechselten, daß sie nichts zu befürchten habe; und gänzlich außer Stand, wie er war, Xaveriens schelmischen Blicken gegenüber, die Verlegenheit, in welche ihn diese Eröffnung gestürzt hatte, zu verbergen, schützte er ein Geschäft vor, das ihn abrufe, nahm, unter einem häßlichen Zucken seiner Oberlippe, seinen Hut, empfahl sich und ging ab.

Beschämung, Wollust und Rache vereinigten sich jetzt, um die abscheulichste Tat, die je verübt worden ist, auszubrüten. Er fühlte wohl, daß Elvirens reiner Seele nur durch einen Betrug beizukommen sei; und kaum hatte ihm Piachi, der auf einige Tage aufs Land ging, das Feld geräumt, als er auch schon Anstalten traf, den satanischen Plan, den er sich ausgedacht hatte, ins Werk zu richten. Er besorgte sich genau denselben Anzug wieder, in welchem er, vor wenig Monaten, da er zur Nachtzeit heimlich vom Karneval zurückkehrte, Elviren erschienen war; und Mantel, Kollett und Federhut, genuesischen Zuschnitts, genau so, wie sie das Bild trug, umgeworfen, schlich er sich, kurz vor dem Schlafengehen, in Elvirens Zimmer, hing ein schwarzes Tuch über das in der Nische stehende Bild, und wartete, einen Stab in der Hand, ganz in der Stellung des gemalten jungen Patriziers, Elvirens Vergötterung ab. Er hatte auch, im Scharfsinn seiner schändlichen Leidenschaft, ganz richtig gerechnet; denn kaum hatte Elvire, die bald darauf eintrat, nach einer stillen und ruhigen Entkleidung, wie sie gewöhnlich zu tun pflegte, den seidnen Vorhang, der die Nische bedeckte, eröffnet und ihn erblickt: als sie schon: Colino! Mein Geliebter! rief und ohnmächtig auf das Getäfel des Bodens niedersank. Nicolo trat aus der Nische hervor; er stand einen Augenblick, im Anschauen ihrer

Reize versunken, und betrachtete ihre zarte, unter dem Kuß des Todes plötzlich erblassende Gestalt: hob sie aber bald, da keine Zeit zu verlieren war, in seinen Armen auf, und trug sie, indem er das schwarze Tuch von dem Bild herabriß, auf das im Winkel des Zimmers stehende Bett. Dies abgetan, ging er, die Tür zu verriegeln, fand aber, daß sie schon verschlossen war; und sicher, daß sie auch nach Wiederkehr ihrer verstörten Sinne, seiner phantastischen, dem Ansehen nach überirdischen Erscheinung keinen Widerstand leisten würde, kehrte er jetzt zu dem Lager zurück, bemüht, sie mit heißen Küssen auf Brust und Lippen aufzuwecken. Aber die Nemesis, die dem Frevel auf dem Fuß folgt, wollte, daß Piachi, den der Elende noch auf mehrere Tage entfernt glaubte, unvermutet, in eben dieser Stunde, in seine Wohnung zurückkehren mußte; leise, da er Elviren schon schlafen glaubte, schlich er durch den Korridor heran, und da er immer den Schlüssel bei sich trug, so gelang es ihm, plötzlich, ohne daß irgend ein Geräusch ihn angekündigt hätte, in das Zimmer einzutreten. Nicolo stand wie vom Donner gerührt; er warf sich, da seine Büberei auf keine Weise zu bemänteln war, dem Alten zu Füßen, und bat ihn, unter der Beteurung, den Blick nie wieder zu seiner Frau zu erheben, um Vergebung. Und in der Tat war der Alte auch geneigt, die Sache still abzumachen; sprachlos, wie ihn einige Worte Elvirens gemacht hatten, die sich von seinen Armen umfaßt, mit einem entsetzlichen Blick, den sie auf den Elenden warf, erholt hatte, nahm er bloß, indem er die Vorhänge des Bettes, auf welchem sie ruhte, zuzog, die Peitsche von der Wand, öffnete ihm die Tür und zeigte ihm den Weg, den er unmittelbar wandern sollte. Doch dieser, eines Tartüffe völlig würdig, sah nicht sobald, daß auf diesem Wege nichts auszurichten war, als er plötzlich vom Fußboden erstand und erklärte: an ihm, dem Alten, sei es, das Haus zu räumen, denn er durch vollgültige Dokumente eingesetzt, sei der Besitzer und werde sein Recht, gegen wen immer auf der Welt es sei, zu behaupten wissen! – Piachi traute seinen Sinnen nicht; durch diese unerhörte Frechheit wie entwaffnet, legte er die Peitsche weg, nahm Hut und

Stock, lief augenblicklich zu seinem alten Rechtsfreund, dem Doktor Valerio, klingelte eine Magd heraus, die ihm öffnete, und fiel, da er sein Zimmer erreicht hatte, bewußtlos, noch ehe er ein Wort vorgebracht hatte, an seinem Bette nieder. Der Doktor, der ihn und späterhin auch Elviren in seinem Hause aufnahm, eilte gleich am andern Morgen, die Festsetzung des höllischen Bösewichts, der mancherlei Vorteile für sich hatte, auszuwirken; doch während Piachi seine machtlosen Hebel ansetzte, ihn aus den Besitzungen, die ihm einmal zugeschrieben waren, wieder zu verdrängen, flog jener schon mit einer Verschreibung über den ganzen Inbegriff derselben, zu den Karmelitermönchen, seinen Freunden, und forderte sie auf, ihn gegen den alten Narren, der ihn daraus vertreiben wolle, zu beschützen. Kurz, da er Xavieren, welche der Bischof los zu sein wünschte, zu heiraten willigte, siegte die Bosheit, und die Regierung erließ, auf Vermittelung dieses geistlichen Herrn, ein Dekret, in welchem Nicolo in den Besitz bestätigt und dem Piachi aufgegeben ward, ihn nicht darin zu belästigen.

Piachi hatte gerade Tags zuvor die unglückliche Elvire begraben, die an den Folgen eines hitzigen Fiebers, das ihr jener Vorfall zugezogen hatte, gestorben war. Durch diesen doppelten Schmerz gereizt, ging er, das Dekret in der Tasche, in das Haus, und stark, wie die Wut ihn machte, warf er den von Natur schwächeren Nicolo nieder und drückte ihm das Gehirn an der Wand ein. Die Leute die im Hause waren, bemerkten ihn nicht eher, als bis die Tat geschehen war; sie fanden ihn noch, da er den Nicolo zwischen den Knien hielt, und ihm das Dekret in den Mund stopfte. Dies abgemacht, stand er, indem er alle seine Waffen abgab, auf; ward ins Gefängnis gesetzt, verhört und verurteilt, mit dem Strange vom Leben zum Tode gebracht zu werden.

In dem Kirchenstaat herrscht ein Gesetz, nach welchem kein Verbrecher zum Tode geführt werden kann, bevor er die Absolution empfangen. Piachi, als ihm der Stab gebrochen war, verweigerte sich hartnäckig der Absolution. Nachdem man vergebens alles, was die Religion an die Hand gab, versucht hatte, ihm die Strafwürdigkeit seiner Handlung fühlbar zu machen, hoffte man, ihn durch den Anblick des Todes, der seiner wartete, in das Gefühl der Reue hineinzuschrecken, und führte ihn nach dem Galgen hinaus. Hier stand ein Priester und schilderte ihm, mit der Lunge der letzten Posaune, alle Schrecknisse der Hölle, in die seine Seele hinabzufahren im Begriff war; dort ein anderer, den Leib des Herrn, das heilige Entsühnungsmittel in der Hand, und pries ihm die Wohnungen des ewigen Friedens. – »Willst du der Wohltat der Erlösung teilhaftig werden?« fragten ihn beide. »Willst du das Abendmahl empfangen?« – Nein, antwortete Piachi, – »Warum nicht?« – Ich will nicht selig sein. Ich will in den untersten Grund der Hölle hinabfahren. Ich will den Nicolo, der nicht im Himmel sein wird, wiederfinden, und meine Rache, die ich hier nur unvollständig befriedigen konnte, wieder aufnehmen! – Und damit bestieg er die Leiter und forderte den Nachrichter auf, sein Amt zu tun. Kurz, man sah sich genötigt, mit der Hinrichtung einzuhalten, und den Unglücklichen, den das Gesetz in Schutz nahm, wieder in das Gefängnis zurückzuführen. Drei hinter einander folgende Tage machte man dieselben Versuche und immer mit demselben Erfolg. Als er am dritten Tage wieder, ohne an den Galgen geknüpft zu werden, die Leiter herabsteigen mußte: hob er, mit einer grimmigen Gebärde, die Hände empor, das unmenschliche Gesetz verfluchend, das ihn nicht zur Hölle fahren lassen wolle. Er rief die ganze Schar der Teufel herbei, ihn zu holen, verschwor sich, sein einziger Wunsch sei, gerichtet und verdammt zu werden, und versicherte, er würde noch dem ersten, besten Priester an den Hals kommen, um des Nicolo in der Hölle wieder habhaft zu werden! – Als man dem Papst dies meldete, befahl er, ihn ohne Absolution hinzurichten; kein Priester begleitete ihn, man knüpfte ihn, ganz in der Stille, auf dem Platz del popolo auf.

[Für Adolfine Henriette Vogel]

[Berlin, November 1811]
Mein Jettchen, mein Herzchen, mein Liebes, mein Täubchen,
mein Leben, mein liebes süßes Leben, mein Lebenslicht, mein
Alles, mein Hab und Gut, meine Schlösser, Äcker, Wiesen und
Weinberge, o Sonne meines Lebens, Sonne, Mond und Sterne,
Himmel und Erde, meine Vergangenheit und Zukunft, meine
Braut, mein Mädchen, meine liebe Freundin, mein Innerstes,
mein Herzblut, meine Eingeweide, mein Augenstern, o, Liebste,
wie nenn ich Dich? Mein Goldkind, meine Perle, mein Edel-
stein, meine Krone, meine Königin und Kaiserin. Du lieber
Liebling meines Herzens, mein Höchstes und Teuerstes, mein
Alles und Jedes, mein Weib, meine Hochzeit, die Taufe meiner
Kinder, mein Trauerspiel, mein Nachruhm. Ach Du bist mein
zweites besseres Ich, meine Tugenden, meine Verdienste, meine
Hoffnung, die Vergebung meiner Sünden, meine Zukunft und
Seligkeit, o, Himmelstöchterchen, mein Gotteskind, meine Für-
sprecherin und Fürbitterin, mein Schutzengel, mein Cherubim
und Seraph, wie lieb ich Dich! –

An Marie von Kleist

[Berlin, den 19. Nov. 1811]
Meine liebste Marie, mitten in dem Triumphgesang, den meine
Seele in diesem Augenblick des Todes anstimmt, muß ich noch
einmal Deiner gedenken und mich Dir, so gut wie ich kann, offenbaren: Dir, der einzigen, an deren Gefühl und Meinung mir
etwas gelegen ist; alles andere auf Erden, das Ganze und Ein-
zelne, habe ich völlig in meinem Herzen überwunden. Ja, es ist
wahr, ich habe Dich hintergangen, oder vielmehr ich habe mich
selbst hintergangen; wie ich Dir aber tausendmal gesagt habe,
daß ich dies nicht überleben würde, so gebe ich Dir jetzt, indem ich von Dir Abschied nehme, davon den Beweis. Ich habe
Dich während Deiner Anwesenheit in Berlin gegen eine andere
Freundin vertauscht; aber wenn Dich das trösten kann, nicht gegen eine, die mit mir leben, sondern, die im Gefühl, daß ich ihr
ebenso wenig treu sein würde, wie Dir, mit mir sterben will.
Mehr Dir zu sagen, läßt mein Verhältnis zu dieser Frau nicht zu.
Nur so viel wisse, daß meine Seele, durch die Berührung mit der
ihrigen, zum Tode ganz reif geworden ist; daß ich die ganze
Herrlichkeit des menschlichen Gemüts an dem ihrigen ermessen
habe, und daß ich sterbe, weil mir auf Erden nichts mehr zu lernen und zu erwerben übrig bleibt. Lebe wohl! Du bist die aller-
einzige auf Erden, die ich jenseits wieder zu sehen wünsche.
Etwa Ulriken? – ja, nein, nein, ja: es soll von ihrem eignen Gefühl abhangen. Sie hat, dünkt mich, die Kunst nicht verstanden
sich aufzuopfern, ganz für das, was man liebt, in Grund und Boden zu gehn: das Seligste, was sich auf Erden erdenken läßt, ja
worin der Himmel bestehen muß, wenn es wahr ist, daß man
darin vergnügt und glücklich ist. Adieu! – Rechne hinzu, daß ich
eine Freundin gefunden habe, deren Seele wie ein junger Adler
fliegt, wie ich noch in meinem Leben nichts Ähnliches gefunden

habe; die meine Traurigkeit als eine höhere, festgewurzelte und unheilbare begreift, und deshalb, obschon sie Mittel genug in Händen hätte mich hier zu beglücken, mit mir sterben will; die mir die unerhörte Lust gewährt, sich, um dieses Zweckes willen, so leicht aus einer ganz wunschlosen Lage, wie ein Veilchen aus einer Wiese, heraus heben zu lassen; die einen Vater, der sie anbetet, einen Mann, der großmütig genug war sie mir abtreten zu wollen, ein Kind, so schön und schöner als die Morgensonne, um meinetwillen verläßt: und Du wirst begreifen, daß meine ganze jauchzende Sorge nur sein kann, einen Abgrund tief genug zu finden, um mit ihr hinab zu stürzen. – Adieu noch einmal! –

An Ulrike von Kleist

Ich kann nicht sterben, ohne mich, zufrieden und heiter, wie ich bin, mit der ganzen Welt, und somit auch, vor allen anderen, meine teuerste Ulrike, mit Dir versöhnt zu haben. Laß sie mich, die strenge Äußerung, die in dem Briefe an die Kleisten enthalten ist, laß sie mich zurücknehmen; wirklich, Du hast an mir getan, ich sage nicht, was in Kräften einer Schwester, sondern in Kräften eines Menschen stand, um mich zu retten: die Wahrheit ist, daß mir auf Erden nicht zu helfen war. Und nun lebe wohl; möge Dir der Himmel einen Tod schenken, nur halb an Freude und unaussprechlicher Heiterkeit, dem meinigen gleich: das ist der herzlichste und innigste Wunsch, den ich für Dich aufzubringen weiß.

Stimmings bei Potsdam   Dein
d. – am Morgen meines Todes.   Heinrich.

An Marie von Kleist

[Stimmings »Krug« bei Potsdam, den 21. Nov. 1811]
Meine liebste Marie, wenn Du wüßtest, wie der Tod und die
Liebe sich abwechseln, um diese letzten Augenblicke meines Lebens mit Blumen, himmlischen und irdischen, zu bekränzen, gewiß Du würdest mich gern sterben lassen. Ach, ich versichre
Dich, ich bin ganz selig. Morgens und abends knie ich nieder,
was ich nie gekonnt habe, und bete zu Gott; ich kann ihm mein
Leben, das allerqualvollste, das je ein Mensch geführt hat, jetzo
danken, weil er es mir durch den herrlichsten und wollüstigsten
aller Tode vergütigt. Ach, könnt ich nur etwas für Dich tun, das
den herben Schmerz, den ich Dir verursachen werde, mildern
könnte! Auf einen Augenblick war es mein Wille mich malen zu
lassen; aber alsdann glaubte ich wieder zuviel Unrecht gegen
Dich zu haben, als daß mir erlaubt sein könnte vorauszusetzen,
mein Bild würde Dir viel Freude machen. Kann es Dich trösten,
wenn ich Dir sage, daß ich diese Freundin niemals gegen Dich
vertauscht haben würde, wenn sie weiter nichts gewollt hätte, als
mit mir leben? Gewiß, meine liebste Marie, so ist es; es hat Augenblicke gegeben, wo ich meiner lieben Freundin, offenherzig,
diese Worte gesagt habe. Ach, ich versichre Pich, ich habe Dich
so lieb, Du bist mir so überaus teuer und wert, daß ich kaum sagen kann, ich liebe diese liebe vergötterte Freundin mehr als
Dich. Der Entschluß, der in ihrer Seele aufging, mit mir zu sterben, zog mich, ich kann Dir nicht sagen, mit welcher unaussprechlichen und unwiderstehlichen Gewalt, an ihre Brust; erinnerst Du Dich wohl, daß ich Dich mehrmals gefragt habe, ob Du
mit mir sterben willst? – Aber Du sagtest immer nein – Ein Strudel von nie empfundner Seligkeit hat mich ergriffen, und ich
kann Dir nicht leugnen, daß mir ihr Grab lieber ist als die Betten
aller Kaiserinnen der Welt. – Ach, meine teure Freundin, möchte

Dich Gott bald abrufen in jene bessere Welt, wo wir uns alle, mit der Liebe der Engel, einander werden ans Herz drücken können. – Adieu.

Gebet des Zoroaster

(Aus einer indischen Handschrift, von einem Reisenden
in den Ruinen von Palmyra gefunden)

Gott, mein Vater im Himmel! Du hast dem Menschen ein so
freies, herrliches und üppiges Leben bestimmt. Kräfte unendlicher Art, göttliche und tierische, spielen in seiner Brust zusammen, um ihn zum König der Erde zu machen. Gleichwohl, von
unsichtbaren Geistern überwältigt, liegt er, auf verwunderns-
würdige und unbegreifliche Weise, in Ketten und Banden; das
Höchste, von Irrtum geblendet, läßt er zur Seite liegen, und
wandelt, wie mit Blindheit geschlagen, unter Jämmerlichkeiten
und Nichtigkeiten umher. Ja, er gefällt sich in seinem Zustand;
und wenn die Vorwelt nicht wäre und die göttlichen Lieder, die
von ihr Kunde geben, so würden wir gar nicht mehr ahnden, von
welchen Gipfeln, o Herr! der Mensch um sich schauen kann.
Nun lässest du es, von Zeit zu Zeit, niederfallen, wie Schuppen,
von dem Auge eines deiner Knechte, den du dir erwählt, daß er
die Torheiten und Irrtümer seiner Gattung überschaue; ihn rü-
stest du mit dem Köcher der Rede, daß er, furchtlos und liebreich, mitten unter sie trete, und sie mit Pfeilen, bald schärfer,
bald leiser, aus der wunderlichen Schlafsucht, in welcher sie befangen liegen, wecke. Auch mich, o Herr, hast du, in deiner
Weisheit, mich wenig Würdigen, zu diesem Geschäft erkoren;
und ich schicke mich zu meinem Beruf an. Durchdringe mich
ganz, vom Scheitel zur Sohle, mit dem Gefühl des Elends, in
welchem dies Zeitalter darniederliegt, und mit der Einsicht
in alle Erbärmlichkeiten, Halbheiten, Unwahrhaftigkeiten und
Gleisnereien, von denen es die Folge ist. Stähle mich mit Kraft,
den Bogen des Urteils rüstig zu spannen, und, in der Wahl der
Geschosse, mit Besonnenheit und Klugheit, auf daß ich jedem,
wie es ihm zukommt, begegne: den Verderblichen und Unheil-
baren, dir zum Ruhm, niederwerfe, den Lasterhaften schrecke,
den Irrenden warne, den Toren, mit dem bloßen Geräusch der

Spitze über sein Haupt hin, necke. Und einen Kranz auch lehre mich winden, womit ich, auf meine Weise, den, der dir wohlgefällig ist, kröne! Über alles aber, o Herr, möge Liebe wachen zu dir, ohne welche nichts, auch das Geringfügigste nicht, gelingt: auf daß dein Reich verherrlicht und erweitert werde, durch alle Räume und alle Zeiten, Amen!

ANHANG

Editorische Notiz

Der vorliegenden Textauswahl liegt die folgende Ausgabe zugrunde:

Heinrich von Kleist: Sämtliche Werke und Briefe. Herausgegeben von Helmut Semdner. 7., ergänzte und revidierte Auflage. München: Hanser 1984.

Daten zu Leben und Werk

1777

Am 18. Oktober wird Bernd Heinrich Wilhelm von Kleist in Frankfurt a. d. Oder als Sohn des preußischen Offiziers Joachim Friedrich von Kleist und dessen zweiter Ehefrau Juliane Ulrike (geb. von Pannwitz) geboren. Davon abweichend betrachtete Kleist selbst den 10. Oktober als sein Geburtsdatum.

1781–1788

Erster Unterricht bei dem Hauslehrer und Theologen Christian Ernst Martini.

1788–1789

Nach dem Tod des Vaters Unterricht in einer Berliner Privatschule sowie dem Gymnasium der französisch-reformierten Gemeinde (Collège Français). Vergebliches Bemühen der Mutter um Aufnahme des Sohnes in die Militärakademie.

1792–1799

1792: Eintritt in das Potsdamer Garderegiment. 1793–1795: Teilnahme am ersten Koalitionskrieg gegen Frankreich mit anschließender Beförderung zum Fähnrich. 1797: Beförderung zum Sekondeleutnant. April 1799: Bewilligung des erbetenen Abschieds vom Militärdienst und Bewilligung des angestrebten wissenschaftlichen Studiums. Immatrikulation an der Philosophischen Fakultät der Universität Frankfurt a. d. Oder.

1800

Verlobung mit der Generalstochter Wilhelmine von Zenge. Abbruch des Studiums in den Fächern Mathematik, Physik, Kulturgeschichte, Kameralistik (Buchführung) und Latein nach drei Semestern. Entwurf des Trauerspiels »Familie Ghonorez« (1803 erschienen unter dem Titel *Die Familie Schroffenstein*). August–Oktober: Reise nach Würzburg mit dem Freund Ludwig von Brockes (möglicherweise geheimer Spionageauftrag für das preußische Wirtschaftsministerium). Nach der Rückkehr Anstellung als Volontär bei der Technischen Deputation des Königlichen Manufaktur-Kollegiums in Berlin.

1801–1803

März 1801: Grundlegende Erschütterung des Selbst- und Wirklichkeitsverständnisses aufgrund des Studiums von Kants Werken (»Kantkrise«). April–November 1801: In Begleitung seiner Schwester Ulrike reist Kleist über Dresden, Halberstadt, Göttingen, Mainz, Straßburg nach Paris. Ab Dezember 1801 Aufenthalt in der Schweiz. (Bekanntschaft u. a. mit Wielands Sohn Ludwig, dem Verleger Heinrich Geßner sowie Johann Heinrich Pestalozzi. Gedankliche Annäherung an Rousseau.) Mai 1802: Beendigung der Beziehung zu Wilhelmine von Zenge, die den Plänen von einem kulturfernen Leben ablehnend gegenübersteht. Beginn der Arbeit an dem Lustspiel *Der zerbrochne Krug*. Oktober 1802: Rückkehr nach Deutschland. Ab Jahresende Gast auf Wielands Gut in Oßmannstedt bei Weimar. Auf Anraten Wielands Fortsetzung der Arbeit an dem Trauerspiel *Robert Guiskard, Herzog der Normänner*.

1803

März–Juli: Aufenthalt in Leipzig und Dresden. Bekanntschaft mit Friedrich de la Motte Fouqué. Fußreise mit Ernst von Pfuel u. a. über Bern, Mailand, Genf und Lyon nach Paris. November: *Die Familie Schroffenstein* erscheint anonym bei Heinrich Geßner. Oktober: zweite große Krise, Vernichtung des Guiskard-Manuskripts. Mit dem Entschluss, den »schönen Tod der Schlachten zu sterben«, versucht Kleist vergeblich, an der geplanten napoleonischen Invasion Englands teilzunehmen. Schwere Erkrankung auf der Rückreise nach Deutschland.

1804–1805

Januar 1804: Uraufführung des Trauerspiels *Die Familie Schroffenstein* in Graz. Ab Juli 1804 Wiedereintritt in den Staatsdienst: vorübergehend im Finanzdepartment unter Freiherr vom Stein und ab Mai 1805 (auf Empfehlung Hardenbergs) als Angestellter ohne festes Gehalt in Königsberg. Besuch staats- und finanzwirtschaftlicher Vorlesungen. Vorläufige Fertigstellung des Lustspiels *Der zerbrochne Krug*. Mit der Niederlage bei Austerlitz zerschlagen sich die Hoffnungen auf eine in Aussicht gestellte Festanstellung.

1806–1807

August 1806: Entschluss, aus dem Staatsdienst auszutreten und den Lebensunterhalt von nun an als Dramendichter zu bestreiten. Januar 1807: Verhaftung durch die französischen Besatzer unter Spionageverdacht. Anfang Mai erscheint das Lustspiel *Amphitryon*. Juli 1807: Entlassung aus französischer Kriegsgefangenschaft. Ab Ende August 1807 Anschluss an den Dresdner Künstler- und Literatenkreis (Umgang u.a. mit Adam Müller, Christian Gottfried Körner, Ludwig Tieck, Gotthilf Heinrich Schubert und Caspar David Friedrich). Im September 1807 erscheint in Cottas *Morgenblatt für gebildete Stände* die Novelle Titel *Jeronimo und Josephe. Eine Scene aus dem Erdbeben zu Chili vom Jahr 1647* (später *Das Erdbeben in Chili*).

1808

Januar: Zusammen mit Adam Müller Herausgabe der Kunst- und Literaturzeitschrift *Phöbus* (bis Februar 1809). Der im ersten Heft des *Phöbus* erschienene Beitrag *Organisches Fragment aus dem Trauerspiel: Penthesilea* wird von Goethe mit Befremden aufgenommen. Februar: *Die Marquise von O...* erscheint im *Phöbus*. März: Zerwürfnis mit Goethe nach dem Misserfolg der Uraufführung des *Zerbrochnen Krugs* in Weimar. Finanzkrise des *Phöbus*. In der Mai-Ausgabe erscheint der erste Akt des Schauspiels *Das Käthchen von Heilbronn*. Im Juli wird

Penthesilea im Verlag der Cotta'schen Buchhandlung herausgegeben. Oktober: *Michael Kohlhaas* erscheint im *Phöbus*. Dezember 1808: Vollendung des Dramas *Die Hermannsschlacht*.

1809

Frühjahr 1809: Produktion patriotischer Lyrik und politischer Schriften. April: Heftige Auseinandersetzung mit Adam Müller, Verhinderung eines Duells durch Vermittlung von Freunden. Im Zusammenhang seines Engagements im antinapoleonischen Widerstand reist Kleist mit Friedrich Christoph Dahlmann nach Österreich. Kontakte mit patriotischen Kreisen in Prag. Mit der österreichischen Niederlage bei Wagram (6. Juli 1809) wird das Projekt eines patriotischen Wochenblatts mit dem Titel *Germania* hinfällig. Dritte große Lebenskrise verbunden mit einer langwierigen Erkrankung. November: Rückkehr nach Frankfurt a.d. Oder in völliger Mittellosigkeit. Ab Dezember 1809 fast durchgängiger Aufenthalt in Berlin.

1810

Umgang u.a. mit Achim von Arnim, Clemens Brentano, Rahel Varnhagen, Joseph von Eichendorff, Friedrich de la Motte Fouqué und Wilhelm Grimm. März: Uraufführung des Schauspiels *Das Käthchen von Heilbronn* im Theater an der Wien (als Buch im September 1810 erschienen). Juli: Durch den Tod der Königin Luise verliert Kleist die Pension, die ihm Marie von Kleist (fingiert im Namen der Königin) über Jahre hinweg gezahlt hatte. September: Herausgabe des ersten Bandes der *Erzählungen* (*Michael Kohlhaas*, *Die Marquise von O...*, *Das Erdbeben in Chili*). Oktober: Kleist beginnt mit der Herausgabe der *Berliner Abendblätter*, der ersten Tageszeitung Berlins. Darin erscheinen u.a. *Das Bettelweib von Locarno*, *Die heilige Cäcilie* und *Über das Marionettentheater*. Aufgrund oppositioneller Beiträge gegen die Hardenberg'schen Reformen verschärfte Kontrolle der *Berliner Abendblätter* durch die preußische Zensurbehörde, die im Frühjahr 1811 zur Einstellung der Zeitschrift führt.

1811

Im Februar erscheint *Der zerbrochne Krug*. Auseinandersetzung mit Staatskanzler von Hardenberg und Staatsrat Friedrich von Raumer wegen einer angeblich zugesagten Unterstützung der *Berliner Abendblätter*. März/April: *Die Verlobung* (später *Die Verlobung in St. Domingo*) wird in der Zeitschrift *Der Freimüthige* publiziert. Im August erscheint der zweite Teil der *Erzählungen* (*Die Verlobung in St. Domingo, Das Bettelweib von Locarno, Der Findling, Die heilige Cäcilie, oder die Gewalt der Musik, Der Zweikampf*). September: Eine Audienz bei Friedrich Wilhelm III. erbringt lediglich die vage Zusage einer Wiedereinstellung in den Militärdienst für den Fall des Krieges. In einem Zustand innerer Perspektivlosigkeit und weitgehender materieller Mittellosigkeit erschießt Kleist am 21. November die mit ihm seit einiger Zeit in engerer Verbindung stehende, an Gebärmutterkrebs erkrankte Henriette Vogel (auf ihren Wunsch) und anschließend sich selbst am Ufer des Kleinen Wannsees, wo auch die Beisetzung der beiden Leichname in einem gemeinsamen Grab stattfindet.

Findlinge in den Spuren

Berlin, Anfang April 2011, es wird langsam Frühling. Ich warte auf die S-Bahn Richtung Wannsee. Obwohl es recht mild ist, wehen Sturmböen durch die Hauptstadt und weiter nach Norden. Während ich auf der Suche nach Kleist bin (*von* Kleist, bitte!), kollidieren auf der Autobahn, ca. 200 Kilometer entfernt, Fahrzeuge, die in einen Sandsturm geraten sind. Sand von den Brachflächen, die früher Felder waren, Sand aus den Steppen Mecklenburgs. Acht Menschen verbrennen in den Trümmern. Während ich Kleist suche, Heinrich von, Dichter, Schriftsteller, Essayist, Selbstmörder, Dramatiker, Patriot, von Kleist 11 zu Kleist 11. Berlin, Deutschland, Sandsturmzeit, Friedrich hustet trocken in seinem Grab.

Ich weiß nie, wer wo liegt. Bismarck, Fritz, der alte und der junge, Brecht, Müller, Hilbig, aber Wannsee und Kleist ... weil ich dachte, dass er ins Wasser gegangen ist. Wahnsee. Weil ich es jetzt immer noch denke, während die S-Bahn einfährt, Menschen in den Türen, Menschen am Gleis, Hauptbahnhof, Mittag, Sonne und Wind überm Glasdach ... Neustart, Kleiststart ... Verwirrung.

Berlin, Anfang April 2011, Kleistjahr, aber wieso eigentlich?, nix zu feiern, sollten denn nicht die Geburtsjahre ..., Kleist ist 77 geboren, wie ich, aber es ist der Tod des Dichters, dessen wir gedenken, selbst gewählt, kommt noch hinzu, er war in jenem Jahr 11, als er sich richtete an den Ufern des kleinen Wannsees, 33 Jahre alt, so wie ich jetzt, in diesem Jahr 11, auch 33 Jahre alt bin, beängstigend!, und hat mich der Kleist, in seiner Kommalastigkeit, und auch in den langen Hypotaxen, nicht immer abgeschreckt?, dergestalt, *verkleistert* wage ich kaum zu sagen, sind meine Gedanken, als ich mich, von Leipzig kommend, Richtung Wannsee aufmache.

Die S-Bahn rattert durch Ost und West, am Bundestag bin ich vorhin vorbeigekommen, Schloss Bellevue jetzt, der Park grünt bereits. Ich sehe einen großen Ahornbaum durch die Scheibe, unten vorm Schloss, das ich nicht sehe, hinter den Bäumen. Ein Bettler verkauft Broschüren im Waggon, seltsame Kladden sind das, nicht die üblichen Obdachlosen-Lifestyle-Magazine, er ist froh, dass der harte Winter vorbei ist, der, kalt wie seit Jahrzehnten nicht mehr, Deutschland vereiste. Der Mann, den ich Bettler nannte, obwohl er keiner ist, steht jetzt in der Mitte des Waggons. Er trägt einen seltsamen Handschuh an der Rechten, die Fingerkuppen schauen aus dem grauen Stoff und sehen schwarz aus, Erfrierungen möglicherweise.

> »Winter, so weichst du,
> Lieblicher Greis,
> Der die Gefühle
> Ruhigt zu Eis.
> Nun unter Frühlings
> Üppigem Hauch
> Schmelzen die Ströme –
> Busen, du auch!«

Ganz ruhig deklamiert er, presst die Kladden dabei an seine Brust, die freie Rechte mit dem orthopädischen Handschuh leicht erhoben. Ich bin verwirrt, Bellevue, die Türen öffnen sich und milde Winde streichen durch die S-Bahn. Ich schüttele den Kopf, schließe die Augen, die S-Bahn rumpelt und bebt, die Türen klappern, ein warnender Ton … ein orangenes Leuchten über der Tür, als ich die Augen wieder öffne. Wir fahren. Ich sehe den Mann mit den Kladden draußen auf dem Bahnsteig, er hält eine kleine Deutschlandfahne in der Hand, schwenkt sie im Fahrtwind des Zuges. Eine Frau springt auf, eine schöne Brünette mit leidendem Gesicht, sie flüstert die letzten Zeilen »Schmelzen die Ströme …«, greift nach der Notbremse, drückt die andere Hand ans Glas des Fensters in Richtung des scheidenden Poeten, der vielleicht mit Fahne und Kladden zum Schloss ziehen wird ... ich kann das verstehen, die S-Bahn hält mit einem Ruck und die Bremsen quietschen, wir leben in poesiefreien Zeiten, und sie sehnt sich nach Schönheit und Bekenntnis und Wort ... Verwirrt steht sie inmitten der schimpfenden Passagiere, stammelt »WARUM? WESHALB? WAS IST GESCHEHN? WAS SAGT ICH? / HAB ICH? – WAS HAB ICH DENN –?« Ein rhythmisches Stampfen fährt durch den Wagen, das uns alle erfasst. Sie sitzen auf den Bänken und bewegen die Oberkörper im Takt dieser seltsamen Sprache, dieser seltsamen Dinge. *Das* ist das. Merkt denn keiner außer mir, wohin die Fahrt geht, auch wenn sie nun stockt? Verdammte Amazone, denke ich, als hätte ich nicht schon genug zu tun mit der Erfassung dieses Werkes, jetzt treibt's dich um, kriegerisches Weib! Ich hab dich schon vorhin bemerkt, als ich am Bundestag stand und die richtige Linie suchte, was will ich hier nur in Berlin?, ach ja richtig, auf der Suche nach Ursprung im Ende. Wannsee, Kleist ... nochmal von vorne ... das 19. Jahrhundert hat mein Hirn infiziert, Kleists Sätze wirren in einer Möbius-Schleife durch meinen Kopf, meine Wohnung, meine Reise, meine Suche ... Marschierten nicht vorhin schon antike Heere neben der Spree? In seltsam gemischten Uniformen. Friedrichs lange Kerls in Tarnanzügen mit Federbusch behelmt. Harnisch und Sturmgewehr. In endlosen Reihen. Zerbrochne Krüge aus Alexanders Afghanistan. HORCHET! – DURCH DIE NACHT, IHR BRÜDER, / WELCH EIN DONNERRUF HERNIEDER? / STEHST DU AUF GERMANIA?

Und das Amazonenweib stürzt sich auf den Kriegsminister, oder ist's ein General, fliehe schnell, mon général, Penthesilea naht, das Weib der Weiber erhebt sich wie Heiner Müllers Ophelia, *ich bin die Frau mit dem Dildo aus Erz*, »Und senkt, wie aus dem Firmament geholt, / Das Schwert ihm wetterstrahlend in den Hals«, die kriegsmüde Kriegerin zerfleischt den Mann des Krieges, gefangen in Strukturen, die älter sind als die Zeit, rebellierend gegen diese, und ihnen ausgeliefert zugleich,

Möbius-Schleife des Krieges, Kleists blutrote Nacht über Berlin, dunkelrote Trinkernasen, Deutschland Zwo-Elf, die Truppen wollen sie von ihm zerren, doch »Tanzt sie durch Berge neben ihm, und Ströme, / Fern in des Waldes Nacht hinein«.

Ob wohl die Liebe ein Ausweg ist? Aber wir fahren an den Wannsee … das tun wir doch, oder? Mit der blutüberströmten Penthesilea an Bord, mit den großen Worten und den langen Sätzen, den Kommas des alten Bach Sebastians, und wo wir eben noch standen, NOTBREMSE YOU KNOW?, »Das Fahrzeug steht, die Rosse auch, geordnet – / – Hephästos hätt in soviel Zeit fast neu / Den ganzen erznen Wagen schmieden können –«, und als ich die Augen öffne, steigen wir um. Oder aus. Weil da jemand liegt unter den Schienen. Das ist's, das war's. *Ich will nie wieder liegen.* Man denkt nie, dass man so was mal miterlebt. So einen Selbstmord. *Ich bin die Frau mit dem Kopf im Gasherd.* Da hat's mir den Appetit verschlagen, mich auf Kleists Spuren zu begeben, auf denen ich doch eh schon bin, irrend suche seit Wochen und länger, viel länger noch, ich brauch was zu trinken, Konwitschny!, Korn und Whisky, wir leben in poesiefreien Zeiten, am Zeitungskiosk auf dem S-Bahn-hof, der gesperrt wird nun, lese ich über *das große Beben* im fernen Japan, der erste Kontakt war vor über zwanzig Jahren, das Radio schoss den Kohlhaas in mein abenteuerliches Herz, HÖRSPIELZEIT, und als ich dann zu lesen begann, stellte ich viel später fest, dass ich zu jung war, um das alles zu ergreifen, aber dennoch fasziniert von der Wucht und dem Zorn und der Moral des guten Heinerich, der Wagen bricht! Nein, Herr, der Wagen nicht, es ist ein Band von meinem Herzen, das da lag in großen Schmerzen.

Auf meinem Schreibtisch liegt immer ein kleines Büchlein. Beschwert mit einem Schleifstein. Inmitten von Kleists Schriften jetzt. Versunkene Kontinente. So heißt es. Aufgeblättert durch Winterwinde, hineingeschaut. Zwischen Kleists Schriften. Zwischen wochenlangem Lesen und Wiederlesen. *Ergebnisse der Tiefseeforschung.* Was ist auf dem Grund dieses Meeres? Leben wir in kleistfreien Zeiten? Ich will nicht unter die Wagen sehen und zwischen die Räder, aufs Rad gespannt der Meister Kohlhaas, weiß auch nicht genau, wo ich bin, suche eine Kneipe und einen Taxistand. Nachmittag, Häuser und Stein soweit ich blicke, Nachmittagsstille und keine Beben, keine Dramen, wie kann das sein? Wo sie doch da sein *müssen*! Wo Gott und Natur, menschliche und unmenschliche und was weiß ich noch, den Menschen in Tragödien und Dramen zwingen, dass selbst Profis wie Fernsehrichterin Salesch oder der durch seine Labsal am Unglücksquell jung bleibende kernlose J. B. Kerner in Angst und Schrecken verrecken. Die Wasser über Kleists versunkenen Kontinenten scheinen ruhig zu bleiben. Unglück genug oben auf den Schienen, nicht wahr? Denke ich in der Westend-Klause, in die ich geflüchtet bin, weil die Bänder um meinem Herzen sich bedenklich dehnen. Das Bierglas zittert auf dem Tresen. Von irgendwo höre ich Glocken. Aber da streiten sie schon, draußen auf der Straße zwar, aber so nah. Eine Frau, ein Kinderwagen, ein Mann. Noch eine Frau, noch ein Mann. Oh Meister Kleist, verlass doch mein Hirn, und quäle mich nicht, aber wo wären Fassbinder und Douglas Sirk und all die anderen Dramatiker der Moderne ohne dein Sentiment und deine Menschenliebe? Muss ich sehen, wie der Mann in den Kinderwagen greift und diesen kleinen Menschen ans Licht zerrt?, und wie ein anderer Mann herbeispringt und ihn greift und retten will, aber der »ruhte nicht eher, als bis er der Kinder eines bei den Beinen von seiner Brust gerissen, und, hochher im Kreise geschwungen …«; LA TERRA TREMA, die Erde bebt, wenn ich den Kopf auf den Tresen neige, Viscontis »Deutsche Trilogie« sollte mit Kleist im Quadrat enden … in Neukölln, Istanbul, Teheran, Krefeld, wo ich mich einen Wimpernaufschlag/Abschlag später befinde, aber der Ort spielt doch keine Rolle, die Bühne dreht sich, der türkische Vater schwingt die Keule, will die Entehrung sühnen, und der aufgestachelte Mob greift mit tausendfacher Hand, wo die Natur von weit her ihre Schneise schlug … aber wer ist SCHULD auf dem Grund dieser Meere?, die Männer am Tresen reden über *das große Beben*, Ehrenmorde im Namen des Gottes, dem du dich verschriebst … NUN / O UNSTERBLICHKEIT / BIST DU GANZ MEIN!

Das Menschliche zerstört das Menschliche. Die Willkür der Natur ist nur ein winziger Dominostein in deinem Spiel, nicht wahr, Meister? »Noch'n Bier«, fragt der Kneiper, schiebt schon eins rüber, während draußen die Sirenen gehen. »Nu klar doch«, sage ich. Die Automaten spielen ihre Lieder. Ich werfe Geld ein, will, dass die Walzen sich drehen, will schauen, wo das GLÜCK ist, und ob nicht eine Eisenfaust von oben kommt, wenn ich glaube gewonnen zu haben. Das Geld klimpert in den Schacht, und kurz scheint alles in Ordnung zu sein in dieser trügerischen Nachmittagsidylle, Westend-Klause, Kleist-Welt, aber keine Früchte und Gewinn-Symbole auf dem flimmernden Schirm, nur die drei Siebenen brennen wie ein Höllenfeuer, Sätze erscheinen auf der Walze, das Wort läuft!, »Willst du das Abendmahl empfangen?«, »Ich will nicht selig sein. Ich will in den untersten Grund der Hölle hinabfahren.«, KLACK KLACK KLACK. Tripple Seven! »Das Rechtgefühl aber machte ihn zum Räuber und Mörder.« DING DING DING. Wie dunkel es hier selbst im Frühling ist. »Er ritt einst, mit einer Koppel junger Pferde, wohlgenährt alle und glänzend«. Und wir haben Anfang April, das Geld kreist wieder im Westend, die Kneipe füllt sich, obwohl noch nicht Abend ist, Pferde- und Menschenflüsterer, ich muss an den Hoppegarten denken, wo die Pferde glänzen und wo ich mit Heinerich die großen Gewinne abfassen will, am anderen Ende der Stadt, Richtung Frankfurt/Oder schon, wo er aus der Erde kroch, diesem dunklen Mutterleib, Siebzehn-siebenundsiebzig, Anno Danno, DING DING KLACK, Tripple Seven, »Als der Morgen anbrach, war das ganze Schloß, bis auf die Mauern, niedergebrannt, und niemand befand sich mehr darin, als Kohlhaas und seine sieben Knechte«, da klimpern die

Münzen in den Schacht, dass es eine Freude ist, aber nein!, es ist nur das Münzenklappern eines alten kleinen grauen Mannes neben mir, der fast resigniert sein Geld auf den Tresen wirft und einen Fünf-Euro-Schein zwischen seinen gelben Fingern hält und mit diesen über die Theke huscht und ihn springen und tanzen lässt, als würde er die Dramen der Welt dort aufführen, »vielmehr verhalten sich die Bewegungen seiner Finger zur Bewegung der daran befestigten Puppen ziemlich künstlich, etwa wie Zahlen zu ihren Logarithmen …« HUSH HUSH LITTLE BABY klack klack! »Und die Alte kenne ich, hat sich vor die Bahn geworfen, weil sie … versteht ihr, ich saß am Bahnsteig auf der Bank, und weil ihr Mann drüben in Schweineöde, und weil ihr Kind … versteht ihr … und weil sie es leid war, dass die Männer sie immer, und ihr Sohn, kaputt kaputt, den nehmen sie ihr weg dann nämlich! Und dann sie ganz alleine, diese arme Amazone, der Krug geht, bis der letzte Tropfen, nicht wahr?« Da muss ich mich abwenden und greife in den leeren Schacht. Nur ein Kiesel drin, wie ein kleiner Findling. »Zahlen!«, rufe ich, »bitte!«, während die Puppen auf dem Tresen sich wiegen, und der Alte schwatzt mit dem Kneiper, und die Bierdeckel und Untersetzer schichten sich und bewegen sich und spielen vor meinen Augen die Dramen zwoElf. ZwoElf. Miniaturen auf diesem Holz. Das bebt unter den Körpern. Der Rauch der Zigaretten mischt sich darunter. Winzige Kladden in winzigen Händen. Kleine Zinnfiguren marschieren übers Holz der Theke. Schlagen aufeinander ein, zerschmelzen in ihrer eigenen Hitze. IN DA HEAT OF DA KLEIST. Und immer noch läuten die Glocken aus einer fernen Welt, basslastig jetzt, WUMM WUMM WUMM, ein Muezzin weint laut zu Gott, Winde von der großen Moschee aus Kreuzberg, »Wir, unsererseits, wollen nichts von den Freuden dieser Welt wissen und träumen lauter himmlische Fluren und Sonnen, in deren Schimmer wir, mit langen Flügeln an den Schultern, umherwandeln werden«, die Stimmen und die tiefen Bässe mischen sich mit dem Jammern und Jauchzen der kleinen Kämpfe vor mir, passt auf mein Bierglas auf, das glänzt in der Nachmittagssonne, die plötzlich durch eine Dachluke fällt, aber nur ich scheine es zu hören und zu sehen. Sonnenstrahlen auf der Walze der Maschine und den grauen Gesichtern der Trinker. »Alles aufs Haus«, sagt der Kneiper, »draußen geht die Welt zugrunde.«

Mithin, sagte ich ein wenig zerstreut, müßten wir wieder von dem Baum der Erkenntnis essen, um in den Stand der Unschuld zurückzufallen?

Allerdings, antwortete er; das ist das letzte Kapitel von der Geschichte der Welt.

Wannsee. Sage ich im Taxi. Flüstere es heiser. Hey, sagt der Mann, wir fahren, wohin wir fahren. Wind kommt auf, und wir hissen die Segel. Frische Brise auf dem großen Wannsee. Was meinst'n, sagt der Mann hinterm Steuer, richten wir die Bordgeschütze auf die Villa da drüben?

Welche?, frage ich. Hinter uns surft Penthesilea. Unterwasser-Surfing. Nur ihr Kopf guckt ausm Wasser raus, zerschlägt die letzten Eisschollen, in den schattigen Buchten dieser Villen ist der See noch SUB ZERO. Wir hissen die deutsche Fahne auf der Kajüte, zurren sie hoch oben aufm Mast fest, segeln durch die Fischgründe unseres Kleist. Dramenfischer, Damenfischer, Hochseepoet. »Fürchte nichts!« Die Wellen rollen. Ich steige aus der S-Bahn. Wie bin ich hierhergekommen? U-Boote brechen vor uns aus dem Wasser. Klar ist das alles. Trotz der Wirbel. Trotz des Schaums. Inseln im Strom. Wuchtig wie Findlinge. Das 19. Jahrhundert schmeckt salzig auf den Lippen. Kleists Sprache blendet uns auf dem Spiegel dieses kleinen Meeres. Wenn ich zurückfahre, packt mich der Zorn. Wannsee – Charlottenburg – Hauptbahnhof. Weil da einer kommt, ein Landsbüttel, und meine Karte in Frage stellt. Und wo ich ewig nicht begriffen habe, was verdammt nochmal so modern sein soll an des Meisters Geschwurbel. »Leidenschaft kam dazu, ihn zu verwirren …«

Wo seine langen Sätze eben das mit mir taten. Wo anfangs nur seine Inhalte mich überzeugten! Und wo ich, während ich die

Ämter kreuzte, wütend grummelte: »Lasst euch das Unrecht nicht gefallen, Freunde! Lasst euch nicht bestehlen! Packt die verdammten Büttel am Genick!«

Aber diese Mischung aus Pathos und Linie! Wir segeln scharf am Wind. *Glauben Sie diese Geschichte?*

Und ich stehe inmitten des Waggons, Feierabendmenschen um mich. Und ich brülle: »So nicht, so nicht! Und ja, ich fahre mit dieser Karte zurück! Weil da draufsteht: 2 Stunden, einhundertzwanzig Minuten! Wagt es nicht, mich in den Untergrund zu treiben!« Durchs Zielfernrohr sehe ich die kleine Bucht. Ich durchquere die dunkelbraune Höhle des Bahnhofsgebäudes. Draußen, in einem geschwungenen Bogen: Wannsee-Imbiss. Faustmanns kleines Café. Reisebüro Friedrich. Kebabhaus. Original Thüringer Imbiss. Bäckerei Meyer. Souvenirs, Geschenke.

Auf der anderen Straßenseite der See. Auf dem ich irgendwo in zeitgleichen Schleifen mit dem Boot unterwegs bin. Herr Müller steht am Steuer und singt von seiner Verzweiflung über diese Welt, über eine Verzweiflung, die auch schon seine Ahnen packte, einen ganz besonders, dessen kühles Grab wir suchen, *Frische Trümmer Leichen und Leichenteile treiben vorbei.* »Aber er«, rufe ich, und der Wind verweht meine Worte, »glaubte doch an das Menschliche und an das Göttliche, trotz alledem, du alter Atheist und Mieseheiner!«

Keine Antwort. Und betretenes Schweigen, als ich im Reisebüro Friedrich nach der Grabesstätte frage, draußen sei irgendwo eine Karte des Gebiets, ich solle die Augen offenhalten, sagt man mir im Kebabhaus, ich trinke süßen starken Tee und brauche doch Stärkeres und betrete den Thüringer (Original!) Imbiss. Dort esse ich erst einmal eine gute Wurst, »Direkt aus Weimar«, lächelt die Verkäuferin, eine junge dunkelblonde Dame, wir nähern uns an, auch an sie, die Einsamkeit der Imbissstube verspricht Erfolg, OH WEIMAR, deine edlen Bürger verzehren wohlfeil feinste Würste, klassisch gegrillt, doch ein wenig fehlt die Würze, fad geworden in all den Jahren, der alte Goethe brachte den »Zerbrochnen Krug« auf seine eigene

Bühne, weil der Grillduft der Moderne ihn in seinem faltigen weingetränkten Zinken kitzelte, wenigstens hat er den jungen Meister nicht verkannt wie den anderen Heinerich, der dann nach Frankreich floh, »denk ich an diese Würste in der Nacht, so bin ich um den Schlaf gebracht!«, aber nein!, köstlich munden sie mir aus den Händen dieser adligen Muse vom Grill, und ein Pils dazu, Radeberger aus fast heimischen Gefilden, ob Kleist einmal im Sachsenlande weilte, in Leipzig, wo sie schon dem alten Bach das Leben zur Hölle machten? Und endlich kein Chaos mehr, sondern Klarheit, auf meiner Reise, die so drastisch und dramatisch begann, mich durch die Schrecken und Verwinkelungen unserer Zeit und anderer Zeiten führte, in Rhythmen, die mich packten, schüttelten, kraftvoll, hin und her, mich zogen bis in die Herzen der Meere, Heinerich, das Ruder bricht …

Was ist passiert? Mir fehlt fast eine Stunde auf der Uhr. Es beginnt zu dämmern. Zartrosa noch überm See. Ein Wegweiser zeigte mir die Strecke, nicht weit, nicht weit, 1000 Meter. An einer kleinen Senke kam ich vorbei, direkt neben dem Fußweg wölbte sie sich in den Grund, ein Tal, ein krüppeliger Baum wuchs in der Mitte, wie eine expressionistische Skulptur reckte er seine hölzernen Arme, die tot aussahen, aber alles andere als *hölzern*, Müll und Bierbüchsen um ihn herum, vergilbte Zeitungen in seinen Zweigen, ich wollte hinuntergehen, mich an seinen Stamm lehnen, ein guter Ort, diese kreisrunde Tieflandbucht, um wieder in den Kladden zu blättern, denn Tränen kamen mir, als ich den »Findling« las, und den »Micha K.«, und das große »Beben«, Tränen für meinen Freund den Baum. Es soll ja noch Märchen und Wunder geben in unserer Schweineöde, dass das Grün aus dem Boden bricht. »Dieser plötzliche Sturz, von der Höhe eines heiteren und fast ungetrübten Glücks, in die Tiefe eines unabsehbaren und gänzlich hülflosen Elends, war mehr als das arme Weib ertragen konnte.« Und so lehne ich an dem Baum und befeuchte die gesprungene Rinde, die rauer zeit- und wettergegerbter Haut gleicht. Jahrhunderte. Was war nur in dem

Imbiss, und warum weinte die Frau, und warum wuchs ihr Bauch, vaterlos, während draußen wieder die langen Kerls marschierten zu einer blechernen Musik? Ist ihr Imbiss pleite, zahlt niemand Unterhalt?

Aber ich wollte ruhen in dieser Senke, über den Fluss und in die Wälder, Frieden finden, so wie er. Den die Tragödien verfolgten und der die leeren Seiten befeuchtete, während er sie bannte, weil er an Mensch und Gott glaubte und glauben musste. »Reich mir den Joint rüber, Easy Rider, Hippies sterben jung.« Und er lehnt wie ein greiser James Dean an der anderen Seite des knorrigen Baums. Blätter umwehen uns, und die leeren Bierbüchsen klappern zu unseren Füßen. Ich sehe sein langes graues Haar aus den Augenwinkeln. »Hab die Einheit und den König besungen, während ich ein Outlaw blieb. Und über die Alten lachte. Und die neuen Rhythmen suchte in einer zerbrechenden Zeit. Und kein Pferd war schnell genug für mich. Während ich suchte und liebte. Kein Ort. Nirgends. Reich den Joint rüber, Easy Rider.«

Während es draußen noch dämmert, blassrosa erst über den Ufern des Sees, ist hier unten schon fast Nacht. Kerzen brennen um den Baum, um uns, in den Boden gesteckt zwischen den Müll und die Bierdosen. »Ich bin der Chronist des Feuers, Freund, hörst du? Das da drinnen, und das da draußen. Come on baby, light my fire.«

Am 27. in der Nacht ist der Krug in Steglitz mit allen Nebengebäuden abgebrannt, und zugleich ein mit Zucker beladener Frachtwagen nebst 4 Pferden ... Adieu, Adieu! ... Am 28. abends ist das alte hölzerne Wohnhaus des Zimmergesellen Grassow in der Dresdner Straße Nr. 93 abgebrannt ... Mein liebes, teures Herzensminchen, sei nicht böse ... Beschämung, Wollust und Rache vereinigen sich jetzt ... Gestern abend sind im Dorfe Alt-Schönberg 3 Bauernhöfe mit sämtlichen Nebengebäuden abgebrannt ... Meine liebste Marie, wenn du wüßtest, wie der Tod und die Liebe sich abwechseln, um diese letzten Augenblicke meines Lebens mit Blumen, himmlischen und irdischen, zu bekränzen ... Der Schreiber Seidler, Friedrichsstraße Nr. 56, hat gestern in der letzten Straße einen sogenannten Brandbrief gefunden, nach dessen Inhalt Berlin binnen wenigen Tagen an 8 Ecken angezündet werden soll ... Gegeben in der grünen Schenke.

»Bist du noch da, Easy Rider?«

»Ja, Herr, ich bin!«

Der Wind weht sein langes weißes Haar um den Stamm des Baumes herum. Es kitzelt mich im Gesicht, streichelt meine linke Wange, und ich puste es weg. Die Kerzen flackern. Er lacht leise hinter mir, ich spüre das durchs Holz. »Der Fouqué war schon ein seltsamer Bursche, was?«

»Wenn du es sagst.«

»In Leipzig, damals, in Auerbachs Keller, haben wir die Humpen weggesoffen, und er hat alle verhext, der gute Marquis, verzaubert, Gäste und Kellner und Damen, das elegante Bärtchen. Ein zu spät und zu früh geborener Romantiker, eine Tripple Seven, wie ich, siebzehnsiebensiebzig, er reiste weit, surfte durch die Gruften unserer Welt ... ein Daydreamer, aber, Freund, my English ist not the yellow from the egg!« Wir lachen. Das klingt seltsam blechern in diesem kleinen Tal. Nur noch wenige Kerzen brennen. Schatten auf dem Grund. Ein alter Fischer lebte auf einer Landzunge hinter einem verwunschenen Wald ... einem von Menschen gemiedenen Spukwald ...

»Du weißt, wovon ich spreche, Stranger?«

»Vielleicht. Ich bin nicht sicher.«

»Ich bin alt und grau geworden. Mein Stirnband ist nass vom Schweiß. Ich bin mit Fouqué durch die Schatten gewandelt, die zuckenden Schatten, die das Feuer wirft. Reich mal den Joint rüber, Rider, bevor Undine geht.«

»Es sind nur Filterzigaretten.«

»Die Vorzüge des Tabaks, laut Molière ..., die liebte auch schon Don Juan, der Freund im Kleiste, der Götter Teufel, mit seinem Sganarelle, der Degen geht tief in die Lunge. Deep Throat der glänzenden Metalle.«

»Ich muss weiter, mon général.«

»Auf dies verliebte Erdenabenteuer / Dir, alter Vater Jupiter, zu folgen, / Es ist ein wahres Freundschaftsstück Merkurs. / Beim Styx! Mir machts von Herzen Langeweile.«

Er seufzt tief, nur noch eine Kerze brennt. Ich versuche aufzustehen. Ach Wannsee, deine nahen Fluten machen mir die Reise schwer. Und Glieder. Rose, oh reiner …

»Du willst den Stein sehen, Stranger?«

»Das will ich.«

»Und was erhoffst du dir?«

Nun bin ich es, der tief durchatmet. Ein- und ausatmet. Die Luft schmeckt nach Rauch und Blumen und frischen Kiefernnadeln. Blaue Minuten. Leise Melodien wehen durch das Tal, ob das Reisebüro Friedrich heute Erfolg hatte und Flüge verbuchte, und fremde Welten und ferne Nähe?, wer will schon unter die Räder …

»Der Stein!, der Stein, Stranger, vergiss das nie, du bist auf einer Bühne. Aber einst haben wir die Sterne gesucht. Was soll ich dir sagen *jetzt*, aus den Schatten heraus …«

»Du kannst nun endlich schweigen«, sage ich, »weil du es schon geschrieben hast.«

Er klatscht in die Hände. Langsam, lethargisch, Zeitlupe in Audio, und während ich gehe, mich aufgerafft habe mit letzter Kraft, die Böschung hochkraxele, höre ich ihn hinter mir: »Ward viel geplaudert, viel gescherzt, und stets / Verfolgten sich und kreuzten sich die Fragen.«

Null Eins. Null Null Zwo Sieben. Das Wasser vor mir. Die Ufer nicht weit. Der kleine Wannsee. Die letzte Kerze brennt in meinem Hirn. Nein, ich trage sie mit mir, beschütze die Flamme mit der hohlen Hand. Der Baum ist nummeriert. Auch die anderen Bäume neben diesem Pfad, der über Treppenstufen runter zum Ufer dieses Ausläufers des Großen Wannsees führt. Kleine Schilder über der rissigen Rinde. Null Eins. Null Null Zwo Sieben. Er spendet Schatten. Spendet Schutz. Wenn es regnen würde, aber der Himmel ist klar, jetzt, wo die Sonne versinkt. Meine Uhr verwirrt mich. Soll ich da sein? Endlich.

Ein Boot kreuzt. Ein Fernglas blinkt in der Abendsonne, die hinter Brandenburg verschwindet. Blumen vorm Stein. Wachs tropft, und ich befestige die Kerze. Ich bin in einer geschützten Grünanlage, Gesetz vom 3. 11. 1962, lese ich auf einem kleinen Schild, dicht hinterm Eisentor, oder nein, da war kein Eisentor, der Weg ist frei gewesen, die Reise hat mich ... ja, ja, VER-WIRRT, wo ich doch weiter gefahren bin, als ich dachte, wo doch meine Gedanken verwirrt ... aber ich erinnere gut, Strangers, und in the night sind meine Notizen immer bei mir.

Aber wie kommt das, dass ich ebendiese Notizen kaum entziffern kann, altertümliche Schrift ... »Unendlichkeit« oder »Unsterblichkeit«?, und was ist der Unterschied? Auf dem Nachbargrundstück rechts wimmeln Kinder zu ihren Booten. Berliner Ruderclub. Bleibt nur fern von der toten Jacht! Die mit zerfetzten Segeln durch die Wellen reitet. Ich gehe in die Knie. Ging der Schuss ins Herzen oder in den Kopf? Henriette, seltsam, so heißt meine Schwester. Die Liebe liegt neben dir, Freund. Die Villen der Reichen warten, an den Ufern des Sees, auf den Sturm des Kohlhaas. »Halt die Klappe. Und mach die Kerze aus!«

»Ist schon aus, der Wind, verstehste.«

d. – am Morgen meines Todes. Zwo Null Eins Eins.

Fort! In die Dünste mit ihr hin: die Welt, / Hat nicht mehr Raum genug, für mich und sie!

Clemens Meyer